자신감 뿜뿜 C# 프로그래밍

Hard Carry

신윤환 지음

생능출판

책 내용 소개

이 한 권의 책으로

C# 프로그래밍에 대한 자신감을 성취할 수 있습니다.

지금부터 시작하면 됩니다!

자신감뿜뿜! **C# 프로그래밍** Hard Carry

초판인쇄 2023년 01월 05일
초판발행 2023년 01월 13일

지은이 신윤환 (Dr. Eric Shin)
펴낸이 김승기
펴낸곳 (주)생능출판사 / **주소** 경기도 파주시 광인사길 143
출판사 등록일 2005년 1월 21일 / **신고번호** 제406-2005-000002호
대표전화 (031)955-0761 / **팩스** (031)955-0768
홈페이지 www.booksr.co.kr

책임편집 김민보 / **편집** 신성민, 이종무, 유제훈 / **디자인** 유준범, 표혜린
마케팅 최복락, 김민수, 심수경, 차종필, 백수정, 송성환, 최태웅, 명하나, 김민정
인쇄 교보피앤비 / **제본** 일진제책사

ISBN 978-89-7050-657-9 93000
정가 32,000원

• • •

이 책을 선택한 **You!**

C# 프로그래머가

될 수 있습니다.

머리말

컴퓨터 프로그래밍 언어는 참 다양하게 존재합니다. C#은 C 언어와 C++ 언어를 기반으로 탄생하게 된 새로운 언어입니다. 이 책은 C# 프로그래밍을 처음 시작하는 독자를 위해 집필하였습니다.

C#은 포인터를 다루지 않는 자유로운 문법 구조와 객체지향 언어를 지향하고 있습니다. 이를 바탕으로 막강한 닷넷 프라임워크(.NET Framework)를 지원하며 비주얼 스튜디오라는 통합개발환경 또한 제공됨에 따라 그 인기는 점점 상승하고 있습니다.

이 책은 초보자도 쉽게 입문할 수 있도록 다음과 같이 구성하였습니다.

- 선행 학습

  단원에서 다루고자 하는 핵심 내용에 대해 셀프 체크를 통한 학습 의지를 확인할 수 있습니다.

- 예제 학습

  배운 내용을 바탕으로 예제 학습을 통해 본인의 실력을 일취월장할 수 있습니다.

- 도전 문제

  단원을 마무리하는 단계에서 가볍게 혼자 풀어볼 수 있는 도전 문제를 통하여 최종 점검을 할 수 있습니다

- 연습 문제

  본인의 실력을 연습 문제를 통해 업그레이드할 수 있습니다.

- 프로그래밍 문제

  배운 내용을 바탕으로 프로그래밍 문제를 통해 본인만의 프로그래밍 코딩 능력을 배양할 수 있습니다.

이 책이 완성되기까지 많은 정성을 기울여 좋은 책으로 탄생하기 위해 노력해 주신 생능출판사 임직원 여러분께 감사드립니다. 그리고 좋은 강의와 학업 증진을 위해 많은 조언과 격려를 아낌없이 베풀어주시는 주위의 교수님들께도 감사의 말씀을 드립니다.

항상 진지한 열의와 젊음의 패기를 가지고 열심히 들어주는 학생들에게도 감사와 희망의 기쁨으로 가득 찬 순간들이 영원할 수 있도록 기원합니다. 이 책을 집필하는 동안 언제나 변함없는 사랑과 깊은 배려로 알뜰살뜰 보필해 준 아내에게 감사하는 마음과 깊은 사랑을 가득 담은 희망찬 내일을 고이 접어 드립니다.

내일을 기획하는 사람이 되고 싶지 않습니까?

저자 신윤환 (Dr. Eric Shin)

이 책의 구성

SELF CHECK
1 (콤보박스, 메시지박스)는
하는 컨트롤 도구입니다.
2 (리스트박스, 체크리스트박스)
상의 아이템을 선택하는 과정
Label3
MaskedTextBox1
MaskedTextBox2
TextBox1
예제 11-01
Step 01 | 프로젝트
대로 둡니다.
SELF CHECK
기본 이론
단계별 실습 예제
소스 코드 입력
형식을 제한할 수도 있습니다.
와 같습니다.
표 11-1 컨트롤 도구의 종류와 속성
컨트롤 도구
용도
Label1
레이블 제목
Label2
레이블 제목
Label3
레이블 제목
MaskedTextBox1
등록일 입력
MaskedTextBox2
휴대폰 입력
TextBox1
Step 07 | 이벤트 등록
등록을 위해 다음과 같이 소스
01 using System;
04 using System.Data;
05 using System.Drawing;
06 using System.Linq;
07 using System.Text;

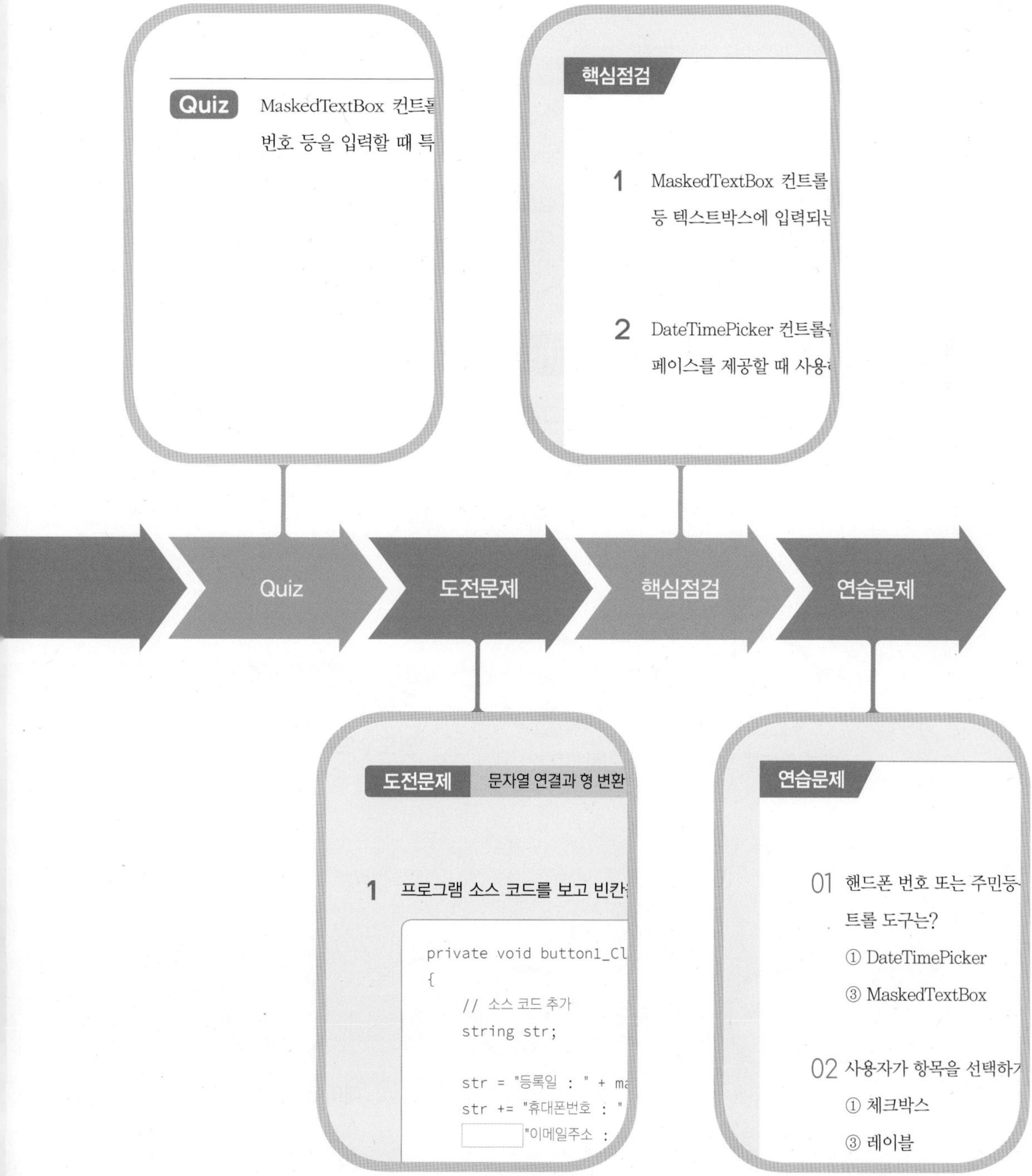

Quiz
MaskedTextBox 컨트롤
번호 등을 입력할 때 특
핵심점검
1 MaskedTextBox 컨트롤
등 텍스트박스에 입력되는
2 DateTimePicker 컨트롤을
페이스를 제공할 때 사용하
Quiz
도전문제
핵심점검
연습문제
도전문제 문자열 연결과 형 변환
1 프로그램 소스 코드를 보고 빈칸
private void button1_Cl
{
// 소스 코드 추가
string str;
str = "등록일 : " + ma
str += "휴대폰번호 : "
"이메일주소 :
연습문제
01 핸드폰 번호 또는 주민등
트롤 도구는?
① DateTimePicker
③ MaskedTextBox
02 사용자가 항목을 선택하기
① 체크박스
③ 레이블

학습 로드맵

이 책에서는 입문자도 쉽게 C# 프로그래밍을 배울 수 있도록 단원을 구성하였으며 각 단원에서 배운 내용을 최종 프로젝트에서 쉽게 활용할 수 있는 자신감을 충족할 수 있도록 집필하였습니다. 많은 내용을 다루기보다는 C# 프로그래밍에 대한 학습의 기본기를 튼튼히 하여 더 많은 것을 배우고 싶다는 '자신감 뿜뿜'을 모든 독자분에게 선물하고 싶습니다.

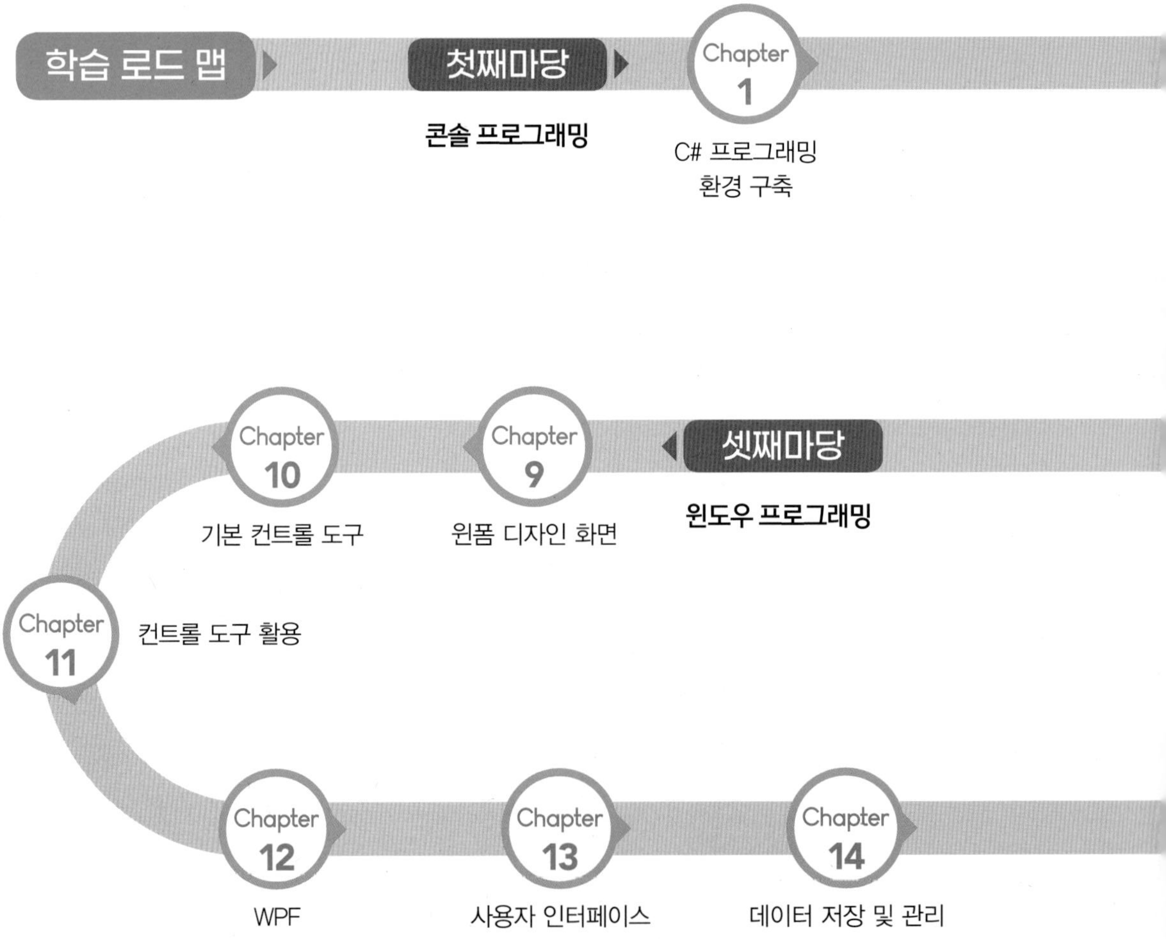

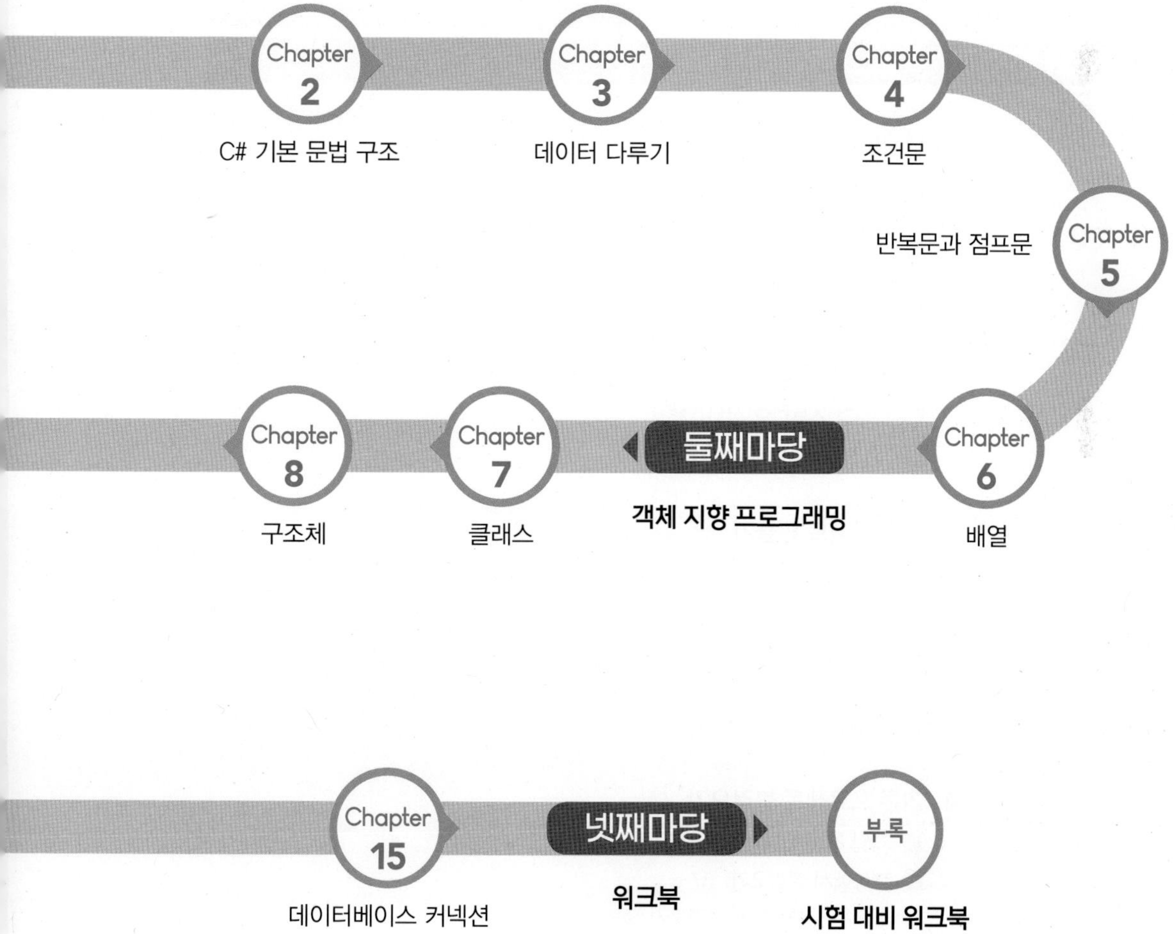
Chapter 2
C# 기본 문법 구조
Chapter 3
데이터 다루기
Chapter 4
조건문
Chapter 5
반복문과 점프문
Chapter 6
배열
둘째마당
객체 지향 프로그래밍
Chapter 7
클래스
Chapter 8
구조체
Chapter 15
데이터베이스 커넥션
넷째마당
워크북
부록
시험 대비 워크북

Contents

Chapter 4 | 조건문 141

Chapter 5 | 반복문과 점프문 179

첫째마당

콘솔 프로그래밍

Chapter **1** | C# 프로그래밍 환경 구축

Chapter **2** | C# 기본 문법 구조

Chapter **3** | 데이터 다루기

Chapter **4** | 조건문

Chapter **5** | 반복문과 점프문

Chapter **6** | 배열

Chapter

1

C# 프로그래밍 환경 구축

학습목표

- C#의 탄생 배경과 특징에 대해 살펴봅니다.
- 비주얼 스튜디오 2022 설치 과정을 알아봅니다.
- 닷넷 프레임워크의 구조와 SDK 설치 방법에 대해 알아봅니다.
- 새 프로젝트를 작성하고 기존 프로젝트를 불러오는 방법에 대해 실습합니다.

SELF CHECK

1 C#은 마이크로소프트사에서 개발되어 닷넷(.NET) 프로젝트와 함께 2000년 7월 PDC에서 발표된 (절차지향, 객체지향) 프로그래밍 언어입니다.

2 C#을 활용하여 GUI와 게임 및 IoT 관련 프로그램을 개발할 수 있습니다. C#의 확장자는 (cpp, cs)입니다.

3 가비지 콜렉션은 메모리 관리기법 중 하나로 프로그램이 (동적, 정적)으로 할당했던 메모리 영역 중에서 필요없게 된 영역을 해제하는 기능을 의미합니다.

4 C#은 C 언어로부터 연산자와 문장 등 기본적인 언어의 기능을 상속하였고 (C++, Java)로부터 객체지향 특성을 상속하였습니다.

5 닷넷 프레임워크는 웹 기반으로 응용 프로그램을 개발하는데 필요한 모든 방법과 기술을 제공합니다. 그리고 응용 프로그램을 실행시키는 엔진인 (CLR, API)의 지원을 받습니다.

정답 1 객체지향 2 cs 3 동적 4 C++ 5 CLR

1

C#의 탄생 배경과 특징

1 C#의 탄생 배경

C#은 마이크로소프트사에서 개발되어 닷넷(.NET) 프로젝트와 함께 2000년 7월 PDCProfessional Developers Conference에서 발표된 객체지향 프로그래밍 언어입니다. C#은 C++ 언어를 기반으로 Java의 장점을 혼합하고 닷넷이라는 새로운 개념을 도입하고자 탄생하게 되었습니다.

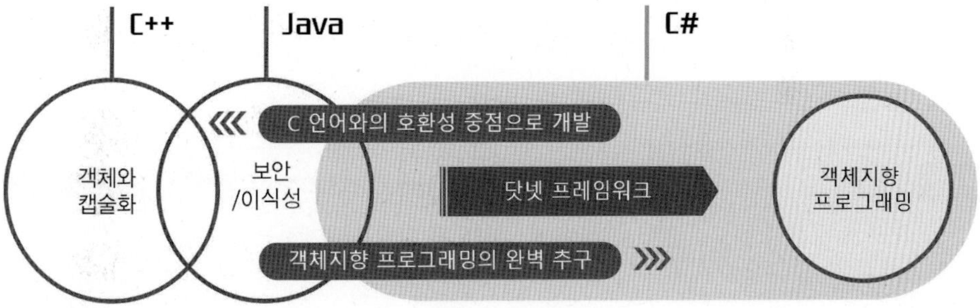

그림 1-1 C#의 탄생 유래

2 C#의 특징

C#을 활용하여 GUIGraphical User Interface와 게임 및 IoT 관련 프로그램을 개발할 수 있습니다. C#의 확장자는 .cs이며 특징은 다음과 같습니다.

- 완벽을 추구하는 객체지향언어
- 개발자가 사용하기 편리한 인터페이스 환경 제공
- 자동 가비지 콜렉션으로 메모리에 대한 사용자 부담 감소
- 타입과 문법의 엄격한 제한
- 다양한 문법의 확장 용이
- 닷넷의 모든 장점 보유 등

C#은 콘솔 응용 프로그램, 윈도우 응용 프로그램, 분산 시스템을 위한 응용 프로그램 등 다양한 프로그램을 개발하기 위해 활용됩니다. C#은 C 언어로부터 연산자와 문장 등 기본적인 언어의 기능을 상속하였고 C++로부터 객체지향 특성을 상속하였습니다. 또한 Java로부터 보안과 이식성 등의 영향을 받았으며 사용자가 인터페이스를 쉽게 만들 수 있는 컴포넌트 기능을 제공합니다.

✓ Check Point | 가비지 콜렉션이란?

메모리 관리 기법 중 하나로 프로그램이 동적으로 할당했던 메모리 영역 중에서 필요 없게 된 영역을 해제하는 기능을 의미합니다. 즉 동적으로 할당된 메모리의 영역 가운데 어떤 변수도 가리키지 않는 메모리 영역을 탐지하여 자동으로 해제하는 기법입니다.

Quiz (   )은 메모리 관리 기법 중 하나로 프로그램이 동적으로 할당했던 메모리 영역 중에서 필요없게 된 영역을 해제하는 기능을 의미합니다.

정답: 가비지콜렉션

2

실습 환경 구축

1 비주얼 스튜디오 설치

Visual studio 2019 버전이 설치된 컴퓨터에 2022 버전을 추가로 설치하게 되면 이전 버전에서의 닷넷(.NET) 플랫폼이 정상적으로 지원되지 않을 수 있습니다. 그러므로 이전 버전을 삭제 후 설치하거나 2022 버전을 설치 후 이전 버전에 대한 시스템 환경 변수를 변경해 주어야 합니다.

이 책에서의 실습환경은 Windows 11 운영체제가 탑재된 컴퓨터 환경입니다. 그리고 Visual studio 2019 버전이 설치되어 있지 않은 상태에서 2022 버전을 설치하는 과정으로 전개합니다. Visual Studio [Community 2022] 버전을 설치하기 위해 다음 예제를 수행합니다.

예제 01-01 Visual Studio 2022 커뮤니티 버전 설치하기

• **Step 01 | 비주얼 스튜디오 설치 파일 다운로드** : 사이트에 접속하여 [Community 2022] 버전을 다운로드합니다.

▸ https://visualstudio.microsoft.com/ko

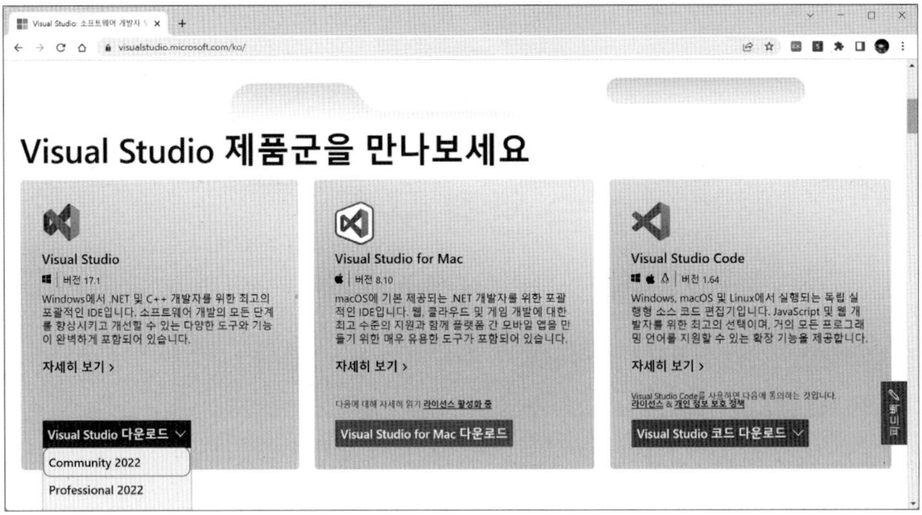

그림 1-2 Visual Studio 다운로드 사이트

• **Step** 02 | **비주얼 스튜디오 설치 파일 실행** : 다운로드한 설치 파일을 더블클릭합니다. Visual Studio Community 2022 버전 설치를 시작합니다.

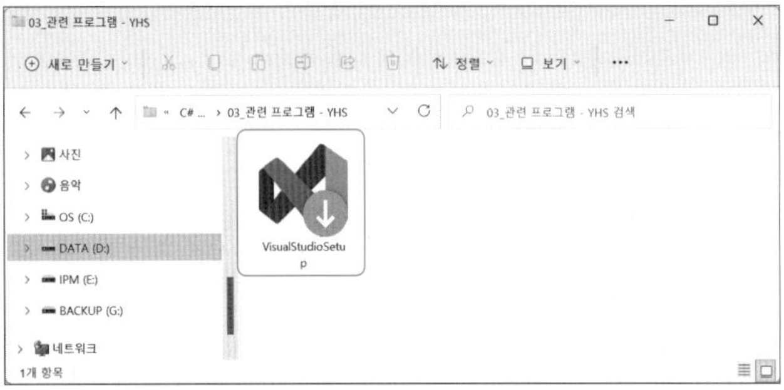

그림 1-3 Visual Studio 설치 파일

• **Step 03 | 프로그램 설치 팩 선택** : [워크로드] 탭에서 '.NET 데스크톱 개발'팩을 선택합니다.

그림 1-4 프로그램 설치 팩 선택

• **Step 04 | 도움말 뷰어 선택** : [개별 구성 요소] 탭에서 코드 도구 항목의 '☑ 도움말 뷰어' 를 선택합니다.

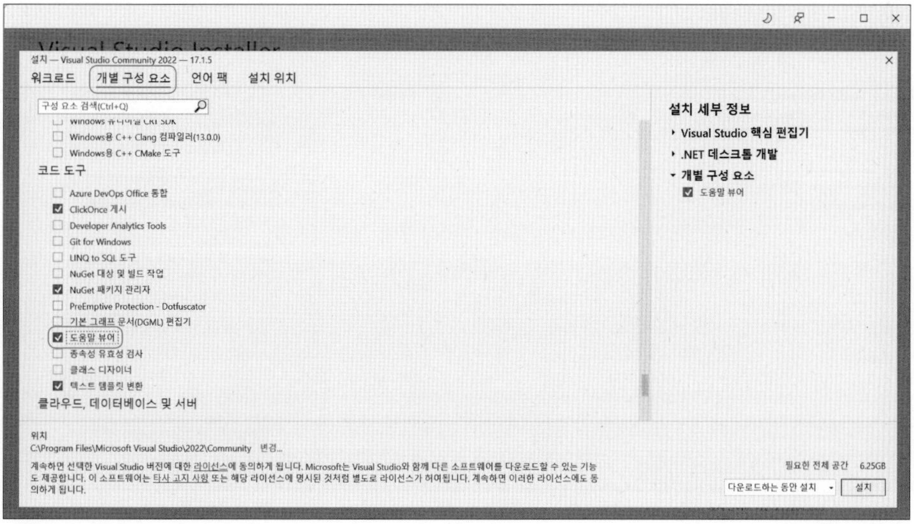

그림 1-5 도움말 뷰어 선택

• **Step 05 | 언어 팩 선택** : [언어 팩] 탭에서 '☑ 영어' 를 선택하고 〈설치〉를 누릅니다.

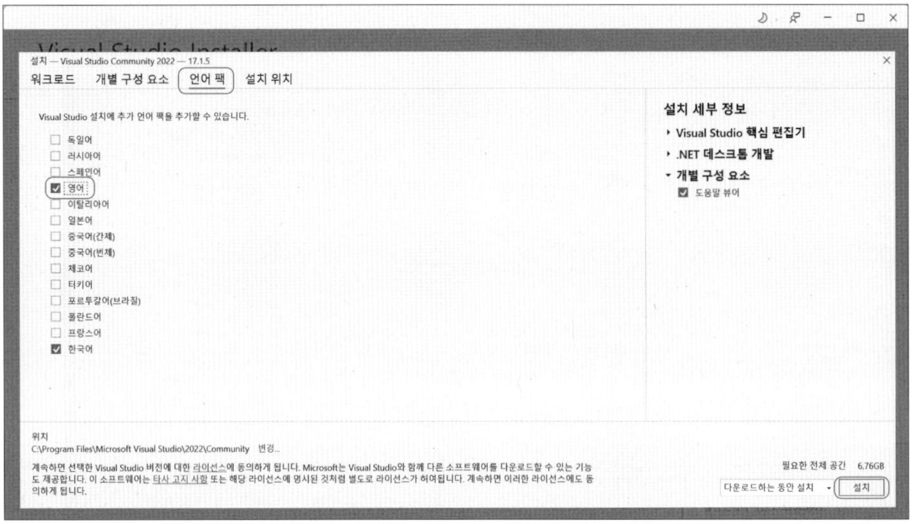

그림 1-6 언어 팩 선택

• **Step 06 | 프로그램 설치** : 프로그램 설치가 완료될 때까지 잠시 여유를 가지고 기다립니다.

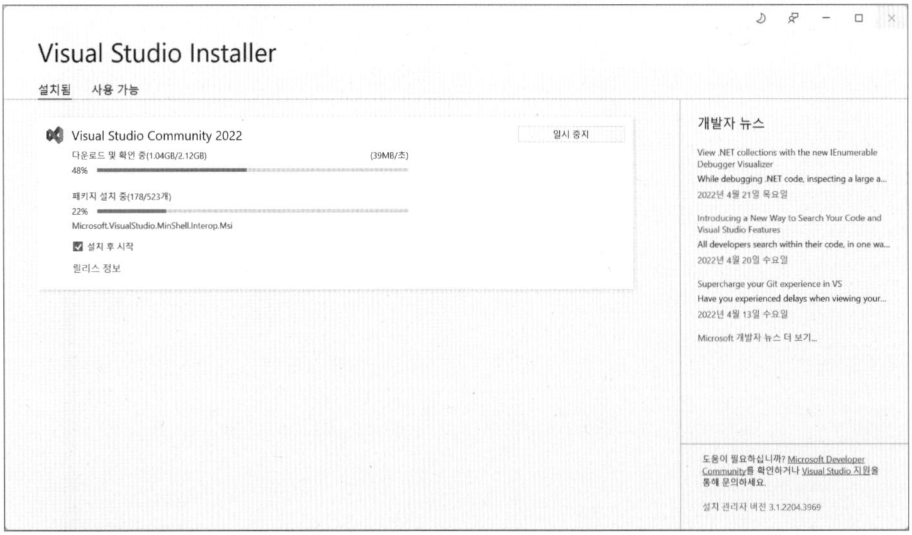

그림 1-7 프로그램 설치

• Step 07 | 프로그램 설치 완료 : 프로그램 설치가 완료되면 다음 화면과 함께 로그인 창이 나타납니다. 여기서는 [나중에 로그인]을 클릭하고 모든 창을 닫아줍니다.

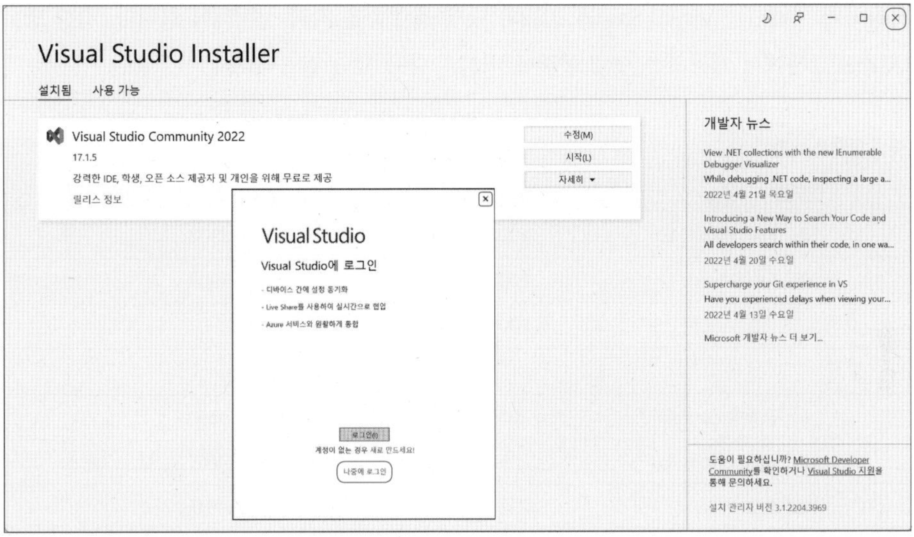

그림 1-8 프로그램 설치 완료

• Step 08 | 사용자 계정 로그인 : [로그인]을 수행합니다. 만약 아이디가 없다면 계정을 새로 만든 다음 로그인을 수행하면 됩니다.

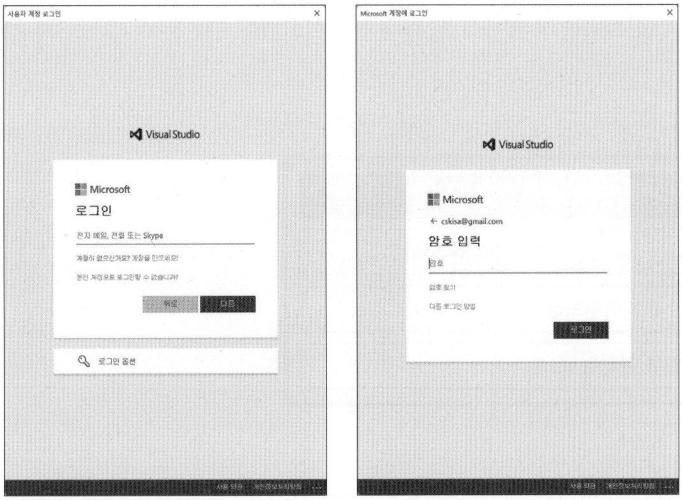

그림 1-9 계정 로그인 화면

2 닷넷 플랫폼 설치

2.1 닷넷 플랫폼 버전

C#을 사용하기 위해서는 Visual Studio 2022와 닷넷 플랫폼을 각각 설치해야 합니다. 집필 당시 마이크로소프트사에서 제공하는 닷넷 플랫폼 버전은 다음 표와 같습니다.

표 1-1 닷넷 플랫폼 버전

버전	플랫폼	출시일	Visual Studio 대응 버전
1.0	.NET Framework 1.0	2002년 1월	.NET 2002
1.1	.NET Framework 1.1	2003년 4월	.NET 2003
2.0	.NET Framework 2.0	2005년 11월	2005
:	:	:	:
7.3	.NET Framework 4.7.2	2018년 5월	2017 v15.7
8.0	.NET Framework 4.8	2019년 9월	2019 v16.3
9.0	.NET 5.0	2021년 4월	2019 v16.9
10.0	.NET 6.0	2021년 11월	2022

2.2 닷넷 프레임워크 구조

닷넷 프레임워크는 웹 기반으로 응용 프로그램을 개발하는데 필요한 모든 방법과 기술을 제공합니다. 그리고 응용 프로그램을 실행시키는 6엔진인 CLRCommon Language Runtime의 지원을 받습니다. CLR은 Java의 가상 머신과 비슷한 역할을 수행합니다. 닷넷 프레임워크의 구조는 다음 그림과 같습니다.

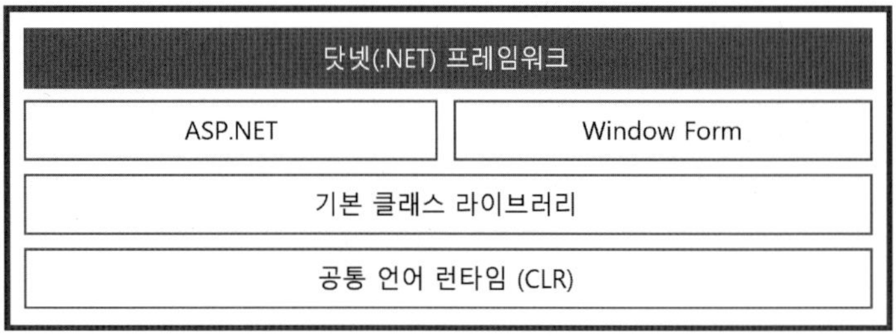

그림 1-10 닷넷 프레임워크의 구조

2.3 닷넷 SDK 설치

C#은 닷넷 프레임워크를 이용하여 프로그래밍을 수행하는 대표적인 언어입니다. SDKSoftware Development Kit는 닷넷 앱과 라이브러리를 빌드하고 게시하는 용도로 사용됩니다. 즉 개발자에게 다른 프로그램에 추가하거나 연결할 수 있는 커스텀 앱을 제작할 수 있는 기능을 제공하는 도구 모음을 의미합니다.

SDK를 설치하게 되면 3개(ASP.NET Core, 데스크톱, 닷넷 Core)의 런타임이 모두 포함됩니다. 닷넷 SDK를 설치하기 위해 다음 예제를 수행합니다.

예제 01-02 닷넷 SDK 설치하기

- **Step 01 | 닷넷 SDK 설치 파일 다운로드** : 사이트에 접속하여 [.NET 6.0] 버전의 설치 파일 'x64 Runtime' 을 다운로드합니다.

```
▶ https://dotnet.microsoft.com/en-us/download/visual-studio-sdks
```

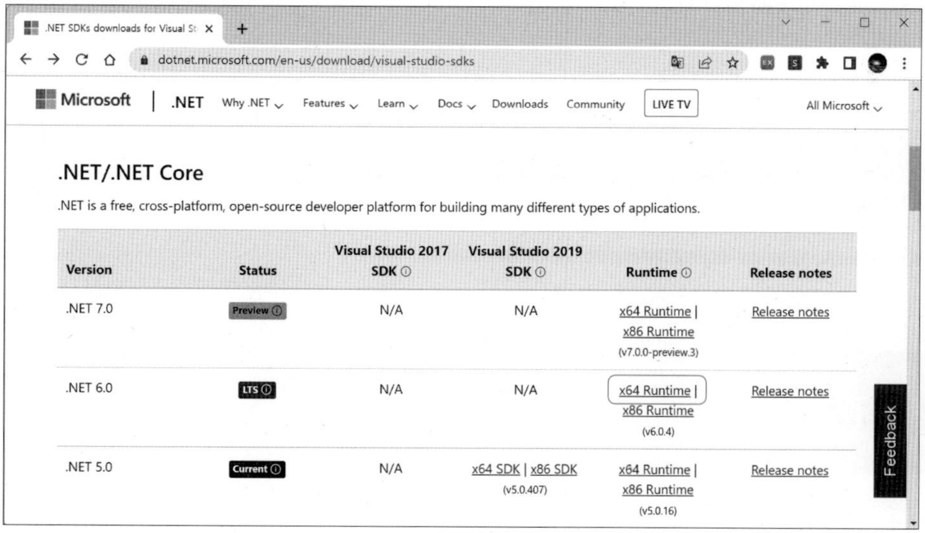

그림 1-11 .NET 6.0 버전 선택

• **Step** 02 | **SDK 설치 파일 실행** : 다운로드한 'x64 Runtime' 파일을 더블클릭하면 설치 화면이 나타납니다. 화면에서 〈설치〉를 눌러 SDK 설치를 시작합니다.

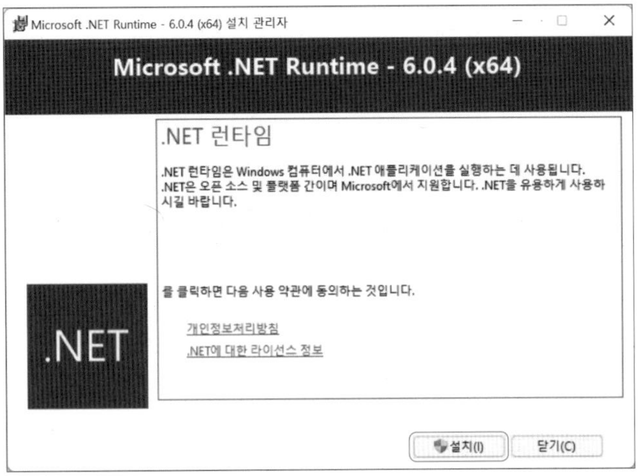

그림 1-12 SDK 설치 시작

• **Step** 03 | **SDK 프로그램 설치** : SDK 프로그램 설치 과정에서 특별히 옵션을 선택하는 과정은 없으므로 잠시 기다립니다.

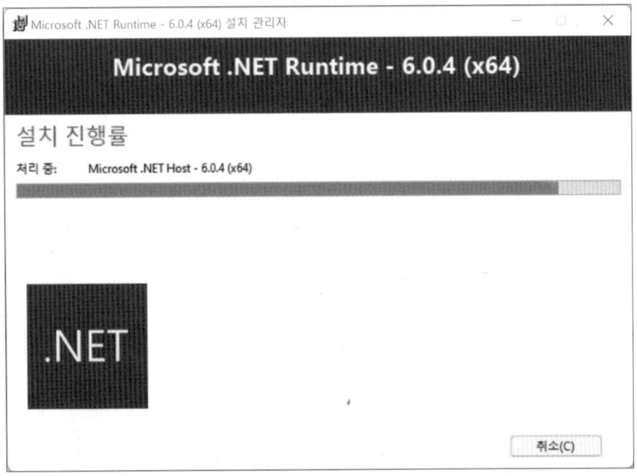

그림 1-13 SDK 프로그림 설치 중

• **Step** 04 | **SDK 프로그램 설치 완료** : SDK 프로그램 설치가 완료되면 〈닫기〉를 클릭합니다.

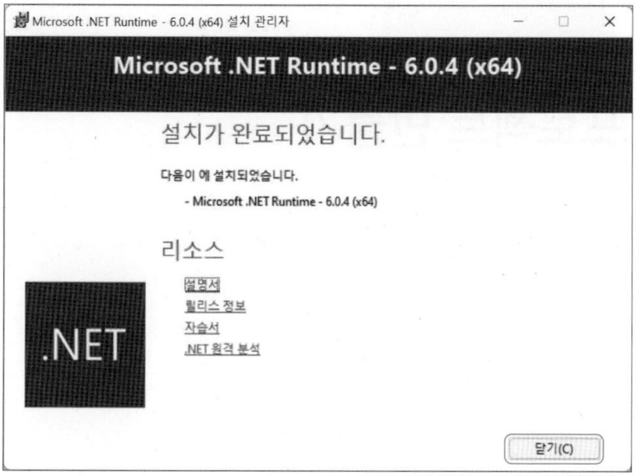

그림 1-14 SDK 설치 완료

Quiz (　　　　)는 닷넷 앱과 라이브러리를 빌드하고 게시하는 용도로 사용됩니다.

정답

SDK

3

새 프로젝트 만들기

1 새 프로젝트 생성

C# 프로젝트를 수행하기 위한 프로그램을 모두 설치하였습니다. Visual Studio 2022 프로그램을 실행 후 새 프로젝트를 생성하기 위해 다음 예제를 수행합니다.

예제 01-03 새 프로젝트 만들기

• **Step 01 | Visual Studio 2022 실행** : 윈도우 [시작] 버튼을 누릅니다. 그런 다음 컴퓨터에 설치된 앱 목록에서 [Visual Studio 2022]를 더블클릭합니다.

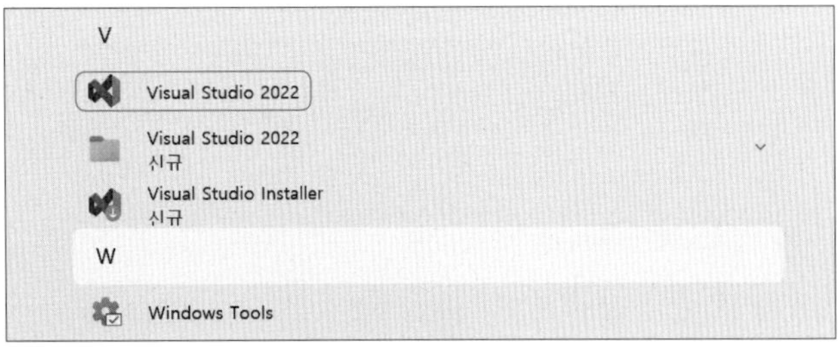

그림 1–15 Visual Studio 2022 프로그램 실행

• **Step** 02 | **새 프로젝트 만들기** : Visual Studio 2022 작업 창에서 [새 프로젝트 만들기] 항목을 선택합니다.

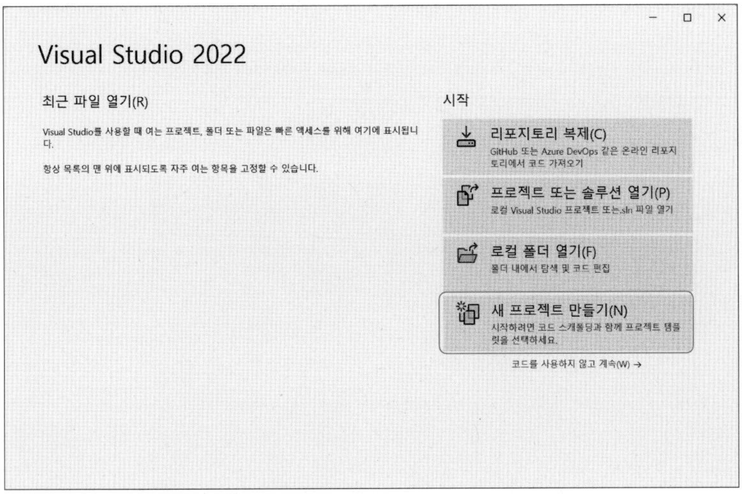

그림 1-16 새 프로젝트 만들기 항목 선택

• **Step** 03 | **콘솔 앱 선택** : 프로젝트를 생성하기 위해 C#이 그려진 '콘솔 앱'을 선택 후 〈다음〉을 누릅니다.

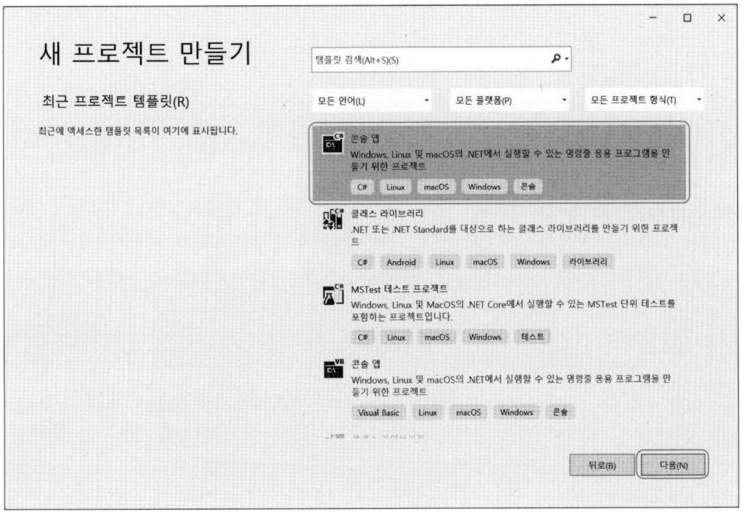

그림 1-17 C# 콘솔 앱 선택

• **Step** 04 | **프로젝트 이름 설정** : 프로젝트 이름과 저장할 폴더 경로명을 지정합니다. 여기서는 프로젝트 이름을 'SampleProgram'으로 변경합니다. 프로젝트를 저장할 위치는 그대로 두고 〈다음〉을 누릅니다.

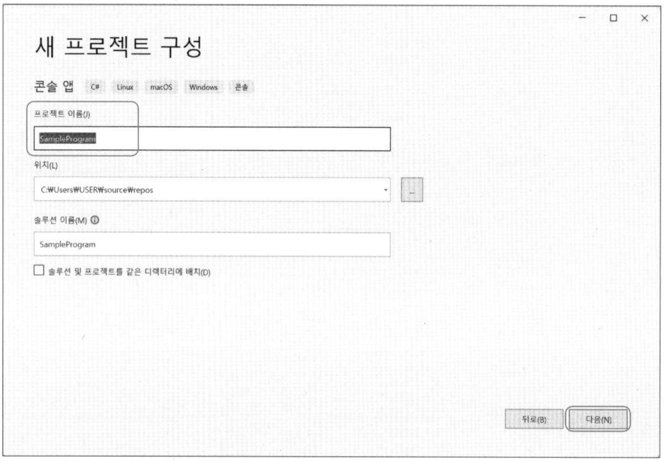

그림 1-18 프로젝트 이름 설정

• **Step** 05 | **닷넷 SDK 버전 확인** : '.NET 6.0' 으로 SDK 버전이 선택되었는지를 확인합니다. 〈만들기〉를 누르게 되면 프로젝트가 생성됩니다.

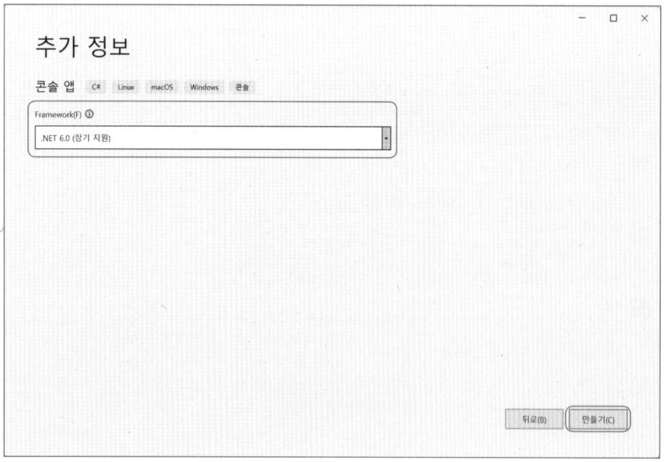

그림 1-19 닷넷 SDK 버전 확인

• **Step** 05 | **C# 프로젝트의 구조 확인** : 화면 왼쪽 위치의 [솔루션 탐색기] 창이 나타납니다. 이 창을 살펴보면 새롭게 생성된 프로젝트의 구조를 확인할 수 있습니다.

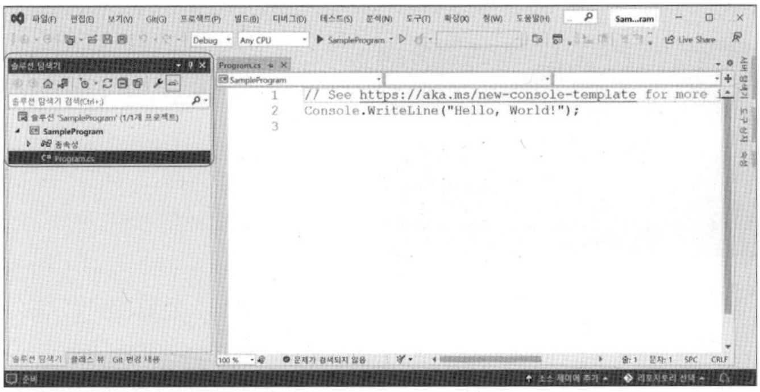

그림 1-20 C# 프로젝트의 구조

2 프로젝트 실행

생성된 프로젝트를 실행하기 위해 다음 예제를 수행합니다.

예제 01-04 생성된 프로젝트 실행하기

• **Step** 01 | **프로젝트 실행** : 메뉴에서 [디버그]–[디버깅 시작]을 누릅니다. 또는 단축키 F5를 눌러 프로젝트를 실행합니다.

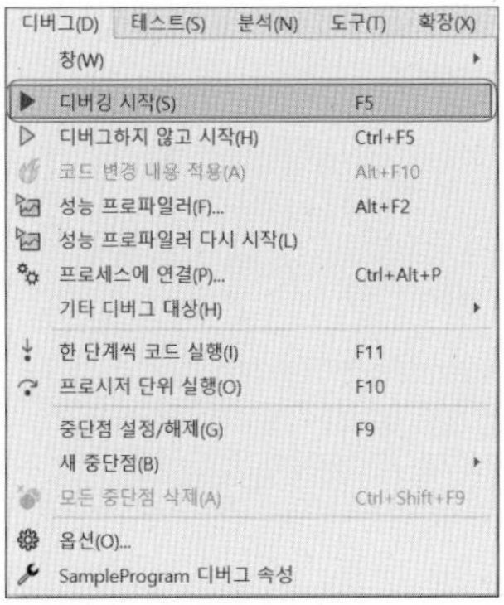

그림 1-21 프로젝트 실행

• **Step 02 | 프로젝트 실행 결과 확인** : 콘솔 창에 프로젝트 실행 결과가 출력됩니다. 콘솔 창에 'Hello, World!'가 출력되었다면 프로그램이 정상적으로 수행되었음을 의미합니다.

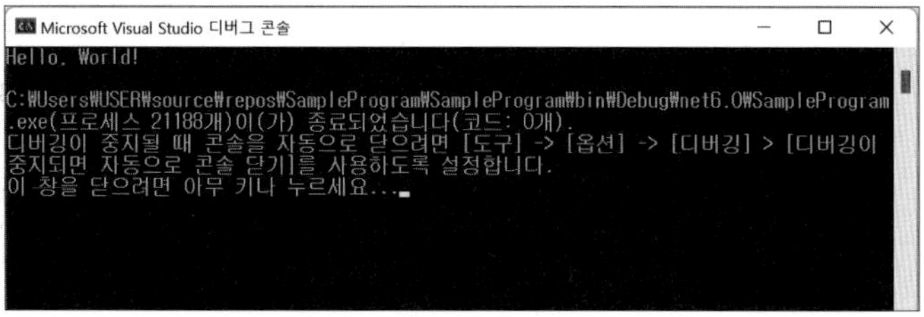

그림 1-22 콘솔 창에 출력된 프로젝트 실행 결과

✓ Check Point | 콘솔이란?

콘솔(Console)이란 입력장치인 키보드와 출력 장치인 모니터 또는 디스플레이 화면처럼 입력장치와 출력장치를 총칭하는 단어입니다. 콘솔이라는 용어도 커맨드 라인 인터페이스를 의미합니다.

• **Step 03 | 프로그램 소스 코드 변경** : [솔루션 탐색기] 창에 존재하는 'Program.cs'파일을 선택합니다. 그리고 Console.WriteLine("Hello, World!") 소스 코드의 괄호 안의 큰따옴표 안에 'Hello, World!'대신 "안녕하세요."라고 수정합니다.

```
Console.WriteLine("안녕하세요.");
```

• **Step 04 | 소스 코드가 변경된 프로그램 실행** : 단축키 F5를 눌러 프로젝트를 실행합니다. 콘솔창에 '안녕하세요.'가 출력된 것을 확인할 수 있습니다.

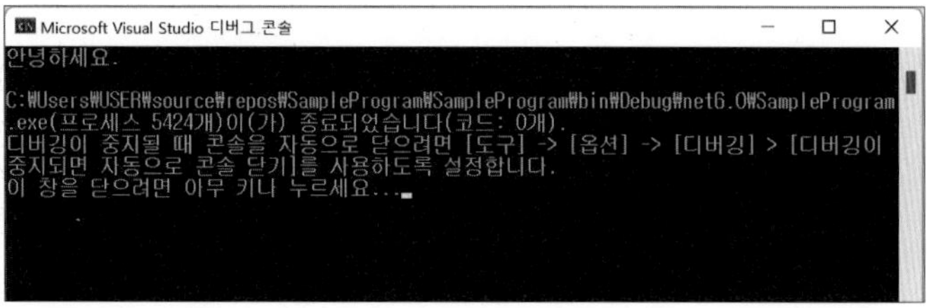

그림 1-23 소스 코드가 변경된 프로젝트 실행 결과

• **Step 05 | 파일 이름 변경** : [솔루션 탐색기] 창에 존재하는 Program.cs 파일을 선택합니다. 그리고 단축키 F2를 눌러 파일 이름을 변경할 수 있습니다.

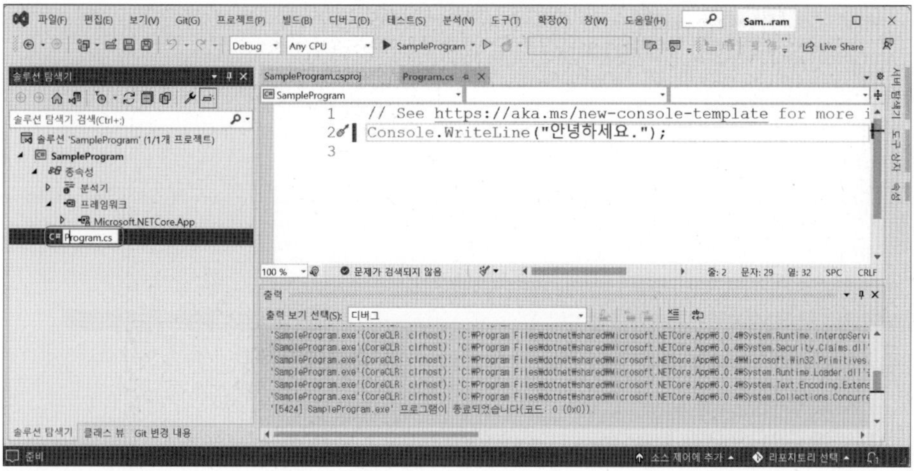

그림 1-24 파일 이름 변경

3 오류 확인 방법

프로그래밍을 코딩하다 보면 철자를 틀리게 입력하거나 예약어를 입력하지 않아 문법적인 오류가 발생하게 되는 경우도 종종 있습니다. 다음 예제를 통해 살펴보도록 하겠습니다.

예제 01-05 프로그램 소스 코드 오류 확인하기

• **Step 01 | 소스 코드의 문법 오류 발생** : 문법 오류를 의도적으로 발생시키기 위해 Program.cs 파일을 선택합니다. 그리고 2행의 소스 코드 맨 뒤에 있는 세미콜론(;)을 지웁니다.

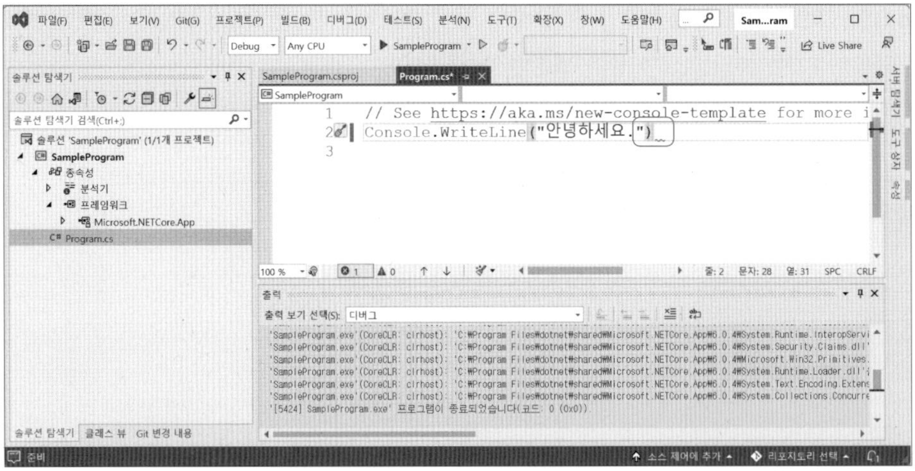

그림 1-25 소스 코드에서 세미콜론 제거

• **Step 02 | 프로젝트 실행 결과 확인** : 단축키 F5를 눌러 오류가 있는 소스 코드를 실행합니다. 다음과 같은 새로운 창이 나타나면 앞서 성공한 빌드를 실행하지 않기 위해 〈아니오〉를 누릅니다.

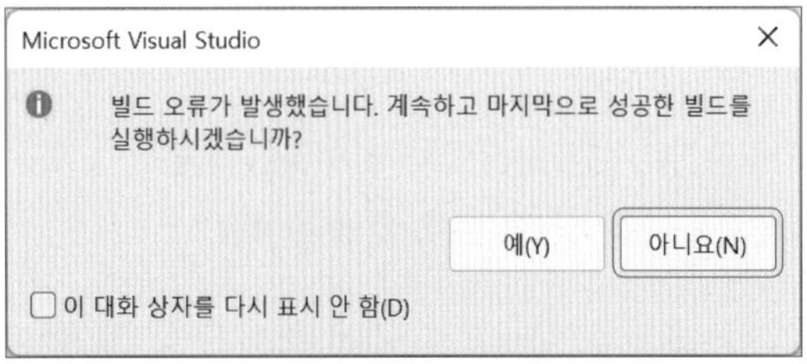

그림 1-26 빌드 오류 메시지 창

• **Step 03 | 오류 발생 라인 확인** : 오류가 있는 소스 코드를 실행하게 되면 화면 하단의 [출력] 창에 오류 메시지가 나타납니다. 오류 메시지 부분을 더블클릭 합니다. 그러면 오류가 발생된 소스 코드 라인으로 커서가 이동하게 됩니다.

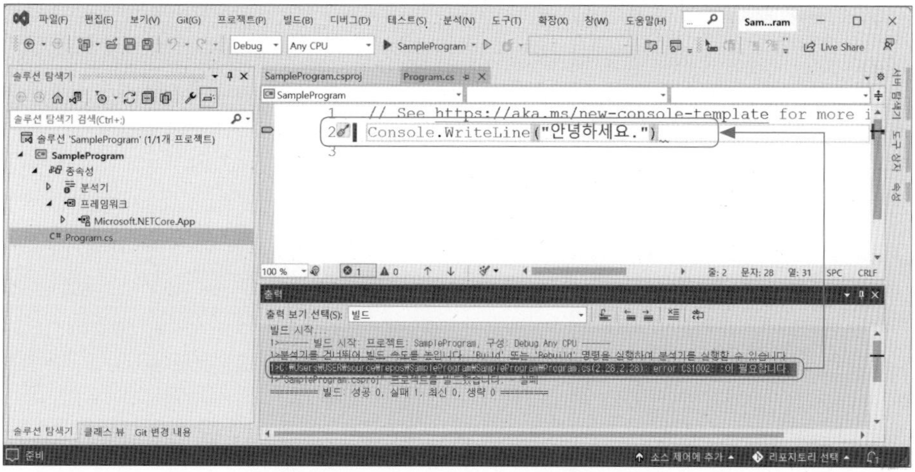

그림 1–27 오류가 있는 소스 코드 라인 확인

이와 같은 방법으로 프로그래밍의 디버깅 과정에서 오류가 발생한 소스 코드 라인을 쉽게 확인할 수 있습니다.

4 저장 경로 변경

이미 작성한 프로젝트가 어느 경로에 저장되어 있는지를 정확하게 파악하기가 쉽지 않습니다. 여기서는 프로젝트 저장 경로를 변경하는 방법을 살펴보기 위해 다음 예제를 수행합니다.

예제 01-06 프로젝트 저장 경로 변경하기

- **Step 01 | 옵션 메뉴 선택** : 메뉴에서 [도구]–[옵션]을 클릭합니다.

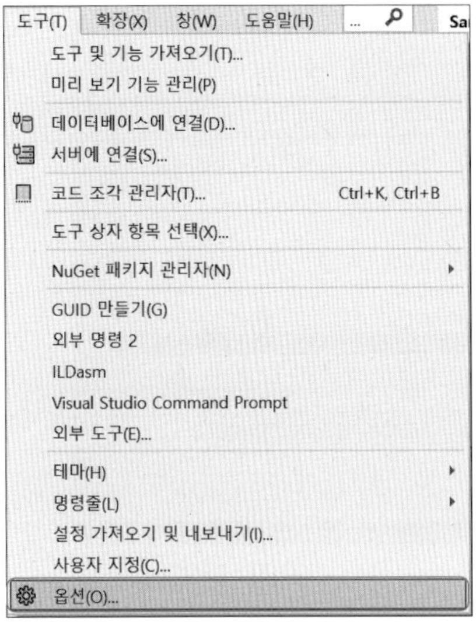

그림 1-28 옵션 메뉴 선택

• **Step** 02 | **저장 경로 변경** : 옵션 화면에서 [프로젝트 및 솔루션]–[위치]를 선택 합니다. 그리고 오른쪽에서 '프로젝트 위치'를 변경한 다음 〈확인〉을 누릅니다.

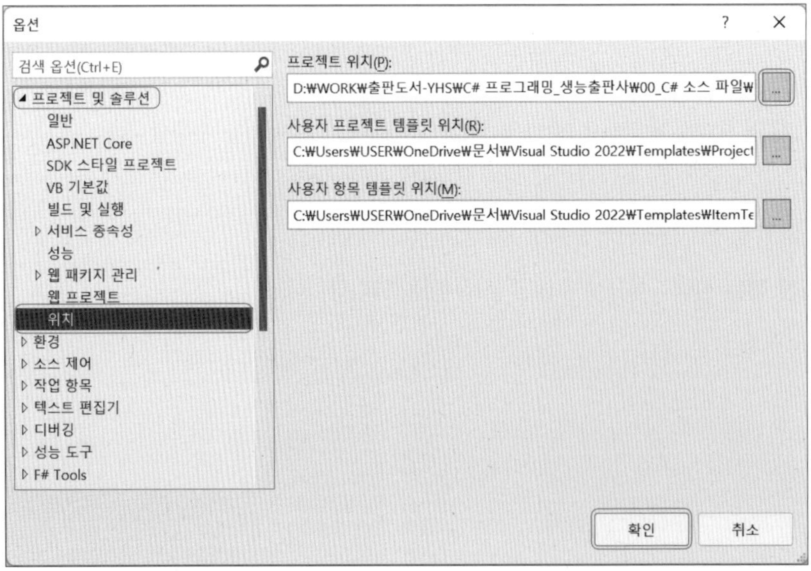

그림 1-29 저장 경로 위치 변경

5 솔루션 닫기

프로젝트를 수행 후 다른 프로젝트를 새로 작성할 때는 반드시 기존에 작업 중이던 프로젝트의 솔루션을 닫아주어야 합니다. 그 이유는 앞에서 작성했던 프로젝트의 디버깅 관련 파일이 남아 있게 되어 새로 작성하는 프로젝트에 디버깅 오류를 발생할 소지가 다분하기 때문입니다.

간단하게 작성된 프로젝트를 수행할 때는 [솔루션 닫기]를 수행하지 않아도 별다른 문제가 없습니다. 하지만 복잡한 프로젝트를 작성할 때는 오류가 발생할 수도 있습니다. 그러므로 프로젝트를 종료 후 새로운 프로젝트를 작성하기 전에는 [솔루션 닫기]를 반드시 수행할 것을 권장합니다.

기존 작성하던 프로젝트의 솔루션을 닫아주는 과정을 살펴보기 위해 다음 예제를 수행합니다.

예제 01-07 프로젝트의 솔루션 닫아주기

• **Step** 01 | **프로젝트 솔루션 닫기** : 메뉴에서 [파일]–[솔루션 닫기]를 클릭합니다.

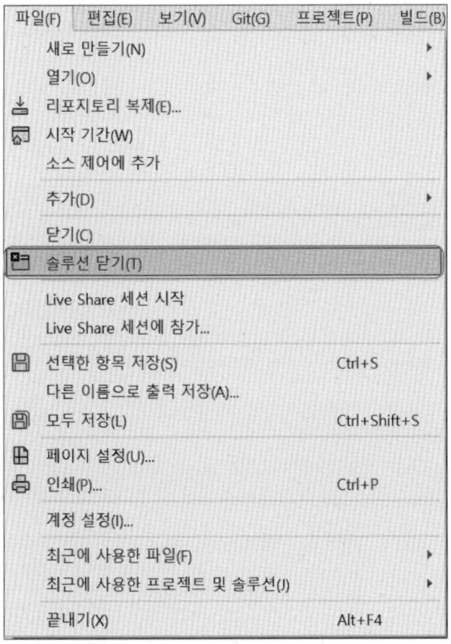

그림 1–30 솔루션 닫기 메뉴 선택

• **Step** 02 | **프로그램 종료** : [닫기]를 눌러 Visual Studio 프로그램을 종료합니다.

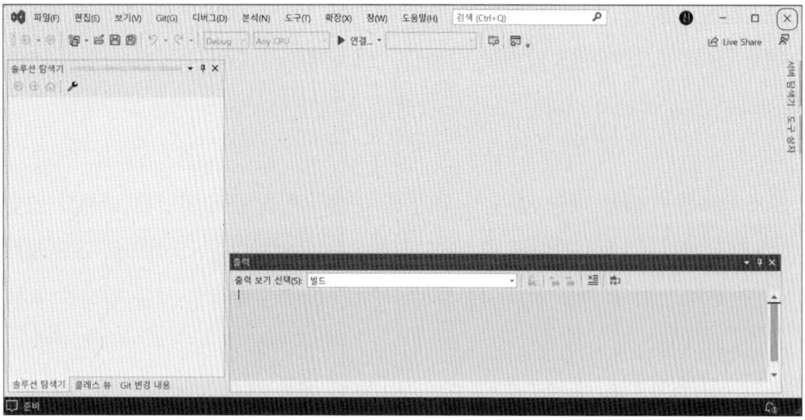

그림 1-31 비주얼 스튜디오 프로그램 종료

Quiz (   )은 입력장치인 키보드와 출력 장치인 모니터 또는 디스플레이 화면처럼 입력장치와 출력장치를 총칭하는 단어입니다.

정답

콘솔(Console)

4

기존 프로젝트 불러오기

Visual Studio 2022 프로그램에서 솔루션 닫기를 수행 후 기존에 작성했던 프로젝트를 불러와 수정할 때는 3가지 방법(작업 창, 메뉴, 윈도우 탐색기) 중 본인에게 가장 편리한 방법을 선택하면 됩니다.

1 작업 창에서 불러오기

Visual Studio 2022 프로그램 작업 창에서 기존에 작성한 프로젝트를 불러오기 위해 다음 예제를 수행합니다.

예제 01-08 작업 창에서 기존 프로젝트를 불러오기

- **Step 01 | 기존 프로젝트 열기** : 작업 창에서 [프로젝트 또는 솔루션 열기]를 클릭합니다.

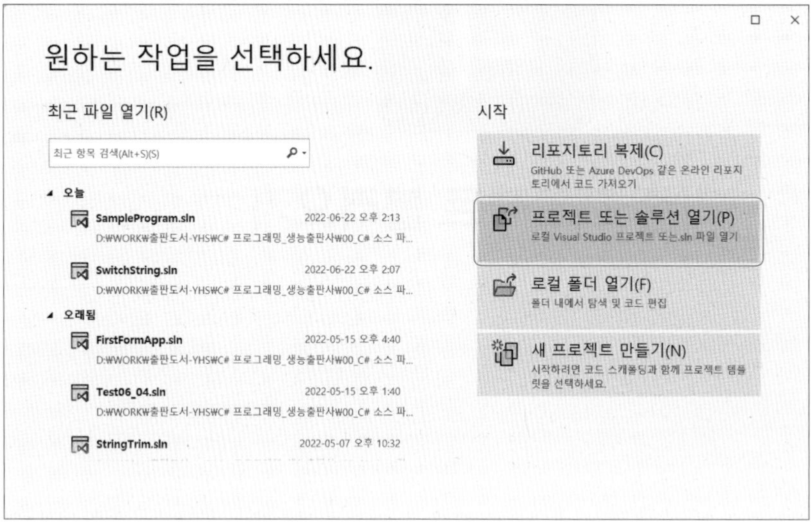

그림 1-32 작업 창에서 프로젝트 불러오기

• **Step 02 | 기존 프로젝트 선택** : 기존에 작성했던 SampleProgram 프로젝트를 불러옵니다. SampleProgram 폴더 안에 존재하는 'SampleProgram.sln' 파일을 선택하고 〈열기〉를 누릅니다.

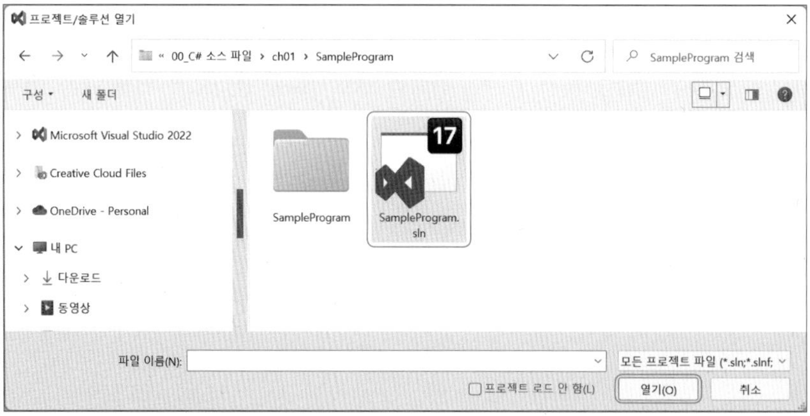

그림 1-33 프로젝트 파일 선택

• **Step 03 | 기존 프로젝트 소스 코드 확인** : 기존에 작성했던 프로젝트의 소스 코드를 확인합니다.

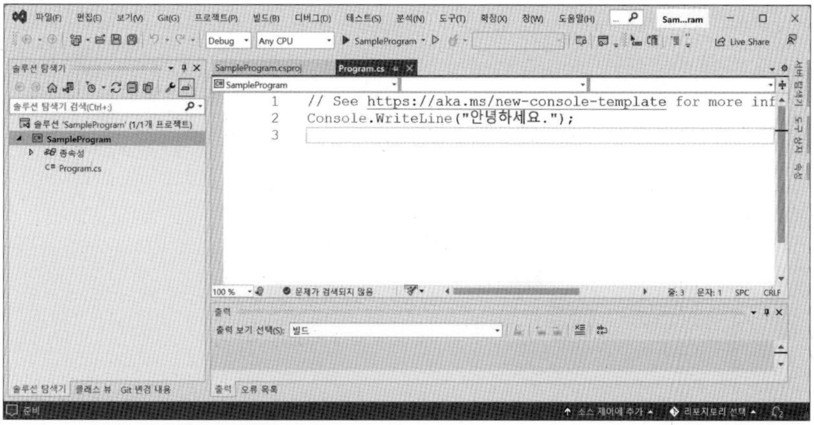

그림 1-34 기존 프로젝트 파일의 소스 코드

2 메뉴에서 불러오기

Visual Studio 2022 프로그램 화면의 메뉴에서 기존에 작성한 프로젝트를 불러오기 위해 다음 예제를 수행합니다.

예제 01-09 메뉴에서 기존 프로젝트 불러오기

• **Step 01 | 기존 프로젝트 열기** : 메뉴에서 [파일]–[열기]–[프로젝트/솔루션]을 선택합니다.

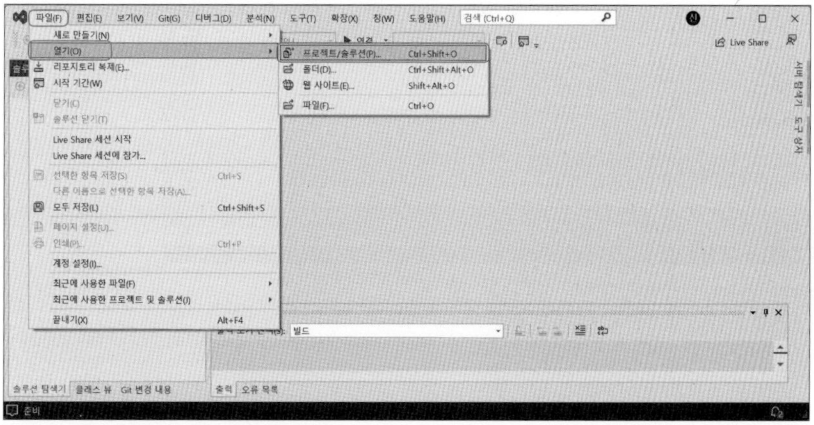

그림 1-35 메뉴에서 기존 프로젝트 불러오기

• **Step 02 | 기존 프로젝트 선택** : 기존에 작성했던 SampleProgram 프로젝트를 불러옵니다. SampleProgram 폴더 안에 존재하는 'SampleProgram.sln'파일을 선택하고 〈열기〉를 누릅니다.

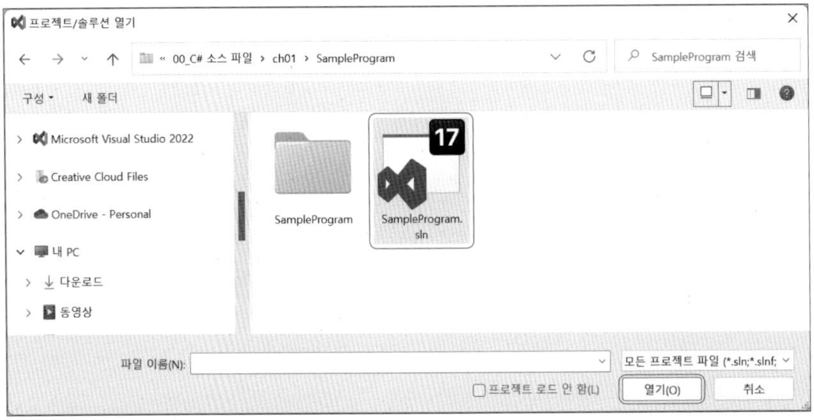

그림 1-36 프로젝트 파일 선택

• **Step 03 | 기존 프로젝트 소스 코드 확인** : 기존에 작성했던 프로젝트의 소스 코드를 확인합니다.

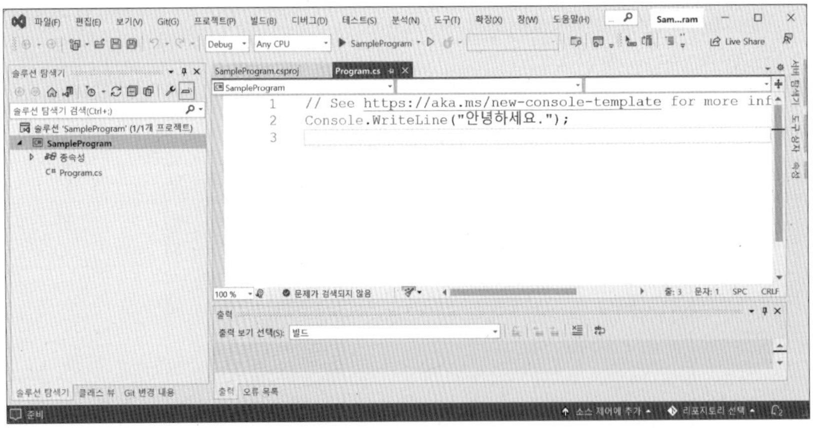

그림 1-37 기존 프로젝트 파일의 소스 코드

3 윈도우 탐색기에서 불러오기

윈도우 탐색기에서 기존에 작성한 프로젝트를 불러오기 위해 다음 예제를 수행합니다.

예제 01-10 **윈도우 탐색기에서 기존 프로젝트 불러오기**

• **Step 01 | 기존 프로젝트 열기** : 윈도우 탐색기 화면에서 기존 프로젝트가 존재하는 경로를 찾습니다. 그리고 SampleProgram 폴더에 존재하는 'SampleProgram.sln'파일을 더블클릭합니다.

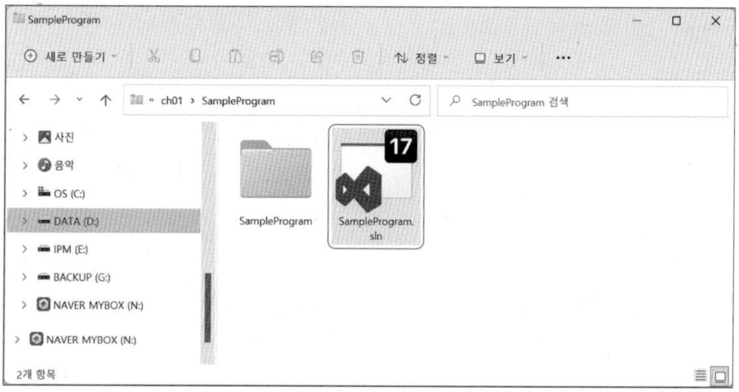

그림 1-38 프로젝트 파일 선택

• **Step 02 | 기존 프로젝트 소스 코드 확인** : 기존에 작성했던 프로젝트의 소스 코드를 확인합니다.

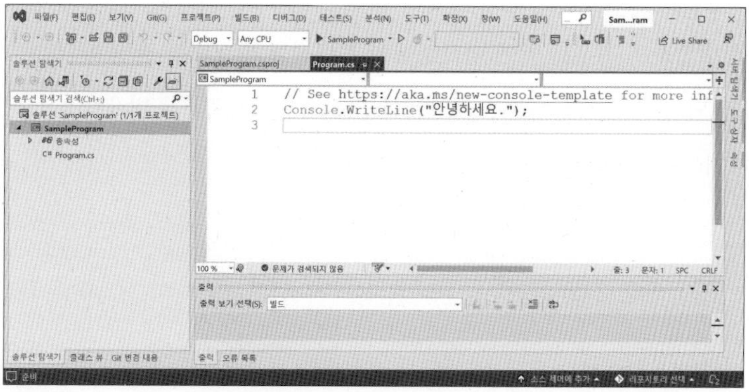

그림 1-39 기존 프로젝트 파일의 소스 코드

핵심점검

1 C#은 C++ 언어를 기반으로 ( )의 장점을 혼합하고 닷넷이라는 새로운 개념을 도입하고자 탄생하게 되었습니다.

2 C#의 특징 중 자동 가비지 콜렉션으로 ( )에 대한 사용자 부담을 줄여줍니다.

3 가비지 콜렉션은 동적으로 할당된 메모리의 영역 가운데 어떤 변수도 가리키지 않는 메모리 영역을 탐지하여 ( )으로 해제하는 기법입니다.

4 응용 프로그램을 실행시키는 실행 엔진인 CLR의 지원을 받으며 CLR은 Java의 ( )과 비슷한 역할을 수행합니다.

5 솔루션 닫기를 수행하는 이유는 앞에서 작성했던 프로젝트의 디버깅 관련 파일이 남아 있게 되어 새로 작성하는 프로젝트에 ( ) 오류를 발생할 소지가 다분하기 때문입니다.

정답 1 Java 2 메모리 3 자동 4 가상 머신 5 디버깅

연습문제

01 C#에 대한 설명으로 옳지 않은 것은?

① 마이크로소프트사에서 개발 ② 절차지향 언어

③ Java의 장점을 혼합 ④ C++언어를 기반으로 개발

02 C#의 특징에 대한 설명으로 옳지 않은 것은?

① 개발자가 사용하기 편리한 인터페이스 환경 제공

② 타입과 문법의 엄격한 제한

③ 다양한 문법의 확장 축소.

④ 닷넷의 모든 장점 보유

03 가비지 콜렉션에 대한 설명으로 옳은 것은?

① 메모리를 수동으로 해제

② 프로그램 종료 시까지 메모리 보관

③ 필요 없게 된 메모리 영역 해제

④ 메모리 영역 수동으로 탐지

04 자연어를 0과 1로 구성된 기계어로 번역하는 과정은?

① 디버깅 ② 코딩

③ 컴파일러 ④ 컴파일

05 닷넷 프레임워크에서 Java의 가상 머신과 비슷한 역할은?

① CLR ② GUI

③ API ④ CUI

06 C# 탄생과 관련이 <u>없는</u> 언어는?

① C　② C++

③ Java　④ Python

07 SDK에 대한 설명 중 <u>틀린</u> 것은?

① 닷넷 앱과 라이브러리 빌드

② 닷넷 프레임워크 사용

③ 다른 프로그램에 추가 및 연결 불가능

④ 커스텀 앱 개발 기능 제공

08 C#의 객체지향 특성을 상속받은 언어는?

① C　② C++

③ Java　④ Python

09 SDK를 설치하게 되면 포함되는 런타임이 <u>아닌</u> 것은?

① 가상 머신　② ASP.NET Core

③ 데스크톱　④ 닷넷 Core

10 C#의 특징에 대해 5개 이상을 기술하시오.

11 닷넷 프레임워크의 구조를 표현한 다음 그림을 보고 빈칸을 채우시오.

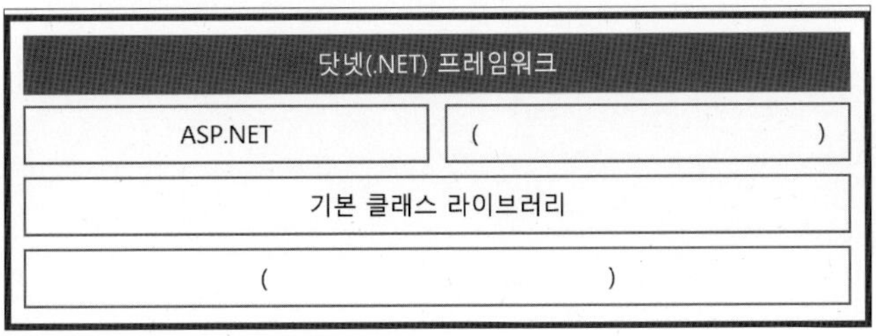

12 콘솔이란 무엇인지에 대해 설명하시오.

13 현재 작성 중이던 프로젝트를 종료하고 새로운 프로젝트를 수행하기 전에 반드시 [솔루션 닫기] 과정을 수행하는 이유를 설명하시오.

Chapter

2

기본 문법 구조

1_C# 문법 구조

2_문자와 문자열

3_비교 논리 연산자

| 핵심점검 | 연습문제 |

학습목표

- C# 문법 구조에 대해 살펴봅니다.
- 문자와 문자열을 출력하는 방법을 알아봅니다.
- 인코딩과 디코딩에 대해 이해합니다.
- 주석문의 선언과 활용 방법에 대해 알아봅니다.

SELF CHECK

1 C#은 객체지향 언어이므로 클래스와 (변수, 객체)에 대한 내용을 중점적으로 다루고 있습니다.

2 프로그램에서 static을 선언한 것은 프로그램을 수행할 때 메모리의 분배를 (정적, 동적) 방법을 적용하겠다는 의미입니다.

3 메인 함수를 수행 후 리턴값을 생략하고자 할 때는 void로 선언합니다. 이 경우 프로그램 끝에 선언하게 될 (return, goto)문 또한 생략할 수 있습니다.

4 Main( )으로 선언한다는 것은 바로 메인 함수를 의미하며 메인 함수는 전체 프로그램을 (시작, 종료)하는 위치를 나타냅니다.

5 UTF-8은 유니코드를 인코딩하는 방식으로 (8비트, 16비트) 단위로 가변 인코딩을 수행하는 형식입니다.

정답 1 객체 2 정적 3 return 4 시작 5 8비트

1

C# 문법 구조

C#의 기본 문법 구조에 대해 Visual Studio 2022 버전과 이전 버전을 비교하여 살펴보겠습니다.

1 기본 소스 코드

C#은 객체지향 언어이므로 클래스와 객체에 대한 내용을 중점적으로 다루고 있습니다. 여기서는 C#의 가장 기본이 되는 문법 구조에 대해 먼저 살펴보겠습니다.

```
static void Main(string[ ] args)
{
Console.WriteLine("안녕하세요.");
}
```

2 기존 문법 구조

앞에서 주어진 기본 소스 코드를 대상으로 기본 문법 구조에 대해 항목별로 살펴보면 다음과 같습니다.

2.1 static 선언

소스 코드의 01행에서 선언한 static은 프로그램을 수행할 때 메모리 분배는 정적 방법을 적용하겠다는 의미입니다. 정적 방법이란 프로그램이 컴파일을 수행할 때 메모리를 분배받는 방법입니다. 메인 함수를 static으로 선언하게 되면 특정 유형의 대상을 생성하지 않고 프로그램을 종료하게 됩니다.

2.2 void 선언

메인 함수를 수행 후 리턴값을 생략하고자 할 때는 void로 선언합니다. 이 경우 프로그램 끝에 선언하게 될 return 문 또한 생략할 수 있습니다. 만약 특정 값을 반환받고자 한다면 void 대신 int 또는 float를 선언해 주면 됩니다. 이때는 반드시 return 문을 선언해 줘야 합니다. 그렇지 않으면 문법 오류가 발생하게 됩니다.

2.3 Main( ) 선언

Main( )으로 선언한다는 것은 바로 메인 함수를 의미합니다. 메인 함수는 전체 프로그램을 시작하는 위치를 나타냅니다. 메인 함수는 반드시 1개만 선언해야 합니다. 메인 함수를 2개 이상 선언하게 되면 컴파일러(Visual Studio)가 프로그램을 시작할 위치를 선택할 수 없게 되므로 문법 오류가 발생하게 됩니다.

2.4 string[ ] args 선언

Main( ) 함수의 괄호 안에 선언하는 string[ ] args는 명령줄의 매개 변수가 문자열 그룹임을 의미합니다. args는 명령행의 매개 변수를 처리할 때 사용합니다. 매개 변수란 프로그램을 실행할 때 인수를 전달하기 위한 매개체 역할을 합니다.

2.5 Console.WriteLine( ) 선언

C#에서 가장 기본적인 출력을 위해 선언하는 소스 코드입니다. WriteLine( ) 메서드의 괄호 안에 큰따옴표로 묶여 있는 문자열을 화면에 출력하기 위해 선언합니다. 소스 코드 Console.WriteLine( )을 선언한다는 것은 Console 클래스의 속성을 지닌 WriteLine( ) 메서드를 사용하겠다는 의미입니다.

2.6 세미콜론 선언

소스 코드 03행의 맨 끝에 선언한 세미콜론(;)은 해당 명령문의 마지막을 의미하는 마침표의 역할을 합니다. 만약 명령문의 끝에 세미콜론을 생략하게 되면 컴파일러는 아직 명령문이 끝나지 않았다는 의미로 해석하게 됩니다. 그러므로 명령문의 끝에는 반드시 마침표 역할을 하는 세미콜론을 선언해야 합니다.

2.7 코드 블록 선언

소스 코드의 02행과 04행에 선언한 중괄호 '{' 와 '}'는 메인 함수의 명령을 수행하게 되는 소스 코드의 구간을 정하기 위한 코드 블록을 의미합니다. 코드 블록을 선언할 때 중괄호의 개수는 반드시 쌍으로 대칭하도록 선언해야 합니다. 만약 중괄호의 개수를 비대칭으로 선언하게 되면 컴파일 과정에서 문법 오류가 발생하게 되므로 주의해야 합니다.

3 출력 메서드

C#에서 사용하는 출력 메서드는 Console.WriteLine( ) 메서드입니다. 출력 메서드의 사용 형식과 의미는 다음 표와 같습니다.

표 2-1 출력 메서드

메서드 이름	의미
Console.Write( )	데이터 출력 후 줄을 바꾸지 않음
Console.WriteLine( )	데이터 출력 후 줄을 바꿈

Console.Write( ) 메서드를 사용하게 되면 데이터 출력 후 커서의 위치는 출력된 실행 결과 끝부분에 위치합니다. 그에 반해 Console.WriteLine( ) 메서드를 선언하게 되면 데이터 출력 후 커서의 위치를 다음 행으로 이동하는 강제 개행 기능이 자동으로 적용됩니다.

4 신규 문법 구조

Visual Studio 2022 버전에서는 C# 프로젝트를 생성할 때 아래와 같이 Main( ) 메서드 없이 Top Level Statement를 직접 사용하는 것을 볼 수 있습니다. Top Level Statement는 닷넷 플랫폼 9.0 버전(2009 v6.9)에서 처음 도입되었습니다. 이 책에서는 Top Level Statement가 적용된 C#의 신규 문법 구조를 사용하여 실습하도록 하겠습니다.

```
// See https://aka.ms/new-console-template for more information
Console.Write("문자 출력 : ");
Console.WriteLine('A');
Console.Write("문자열 출력 : ");
Console.WriteLine("반갑습니다.");
```

5 출력 형식 지정자

출력 형식 지정자는 포맷 문자열에서 출력할 내용을 어떠한 형식으로 출력할 것인지를 나타낼 때 사용합니다. 출력 형식 지정자를 선언하는 문법 구조는 다음과 같습니다.

```
{인덱스[,배치][:포맷문자열]}
```

자주 사용하는 출력 형식 지정자는 다음 표와 같습니다.

표 2-2 출력 형식 지정자의 종류

형식 지정자	의미	소스 코드 선언	출력 결과
D	10진수	Console.WriteLine("{0:D}", 123)	123
E	지수	Console.WriteLine("{0:E}", 12345.6789)	1.234568E+004
F	고정소수점	Console.WriteLine("{0:F}", 123.456)	123.46
G	일반	Console.WriteLine("{0:G}", 123.456)	123.456
N	숫자	Console.WriteLine("{0:N}", 123456)	123,456.00
P	백분율	Console.WriteLine("{0:P}", 0.38)	38%
X	16진수	Console.WriteLine("0x{0:X}", 12345)	0x3039

2

문자와 문자열

1 문자

문자는 유니코드 1개를 의미하며 작은따옴표('A')로 묶어 표현합니다. 유니코드란 세계 모든 언어와 기호에 값을 부여한 코드를 의미합니다. 유니코드의 종류는 UTF-8, UTF-16, EUC-KR 등이 있습니다. 우리나라에서 주로 사용하는 유니코드 형식은 UTF-8과 EUC-KR입니다.

UTF-8은 유니코드를 인코딩하는 방식으로 8비트(1byte) 단위로 가변 인코딩을 수행하는 형식입니다. 그리고 EUC-KR은 한글을 표현하기 위해 16비트(2byte) 단위로 인코딩을 수행합니다. 인코딩이란 문자를 2진 숫자 코드로 변환하는 과정을 의미하며 디코딩은 2진 숫자 코드를 문자로 변환하는 과정을 의미합니다.

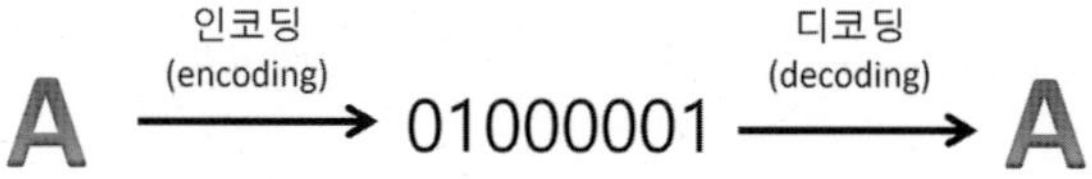

그림 1-1 문자 처리를 위한 인코딩과 디코딩

알파벳 대문자 A를 모니터에 출력하려면 다음과 같이 선언합니다. WriteLine( ) 메서드를 사용하여 문자를 처리할 때는 'A'와 같이 알파벳을 작은따옴표로 묶어줍니다. 숫자에도 '5'와 같이 선언하게 되면 숫자가 아닌 문자로 인식하게 됩니다.

```
Console.WriteLine('A'); // 알파벳 A를 문자로 처리
Console.WriteLine('5'); // 5는 숫자가 아닌 문자로 처리
Console.WriteLine(7);   // 7은 숫자로 처리
```

2 문자열

문자열은 연속된 문자들을 모아 "대한민국"과 같이 큰따옴표로 묶어 표현합니다. 문자열 또한 WriteLine( ) 메서드를 사용하여 출력합니다. 숫자에도 "8"과 같이 큰따옴표로 묶어 선언하게 되면 숫자가 아닌 문자열로 처리됩니다.

```
Console.WriteLine("A"); // 알파벳 A를 문자열로 처리
Console.WriteLine("8"); // 8은 숫자가 아닌 문자로 처리
Console.WriteLine(9);   // 9는 숫자로 처리
```

알파벳 'A'와 문자열 "반갑습니다."를 출력하기 위해 다음 예제를 수행합니다. 앞으로 실습하는 소스 코드는 '장/프로젝트명/파일명'의 형태로 표기하겠습니다.

예제 02-01 **문자와 문자열 출력하기**

• **Step 01 | 비주얼 스튜디오 실행** : Visual Studio 프로그램을 실행합니다.

• **Step 02 | 프로젝트 생성** : 프로젝트명은 'CSProgram'으로 입력합니다. 소스 파일명은 CSprint.cs로 변경합니다.

• **Step 03 | 소스 코드 입력** : 문자와 문자열을 출력하기 위해 다음과 같이 소스 코드를 입력합니다. 소스 코드 입력 후 단축키 F5를 눌러 실행 결과를 확인합니다.

```
// See https://aka.ms/new-console-template for more informatio
Console.Write("문자 출력 : ");
Console.WriteLine('A');
Console.Write("문자열 출력 : ");
Console.WriteLine("반갑습니다.");
```

실행 결과

```
문자 출력 : A
문자열 출력 : 반갑습니다.
```

3 주석문

주석문은 소스 코드 안에 기록하는 메모와 같은 역할을 합니다. 소스 코드 안에 선언한 주석문은 컴파일 과정에서 소스 코드에 전혀 지장을 주지 않습니다. 주석문은 소스 코드의 유지/보수 효율화를 위해 주로 사용합니다.

3.1 한 줄 주석문

소스 코드 안에 주석문을 한 줄로 선언할 때는 겹슬래시(//)를 사용하여 다음과 같이 선언합니다.

```
Console.WriteLine("반갑습니다."); // 문자열을 출력 후 강제 개행
```

3.2 여러 줄 주석문

소스 코드 안에 주석문을 여러 줄로 선언할 때는 /*로 시작하여 */로 끝내도록 다음과 같이 선언합니다.

```
/* 프로그램 작성자 : 홍길동
   소속 : 기획실
   업데이트 일자 : 2038. 12. 25  */
Console.Write("반갑습니다.");
```

4 이스케이프 문자

이스케이프 문자는 이스케이프 시퀀스를 따르는 문자들로서 다음 문자가 특수 문자임을 의미하는 백슬래시(\ 또는 ₩)를 사용합니다. 일부 제어 시퀀스인 이스케이프 문자들은 미리 예약어로 등록되어 있습니다. C#에서 자주 사용하는 이스케이프 문자의 종류는 다음 표와 같습니다.

표 2-3 이스케이프 문자의 종류

이스케이프 문자	의미	참고
\	시퀀스 문자 시작	다음 문자가 특수 문자임을 선언
\n	줄 바꿈	개행문자(캐리지 리턴)
\t	수평 탭	문자열을 출력할 때 일정 간격 띄움
\‘	작은따옴표	문자 또는 문자열 앞/뒤에 선언
\“	큰따옴표	특정 단어를 강조할 때 선언

이스케이프 문자를 사용하여 주어진 문자열을 특정 형식에 맞게 출력하기 위해 다음 예제를 수행합니다.

예제 02-02 이스케이프 문자를 사용하여 문자열 출력하기

• **Step 01 | 프로젝트 생성** : 프로젝트명은 'ESCProgram'으로 입력합니다. 소스 파일명은 ESCprint.cs로 변경합니다.

• **Step 02 | 소스 코드 입력** : 이스케이프 문자를 사용합니다. 주어진 문자열을 특정 형식에 맞게 설정합니다. 그리고 출력하기 위해 다음과 같이 소스 코드를 입력합니다. 단축키 F5를 눌러 실행 결과를 확인합니다.

```
// See https://aka.ms/new-console-template for more informatio
Console.WriteLine("대한\t민국");
Console.WriteLine("용기는 \ " 진실\'에서 우러나온다.");
Console.WriteLine("오늘보다\n내일은 희망차다.");
```

실행 결과

```
대한	민국
용기는 '진실'에서 우러나온다.
오늘보다
내일은 희망차다.
```

5 문자열 연결 연산자

문자열은 연결 연산자 '+'를 사용하여 2개 또는 3개 이상의 문자열을 연결할 수 있습니다. 문자열 연결 연산자의 의미는 다음 표와 같습니다.

표 2-4 문자열 연결 연산자

연산자	의미	참고
+	문자열 연결	문자열1 + 문자열2 + 문자열3

문자열 연결 연산자를 사용하여 주어진 여러 개의 문자열을 하나의 문자열로 연결하여 출력하기 위해 다음 예제를 수행합니다.

예제 02-03 여러 개의 문자열을 연결하여 출력하기

- **Step 01 | 프로젝트 생성** : 프로젝트명은 'SCProgram'으로 입력합니다. 소스 파일명은 SCprint.cs로 변경합니다.

- **Step 02 | 소스 코드 입력** : 연결 연산자를 사용합니다. 주어진 여러 개의 문자열을 하나의 문

자열로 연결합니다. 그리고 출력하기 위해 다음과 같이 소스 코드를 입력합니다. 단축키 F5 를 눌러 실행 결과를 확인합니다.

ch02/SCprogram/SCprogram/SCprint.cs

```
// See https://aka.ms/new-console-template for more informatio
Console.WriteLine("대" + "한" + "민국");
Console.WriteLine("자축인묘" + "진사오" + "미신유술해");
```

실행 결과

```
대한민국
자축인묘진사오미신유술해
```

6 문자 선택 괄호

주어진 문자열 중에서 특정 위치에 존재하는 문자만 선택하여 출력할 수 있습니다. 문자열은 배열의 형태를 가지고 있습니다. 그러므로 문자열 다음 위치에 0부터 시작하는 인덱스 번호를 대괄호 안에 선언하게 되면 주어진 문자열 중에서 특정 위치에 존재하는 문자만 선택할 수 있습니다. 문자열에서 특정 문자를 선택할 때 사용하는 괄호와 사용 형식은 다음 표와 같습니다.

표 2-5 문자 선택 괄호

연산자	의미	참고
"문자열"[인덱스]	문자열 중 특정 위치의 문자 선택	"대한민국"[2] → 민

대괄호와 0부터 시작하는 인덱스 번호를 선언하여 주어진 문자열에서 특정 위치의 문자만 선택하여 출력하기 위해 다음 예제를 수행합니다.

예제 02-04 주어진 문자열에서 특정 문자를 선택하여 출력하기

• **Step 01 | 프로젝트 생성** : 프로젝트명은 'SSprogram'으로 입력합니다. 소스 파일명은 SSprint.cs로 변경합니다.

• **Step 02 | 소스 코드 입력** : 주어진 문자열에서 특정 위치에 존재하는 문자를 선택합니다. 그리고 출력하기 위해 다음과 같이 소스 코드를 입력합니다. 단축키 F5를 눌러 실행 결과를 확인합니다.

ch02/SSprogram/SSprogram/SSprint.cs

```
// See https://aka.ms/new-console-template for more informatio
Console.WriteLine("대한민국"[0]);
Console.WriteLine("대한민국"[1]);
Console.WriteLine("대한민국"[2]);
Console.WriteLine("대한민국"[3]);
```

실행 결과

```
대
한
민
국
```

Quiz (   )는 포맷 문자열에서 출력할 내용을 어떠한 형식으로 출력할 것인지를 나타낼 때 사용합니다.

정답
출력 형식 지정자

3

비교 논리 연산자

1 부울 연산자

부울 연산자는 참(True)과 거짓(False)을 표현할 때 사용합니다. 부울 연산자로 표현할 수 있는 결과는 True와 False라는 두 가지 형태로만 결과를 보여줍니다. C#에서 사용되는 부울 연산자의 기본값을 출력하기 위해 다음 예제를 수행합니다.

예제 02-05 부울 연산자의 기본값 출력하기

• **Step 01 | 프로젝트 생성** : 프로젝트명은 'DDprogram'으로 입력합니다. 소스 파일명은 DDprint.cs로 변경합니다.

• **Step 02 | 소스 코드 입력** : 부울 연산자의 기본값을 출력하기 위해 다음과 같이 소스 코드를 입력합니다. 단축키 F5를 눌러 실행 결과를 확인합니다.

ch02/DDprogram/DDprogram/DDprint.cs

```
// See https://aka.ms/new-console-template for more informatio
Console.Write("참 : ");
Console.WriteLine(true);
Console.Write("거짓 : ");
Console.WriteLine(false);
```

실행 결과

```
참 : True
거짓 : False
```

2 비교 연산자

비교 연산자는 주어진 2개 이상의 피연산자를 비교하여 True와 False의 결과값을 반환할 때 사용합니다. 비교 연산자의 종류는 다음 표와 같습니다.

표 2-6 연산자의 종류

연산자	의미	참고
==	왼쪽과 오른쪽 값이 같음	88 == 99 → False
!=	왼쪽과 오른쪽 값이 같지 않음	88 != 99 → True
>	왼쪽 값이 오른쪽 값보다 큼	88 > 99 → False
<	왼쪽 값이 오른쪽 값보다 작음	88 < 99 → True
>=	왼쪽 값이 오른쪽 값보다 크거나 같음	88 >= 99 → False
<=	왼쪽 값이 오른쪽 값보다 작거나 같음	88 <= 99 → True

비교 연산자를 사용하여 2개의 피연산자를 비교 후 True와 False로 결과값을 출력하기 위해 다음 예제를 수행합니다.

예제 02-06 비교 연산자를 선언하여 부울 결과값 출력하기

- **Step 01 | 프로젝트 생성** : 프로젝트명은 'COprogram'으로 입력합니다. 소스 파일명은 COprint.cs로 변경합니다.

- **Step 02 | 소스 코드 입력** : 비교 연산자를 사용합니다. 그리고 결과값을 출력하기 위해 다음과 같이 소스 코드를 입력합니다. 단축키 F5를 눌러 실행 결과를 확인합니다.

ch02/COprogram/COprogram/COprint.cs

```
// See https://aka.ms/new-console-template for more informatio
Console.Write("88 > 99의 비교 연산 결과 : ");
Console.WriteLine(88 > 99);
Console.Write("88 <= 99의 비교 연산 결과 : ");
Console.WriteLine(88 <= 99);
```

실행 결과

```
88 > 99의 비교 연산 결과 : False
88 <= 99의 비교 연산 결과 : True
```

3 논리 연산자

논리 연산자는 2개 이상의 피연산자를 대상으로 NOT, OR, AND 연산을 수행합니다. NOT 연산자인 '!'는 단항 연산자입니다. 그리고 OR 연산자인 '||' 연산자와 AND 연산자인 '&&' 연산자는 이항 연산자라고 합니다. 논리 연산자의 종류는 다음 표와 같습니다.

표 2-7 논리 연산자의 종류

연산자	의미	참고
!	논리 부정	!true → False
||	논리합	true || false → True
&&	논리곱	true && false → False

논리 연산자를 사용하여 True와 False로 결과값을 출력하기 위해 다음 예제를 수행합니다.

예제 02-07 논리 연산자를 사용하여 결과값 출력하기

• **Step 01 | 프로젝트 생성** : 프로젝트명은 'LOprogram'으로 입력합니다. 소스 파일명은 LOprint.cs로 변경합니다.

• **Step** 02 | **소스 코드 입력** : 비교 연산자를 사용합니다. 그리고 결과값을 출력하기 위해 다음과 같이 소스 코드를 입력합니다. 단축키 F5를 눌러 실행 결과를 확인합니다.

ch02/LOprogram/LOprogram/LOprint.cs

```
// See https://aka.ms/new-console-template for more informatio
Console.Write("!false의 논리 연산 결과 : ");
Console.WriteLine(!false);
Console.Write("true || false의 논리 연산 결과 : ");
Console.WriteLine(true || false);
Console.Write("true && false의 논리 연산 결과 : ");
Console.WriteLine(true && false);
```

실행 결과

```
!false의 논리 연산 결과 : True
true || false의 논리 연산 결과 : True
true && false의 논리 연산 결과 : False
```

왼쪽 피연산자인 A와 오른쪽 피연산자인 B에 대한 OR 논리 연산과 AND 논리 연산 후 결과값은 다음 표와 같습니다.

표 2-8 OR 및 AND 논리 연산 결과

A	B	A || B	A && B
true	true	true	true
true	false	true	false
false	true	true	false
false	false	false	false

OR(||) 논리 연산자의 경우 왼쪽과 오른쪽 피연산자 중 어느 하나라도 true이면 결과값은 True가 반환됩니다. 하지만 AND(&&) 논리 연산자의 경우 왼쪽과 오른쪽 피연산자가 모두 true인 경우에만 True 결과값을 반환해 줍니다.

핵심점검

1 정적 메모리 방법이란 프로그램이 (   ) 을 수행할 때 메모리를 분배받는 방법입니다.

2 명령문의 끝에 (   ) 을 생략하게 되면 컴파일러는 아직 명령문이 끝나지 않았다는 의미로 해석하게 됩니다.

3 중괄호의 개수를 (   ) 으로 선언하게 되면 컴파일 과정에서 문법 오류가 발생하게 되므로 주의해야 합니다.

4 문자는 유니코드 1개를 의미하며 인코딩이란 문자를 (   ) 코드로 변환하는 과정을 의미합니다.

5 이스케이프 문자는 이스케이프 시퀀스를 따르는 문자들로서 다음 문자가 특수 문자임을 의미하는 (   ) 를 사용합니다.

정답 1 컴파일 2 세미콜론 3 비대칭 4 2진 숫자 5 백슬래시

연습문제

01 C#의 기본 문법 구조에 속한 것이 아닌 것은?

① static ② Main( )

③ string[ ] args ④ public

02 Console 클래스의 속성을 지닌 WriteLine( ) 메서드의 선언 형식은?

① WriteLine.Console( ) ② Console.WriteLine( )

③ Console(WriteLine) ④ WriteLine(Console)

03 명령의 구간을 코드 블록으로 지정할 때 사용하는 것은?

① 소괄호 ② 대괄호

③ 큰따옴표 ④ 중괄호

04 10진수를 나타내는 출력 형식 지정자는?

① D ② E

③ F ④ G

05 문자열을 연결할 때 사용하는 연산자는?

① + ② /

③ ₩ ④ *

06 논리합을 나타내는 연산자는?

① && ② !

③ || ④ >=

07 메인 함수를 선언할 때 반환값을 생략하기 위해 선언하는 것은?

① int ② float
③ void ④ double

08 C# 프로그램의 시작 위치는?

① Console.Write( ) ② Main( )
③ 중괄호 명령 구간 ④ return

09 C#에서 명령문의 끝에 붙여주는 기호는?

① 앰퍼샌드(&) ② 마침표(.)
③ 콜론(:) ④ 세미콜론(;)

10 Console.WriteLine("{0:F}", 78.578);의 출력 결과는?

① 78.578 ② 78.57
③ 78.570 ④ 78.59

11 우리나라에서 주로 사용하는 유니코드 형식은?

① UTF-8 ② UTF-16
③ UTF-32 ④ UTF-64

12 다음 중 변수에 문자를 올바르게 입력한 것은?

① ch = A; ② ch = 'A';
③ ch = "A"; ④ ch = "'A'"

13 소스 코드 안에 기록하는 메모와 같은 역할을 수행하는 것은?

① 반복문 ② 주석문

③ 조건문 ④ 점프문

14 다음 중 주석문을 올바르게 선언한 것은?

① /* ... /* ② */ ... */

③ */ ... /* ④ /* ... */

15 다음 중 수평 탭을 의미하는 이스케이프 문자는?

① \ ② \n

③ \t ④ \tt

16 2개 이상의 문자열을 연결할 때 사용하는 연산자는?

① + ② −

③ * ④ /

17 다음과 같이 주어지 소스 코드를 보고 각 항목에서 의미하는 바를 간략하게 설명하시오.

```
static void Main(string[ ] args)
```

(1) static −

(2) string[ ] args −

18 다음 그림을 보고 빈 괄호에 들어갈 단어를 입력하시오.

A —( )→ 01000001 —( )→ A

19 다음 표를 보고 빈 괄호에 들어갈 이스케이프 문자를 입력하시오.

이스케이프 문자	의미	참고
( )	시퀀스 문자 시작	다음 문자가 특수 문자임을 선언
( )	줄 바꿈	개행문자(캐리지 리턴)
( )	수평 탭	문자열을 출력할 때 일정 간격 띄움
( )	작은따옴표	문자 또는 문자열 앞/뒤에 선언
( )	큰따옴표	특정 단어를 강조할 때 선언

20 다음과 같이 주어진 소스 코드를 보고 실행 결과를 기술하시오.

```
Console.WriteLine("컴퓨터프로그래밍"[1]);
Console.WriteLine("컴퓨터프로그래밍"[4]);
```

Chapter

3

데이터 다루기

학습목표

- 변수와 상수에 대해 알아봅니다.
- 데이터의 종류를 결정하는 자료형에 대해 알아봅니다.
- 데이터 자료형의 변환 방법과 연산자에 대해 알아봅니다.
- 데이터 입력 메서드와 예외 상황 처리 방법에 대해 알아봅니다.

SELF CHECK

1 변수란 변화하기 쉬운 값 또는 변화하는 값을 저장할 때 사용하며 변수를 (식별자, 예약어)라고 합니다.

2 (상수, 변수)란 변화하지 않는 고유의 값을 의미합니다. (상수, 변수)는 변경되거나 변경될 수 있는 값을 저장하기 위해 선언합니다.

3 나머지 연산자인 %는 나눗셈을 수행한 결과 (몫, 나머지)은(는) 제외하고 (몫, 나머지)의 값만을 추출할 때 사용합니다.

4 (논리 오류, 문법 오류)는 컴퓨터 프로그래밍에서 프로그램이 부정확하게 동작하게 하지만 비정상적으로 종료 또는 충돌하는 사례를 발생시키지 않는 버그 현상을 의미합니다.

5 예외 처리란 프로그램이 (실행, 종료)되는 동안 예상하지 못했던 문제가 발생하여 생긴 오류를 처리하는 것입니다.

정답 1 식별자 2 상수, 변수 3 몫, 나머지 4 논리 오류 5 실행

1

변수와 상수

1 변수

변수Variable란 변화하기 쉬운 값 또는 변화하는 값을 저장할 때 사용하는 식별자를 의미합니다. 변수는 프로그램이 실행되는 동안 수시로 데이터값이 변하는 정보를 보유하고 있습니다. 그렇기 때문에 프로그래머로부터 데이터를 입력받거나 연산을 수행하게 되면 그 결과값을 저장할 메모리 공간이 필요합니다. 이와 같은 저장 공간을 변수라고 부릅니다.

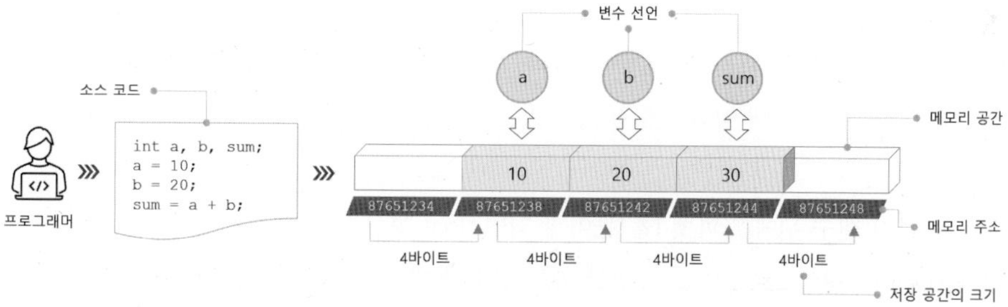

그림 3-1 변수 선언과 메모리 공간

변수는 상수 또는 문자와 문자열 등을 대입하기 위한 공간으로 프로그램의 수정 및 유지/보수를 원활히 수행하기 위해 사용합니다. 변수는 변할 수 있는 값을 저장하기 위해 사용하므로 변수를 선언할 때는 데이터의 크기를 고려하여 자료형을 선언해야 합니다. 자료형에 대해서는 다음 섹션에서 다루도록 하겠습니다.

✓ **Check Point** | **변수 선언에 따른 데이터가 저장되는 장소는?**

프로그래밍을 수행할 때 변수를 선언하게 되면 컴파일러(Visual Studio)는 운영체제의 도움을 받아 컴퓨터의 주기억장치인 RAM(Random Access Memory)에 저장 공간을 확보합니다. 변수에 값을 대입하게 되면 확보한 메모리 공간에 데이터를 저장합니다.

2 상수

상수Constant란 변화하지 않는 고유의 값을 의미합니다. 변수는 변경되거나 변경될 수 있는 값을 저장하기 위해 선언합니다. 그에 반해 상수는 변하지 않는 고유의 값을 가지고 프로그램을 종료할 때까지 수행합니다. 상수의 종류는 다음과 같습니다.

- 정수 상수 : 10, –23, 789, –1234
- 실수 상수 : 3.141592, –12.88, 75f, 0.1234567890123m
- 문자 상수 : 'A', 'z', '가', '왕'
- 문자열 상수 : "space", "B", "안녕", "도서관"

실수형 상수는 숫자 뒤에 붙는 알파벳에 따라 실수형 상수의 의미가 각각 다릅니다. 먼저 '3.141592'와 같이 상수 뒤에 알파벳을 붙이지 않으면 double형식의 데이터로 처리됩니다.

그리고 '75f'와 같이 실수 뒤에 알파벳 f를 붙이게 되면 float 형식으로 데이터를 변수에 직접 할당하게 됩니다. decimal 형식으로 변수를 선언할 때는 변수에 대입할 상수는 '0.1234567890123m'과 같이 상수 뒤에 알파벳 m을 반드시 붙여줘야 합니다. 그렇지 않으면 문법 오류가 발생하게 됩니다.

2

데이터 자료형

1 정수 자료형

정수 자료형은 양의 정수와 음의 정수를 다룰 때 사용합니다. 정수 자료형 변수에 실수를 대입하게 되면 소수점 이하 숫자는 무시되어 처리되므로 주의해야 합니다.

예를 들어 int a = 8.95라고 선언하게 되면 변수 a는 8의 값만 데이터로 처리하고 0.95는 무시하게 됩니다. 변수를 선언할 때의 자료형은 대입하려는 값의 유형에 따라 올바르게 선언해야 합니다. C#에서 자주 사용하는 정수 자료형의 종류는 다음 표와 같습니다.

표 3–1 정수 자료형의 종류

자료형	의미	크기	저장할 수 있는 값의 유효 범위
byte	byte	1 바이트	0 ~ 255
sbyte	signed byte	1 바이트	–128 ~ 127
short	signed short	2 바이트	–32,768 ~ 32,767
ushort	unsigned short	2 바이트	0 ~ 65,535
int	signed int	4 바이트	–2,147,483,648 ~ 2,147,483,647
uint	unsigned int	4 바이트	0 ~ 4,294,967,295
long	signed long	8 바이트	–9,223,372,036,854,775,808 ~ 9,223,372,036,854,775,807
ulong	unsigned long	8 바이트	0 ~ 18,446,744,073,709,551,615

1.1 사칙 연산자

정수형 변수를 선언하여 덧셈(+), 뺄셈(-), 곱셈(*), 나눗셈(/)에 대한 사칙 연산을 수행하고 실행 결과를 출력하기 위해 다음 예제를 수행합니다. 나눗셈에서 0으로 나누게 되면 실행오류가 발생하게 되므로 주의해야 합니다.

예제 03-01 정수형 변수를 선언하여 사칙 연산 후 실행 결과 출력하기

• **Step 01 | 프로젝트 생성** : 프로젝트명은 'ArithmeticOperation'으로 입력합니다. 소스 파일명은 AOprint.cs로 변경합니다.

• **Step 02 | 소스 코드 입력** : 정수형 변수를 선언합니다. 그리고 변수에 대입된 데이터를 대상으로 사칙 연산을 수행합니다. 변수에 저장된 데이터값을 출력하기 위해 다음과 같이 소스 코드를 입력합니다. 단축키 F5를 눌러 실행 결과를 확인합니다.

ch03/ArithmeticOperation/ArithmeticOperation/AOprint.cs

```
// See https://aka.ms/new-console-template for more information
int a, b, hap, cha, gob, na;
a = 10;
b = 20;

hap = a + b;
cha = a - b;
gob = a * b;
na = a / b;

Console.WriteLine("a=10, b=20일 때, 사칙 연산 결과");
Console.WriteLine("a + b = " + hap);
Console.WriteLine("a - b = " + cha);
Console.WriteLine("a * b = " + gob);
Console.WriteLine("a / b = " + na);
```

실행 결과

```
a=10, b=20일 때 사칙 연산 결과
a + b = 30
a - b = -10
a * b = 200
a / b = 0
```

나눗셈 연산을 수기로 계산해 보면 10/20=0.5가 계산됩니다. 하지만 프로그램 실행한 결과 나눗셈 연산 결과값은 0으로 출력되었습니다. 그 이유는 나눗셈 연산 결과값을 저장하기 위해 선언한 변수의 자료형이 바로 정수형이기 때문입니다.

정수 자료형으로 변수를 선언하게 되면 소수점 이하의 값은 모두 무시되어 0.5가 아닌 0의 값이 변수에 저장됩니다. 정수 자료형의 변수를 선언하여 나눗셈 연산을 수행할 때는 바로 이 부분을 주의해야 합니다.

1.2 나머지 연산자

나머지 연산자(%)는 나눗셈을 수행 후 몫은 제외하고 나머지 값만을 추출할 때 사용합니다. 나머지 연산자는 홀수와 짝수를 판별할 때 2로 나눈 나머지 값이 0이면 짝수, 아니면 홀수인 것을 판별할 때 주로 사용하며 배수를 판별할 때도 활용됩니다. 나머지 연산자를 사용하여 실행 결과를 출력하기 위해 다음 예제를 수행합니다.

예제 03-02 나머지 연산자를 사용하여 나머지 값만 출력하기

• **Step 01 | 프로젝트 생성** : 프로젝트명은 'RemainderOperation'으로 입력합니다. 소스 파일명은 ROprint.cs로 변경합니다

• **Step 02 | 소스 코드 입력** : 나머지 연산자를 사용하여 몫은 제외합니다. 그리고 나머지 값만 출력하기 위해 다음과 같이 소스 코드를 입력합니다. 단축키 F5를 눌러 실행 결과를 확인합니다.

ch03/RemainderOperation/RemainderOperation/ROprint.cs

```
// See https://aka.ms/new-console-template for more information
int a, b, c, result;
a = 10;
b = 2;

result = a % b;

Console.WriteLine("a = 10, b = 2 일 때, 나머지 연산 결과");
Console.WriteLine("a % b = " + result);
```

실행 결과

```
a = 10, b = 2 일 때, 나머지 연산 결과
a % b = 0
```

2 실수 자료형

실수 자료형은 소수점을 포함하는 데이터를 처리할 때 사용합니다. 컴퓨터에서는 소수점이 특정 위치에 고정되어 있지 않고 소수점의 위치를 지정하는 부동 소수점Floating-point 방식으로 표현합니다.

부동 소수점이란 소수점의 위치가 물에 둥둥 떠다니는 것처럼 소수점이 특정 위치에 고정되어 있지 않다는 것을 의미합니다. C#에서 자주 사용하는 실수 자료형의 종류는 다음 표와 같습니다.

표 3-2 실수 자료형의 종류

자료형	의미	크기	저장할 수 있는 값의 유효 범위
float	단일 정밀도 (자릿수 : 7개까지 처리)	4 byte	-3.402823e38 ~ 3.402823e38
double	복수 정밀도 (자릿수 : 16개까지 처리)	8 byte	-1.79769313486232e308 ~ 1.79769313486232@308
decimal	복수 초정밀도 (자릿수 : 28개까지 처리)	16 byte	±1.0 x 10e-28 ~ ±7.9 x 10e28

2.1 논리 오류가 있는 실수 자료형 선언

실수 자료형 변수를 선언할 때 float형과 double형을 제대로 구분하지 않고 선언하게 되면 의도하지 않은 논리 오류 결과값이 출력됩니다. 논리 오류가 있는 자료형 선언에 대해 살펴보기 위해 다음 예제를 수행합니다.

예제 03-03 논리 오류가 있는 실수 자료형 선언의 결과값 확인하기

• **Step 01 | 프로젝트 생성** : 프로젝트명은 'FloatDataErr'로 입력합니다. 소스 파일명은 FEprint.cs로 변경합니다.

• **Step 02 | 소스 코드 입력** : 실수 자료형의 변수 선언에 대한 논리 오류를 확인하기 위해 다음과 같이 소스 코드를 입력합니다. 단축키 F5를 눌러 실행 결과를 확인합니다.

ch03/FloatDataErr/FloatDataErr/FEprint.cs

```
// See https://aka.ms/new-console-template for more information
float a, b, result1;
double result2;
a = 2;
b = 3;
result1 = a / b;
result2 = a / b;

Console.WriteLine("float = " + result1);
Console.WriteLine("double = " + result2);
```

실행 결과

```
float = 0.6666667
double = 0.6666666865348816
```

실행 결과를 살펴보면 float 형식은 정상적인 연산 결과값인 0.6666667이 출력되었습니다. 하지만 double 형식은 정상적인 연산 결과값 0.6666666666666666이 아닌 0.6666666865348816으로 출력되었습니다. 그 이유는 실수형 변수를 선언할 때 float 형식과 double 형식에 대한 변수를 명확하게 구분하여 선언하지 않았기 때문입니다. 이와 같은 논리 오류를 해결하기 위해서는 실수 자료형을 제대로 선언해야 합니다.

✓ Check Point | 논리 오류란 무엇인가?

컴퓨터 프로그래밍에서 프로그램이 부정확하게 동작하지는 않지만 비정상적으로 종료 또는 충돌하는 사례를 발생시키지 않는 버그 현상을 의미합니다. 즉 프로그램이 엉터리로 동작하지만 컴파일과 실행은 정상적으로 진행되는 오류를 논리 오류라고 합니다.

2.2 논리 오류 해결하기

실수 자료형 변수를 선언할 때 발생할 수 있는 논리 오류를 해결하기 위해 다음 예제를 수행합니다.

예제 03-04 논리 오류를 해결한 실행 결과 출력하기

• **Step 01 | 프로젝트 생성** : 프로젝트명은 'FloatData'로 입력합니다. 소스 파일명은 FDprint.cs로 변경합니다.

• **Step 02 | 소스 코드 입력** : 논리 오류를 해결하기 위해 다음과 같이 소스 코드를 입력합니다. 단축키 F5를 눌러 실행 결과를 확인합니다.

ch03/FloatData/FloatData/FDprint.cs

```
// See https://aka.ms/new-console-template for more information
float a, b, result1;
a = 2;
b = 3;
result1 = a / b;

double c, d, result2;
c = 2;
d = 3;
```

```
result2 = c / d;

Console.WriteLine("float = " + result1);
Console.WriteLine("double = " + result2);
```

실행 결과

```
float = 0.6666667
double = 0.6666666666666666
```

실행 결과를 살펴보면 float 형식은 소수점 이하 7자리까지 출력되었고 double 형식은 소수점 이하 16자리까지 데이터가 출력되었습니다. 그리고 float 형식은 반올림이 적용되었으나 double 형식은 반올림이 적용되지 않은 결과값으로 출력된 것을 확인할 수 있습니다.

2.3 Decimal 형식

프로그램 실행 결과값을 소수점 이하 28자리까지 출력하려면 실수 자료형 변수를 decimal 형식으로 선언하면 됩니다. 실수형 변수를 decimal 형식으로 선언하고 변수에 데이터값을 대입할 때는 숫자 맨 뒤에 알파벳 'm'을 반드시 붙여줘야 합니다. 그렇지 않으면 문법 오류가 발생하게 되므로 주의 바랍니다.

예제 03-05　decimal 형식으로 선언한 실수형 변수의 값 출력하기

- **Step 01 | 프로젝트 생성** : 프로젝트명은 'FloatDecimal'로 입력합니다. 소스 파일명은 FDEprint.cs로 변경합니다.

- **Step 02 | 소스 코드 입력** : decimal 형식으로 실수형 변수의 값을 선언하고 출력하기 위해 다음과 같이 소스 코드를 입력합니다. 단축키 F5를 눌러 실행 결과를 확인합니다.

ch03/FloatDecimal/FloatDecimal/FDEprint.cs

```
// See https://aka.ms/new-console-template for more information
decimal a, b;
a = 0.1234567890123456789012345678901 23m;  // 숫자 뒤에 m을 반드시 첨부
b = 3.14159265358979323846264338327950288 4197m;

Console.WriteLine("decimal = " + a);
Console.WriteLine("decimal = " + b);
```

실행 결과

```
decimal = 0.1234567890123456789012345679
decimal = 3.1415926535897932384626433833
```

실행 결과를 살펴보면 소수점 이하 29자리에서 반올림되어 데이터값은 28자리까지 출력되었습니다. 이와 같이 좀 더 정밀한 수치를 요구하는 프로그램을 작성할 때는 double 형식보다 decimal 형식의 실수형 변수를 선언하는 것이 훨씬 효과적입니다.

3 문자 자료형

문자 자료형 변수를 생성할 때는 char 자료형을 변수 앞에 선언합니다. 문자 자료형으로 선언한 변수에 문자 상수를 대입할 때는 'A' 또는 '가'와 같이 작은따옴표로 묶어줘야 합니다. 변수에 대입할 때 문자 상수를 작은따옴표로 묶어주지 않거나 큰따옴표로 묶어주게 되면 문법 오류가 발생하게 되므로 주의 바랍니다. C#에서 자주 사용하는 문자 자료형은 다음 표와 같습니다.

표 3-3 문자 자료형

자료형	의미	크기	참고
char	유니코드 문자	2 바이트	C 언어의 1 바이트 크기와 차별화

3.1 문자 데이터 출력

char 형식의 변수 선언 후 데이터를 대입하고 이를 출력하기 위해 다음 예제를 수행합니다.

예제 03-06 **char 형식의 변수에 문자 데이터 대입 후 출력하기**

• **Step 01 | 프로젝트 생성** : 프로젝트명은 'CharDataS'로 입력합니다. 소스 파일명은 CDSprint .cs로 변경합니다.

• **Step 02 | 소스 코드 입력** : char 형식의 변수 선언 후 문자 데이터를 대입합니다. 이를 출력하기 위해 다음과 같이 소스 코드를 입력합니다. 단축키 F5를 눌러 실행 결과를 확인합니다.

ch03/CharDataS/CharDataS/CDSprint.cs

```
// See https://aka.ms/new-console-template for more information
char a = '푸';
char b = '른';
char c = '하';
char d = '늘';

Console.Write(a);
Console.Write(b);
Console.WriteLine();   // 강제 줄 바꿈
Console.Write(c);
Console.Write(d);
```

실행 결과

```
푸른
하늘
```

3.2 문자 자료형과 연산자

문자 상수는 아스키코드 값으로 맵핑되어 있습니다. 그렇기 때문에 char 형식으로 선언된 변수에 대입한 문자 상수는 정수형 연산이 가능합니다. 문자 자료형은 큰 범주에서 비추어 볼 때 정수 자료형에 포함할 수 있습니다. 문자 자료형 변수를 char 형식으로 선언하고 문자 상수를 대입한 다음 정수 연산 실행 결과를 확인하기 위해 다음 예제를 수행합니다.

예제 03-07 문자 자료형 변수 선언과 정수 연산 실행 결과 출력하기

• **Step 01 | 프로젝트 생성** : 프로젝트명은 'CharData'로 입력합니다. 소스 파일명은 CDEprint.cs로 변경합니다.

• **Step 02 | 소스 코드 입력** : 문자 자료형 변수를 선언합니다. 선언된 변수를 대상으로 정수 연산을 수행합니다. 그리고 출력하기 위해 다음과 같이 소스 코드를 입력합니다. 단축키 F5를 눌러 실행 결과를 확인합니다.

ch03/CharData/CharData/CDprint.cs

```
// See https://aka.ms/new-console-template for more information
char a, b;

a = 'A';   // 아스키코드값 65
b = 'B';   // 아스키코드값 66

Console.Write("알파벳 : " + a);
Console.WriteLine(" → 아스키코드값 : " + (int)a);

Console.Write("알파벳 : " + b);
Console.WriteLine(" → 아스키코드값 : " + (int)b);

Console.WriteLine("덧셈 결과 : " + (a + b));
Console.WriteLine("뺄셈 결과 : " + (a - b));
Console.WriteLine("곱셈 결과 : " + (a * b));
Console.WriteLine("나눗셈 결과 : " + (a / b));
```

실행 결과

```
알파벳 : A → 아스키코드값 : 65
알파벳 : B → 아스키코드값 : 66
덧셈 결과 : 131
뺄셈 결과 : -1
곱셈 결과 : 4290
나눗셈 결과 : 0
```

알파벳의 경우 대문자 A~Z는 65~90, 소문자 a~z는 97~122 아스키코드값으로 맵핑되어 있습니다. 소스 코드 안에 표기된 화살표(→)는 '미음(ㅁ)+[한자]' 키를 누른 다음 해당 화살표를 선택하면 됩니다. char 형식으로 선언된 변수를 int 형식의 자료형으로 강제 형 변환할 때는 '(int)a' 또는 '(int) b'와 같이 변수명 앞에 캐스트 연산자 '(int)'를 선언해 주면 됩니다.

4 문자열 자료형

문자열 자료형 변수를 생성할 때는 string 자료형을 변수 앞에 선언합니다. 변수에 문자열 상수를 대입할 때는 "space" 또는 "희망"과 같이 큰따옴표로 묶어줘야 합니다. 문자열 상수를 큰따옴표로 묶어주지 않거나 작은따옴표로 묶어주게 되면 문법 오류가 발생하게 되므로 주의해야 합니다. C#에서 자주 사용하는 문자열 자료형은 다음 표와 같습니다.

표 3-8 문자열 자료형

자료형	의미	크기	참고
string	문자열 선언	가변적	변수가 담는 텍스트의 양에 따라 크기 결정

4.1 문자열과 string

문자열 자료형 변수를 string 형식으로 선언하고 문자열 상수를 대입 후 변수에 저장된 문자열을 출력하기 위해 다음 예제를 수행합니다.

예제 03-08 문자열 자료형 변수 선언과 문자열 출력하기

• **Step 01 | 프로젝트 생성** : 프로젝트명은 'StringData'로 입력합니다. 소스 파일명은 SDprint.cs로 변경합니다.

• **Step 02 | 소스 코드 입력** : 문자열 자료형 변수를 선언합니다. 문자열을 변수에 대입 후 실행합니다. 그리고 결과를 출력하기 위해 다음과 같이 소스 코드를 입력합니다. 단축키 F5를 눌러 실행 결과를 확인합니다.

ch03/StringData/StringData/SDprint.cs

```
// See https://aka.ms/new-console-template for more information
string a = "오늘은";
string b = "어제 죽어간 이가";
string c = "그토록 기다리던 내일이다.";

Console.WriteLine(a);
Console.WriteLine(b);
Console.WriteLine(c);
```

실행 결과

```
오늘은
어제 죽어간 이가
그토록 기다리던 내일이다.
```

4.2 문자열과 인덱스

문자열 자료형 변수를 string 형식으로 선언하고 문자열 상수를 대입합니다. 그리고 인덱스를 선언하여 특정 위치의 문자를 출력하기 위해 다음 예제를 수행합니다.

예제 03-09 문자열과 인덱스를 선언하여 특정 위치의 문자 출력하기

• **Step 01** | **프로젝트 생성** : 프로젝트명은 'StringChoice'로 입력합니다. 소스 파일명은 SCprint.cs로 변경합니다.

• **Step 02** | **소스 코드 입력** : 문자열 자료형 변수를 선언합니다. 문자열을 변수에 대입 후 인덱스를 선언합니다. 그리고 특정 위치의 문자를 출력하기 위해 다음과 같이 소스 코드를 입력합니다. 단축키 F5를 눌러 실행 결과를 확인합니다.

ch03/StringChoice/StringChoice/SCprint.cs

```
// See https://aka.ms/new-console-template for more information
string a = "프로그래밍";

Console.WriteLine(a + “!”);
Console.WriteLine(a[1]);
Console.WriteLine(a[4]);
```

실행 결과

```
프로그래밍!
로
밍
```

4.3 알파벳 대/소문자 변환

문자열로 주어진 알파벳을 대문자 또는 소문자로 처리하는 메서드의 종류는 다음 표와 같습니다.

표 3-9 알파벳 대/소문자 처리 메서드의 종류

메서드	의미
ToUpper( )	문자열로 주어진 알파벳 모두 대문자로 변환
ToLower( )	문자열로 주어진 알파벳 모두 소문자로 변환

문자열로 주어진 알파벳을 모두 대문자와 소문자로 처리하는 과정을 살펴보기 위해 다음 예제를 수행합니다.

예제 03-10 문자열로 주어진 알파벳을 모두 대문자와 소문자로 출력하기

• **Step 01 | 프로젝트 생성** : 프로젝트명은 'StringConversion'으로 입력합니다. 소스 파일명은 SCprint.cs로 변경합니다.

• **Step 02 | 소스 코드 입력** : 문자열로 주어진 알파벳을 모두 대문자와 소문자로 변환합니다. 그리고 출력하기 위해 다음과 같이 소스 코드를 입력합니다. 단축키 F5를 눌러 실행 결과를 확인합니다.

ch03/StringConversion/StringConversion/SCprint.cs

```
// See https://aka.ms/new-console-template for more information
string a, b, c;

a = "Space Zone";
b = a.ToUpper();   // 모두 대문자로 변환
c = a.ToLower();   // 모두 소문자로 변환

Console.WriteLine("주어진 문자열 : " + a);
Console.WriteLine(" > 대문자로 변환 : " +b);
Console.WriteLine(" > 소문자로 변환 : " + c);
```

실행 결과

```
주어진 문자열 : Space Zone
 > 대문자로 변환 : SPACE ZONE
 > 소문자로 변환 : space zone
```

4.4 문자열 앞/뒤 공백 제거

주어진 문자열의 앞과 뒤에 존재하는 공백을 제거할 때 사용하는 메서드의 종류는 다음 표와 같습니다.

표 3-10 문자열 공백 제거 메서드

메서드	의미
`Trim( )`	문자열의 앞과 뒤에 존재하는 공백을 제거
`TrimStart( )`	문자열의 앞에 존재하는 공백을 제거
`TrimEnd( )`	문자열의 뒤에 존재하는 공백을 제거

주어진 문자열의 앞과 뒤에 존재하는 공백을 제거하는 과정을 살펴보기 위해 다음 예제를 수행합니다.

예제 03-11 주어진 문자열의 앞과 뒤에 존재하는 공백 제거하기

• **Step 01 | 프로젝트 생성** : 프로젝트명은 'StringTrim' 으로 입력합니다. 소스 파일명은 STprint.cs로 변경합니다.

• **Step 02 | 소스 코드 입력** : 문자열로 주어진 알파벳을 모두 대문자와 소문자로 변환합니다. 그리고 출력하기 위해 다음과 같이 소스 코드를 입력합니다. 단축키 F5를 눌러 실행 결과를 확인합니다.

ch03/StringTrim/StringTrim/STprint.cs

```
// See https://aka.ms/new-console-template for more information
string a, b, c, d;

a = "  welcome      ";
b = a.Trim();            // 모든 공백 제거
c = a.TrimStart();       // 앞의 공백만 제거
d = a.TrimEnd();         // 뒤의 공백만 제거

Console.WriteLine("주어진 문자열 : " + "|" + a + "|");
Console.WriteLine(" > 공백 모두 제거 : " + "|" + b + "|");
Console.WriteLine(" > 앞의 공백만 제거 : " + "|" + c + "|");
Console.WriteLine(" > 뒤의 공백만 제거 : " + "|" + d + "|");
```

실행 결과

```
주어진 문자열 : |   welcome      |
 > 공백 모두 제거 : |welcome|
 > 앞의 공백만 제거 : |welcome      |
 > 뒤의 공백만 제거 : |   welcome|
```

소스 코드에서 선언한 파이프 기호 '|'는 문자열과 공백의 왼쪽과 오른쪽의 한계영역을 나타내기 위해 선언한 것입니다. 별다른 의미는 없음을 참고 바랍니다.

Quiz 프로그래밍을 수행할 때 변수를 선언하게 되면 (   )는 운영체제의 도움을 받아 컴퓨터의 주기억장치인 RAM에 저장 공간을 확보합니다.

정답

컴파일러

5 부울 자료형

부울 자료형은 부울값(True, False)을 나타내는 논리 연산 키워드입니다. 부울 자료형은 반복문과 조건문에서 분기를 제어하는 과정에서 주로 사용합니다.

표 3-11 부울 자료형

자료형	의미	크기	참고
bool	논리 연산 키워드	1 바이트	반복문과 조건문의 분기를 제어

부울 자료형의 변수를 선언하고 실행 결과를 살펴보기 위해 다음 예제를 수행합니다.

예제 03-12 부울 자료형 변수를 선언하고 실행 결과 출력하기

- **Step 01 | 프로젝트 생성** : 프로젝트명은 'BoolData'로 입력합니다. 소스 파일명은 BDprint.cs로 변경합니다.

- **Step 02 | 소스 코드 입력** : 부울 자료형 변수를 선언합니다. 그리고 실행 결과를 출력하기 위해 다음과 같이 소스 코드를 입력합니다. 단축키 F5를 눌러 실행 결과를 확인합니다.

ch03/BoolData/BoolData/BDprint.cs

```
// See https://aka.ms/new-console-template for more information
bool a = 20 < 30;
bool b = 50 >= 80;
bool c = !(37 == 88);

Console.WriteLine("20 < 30 : " + a);
Console.WriteLine("50 >= 80 : " + b);
Console.WriteLine("!(37 == 88) : " + c);
```

실행 결과

```
20 < 30 : True
50 >= 80 : False
!(37 == 88) : True
```

6 자료형 크기

변수를 생성할 때 변수명 앞에 데이터 자료형을 선언합니다. 그렇게 되면 변수에 대입하는 데이터 값을 저장하기 위한 메모리의 공간을 확보하게 됩니다. 이때 확보되는 메모리 공간의 크기(자료형의 크기)는 sizeof 연산자를 사용하여 확인할 수 있습니다.

표 3-12 자료형 크기 확인 연산자

자료형	의미	참고
sizeof	데이터 자료형의 크기 출력	sizeof(데이터_자료형) 또는 sizeof(변수명)

문자열 자료형인 string은 가변적 크기를 제공하기 때문에 sizeof 연산자를 지원하지 않습니다.

```
Console.WriteLine(sizeof(int));
Console.WriteLine(sizeof(double));
Console.WriteLine(sizeof(char));
Console.WriteLine(sizeof(bool));
```

sizeof 연산자를 사용하여 정수형과 실수형, 문자형과 부울 자료형의 크기를 살펴보기 위해 다음 예제를 수행합니다.

예제 03-13 sizeof 연산자를 사용하여 데이터 자료형의 크기 출력하기

• **Step 01 | 프로젝트 생성** : 프로젝트명은 'SizeofData'로 입력합니다. 소스 파일명은 SDprint.cs로 변경합니다.

• **Step 02 | 소스 코드 입력** : sizeof 연산자를 사용하여 데이터 자료형의 크기를 출력하기 위해 다음과 같이 소스 코드를 입력합니다. 단축키 F5를 눌러 실행 결과를 확인합니다.

ch03/SizeofData/SizeofData/SDprint.cs

```
// See https://aka.ms/new-console-template for more information
Console.WriteLine("short 형식\t : " + sizeof(short) + " 바이트");
Console.WriteLine("int 형식\t : " + sizeof(int) + " 바이트");
Console.WriteLine("long 형식\t : " + sizeof(long) + " 바이트");
Console.WriteLine("float 형식\t : " + sizeof(float) + " 바이트");
Console.WriteLine("double 형식\t : " + sizeof(double) + " 바이트");
Console.WriteLine("char 형식\t : " + sizeof(char) + " 바이트");
Console.WriteLine("bool 형식\t : " + sizeof(bool) + " 바이트");
```

실행 결과

```
short 형식         : 2 바이트
int 형식           : 4 바이트
long 형식          : 8 바이트
float 형식         : 4 바이트
double 형식        : 8 바이트
char 형식          : 2 바이트
bool 형식          : 1 바이트
```

7 자료형 검사

이미 생성된 변수의 자료형을 검사할 때는 GetType( ) 메서드를 사용합니다.

표 3-13 자료형 검사 메서드

자료형	의미	참고
GetType( )	변수 또는 상수의 자료형 검사	변수명.GetType( ) 또는 상수.GetType( )

GetType( ) 메서드를 사용하여 변수의 자료형과 상수의 자료형을 확인하기 위해 다음 예제를 수행합니다.

예제 03-14 GetType( ) 메서드로 변수와 상수의 자료형 검사하기

• **Step** 01 | **프로젝트 생성** : 프로젝트명은 'GetType'으로 입력합니다. 소스 파일명은 GTprint.cs로 변경합니다.

• **Step** 02 | **소스 코드 입력** : GetType( ) 메서드를 사용하여 변수와 상수의 자료형 검사 결과를 출력하기 위해 다음과 같이 소스 코드를 입력합니다. 단축키 F5를 눌러 실행 결과를 확인합니다.

ch03/GetType/GetType/GTprint.cs

```
// See https://aka.ms/new-console-template for more information
int a = 123;
long b = 1234567890123456;

// 변수에 대한 자료형 검사
Console.WriteLine(a.GetType());
Console.WriteLine(b.GetType());

// 상수에 대한 자료형 검사
Console.WriteLine(38.277f.GetType());
Console.WriteLine(38.277.GetType());
Console.WriteLine(38.277m.GetType());
Console.WriteLine("스페이스".GetType());
Console.WriteLine('A'.GetType());
```

실행 결과

```
System.Int32
System.Int64
System.Single
System.Double
System.Decimal
System.String
System.Char
```

8 var 키워드

변수를 선언할 때 변수에 대입하는 데이터값에 따라 변수의 자료형이 자동으로 지정되게 하려면 var 키워드를 사용합니다. var 키워드로 지정된 변수의 자료형은 변수에 대입하는 입력값이 변경되기 전까지 자료형은 계속해서 유지됩니다.

표 3-14 var 키워드

자료형	의미	선언	데이터 자료형
var	변수에 대입하는 값에 따라 데이터의 자료형을 자동으로 지정	var a = 10 var b = 3.14	정수형 실수형

var 키워드로 변수를 선언하고 변수에 대입하는 값에 따라 데이터 자료형이 자동으로 지정되는 과정을 살펴보기 위해 다음 예제를 수행합니다.

예제 03-15 var 키워드를 선언하고 데이터 자료형 출력하기

• **Step 01 | 프로젝트 생성** : 프로젝트명은 'VarData'로 입력합니다. 소스 파일명은 VDprint.cs로 변경합니다.

• **Step 02 | 소스 코드 입력** : var 키워드로 변수를 선언합니다. 변수에 대입하는 값에 따라 데이터 자료형이 자동으로 지정되도록 수행합니다. 그리고 출력하기 위해 다음과 같이 소스 코드를 입력합니다. 단축키 F5를 눌러 실행 결과를 확인합니다.

ch03/VarData/VarData/VDprint.cs

```
// See https://aka.ms/new-console-template for more information
var a = 88.99;
var b = 'A';
var c = "space";

Console.WriteLine(a.GetType());
Console.WriteLine(b.GetType());
Console.WriteLine(c.GetType());
```

실행 결과

```
System.Double
System.Char
System.String
```

9 자료형 변환

변수의 데이터 자료형을 선언 후 프로그래밍 수행 과정에서 기존 변수의 데이터 자료형을 다른 데이터 자료형으로 변환할 수 있습니다. 이를 자료형 변환이라고 합니다. 자료형 변환은 강제로 자료형을 변환하는 방법과 자료형을 자동으로 변환하는 2가지 방법이 존재합니다.

9.1 강제 자료형 변환

강제 자료형 변환이란 말 그대로 이미 선언된 변수의 자료형을 강제로 변환하는 과정을 의미합니다. 강제로 자료형을 변환할 때 변수명 앞에 선언하는 연산자를 '캐스트 연산자'라고 합니다. 변수를 선언한 다음 연산 과정에서 특정 변수의 데이터 자료형을 강제로 변경 후 실행 결과를 출력하기 위해 다음 예제를 수행합니다.

예제 03-16 강제 자료형 변환 후 데이터값 출력하기

• **Step 01 | 프로젝트 생성** : 프로젝트명은 'CoerciveCast'로 입력합니다. 소스 파일명은 CCprint .cs로 변경합니다.

• **Step 02 | 소스 코드 입력** : 강제 자료형 변환 후 데이터값을 살펴봅니다. 그리고 출력하기 위해 다음과 같이 소스 코드를 입력합니다. 단축키 F5를 눌러 실행 결과를 확인합니다.

ch03/CoerciveCast/CoerciveCast/CCprint.cs

```
// See https://aka.ms/new-console-template for more information
int a, b;
float result;

a = 5;
b = 2;

result = a / b;
Console.WriteLine("강제 자료형 변환 전 : " + result);

result = (float)a / b;
Console.WriteLine("강제 자료형 변환 전 : " + result);
```

실행 결과

```
강제 자료형 변환 전 : 2
강제 자료형 변환 전 : 2.5
```

실행 결과를 살펴보면 5/2=2.5의 연산 결과값이 출력되어야 합니다. 하지만 결과값은 소수점 이하의 값이 생략된 정수 형태의 값 2가 출력되었습니다. 그 이유는 정수와 정수의 연산에서는 절대로 실수값이 출력될 수 없기 때문입니다.

이와 같은 문제점을 해결하기 위해서는 2개의 정수 중 어느 하나만 선택하여 캐스트 연산자(여기서는 (float))를 선언해 줍니다. 그렇게 되면 5/2=2.5의 연산 결과값은 제대로 출력됩니다.

9.2 자동 자료형 변환

C#에서는 데이터 손실이 발생하지 않는 범위 내에서 연산을 수행하는 과정에서 최적의 실행 결과를 확보하기 위해 이미 선언된 변수의 자료형을 자동으로 변경해 줍니다.

변수의 자료형이 자동으로 변환되는 시점은 작은 자료형과 큰 자료형이 만나 연산을 수행하는 과정에서 주로 발생합니다. 자료형이 자동으로 변환되는 대상은 다음 표와 같습니다.

표 3-15 자동 자료형 변환

기존 자료형	자동 변환 자료형	참고
int	long, float, double	int a = 10; float b = a;
long	float, double	long a = 12345678; double b = a;
char	int, long, float, double	char a = 'A'; int b = a;
float	double	float = 13.56f; double b = a;

이미 선언된 변수를 대상으로 프로그래밍 과정에서 데이터 자료형이 자동으로 변경되어 산출된 실행 결과를 살펴보기 위해 다음 예제를 수행합니다.

예제 03-17 자동 자료형 변환 후 데이터값 출력하기

• **Step 01 | 프로젝트 생성** : 프로젝트명은 'AutomaticCast'로 입력합니다. 소스 파일명은 CCprint.cs로 변경합니다.

• **Step 02 | 소스 코드 입력** : 자동 자료형 변환 후 데이터값을 살펴봅니다. 그리고 출력하기 위해 다음과 같이 소스 코드를 입력합니다. 단축키 F5를 눌러 실행 결과를 확인합니다.

ch03/AutomaticCast/AutomaticCast/ACprint.cs

```
// See https://aka.ms/new-console-template for more information
int a;
float b, c;

a = 10;
b = 3.5f;
c = a / b;

Console.WriteLine("a : " + a + " → " + a.GetType());
Console.WriteLine("b : " + b + " → " + b.GetType());
Console.WriteLine("c : " + c + " → " + c.GetType());
```

실행 결과

```
a : 10 → System.Int32
b : 3.5 → System.Single
c : 2.857143 → System.Single
```

정수와 정수의 연산에서는 정수의 값만 산출되는 반면 정수와 실수의 연산에서는 자동으로 자료형이 변환되어 실수의 값이 산출됩니다.

Quiz 변수를 선언할 때 변수에 대입하는 데이터값에 따라 변수의 자료형을 자동으로 지정되게 하려면 (　　) 키워드를 사용합니다.

정답

var

3

데이터 관련 연산자

1 복합 대입 연산자

기본 연산자(+, - , *, /)와 대입 연산자 '=' 를 함께 사용하는 것을 복합 대입 연산자라고 합니다. C#에서 변수에 사용하는 복합 대입 연산자의 종류는 다음 표와 같습니다.

표 3-16 복합 대입 연산자의 종류

연산자	의미	사용 예시	기본 연산식
+=	덧셈 연산 후 대입	sum += count	sum = sum + count
-=	뺄셈 연산 후 대입	sum -= count	sum = sum - count
*=	곱셈 연산 후 대입	sum *= count	sum = sum * count
/=	나눗셈 연산 후 대입	sum /= count	sum = sum / count

1.1 데이터값의 변화

복합 대입 연산자를 사용하여 주어진 데이터값의 변화를 살펴보기 위해 다음 예제를 수행합니다.

예제 03-18 복합 대입 연산자를 사용하여 데이터값의 변화 출력하기

• **Step 01 | 프로젝트 생성** : 프로젝트명은 'CompoundOperator'로 입력합니다. 소스 파일명은 COprint.cs로 변경합니다.

• **Step 02 | 소스 코드 입력** : 복합 대입 연산자를 사용하여 주어진 데이터값의 변화를 살펴봅니다. 그리고 출력하기 위해 다음과 같이 소스 코드를 입력합니다. 단축키 F5를 눌러 실행 결과를 확인합니다.

ch03/CompoundOperator/CompoundOperator/COprint.cs

```
// See https://aka.ms/new-console-template for more information
int count = 100;

Console.WriteLine("주어진 데이터값이 count = 100 일 때");
count += 5;    // count = count + 5
Console.WriteLine("count += 5 : " + count);

count -= 3;    // count = count - 3
Console.WriteLine("count -= 3 : " + count);

count *= 2;    // count = count * 2
Console.WriteLine("count *= 2 : " + count);

count /= 10;   // count = count / 10
Console.WriteLine("count /= 10 : " + count);
```

실행 결과

```
주어진 데이터값이 count = 100 일 때
count += 5 : 105
count -= 3 : 102
count *= 2 : 204
count /= 10 : 20
```

1.2 문자열의 변화

문자열 연결 연산자인 '+'와 대입 연산자 '='를 복합 대입 연산자로 '+='와 같이 선언할 때 주어진 문자열의 변화를 살펴보기 위해 다음 예제를 수행합니다.

예제 03-19 복합 대입 연산자를 사용하여 문자열 출력하기

• **Step 01 | 프로젝트 생성** : 프로젝트명은 'StringCompound'로 입력합니다. 소스 파일명은 SCprint.cs로 변경합니다.

• **Step 02 | 소스 코드 입력** : 복합 대입 연산자를 사용하여 주어진 문자열의 변화를 살펴봅니다. 그리고 출력하기 위해 다음과 같이 소스 코드를 입력합니다. 단축키 F5를 눌러 실행 결과를 확인합니다.

ch03/StringCompound/StringCompound/COprint.cs

```
// See https://aka.ms/new-console-template for more information
string fruit = "과일 → ";

Console.WriteLine("주어진 문자열 : " + fruit);

fruit += " 사과 ";
Console.WriteLine("1.문자열 추가 : " + fruit);

fruit += " 바나나 ";
Console.WriteLine("2.문자열 추가 : " + fruit);
```

실행 결과

```
주어진 문자열 : 과일 →
1.문자열 추가 : 과일 → 사과
2.문자열 추가 : 과일 → 사과 바나나
```

2 증감 연산자

증감 연산자는 단항 연산자로 변수의 앞(전위)과 뒤(후위)에 선언합니다. 증감 연산자는 주어진 변수의 값을 1씩 증가(++) 또는 1씩 감소(--)할 때 사용합니다. 증감 연산자는 반복문을 수행할 때 카운트 변수로 많이 활용됩니다.

C#에서 자주 사용하는 증감 연산자의 종류는 다음 표와 같습니다.

표 3-17 증감 연산자의 종류

연산자	의미	변수값 선언	결과값
++a	a의 값을 1씩 증가 (전위)	a = 10, b = ++a	a = 11, b = 11
a++	a의 값을 1씩 증가 (후위)	a = 10, b = a++	a = 11, b = 10
--a	a의 값을 1씩 감소 (전위)	a = 10, b = --a	a = 9, b = 9
a--	a의 값을 1씩 감소 (후위)	a = 10, b = a--	a = 9, b = 10

변수 앞에 선언하는 증감 연산자를 '전위 증감 연산자'라고 하고 변수 뒤에 선언하는 증감 연산자를 '후위 증감 연산자'라고 합니다. 단항 연산의 경우 증감 연산자는 변수의 값을 1씩 증감시켜 줍니다. 표에서 보는 바와 같이 대입 연산자를 사용할 때는 증감 연산자의 선언 위치(전위 또는 후위)에 따라 대입되는 데이터값이 달라지므로 주의해야 합니다.

증감 연산자를 사용하여 변수에 값을 대입할 때 데이터값의 변화를 살펴보기 위해 다음 예제를 수행합니다.

예제 03-20 증감 연산자를 사용할 때 변동되는 데이터값 확인하기

• **Step 01 | 프로젝트 생성** : 프로젝트명은 'IncrementOperator'로 입력합니다. 소스 파일명은 IOprint.cs로 변경합니다.

• **Step 02 | 소스 코드 입력** : 증감 연산자를 사용하여 변수에 대입할 때 데이터값의 변화를 살펴봅니다. 그리고 출력하기 위해 다음과 같이 소스 코드를 입력합니다. 단축키 F5를 눌러 실행 결과를 확인합니다.

ch03/IncrementOperator/IncrementOperator/IOprint.cs

```
// See https://aka.ms/new-console-template for more information
int a, b;

a = 10;
```

```
b = ++a;
Console.Write("a = 10, b = ++a 일 때 : ");
Console.WriteLine("a = " + a + ", b = " + b);

a = 10;  // 누적값을 배제하기 위한 변수의 값 초기화 선언
b = a++;
Console.Write("a = 10, b = a++ 일 때 : ");
Console.WriteLine("a = " + a + ", b = " + b);

a = 10;  // 누적값을 배제하기 위한 변수의 값 초기화 선언
b = --a;
Console.Write("a = 10, b = --a 일 때 : ");
Console.WriteLine("a = " + a + ", b = " + b);

a = 10;  // 누적값을 배제하기 위한 변수의 값 초기화 선언
b = a--;
Console.Write("a = 10, b = a-- 일 때 : ");
Console.WriteLine("a = " + a + ", b = " + b);
```

실행 결과

```
a = 10, b = ++a 일 때 : a = 11, b = 11
a = 10, b = a++ 일 때 : a = 11, b = 10
a = 10, b = --a 일 때 : a = 9, b = 9
a = 10, b = a-- 일 때 : a = 9, b = 10
```

Quiz (   ) 은 변수의 데이터 자료형을 선언 후 프로그래밍 수행 과정에서 기존 변수의 데이터 자료형을 다른 데이터 자료형으로 변환하는 것을 의미합니다.

정답
자료형 변환

4

입력 메서드

1 데이터 입력

C#의 콘솔 창에서 사용자가 데이터를 입력할 때 사용하는 메서드의 종류는 다음 표와 같습니다. 메서드Method란 클래스의 명령을 수행하는 행위를 표현한 용어입니다.

표 3-18 데이터 입력 관련 메서드의 종류

메서드	의미
`Console.ReadLine( )`	콘솔 창에서 한 줄로 문자열을 입력받음 (Ctrl를 누를 때까지 기다림)
`Console.Read( )`	콘솔 창에서 한 문자를 정수로 입력받음. 문자를 출력할 때는 Console.WriteLine(ConverToChar( )) 메서드 사용해야 함
`Console.ReadKey( )`	콘솔 창에서 다음 문자나 사용자가 누른 기능 키를 가져옴
`int.Parse(Console.ReadLine( ))`	콘솔 창에서 입력한 문자열을 정수형(int) 데이터값으로 변환
`float.Parse(Console.ReadLine( ))`	콘솔 창에서 입력한 문자열을 실수형(float) 데이터값으로 변환

2 정수 입력

콘솔 창에서 Console.ReadLine( ) 메서드를 사용하여 입력한 숫자는 문자열로 인식됩니다. 그렇기 때문에 다음과 같이 정수형 데이터값으로 변환해 주어야 합니다.

```
int a;
a = int.Parse(Console.ReadLine( ));
```

콘솔 창에서 정수형 데이터 값을 변수에 입력 후 출력하는 과정을 살펴보기 위해 다음 예제를 수행합니다.

예제 03-21 콘솔 창에서 정수형 데이터값 변수에 저장 후 출력하기

• **Step 01 | 프로젝트 생성** : 프로젝트명은 'IntInput'으로 입력합니다. 소스 파일명은 IIprint.cs로 변경합니다.

• **Step 02 | 소스 코드 입력** : 콘솔 창에서 정수형 데이터값을 변수에 대입합니다. 그리고 변수의 데이터값을 출력하기 위해 다음과 같이 소스 코드를 입력합니다. 단축키 F5를 눌러 실행 결과를 확인합니다.

ch03/IntInput/IntInput/IIprint.cs

```
// See https://aka.ms/new-console-template for more information
int a;

Console.Write("1. 정수 입력 : ");
a = int.Parse(Console.ReadLine());

Console.WriteLine("2. 입력한 정수값 출력 : " + a);
```

실행 결과

```
1. 정수 입력 : 88
2. 입력한 정수값 출력 : 88
```

※ 이 책에서는 입력한 데이터값을 88과 같이 밑줄로 표시하였습니다.

3 실수 입력

콘솔 창에서 Console.ReadLine( ) 메서드를 사용하여 입력한 숫자는 문자열로 인식됩니다. 그렇기 때문에 다음과 같이 정수형 데이터값으로 변환해 주어야 합니다.

```
float a;
a = float.Parse(Console.ReadLine( ));
```

콘솔 창에서 실수형 데이터값을 변수에 입력 후 출력하는 과정을 살펴보기 위해 다음 예제를 수행합니다.

예제 03-22　콘솔 창에서 실수형 데이터값 변수에 저장 후 출력하기

• **Step 01 | 프로젝트 생성** : 프로젝트명은 'FloatInput'으로 입력합니다. 소스 파일명은 FIprint.cs로 변경합니다.

• **Step 02 | 소스 코드 입력** : 콘솔 창에서 실수형 데이터값을 변수에 대입합니다. 그리고 변수의 데이터값을 출력하기 위해 다음과 같이 소스 코드를 입력합니다. 단축키 F5를 눌러 실행 결과를 확인합니다.

ch03/FloatInput/FloatInput/FIprint.cs

```
// See https://aka.ms/new-console-template for more information
float a;

Console.Write("1. 실수 입력 : ");
a = float.Parse(Console.ReadLine());

Console.WriteLine("2. 입력한 실수값 출력 : " + a);
```

실행 결과

```
1. 실수 입력 : 123.45678
2. 입력한 실수값 출력 : 123.45678
```

4 문자 입력

콘솔 창에서 Console.Read( ) 메서드를 사용하여 입력한 문자는 모두 정수형으로 처리됩니다. 그렇기 때문에 Convert.ToChar( ) 메서드를 사용하여 문자로 변환해 주어야 합니다.

```
int c;
c = Console.Read( );
Console.WriteLine(c);   // 문자에 해당하는 아스키코드 정수값 출력
Console.WriteLine(Convert.ToChar(c));   // 아스키코드값의 해당 문자 출력
```

콘솔 창에서 입력한 문자는 정수형으로 처리되므로 문자로 변환하여 출력하는 과정을 살펴보기 위해 다음 예제를 수행합니다.

예제 03-23 콘솔 창에서 입력한 문자 출력하기

• **Step 01 | 프로젝트 생성** : 프로젝트명은 'CharInput'으로 입력합니다. 소스 파일명은 CIprint.cs로 변경합니다.

• **Step 02 | 소스 코드 입력** : 콘솔 창에서 입력한 문자는 정수형으로 처리됩니다. 여기서는 문자 변환 메서드를 사용하여 문자로 변환 후 출력하기 위해 다음과 같이 소스 코드를 입력합니다. 단축키 F5를 눌러 실행 결과를 확인합니다.

ch03/FloatInput/FloatInput/FIprint.cs

```
// See https://aka.ms/new-console-template for more information
int c;
char cparse;

Console.Write("1. 문자 입력 : ");
c = Console.Read();

Console.WriteLine("2. 문자의 아스키코드값이 출력 : " + c);
cparse = Convert.ToChar(c);

Console.WriteLine("3. 문자 변환 메서드를 적용하여 출력 : " + cparse);
```

실행 결과

```
1. 문자 입력 : A
2. 문자의 아스키코드값이 출력 : 65
3. 문자 변환 메서드를 적용하여 출력 : A
```

5 문자열 입력

콘솔 창에서 문자열을 입력할 때는 Console.ReadLine( ) 메서드를 다음과 같이 사용합니다.

```
string s;
s = Console.ReadLine( );
```

콘솔 창에서 입력한 문자열을 변수에 대입 후 출력하는 과정을 살펴보기 위해 다음 예제를 수행합니다.

예제 03-24 콘솔 창에서 입력한 문자열 출력하기

• **Step 01 | 프로젝트 생성** : 프로젝트명은 'StringInput'으로 입력합니다. 소스 파일명은 SIprint.cs로 변경합니다.

• **Step 02 | 소스 코드 입력** : 콘솔 창에서 입력한 문자열을 출력하기 위해 다음과 같이 소스 코드를 입력합니다. 단축키 F5를 눌러 실행 결과를 확인합니다.

ch03/StringInput/StringInput/SIprint.cs

```
// See https://aka.ms/new-console-template for more information
string s;

Console.Write("1. 문자열 입력 : ");
s = Console.ReadLine();

Console.WriteLine("2. 입력한 문자열 출력 : " + s);
```

실행 결과

```
1. 문자열 입력 : space
2. 입력한 문자열 출력 : space
```

Quiz (   )은 데이터 손실이 발생하지 않는 범위 내에서 연산을 수행하는 과정에서 최적의 실행 결과를 확보하기 위해 이미 선언된 변수의 자료형을 자동으로 변경해 줍니다.

정답
자동 자료형 변환

5

예외 처리

1 예외 처리란

예외 처리Exception Handing란 프로그램이 실행되는 동안 예상하지 못했던 문제가 발생하여 생긴 오류를 처리하는 것을 의미합니다. 프로그램은 실행 도중 오류가 발생하게 되면 자동으로 종료됩니다. 예외 처리는 프로그램 언어의 문법적인 오류 또는 개발자가 전혀 생각하지 못했던 논리 오류에 대처하기 위해 사용합니다.

2 예외 처리 문법

프로그램 실행 도중 오류가 발생하게 되면 당황하지 않을 수 없습니다. 미리 준비된 상태에서 발생하는 오류는 쉽게 해결하겠지만 예측하지 않았던 문제로 인해 오류가 발생하게 되는 경우도 종종 있습니다.

C#에서 예외 처리를 위한 문법 구조에 대해 살펴보도록 하겠습니다. 예외 처리는 try...catch...finally 키워드를 사용하여 다음과 같은 문법 구조 형식으로 선언합니다.

Chapter 1 Chapter 2 Chapter 3 Chapter 4 Chapter 5 Chapter 6 Chapter 7 Chapter 8 Chapter 9 Chapter 10 Chapter 11 Chapter 12 Chapter 13 Chapter 14 Chapter 15 부록

```
try
{
    // 예외 상황이 발생하게 될 경우
}
catch (Exception exception)
{
    // 예외 상황 발생 시 여기서 해결 방안 처리
}
finally
{
    // 이 코드 블록은 무조건 수행
}
```

예외 처리를 위한 키워드 사용은 try...catch 또는 try...finally와 같이 필요없는 구문은 생략할 수도 있습니다. 예외 처리를 위한 문법 구조의 형식을 살펴보기 위해 다음 예제를 수행합니다.

예제 03-25 논리 오류 발생에 따른 예외 상황 처리하기

• **Step 01 | 프로젝트 생성** : 프로젝트명은 'ExceptionHanding'으로 입력합니다. 소스 파일명은 그대로 둡니다.

• **Step 02 | 소스 코드 입력** : 콘솔 창에서 입력한 문자는 정수형으로 처리됩니다. 키보드로 정수형 값이 아닌 실수 또는 문자나 문자열을 입력하게 되면 예외 상황이 발생하게 됩니다. 예외 상황을 출력하기 위해 다음과 같이 소스 코드를 입력합니다. 그리고 단축키 F5를 눌러 실행 결과를 확인합니다.

ch03/ExceptionHanding/ExceptionHanding/SIprint.cs

```
// See https://aka.ms/new-console-template for more information

Console.Write("정수 입력 : ");
string input = Console.ReadLine();

try
```

```
{
    int a = int.Parse(input);
    Console.WriteLine("입력값 : " + input);
}
catch (Exception exception)
{
    Console.WriteLine("\n예외 상황 발생!!");
    Console.WriteLine("정수값이 아닙니다.");
}
finally
{
    Console.WriteLine("\n프로그램 종료!");
}
```

실행 결과

```
정수 입력 : 12.345

예외 상황 발생!!
정수값을 입력해야 합니다.

프로그램을 종료합니다.
```

실행 결과

```
정수 입력 : 8800
입력값 : 8800

프로그램을 종료합니다.
```

도전문제 변수에 값을 대입하고 관련 메서드를 활용하는 방법 익히기

1 프로그램 소스 코드를 보고 빈칸을 채워 완성하시오.

```
int a, b, c, result;
a = 10;
b = 2;

result = [          ]

Console.WriteLine("a = 10, b = 2 일 때, 나머지 연산 결과");
Console.WriteLine("a % b = " + [          ]);
```

Hint 나머지 연산자인 %를 선언하여 2개의 변수에 대입한 값을 대상으로 나눗셈을 연산 후 몫은 제외하고 나머지 값만 변수에 대입하여 출력하는 과정을 이해하면 됩니다.

정답

```
a % b;
result
```

2 프로그램 소스 코드를 보고 빈칸을 채워 완성하시오.

```
string a, b, c;

a = "Space Zone";
b = [          ]          // 모두 대문자로 변환
c = [          ]          // 모두 소문자로 변환

Console.WriteLine("주어진 문자열 : " + a);
Console.WriteLine(" > 대문자로 변환 : " +b);
Console.WriteLine(" > 소문자로 변환 : " + c);
```

Hint 문자열을 변수에 대입하고 알파벳 대문자와 소문자로 일괄 변환해 주는 메서드의 종류에 대해 알고 있으면 됩니다. 또한 변수의 속성과 메서드를 연결하여 사용할 때는 마침표(.)로 구분해 주어야 합니다.

정답

```
a.ToUpper( );
a.ToLower( );
```

핵심점검

1 프로그래머로부터 데이터를 입력받거나 연산을 수행하면 그 결과값을 저장할 메모리 공간이 필요합니다. 이와 같은 저장 공간을 (   )라고 부릅니다.

2 변수는 변할 수 있는 값을 저장하기 위해 사용하므로 변수를 선언할 때는 (   )의 크기를 고려하여 자료형을 선언해야 합니다.

3 변수는 변경되거나 변경될 수 있는 값을 저장하기 위해 선언합니다. 그에 반해 상수는 변하지 않는 고유의 값을 가지고 프로그램을 (   )할 때까지 수행합니다.

4 문자열로 주어진 알파벳을 대문자로 변환하고자 할 때 사용하는 메서드는 (   )입니다.

5 부울 자료형은 부울값(True, False)을 나타내는 (   ) 키워드입니다.

정답 1 변수 2 데이터 3 종료 4 ToUpper 5 논리 연산

연습문제

01 프로그램이 실행되는 동안 수시로 데이터값이 변하는 정보를 보유하고 있는 것은?

① 클래스 ② 상수

③ 변수 ④ 예약어

02 변수에 값을 대입하면 저장되는 장소는?

① HDD ② RAM

③ ROM ④ USE

03 다음 중 문자 상수는?

① “a” ② ’abc’

③ ‘KOR’ ④ ‘A’

04 변수를 선언할 때 메모리의 크기를 지정하는 것은?

① 자료형 ② 식별자

③ 컴파일러 ④ 하드디스크

05 나눗셈 연산에서 몫은 제외하고 나머지 값만 사용할 때의 연산자는?

① / ② &

③ % ④ #

06 다음 중 논리 오류가 발생하는 경우는?

① 명령문의 끝에 세미콜론(;) 누락

② float 형과 double 형을 제대로 구분하지 않고 사용

③ 중괄호를 비대칭으로 선언

④ Main( ) 함수 누락

07 다음 중 저장할 수 있는 값의 유효 범위가 가장 작은 자료형은?

① shot ② int

③ sbyte ④ long

08 다음 중 성격이 다른 자료형은?

① float ② double

③ ulong ④ decmal

09 프로그램이 부정확하게 동작하지는 않지만 비정상적으로 종료 또는 충돌하는 사례를 발생시키지 않는 버그 현상은?

① 문법 오류 ② 논리 오류

③ 컴파일 오류 ④ 실행 오류

10 프로그램 실행 결과값을 소수점 이하 28자리까지 출력할 때 선언하는 자료형은?

① float ② double

③ ulong ④ decmal

11 decimal 형식으로 변수에 값을 대입할 때 숫자 맨 뒤에 붙여주는 알파벳은?

① f　　② L

③ m　　④ n

12 알파벳 대문자 B에 대한 아스키코드값은?

① 97　　② 98

③ 65　　④ 66

13 문자열의 앞에 존재하는 공백만 제거할 때 선언하는 메서드는?

① Trim( )　　② TrimStart( )

③ TrimEnd( )　　④ TrimLeft( )

14 다음과 같이 주어진 상수를 보고 해당하는 데이터 자료형을 기술하시오.

(1) −88 = (　　　)

(2) 356f = (　　　)

(3) 45.73 = (　　　)

(4) 'B' = (　　　)

(5) "K" = (　　　)

15 다음과 같이 주어진 소스 코드를 보고 a, b, c의 결과값을 기술하시오.

```
int a, b, c;
a = 100;
b = 200;
c = ++a + b--      // 연산 수행 후 a, b, c의 값 출력
```

(1) a = (　　　　　)

(2) b = (　　　　　)

(3) c = (　　　　　)

16 다음과 같이 주어진 데이터 자료형의 크기를 적으시오.

자료형	의미	크기 (바이트)
int	정수형	(　　　　)
float	단일 정밀도 (자릿수 : 7개까지 처리)	(　　　　)
double	복수 정밀도 (자릿수 : 16개까지 처리)	(　　　　)
decimal	복수 초정밀도 (자릿수 : 28개까지 처리)	(　　　　)
char	유니코드 문자	(　　　　)
bool	논리 연산 키워드	(　　　　)

프로그래밍 문제

01 문자 자료형 변수를 선언하여 다음과 같이 실행 결과가 출력되도록 프로그램을 작성하시오.

실행 결과

```
안전
운전
```

02 다음 지시사항을 준수하여 프로그램을 작성하시오.

(1) 알파벳 대문자 'Q'를 변수에 대입

(2) 알파벳 'Q'에 해당하는 아스키코드값 출력

(3) Q+5의 연산을 수행 후 해당 알파벳 출력

(4) 기타 사항은 실행 결과 참조

실행 결과

```
알파벳 : Q → 아스키코드값 : 81
Q + 5 :  → 해당 알파벳 : V
```

03 다음 지시사항을 준수하여 프로그래밍을 작성하시오.

(1) 콘솔 창에서 2개의 정수값을 변수에 대입

(2) 2개 정수를 대상으로 사칙 연산을 수행 후 결과값 출력

(3) 나눗셈 연산은 캐스트 연산자를 사용하여 소수점까지 유효한 값이 출력

(4) 기타 사항은 실행 결과 참조

실행 결과

```
1. 첫번째 정수 입력 : 3
2. 두번째 정수 입력 : 2

덧셈 :          5
뺄셈 :          1
곱셈 :          6
나눗셈 :        1.5
```

04 다음 지시사항을 준수하여 프로그램을 작성하시오.

(1) 콘솔 창에서 문자 입력

(2) 입력한 문자에 정수값 5을 더함

(3) 문자에 정수값 5가 더해진 입력한 아스키코드 정수값 출력

(4) 정수값 5가 더해진 문자를 대상으로 변환 메서드 선언 후 문자 출력

(5) 기타 사항은 실행 결과 참조

실행 결과

```
문자 입력 : A
1. 연산 수행 전
 - 아스키코드값 : 65
 - 변환된 문자 출력 : A
2. 연산 수행 후
 - 아스키코드값 : 70
 - 변환된 문자 출력 : F
```

Chapter

4

조건문

학습목표

- if...else 조건문에 대해 알아봅니다.
- 중첩 if...else 조건문에 대해 알아봅니다.
- switch...case 조건문에 대해 알아봅니다.
- if...else 조건문과 switch...case 조건문의 중첩 사용 방법에 대해 알아봅니다.

SELF CHECK

1 if 문은 주어진 조건식이 (참, 거짓)일 경우만 수행하고 (참, 거짓)일 경우 아무것도 실행하지 않는 단순 조건문입니다.

2 프로그래밍을 수행할 때 if...else if...else 조건문은 여러 개의 조건식을 선언하여 선택의 폭을 (제한되게, 다양하게) 연출할 때 주로 사용합니다.

3 if...else 조건문 안에 또 다른 if...else 조건문을 선언한다는 것은 프로그램의 조건문을 (단순하게, 중첩되게) 선언한다는 의미입니다.

4 switch 조건문은 if...else 조건문과 달리 여러 개의 (case, else) 문을 제시하고 이 중에서 하나를 선택합니다.

5 switch 문은 여러 개의 case 문을 제시해 주고 그중에서 하나를 선택하는 조건문입니다. 해당 case 문은 (break, continue) 점프문으로 빠져나옵니다.

정답 1 참, 거짓 2 다양하게 3 중첩되게 4 case 5 break

1

if...esle 문

1 if 조건문

if 조건문은 주어진 조건식이 참(True)일 경우만 수행하고 거짓(False)일 경우 아무것도 수행하지 않는 단순 조건문입니다. 단순 if 조건문은 주어진 조건식이 참일 경우만 명령문을 수행하는 프로그램을 작성할 때 주로 사용합니다. 단순 if 조건문 수행과정에 대한 순서도를 다음 그림과 같이 표현하였습니다.

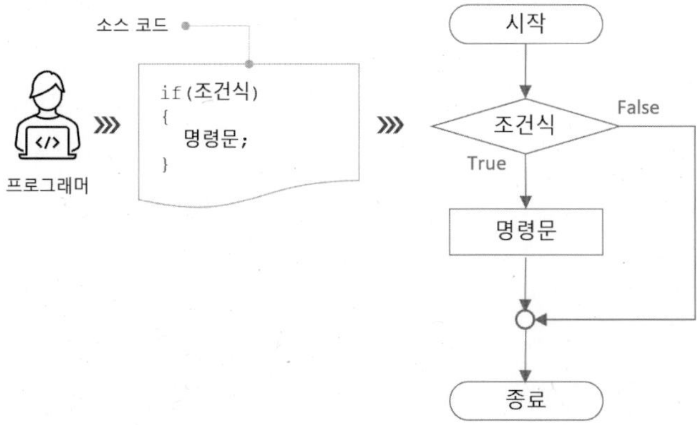

그림 4-1 단순 if 조건문

콘솔 창에서 입력받은 정수형 데이터값을 if 조건문으로 판별합니다. 그리고 양의 정수일 때만 명령문을 출력하는 과정을 살펴보기 위해 다음 예제를 수행합니다.

예제 04-01 if 조건문으로 판별하여 명령문 출력하기

• **Step 01 | 프로젝트 생성** : 프로젝트명은 'IfCondition'으로 입력합니다. 소스 파일명은 IFCprint.cs로 변경합니다.

• **Step 02 | 소스 코드 입력** : 콘솔 창에서 입력한 정수형 데이터값을 주어진 조건문으로 판별합니다. 그리고 출력하기 위해 다음과 같이 소스 코드를 입력합니다. 단축키 F5를 눌러 실행 결과를 확인합니다.

ch04/IfCondition/IfCondition/IFCprint.cs

```
// See https://aka.ms/new-console-template for more information
int a;

Console.Write("정수 입력 : ");
a = int.Parse(Console.ReadLine());

if(a > 0)
{
    Console.WriteLine("양의 정수입니다.");
}
```

실행 결과

```
정수 입력 : 123
양의 정수입니다.
```

실행 결과

```
정수 입력 : -88
```

실행 결과를 살펴보면 콘솔 창에서 123을 입력할 경우 '양의 정수입니다.' 라는 명령문이 출력된 것을 확인할 수 있습니다. 반면 -88을 입력할 경우 실행 결과는 아무것도 나타나지 않고 그대로 프로그램이 종료됩니다.

2 if...else 조건문

if...else 조건문은 주어진 조건식을 참(True)일 경우와 거짓(False)일 경우로 판별하여 해당 명령문을 선택적으로 수행할 때 주로 사용합니다. if...else 조건문 수행과정에 대한 순서도를 다음 그림과 같이 표현하였습니다.

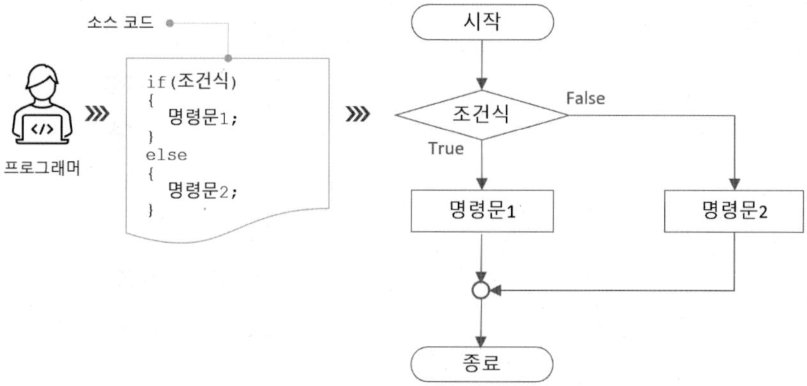

그림 4-2 if...else 조건문

2.1 홀수와 짝수 판별하기

콘솔 창에서 입력받은 정수형 데이터값을 2로 나누어 나머지가 0인지 아닌지를 판별하기 위한 조건식을 선언합니다. 그리고 조건식이 참이면 '짝수', 거짓이면 '홀수'를 출력하는 if...else 조건문을 살펴보기 위해 다음 예제를 수행합니다.

예제 04-02 **if...else 조건문으로 판별하여 선택적 명령문 출력하기**

• **Step 01 | 프로젝트 생성** : 프로젝트명은 'IfElseCondition'으로 입력합니다. 소스 파일명은 IFECprint.cs로 변경합니다.

• **Step 02** | **소스 코드 입력** : 콘솔 창에서 입력한 정수형 데이터값을 주어진 조건문으로 판별합니다. 그리고 출력하기 위해 다음과 같이 소스 코드를 입력합니다. 단축키 F5를 눌러 실행 결과를 확인합니다.

ch04/IfElseCondition/IfElseCondition/IFECprint.cs

```
// See https://aka.ms/new-console-template for more information
int a, choice;

Console.Write("정수 입력 : ");
a = int.Parse(Console.ReadLine());
choice = a % 2;

if (choice == 0)
{
    Console.WriteLine("짝수");
}
else
{
    Console.WriteLine("홀수");
}
```

실행 결과

```
정수 입력 : 33
홀수
```

실행 결과

```
정수 입력 : 44
짝수
```

2.2 알파벳 대문자 판별하기

콘솔 창에서 입력받은 알파벳이 대문자인지 소문자인지를 if...else 조건문으로 판별하여 실행 결과를 출력하기 위해 다음 예제를 수행합니다.

예제 04-03 알파벳 대/소문자 판별하여 명령문 출력하기

• **Step 01 | 프로젝트 생성** : 프로젝트명은 'IfelseAlphabet'으로 입력합니다. 소스 파일명은 Resultprint.cs로 변경합니다.

• **Step 02 | 소스 코드 입력** : 콘솔 창에서 입력한 문자를 주어진 조건문으로 판별합니다. 그리고 출력하기 위해 다음과 같이 소스 코드를 입력합니다. 단축키 F5를 눌러 실행 결과를 확인합니다.

ch04/IfelseAlphabet/IfelseAlphabet/Resultprint.cs

```
// See https://aka.ms/new-console-template for more information
int c;
char cparse;

Console.Write("문자 입력: ");
c = Console.Read();
cparse = Convert.ToChar(c);

if (cparse >= 'A' && cparse <= 'Z')
{
    Console.WriteLine(" > 입력한 알파벳 : " + cparse);
    Console.WriteLine(" > 판별 결과 : 대문자 ");
}
else
{
    Console.WriteLine(" > 입력한 알파벳 : " + cparse);
    Console.WriteLine(" > 판별 결과 : 소문자 ");
}
```

실행 결과

```
문자 입력 : K
 > 입력한 알파벳 : K
 > 판별 결과 : 대문자
```

실행 결과

```
문자 입력 : q
 > 입력한 알파벳 : q
 > 판별 결과 : 소문자
```

3 if...else if...else 조건문

if...else if...else 조건문은 여러 개의 조건식을 선언하여 소선문에 대한 선택의 폭을 다양하게 연출할 때 주로 사용합니다. if...else if...else 조건문 수행과정에 대한 순서도를 다음 그림과 같이 표현하였습니다.

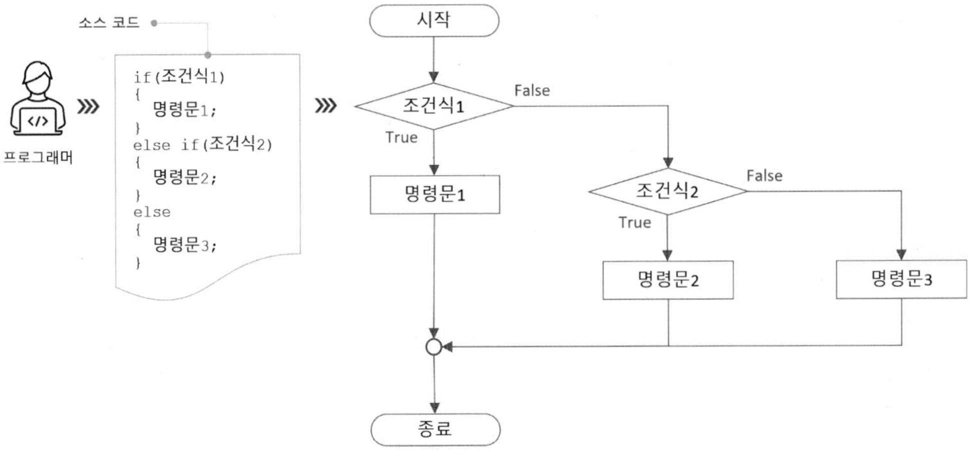

그림 4-3 if...else if...else 조건문

3.1 전공학과 선택하기

알파벳 대/소문자를 구분하지 않고 A, S, D, F(또는 a, s, d, f) 중 콘솔 창에서 특정 알파벳을 입력합니다. 그러면 조건문으로 해당 알파벳에 맵핑된 전공학과를 판별하여 출력하기 위해 다음 예제를 수행합니다.

예제 04-04 **콘솔 창에서 입력한 알파벳으로 전공학과 선택하기**

• **Step** 01 | **프로젝트 생성** : 프로젝트명은 'DepartmentChoice'로 입력합니다. 소스 파일명은 Resultprint.cs로 변경합니다.

• **Step** 02 | **소스 코드 입력** : 콘솔 창에서 입력한 알파벳에 맵핑되는 전공학과를 조건문으로 판별합니다. 그리고 출력하기 위해 다음과 같이 소스 코드를 입력합니다. 단축키 F5를 눌러 실행 결과를 확인합니다.

ch04/DepartmentChoice/DepartmentChoice/Resultprint.cs

```
// See https://aka.ms/new-console-template for more information
int a;
char choice;

Console.WriteLine("법학과 : A 또는 a ");
Console.WriteLine("행정학과 : S 또는 s ");
Console.WriteLine("소비자학과 : D 또는 d ");
Console.WriteLine("데이터사이언스학과 : F 또는 f ");
Console.WriteLine("그 이외의 알파벳 : 에러 메시지 출력 ");
Console.WriteLine();

Console.Write("알파벳 입력 : ");
a = Console.Read();
choice = Convert.ToChar(a);

Console.Write("선택 학과 : ");

if (choice == 'A' || choice == 'a')
{
    Console.WriteLine("법학과 ");
}
else if(choice == 'S' || choice == 's')
{
    Console.WriteLine("행정학과 ");
}
```

```
else if (choice == 'D' || choice == 'd')
{
    Console.WriteLine("소비자학과 ");
}
else if (choice == 'F' || choice == 'f')
{
    Console.WriteLine("데이터사이언스학과 ");
}
else
{
    Console.WriteLine();
    Console.WriteLine(" > 유효하지 않은 알파벳입니다. ");
    Console.WriteLine(" > 프로그램 종료! ");
}
```

실행 결과

```
법학과 : A 또는 a
행정학과 : S 또는 s
소비자학과 : D 또는 d
데이터사이언스학과 : F 또는 f
그 이외의 알파벳 : 에러 메시지 출력

알파벳 입력 : A
 > 선택 학과 : 법학과
```

실행 결과

```
법학과 : A 또는 a
행정학과 : S 또는 s
소비자학과 : D 또는 d
데이터사이언스학과 : F 또는 f
그 이외의 알파벳 : 에러 메시지 출력

알파벳 입력 : f
 > 선택 학과 : 데이터사이언스학과
```

실행 결과

```
법학과 : A 또는 a
행정학과 : S 또는 s
소비자학과 : D 또는 d
데이터사이언스학과 : F 또는 f
그 이외의 알파벳 : 에러 메시지 출력

알파벳 입력 : K
 > 선택 학과 :
 > 유효하지 않은 알파벳입니다.
 > 프로그램 종료!
```

3.2 성적에 대한 등급 출력하기

콘솔 창에서 입력받은 점수에 대해 조건문을 선언하여 5개의 등급으로 판별합니다. 등급은 A: 90 이상, B: 80 이상, C: 70 이상, D: 60 이상, F: 60 미만을 적용합니다.

예제 04-05 입력한 점수를 판별하여 해당 등급 출력하기

• **Step 01 | 프로젝트 생성** : 프로젝트명은 'IfElseifElse'로 입력합니다. 소스 파일명은 Resultprint.cs로 변경합니다.

• **Step 02 | 소스 코드 입력** : 콘솔 창에서 입력한 점수를 주어진 조건문으로 판별합니다. 그리고 출력하기 위해 다음과 같이 소스 코드를 입력합니다. 단축키 F5를 눌러 실행 결과를 확인합니다.

ch04/IfElseifElse/IfElseifElse/Resultprint.cs

```
// See https://aka.ms/new-console-template for more information
int score;

Console.Write("점수 입력: ");
score = int.Parse(Console.ReadLine());

```

```
if(score >= 90)
{
    Console.WriteLine(" > 입력한 점수 : " + score);
    Console.WriteLine(" > 등급 : A 학점 ");
}
else if(score >= 80)
{
    Console.WriteLine(" > 입력한 점수 : " + score);
    Console.WriteLine(" > 등급 : B 학점 ");
}
else if (score >= 70)
{
    Console.WriteLine(" > 입력한 점수 : " + score);
    Console.WriteLine(" > 등급 : C 학점 ");
}
else if (score >= 60)
{
    Console.WriteLine(" > 입력한 점수 : " + score);
    Console.WriteLine(" > 등급 : D 학점 ");
}
else
{
    Console.WriteLine(" > 입력한 점수 : " + score);
    Console.WriteLine(" > 등급 : F 학점 ");
}
```

실행 결과

```
점수 입력 : 99
 > 입력한 점수 : 99
 > 등급 : A 학점
```

실행 결과

```
점수 입력 : 55
 > 입력한 점수 : 55
 > 등급 : F 학점
```

실행 결과를 살펴보면 점수 100점 만점을 기준으로 if...else if...else 조건문을 작성한 프로그램을 실행할 때 다음과 같은 논리 오류가 발생하게 됩니다. 논리 오류란 문법 오류는 없지만 의도치 않는 실행 결과가 나타나는 경우를 의미합니다.

실행 결과

```
점수 입력 : 200
 > 입력한 점수 : 200
 > 등급 : A 학점
```

실행 결과

```
점수 입력 : -35
 > 입력한 점수 : -35
 > 등급 : F 학점
```

4 중첩 조건문

중첩 조건문이란 if...else 조건문 안에 또 다른 if...else 조건문을 선언한다는 의미입니다. 중첩 조건문은 앞서 실습한 예제에서 발생할 수 있는 논리 오류(100점 초과 또는 0보다 작은 점수 입력)를 해결할 수 있습니다. 그리고 논리 오류가 발생하는 것을 사전에 대비하기 위해서도 중첩 조건문을 사용합니다. 중첩 조건문 수행과정에 대한 순서도를 다음 그림과 같이 표현하였습니다.

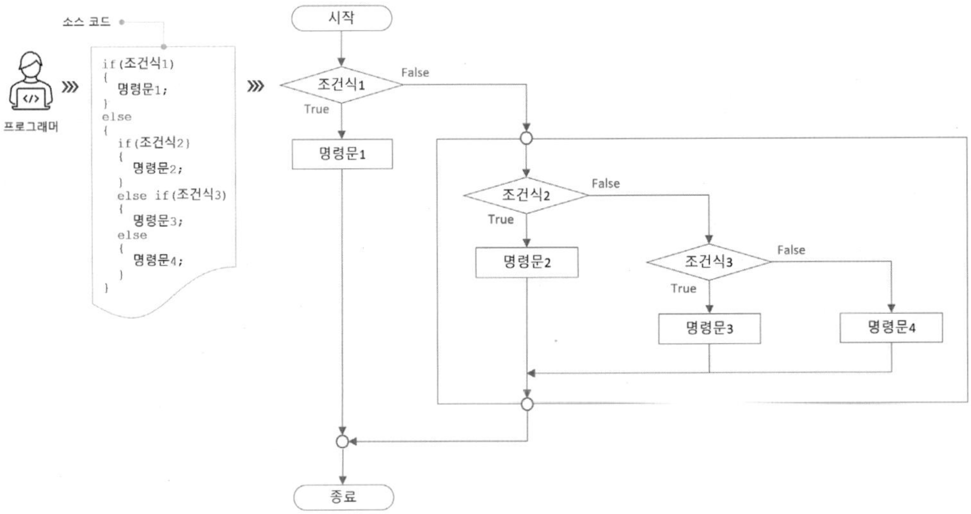

그림 4-4 중첩 if...else if...else 조건문

앞의 예제에서 발생한 논리 오류를 중첩 조건문으로 해결하기 위해 다음 예제를 수행합니다.

예제 04-06 중첩 조건문으로 논리 오류 해결하기

• **Step 01 | 프로젝트 생성** : 프로젝트명은 'IfelseifNesting'으로 입력합니다. 소스 파일명은 Resultprint.cs로 변경합니다.

• **Step 02 | 소스 코드 입력** : 콘솔 창에서 입력한 점수를 주어진 조건문으로 판별합니다. 그리고 출력하기 위해 다음과 같이 소스 코드를 입력합니다. 단축키 F5를 눌러 실행 결과를 확인합니다.

ch04/IfelseifNesting/IfelseifNesting/Resultprint.cs

```
// See https://aka.ms/new-console-template for more information
int score;

Console.Write("점수 입력: ");
score = int.Parse(Console.ReadLine());

if(score > 100 || score < 0)
```

```
{
    Console.WriteLine(" > 입력한 점수 : " + score);
    Console.WriteLine(" > 허용하지 않는 점수로 프로그램 종료! ");
}
else
{
    if (score >= 90)
    {
        Console.WriteLine(" > 입력한 점수 : " + score);
        Console.WriteLine(" > 등급 : A 학점 ");
    }
    else if (score >= 80)
    {
        Console.WriteLine(" > 입력한 점수 : " + score);
        Console.WriteLine(" > 등급 : B 학점 ");
    }
    else if (score >= 70)
    {
        Console.WriteLine(" > 입력한 점수 : " + score);
        Console.WriteLine(" > 등급 : C 학점 ");
    }
    else if (score >= 60)
    {
        Console.WriteLine(" > 입력한 점수 : " + score);
        Console.WriteLine(" > 등급 : D 학점 ");
    }
    else

    {
        Console.WriteLine(" > 입력한 점수 : " + score);
        Console.WriteLine(" > 등급 : F 학점 ");
    }
}
```

실행 결과

```
점수 입력 : 200
 > 입력한 점수 : 200
 > 허용하지 않는 점수로 프로그램 종료!
```

실행 결과

```
점수 입력 : -35
 > 입력한 점수 : -35
 > 허용하지 않는 점수로 프로그램 종료!
```

실행 결과

```
점수 입력 : 88
 > 입력한 점수 : 88
 > 등급 : B 학점
```

Quiz (   )이란 if…else 조건문 안에 또 다른 if…else 조건문을 선언한다는 의미입니다.

정답
중첩 조건문

2

switch...case 문

1 switch 조건문

switch 조건문은 if...else 조건문과 달리 여러 개의 case 문을 제시하고 이 중에서 하나를 선택합니다. switch 조건문 수행과정에 대한 순서도를 다음 그림과 같이 표현하였습니다.

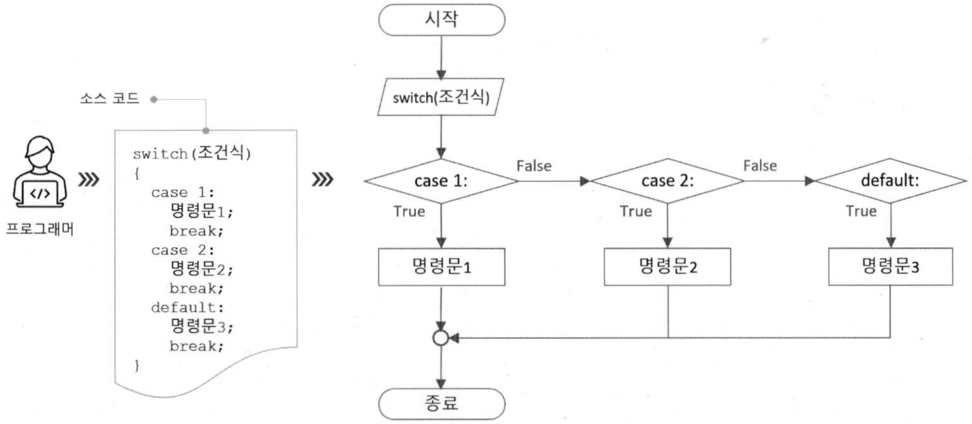

그림 4-5 switch...case 조건문

앞에서 살펴본 다중 if...else 조건문은 주어진 조건식이 여러 개일 경우 프로그래밍 소스 코드가 복잡해진다는 단점이 존재합니다. 소스 코드가 복잡해진다는 의미는 유지/보수하는 측면에서도 선호하지 않는 부분입니다. switch 문은 여러 개의 case 문을 제시해 주고 그중에서 하나를 선택하는 조건문입니다. 해당 case 문은 break 점프문으로 빠져나옵니다.

2 주의 사항

C#에서 switch...case 조건문을 사용할 때 주의해야 할 사항이 있습니다. 조건식은 정수형, 문자형, 문자열, 데이터 형식 중 하나를 선택하여 선언해야 합니다. 그리고 case 문 다음에 선언하는 상수는 반드시 1개만 선언해야 합니다. 이와 같은 주의 사항을 다음 표와 같이 정리하였습니다.

표 4-1 switch...case 조건문 사용 시 주의 사항

자료형	주의 사항
switch(조건식)	조건식은 정수형, 문자형, 문자열, 데이터 형식 중 하나를 선택하여 선언
case 상수:	상수는 반드시 1개만 선언 (논리형은 사용할 수 없음)
코드 블록	case 문 안에 명령문이 2개 이상일지라도 코드 블록을 따로 선언하지 않음
break 문	해당 case 문을 빠져나감 (생략하면 다음 case 문까지 계속 수행됨)
default 문	앞에서 제시한 모든 case 문에 해당하지 않을 경우 수행할 명령문

3 정수 상수

switch...case 조건문에서 case 문 다음에 정수 상수를 선언하는 과정에 대해 살펴보겠습니다.

3.1 성적에 대한 등급 출력하기

100점 만점을 기준으로 등급(A: 90 이상, B: 80 이상, C: 70 이상, D: 60 이상, F: 60 미만)을 switch...case 조건문으로 출력하기 위해 다음 예제를 수행합니다.

예제 04-07 switch...case 조건문으로 입력한 점수를 판별하여 해당 등급 출력하기

• **Step 01 | 프로젝트 생성** : 프로젝트명은 'SwitchScore'로 입력합니다. 소스 파일명은 Resultprint.cs로 변경합니다.

• **Step 02 | 소스 코드 입력** : 콘솔 창에서 입력한 점수에 해당하는 등급을 산출합니다. 그리고 출력하기 위해 다음과 같이 소스 코드를 입력합니다. 단축키 F5를 눌러 실행 결과를 확인합니다.

ch04/SwitchScore/SwitchScore/Resultprint.cs

```
// See https://aka.ms/new-console-template for more information
int score, mok;
char grade;

Console.Write("점수 입력 : ");
score = int.Parse(Console.ReadLine());
mok = score / 10;

switch(mok)
{
    case 10:
    case 9:
        grade = 'A';
        break;
    case 8:
        grade = 'B';
         break;
    case 7:
        grade = 'C';
        break;
    case 6:
        grade = 'D';
        break;
    default:
        grade = 'F';
        break;
}
Console.WriteLine(" > 입력한 점수 : " + score);
Console.WriteLine(" > 등급 : ” + grade + " 학점 ");
```

실행 결과

```
점수 입력 : 88
 > 입력한 점수 : 88
 > 등급 : B 학점
```

실행 결과

```
점수 입력 : 200
 > 입력한 점수 : 200
 > 등급 : F 학점
```

실행 결과

```
점수 입력 : -50
 > 입력한 점수 : -50
 > 등급 : F 학점
```

3.2 논리 오류 해결하기

앞서 수행한 예제의 실행 결과를 살펴보면 100점을 초과하거나 0보다 작은 점수를 입력하였더니 모두 'F 학점'으로 출력되었습니다. 이와 같은 논리 오류는 중첩 조건문을 선언하여 간단하게 해결할 수 있습니다.

if...else 조건문 안에 switch...case 조건문을 중첩되게 선언하여 점수에 따른 학점 등급 출력 시 발생했던 논리 오류를 해결하기 위해 다음 예제를 수행합니다.

예제 04-08 중첩 조건문으로 학점과 등급 출력에 대한 논리 오류 해결하기

• **Step 01 | 프로젝트 생성** : 프로젝트명은 'IfelseSwitch'로 입력합니다. 소스 파일명은 Resultprint.cs로 변경합니다.

• **Step 02 | 소스 코드 입력** : 콘솔 창에서 입력한 점수에 해당하는 등급을 산출합니다. 그리고 출력하는 과정에서 발생한 논리 오류를 해결하기 위해 다음과 같이 소스 코드를 입력합니다. 단축키 F5를 눌러 실행 결과를 확인합니다.

ch04/IfelseSwitch/IfelseSwitch/Resultprint.cs

```
// See https://aka.ms/new-console-template for more information
int score, mok;
char grade;
```

```
Console.Write("점수 입력 : ");
score = int.Parse(Console.ReadLine());
mok = score / 10;

if(score > 100 || score < 0)
{
    Console.WriteLine(" > 점수의 허용구간이 아닙니다. ");
    Console.WriteLine(" > 프로그램 종료! ");
}
else
{
    switch (mok)
    {
        case 10:
        case 9:
            grade = 'A';
            break;
        case 8:
            grade = 'B';
            break;
        case 7:
            grade = 'C';
            break;
        case 6:
            grade = 'D';
            break;
        default:
            grade = 'F';
            break;
    }
    Console.WriteLine(" > 입력한 점수 : " + score);
    Console.WriteLine(" > 등급 : " + grade + " 학점 ");
}
```

실행 결과

```
점수 입력 : 200
 > 점수의 허용구간이 아닙니다.
 > 프로그램 종료!
```

실행 결과

```
점수 입력 : -50
 > 점수의 허용구간이 아닙니다.
 > 프로그램 종료!
```

실행 결과

```
점수 입력 : 100
 > 입력한 점수 : 100
 > 등급 : A 학점
```

4 문자 상수

switch...case 조건문에서 case 문 다음에 문자 상수를 선언하는 과정을 살펴보기 위해 다음 예제를 수행합니다.

예제 04-09 문자 상수를 사용하여 혈액형별 성격 출력하기

• **Step 01 | 프로젝트 생성** : 프로젝트명은 'SwitchBlood'로 입력합니다. 소스 파일명은 Resultprint.cs로 변경합니다.

• **Step 02 | 소스 코드 입력** : 콘솔 창에서 입력한 알파벳을 조건문으로 판별합니다. 그리고 혈액형에 해당하는 성격을 출력하기 위해 다음과 같이 소스 코드를 입력합니다. 단축키 F5를 눌러 실행 결과를 확인합니다.

ch04/SwitchBlood/SwitchBlood/Resultprint.cs

```
// See https://aka.ms/new-console-template for more information
int a;
char choice;

Console.WriteLine("A형 : A 또는 a ");
Console.WriteLine("B형 : S 또는 s ");
Console.WriteLine("O형 : D 또는 d ");
Console.WriteLine("AB형 : F 또는 f ");
Console.WriteLine("그 이외의 알파벳 : 에러 메시지 출력 ");
Console.WriteLine();

Console.Write("알파벳 입력 : ");
a = Console.Read();
choice = Convert.ToChar(a);

Console.Write(" > 혈액형 성격 : ");

switch(choice)
{
    case 'a':
    case 'A':
        Console.WriteLine("차분한 성격 ");
        break;
    case 's':
    case 'S':
        Console.WriteLine(“예술적 성격 ");
        break;
    case 'd':
    case 'D':
        Console.WriteLine("활발한 성격 ");
        break;
    case 'f':
    case 'F':
        Console.WriteLine("창의적 성격 ");
        break;
    default:
```

```
        Console.WriteLine();
        Console.WriteLine(" > 유효하지 않은 알파벳입니다. ");
        Console.WriteLine(" > 프로그램 종료! ");
        break;
}
```

실행 결과

```
A형 : A 또는 a
B형 : S 또는 s
O형 : D 또는 d
AB형 : F 또는 f
그 이외의 알파벳 : 에러 메시지 출력

알파벳 입력 : A
 > 혈액형 성격 : 차분한 성격
```

실행 결과

```
A형 : A 또는 a
B형 : S 또는 s
O형 : D 또는 d
AB형 : F 또는 f
그 이외의 알파벳 : 에러 메시지 출력

알파벳 입력 : K
 > 혈액형 성격 :
 > 유효하지 않은 알파벳입니다.
 > 프로그램 종료!
```

5 문자열 상수

switch...case 조건문에서 case 문 다음에 문자열 상수를 선언하는 과정을 살펴보기 위해 다음 예제를 수행합니다.

예제 04-10 문자열 상수를 사용하여 영문 요일 출력하기

• **Step 01 | 프로젝트 생성** : 프로젝트명은 'SwitchString'으로 입력합니다. 소스 파일명은 Resultprint.cs로 변경합니다.

• **Step 02 | 소스 코드 입력** : 콘솔 창에서 입력한 한글 요일에 해당하는 영문 요일을 조건문으로 판별합니다. 그리고 출력하기 위해 다음과 같이 소스 코드를 입력합니다. 단축키 F5를 눌러 실행 결과를 확인합니다.

ch04/SwitchString/SwitchString/Resultprint.cs

```
// See https://aka.ms/new-console-template for more information
string choice;

Console.Write("한글 요일 입력 : ");
choice = Console.ReadLine();

Console.Write(" > 영문 요일 출력 : ");
switch (choice)
{
    case "일":
        Console.WriteLine("Sunday ");
        break;
    case "월":
        Console.WriteLine("Monday ");
        break;
    case "화":
        Console.WriteLine("Tuesday ");
        break;
    case "수":
        Console.WriteLine("Wednesday ");
        break;
    case "목":
        Console.WriteLine("Thursday ");
        break;
    case "금":
```

```
            Console.WriteLine("Friday ");
            break;
        case "토":
            Console.WriteLine("Saturday ");
            break;
        default:
            Console.Write(" 유효하지 않은 요일입니다. ");
            Console.WriteLine(" > 프로그램 종료! ");
            break;
}
```

실행 결과

```
한글 요일 입력 : 월
 > 영문 요일 출력 : Monday
```

실행 결과

```
한글 요일 입력 : 강
 > 영문 요일 출력 : 유효하지 않은 요일입니다.
 > 프로그램 종료!
```

Quiz (   ) 조건문은 if...else 조건문과 달리 여러 개의 case 문을 제시하고 이 중에서 하나를 선택합니다.

정답
switch

도전문제 조건문을 선언할 때 주어지는 조건식의 응용 방법 익히기

1 프로그램 소스 코드를 보고 빈칸을 채워 완성하시오.

```
Console.WriteLine("법학과 : A 또는 a ");
Console.WriteLine("행정학과 : S 또는 s ");
Console.WriteLine("소비자학과 : D 또는 d ");
Console.WriteLine("데이터사이언스학과 : F 또는 f ");
Console.WriteLine("그 이외의 알파벳 : 에러 메시지 출력 ");

Console.Write("알파벳 입력 : ");
a = Console.Read();
choice = Convert.ToChar(a);

Console.Write("선택 학과 : ");

if [                    ]
{
    Console.WriteLine("법학과 ");
}
else if [                    ]
{
    Console.WriteLine("행정학과 ");
}
else if [                    ]
{
    Console.WriteLine("소비자학과 ");
}
else if [                    ]
{
    Console.WriteLine("데이터사이언스학과 ");
}
else
{
```

```
    Console.WriteLine();
    Console.WriteLine(" > 유효하지 않은 알파벳입니다. ");
    Console.WriteLine(" > 프로그램 종료! ");
}
```

Hint 분기문에서 주어지는 조건식이 여러 개일 경우 if...else if...else 문법 구조를 사용하면 됩니다.

정답

```
(choice == 'A' || choice == 'a')
(choice == 'S' || choice == 's')
(choice == 'D' || choice == 'd')
(choice == 'F' || choice == 'f')
```

2 프로그램 소스 코드를 보고 빈칸을 채워 완성하시오.

```
int score, mok;
char grade;

Console.Write("점수 입력 : ");
score = [                    ]
mok = [          ]

switch(mok)
{
    case 10:
    case 9:
        grade = 'A';
        break;
```

```
        case 8:
            grade = 'B';
             break;
        case 7:
            grade = 'C';
            break;
        case 6:
            grade = 'D';
            break;
        default:
            grade = 'F';
            break;
    }
    Console.WriteLine(" > 입력한 점수 : " + [          ]);
    Console.WriteLine(" > 등급 : " + [          ] + " 학점 ");
```

Hint switch...case 문에서 100점 만점의 점수를 A, B, C, D, F 등급으로 분류하기 위해서는 case 문을 몇 번 선언할 것인가를 생각해 보면 문제를 쉽게 풀 수 있습니다. 키보드로 입력하는 숫자를 정수형으로 변환해 줄 때는 int.Parse( ) 메서드를 사용합니다.

정답

```
int.Parse(Console.ReadLine());
score / 10;
score
grade
```

핵심점검

1 if 문은 주어진 (   )이 참(True)일 경우만 수행하고 거짓(False)일 경우 아무것도 실행하지 않는 단순 조건문입니다.

2 if...else 조건문에서 2개 이상의 조건식을 선언할 경우 주어신 조건식이 모두 참(True)일 경우 수행하도록 하려면 (   ) 연산자를 조건식 사이에 선언해야 합니다.

3 알파벳은 (   ) 값을 가지고 있기 때문에 정수의 연산이 가능합니다.

4 switch...case 조건문에서 'case 상수'에는 정수, (   ), 문자열, 데이터 형식을 상수로 선언할 수 있습니다.

5 switch...case 조건문에서 case 문 다음에 (   )문을 생략하게 되면 다음 case 문까지 수행됩니다.

정답 1 조건식 2 && 3 아스키코드 4 문자 5 break

연습문제

01 다음 중 if 조건문에 대한 설명으로 옳지 않은 것은?

① 조건식이 참일 경우만 명령문을 수행

② 조건식이 거짓일 경우 프로그램 종료

③ 조건문의 명령 구간은 중괄호로 묶어줌

④ 논리 오류가 발생할 수 있음

02 다음 중 if...else 조건문에 대한 설명으로 옳은 것은?

① 조건식이 거짓일 경우 if 문의 명령문을 수행

② 주어진 조건식이 거짓일 경우 참이 될 때까지 반복 수행

③ if...else 조건문에서 2행 이상의 명령문 수행 시 코드 블록 미지정

④ 조건식이 거짓일 경우 else 문의 명령문을 수행

03 if...else 조건문으로 홀수 또는 짝수를 판별할 때 사용하는 연산자는?

① $ ② /

③ % ④ @

04 switch...case 조건문에 대한 설명으로 옳지 않은 것은?

① 여러 개의 조건 중 하나를 선택

② case 문을 빠져나올 때는 break 점프문 사용

③ break를 선언하지 않으면 다음 case 문까지 명령문 수행

④ case 문든 반드시 1개만 사용해야 함

05 switch...case 조건문에서 case 문 다음에 선언할 수 없는 자료형은?

① 정수형 ② 실수형

③ 문자형 ④ 문자열형

06 if...else 조건문에서 알파벳 대문자를 출력하기 위해 바르게 선언한 조건식은?

① ch 〈= 'A' && ch 〉= 'Z'

② ch 〈= 'A' || ch 〉= 'Z'

③ ch 〉= 'A' || ch 〈= 'Z'

④ ch 〉= 'A' && ch 〈= 'Z'

07 if...else 조건문에서 점수의 허용 구간(0~100)이 아닌 경우를 판별하기 위해 바르게 선언한 조건식은?

① score 〈= 100 && score 〉= 0

② score 〉 100 || score 〈 0

③ score 〈 100 || score 〉 0

④ score 〉= 100 && score 〈= 0

08 if...else 조건문에서 짝수인지를 판별하기 위해 바르게 선언한 조건식은?

① ((su / 2) == 0)

② ((su / 2) != 0)

③ ((su % 2) == 0)

④ ((su % 2) != 0)

9 다음과 같이 주어진 if...else 조건문의 순서도의 빈칸을 채우시오.

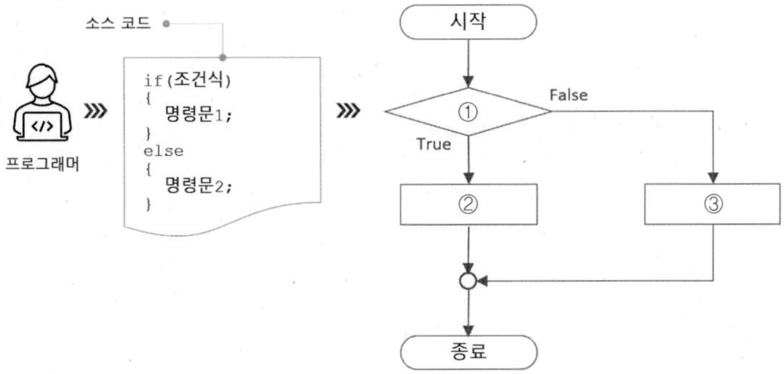

① (　　　　　　) ② (　　　　　　) ③ (　　　　　　)

10 다음과 같이 주어진 if...else if...else 조건문의 순서도의 빈칸을 채우시오.

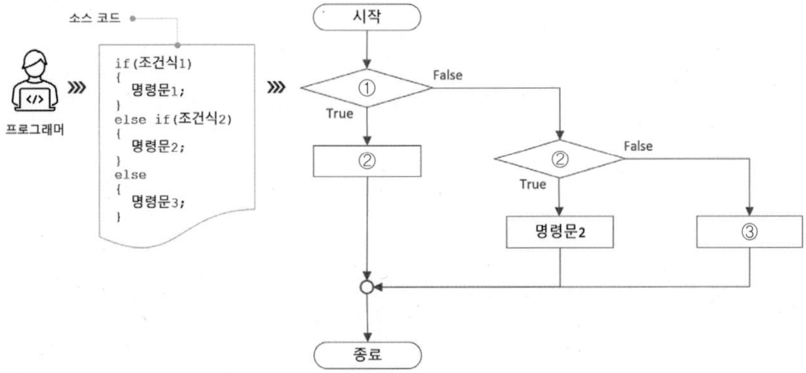

① (　　　　　　) ② (　　　　　　) ③ (　　　　　　)

11 다음과 같이 주어진 중첩 조건문을 하나의 if 조건문으로 수정하시오.

```
if (a <= 100)
{
    if (a >= 90)
    {
        Console.WriteLine("등급 : A 학점");
    }
}
```

12 다음과 같이 주어진 if...else if...else 조건문을 switch...case 조건문으로 변환하시오.

```
if (choice == 1 || choice == 2)
{
    Console.WriteLine("교통수단 : 비행기 ");
}
else if (choice == 3 || choice == 4)
{
    Console.WriteLine("교통수단 : 자가용 ");
}
else
{
    Console.WriteLine("교통수단 : 도보 ");
}
```

프로그래밍 문제

01 다음 지시사항을 준수하여 프로그램을 작성하시오.

(1) 콘솔 창에서 키(cm)와 체중(kg) 입력

(2) 체질량지수 BMI = 체중(kg) / 키(m)^2 산출

(3) if...else if...else 조건문으로 체질량지수 맵핑하여 메시지 출력

BMI	출력 메시지
18.5 미만	체력 보강 필요
18.5 ~ 22.9	정상 유지 필요
23 ~ 40	다이어트 필요
40 초과	프로그램 종료

(4) 기타 사항은 실행 결과 참조

실행 결과

```
신장(cm) : 188
체중(kg) : 70
 > 본인 BMI : 19.805342
 > 처방 : 정상 유지 필요
```

실행 결과

```
신장(cm) : 170
체중(kg) : 95
 > 본인 BMI : 32.87197
 > 처방 : 다이어트 필요
```

실행 결과

```
신장(cm) : 150
체중(kg) : 200
 > 본인BMI : 88.888885
프로그램 종료!
```

02 다음 지시사항을 준수하여 프로그램을 작성하시오.

(1) 콘솔 창에서 월을 입력하여 해당 날짜 수를 출력하는 중첩 조건문

(2) if...else 조건문으로 1~12월에 해당하는 숫자 판별

(3) switch...case 조건문으로 해당 월의 날짜 수 출력

월	날짜 수
2	평년 기준 28일
4, 6, 9, 11	30일
1, 3, 5, 7, 8, 10, 12	31일
그 이외의 숫자	프로그램 종료

(4) 기타 사항은 실행 결과 참조

실행 결과

```
월 입력 : 2
 > 2월은 평년 기준 28일까지 있습니다.
```

실행 결과

```
월 입력 : 4
 > 4월은 30일까지 있습니다.
```

실행 결과

```
월 입력 : 8
 > 8월은 31일까지 있습니다.
```

실행 결과

```
월 입력 : 13
 > 13월은 없습니다.
 > 프로그램 종료!
```

Chapter

5

반복문과 점프문

1_반복문

2_점프문

| 도전문제 | 핵심점검 |

| 연습문제 | 프로그래밍 문제 |

학습목표

- 반복문의 의미와 종류에 대해 알아봅니다.
- while, do...while, for 반복문의 사용 방법에 대해 알아봅니다.
- 점프문의 의미와 종류에 대해 알아봅니다.
- break, continue, goto 점프문의 역할과 사용 방법에 대해 알아봅니다.

SELF CHECK

1 반복문이란 동일한 명령문을 (한 번, 여러 번) 반복해서 수행해야 할 때 사용합니다.

2 while 반복문은 주어진 조건식이 (참, 거짓)일 동안에만 동일한 명령문을 반복해서 수행합니다.

3 do...while 반복문은 무조건 한 번은 명령문을 수행합니다. 프로그램을 계속 반복해서 수행할 것인지에 대한 조건식은 (처음, 마지막)에 선언합니다.

4 반복문을 선언할 때 (초기값; 조건식; 증감값) 형태로 선언하는 반복문은 (for, while) 문에서 사용하는 형식입니다.

5 프로그램의 순차적인 흐름을 끊고 실행 위치를 원하는 위치로 강제 이동 할 때는 (반복문, 점프문)을 사용합니다.

정답 1 여러 번 2 참 3 마지막 4 for 5 점프문

1

반복문

반복문이란 동일한 명령문을 여러 번 반복해서 수행해야 할 때 사용합니다. 예를 들어 '안녕하세요' 문장을 100회 출력한다고 가정한다면 출력 메서드를 100회 코딩해야 하는 번거로움이 존재합니다. 이와 같은 번거로움은 반복문을 사용하여 해결할 수 있습니다.

C#에서 사용하는 반복문의 종류는 while, do...while, for, foreach 반복문이 있습니다. foreach 반복문은 배열이나 컬렉션의 개념을 알고 있어야 합니다. foreach 반복문은 해당 단원에서 다루기로 하고 여기서는 foreach 반복문을 뺀 나머지 3가지 반복문에 대해서만 먼저 살펴보겠습니다.

1 while 반복문

while 반복문은 주어진 조건식이 참일 동안에만 동일한 명령문을 반복해서 수행합니다. 주어진 조건식이 거짓으로 판명되면 반복문을 빠져나오게 됩니다. while 문은 초보자에게 가장 쉬운 반복문입니다. 그 이유는 초기값, 조건식, 증감값이 각각 순차적인 수행방식의 문법 구조이기 때문입니다. while 반복문에서 명령문을 반복 수행하는 과정을 좀 더 쉽게 이해할 수 있도록 다음 그림과 같이 표현하였습니다.

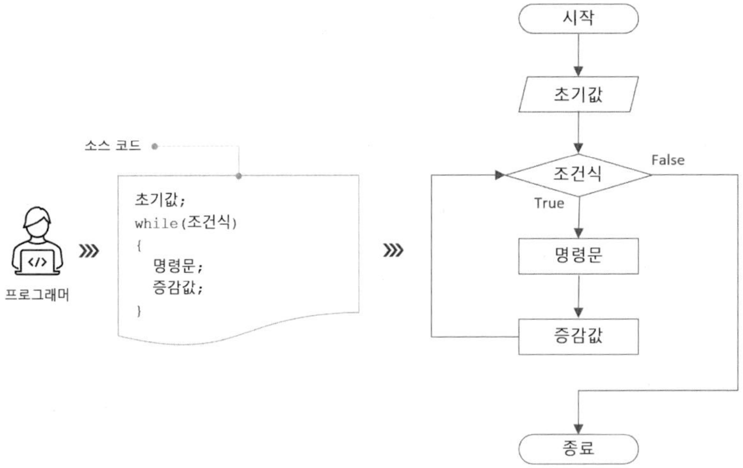

그림 5-1 while 반복문

1.1 누적 합계 출력하기

while 반복문으로 1부터 100까지 누적 합계를 산출하여 출력하는 과정을 살펴보기 위해 다음 예제를 수행합니다.

예제 05-01 while 반복문으로 1부터 100까지 누적 합계 출력하기

• **Step 01 | 프로젝트 생성** : 프로젝트명은 'WhileSum'으로 입력합니다. 소스 파일명은 그대로 둡니다.

• **Step 02 | 소스 코드 입력** : while 반복문으로 1부터 100까지 누적 합계를 산출합니다. 그리고 출력하기 위해 다음과 같이 소스 코드를 입력합니다. 단축키 F5를 눌러 실행 결과를 확인합니다.

ch05/WhileSum/WhileSum/Program.cs

```
// See https://aka.ms/new-console-template for more information
int a;

Console.Write("정수 입력 : ");
a = int.Parse(Console.ReadLine());
```

```
if(a > 0)
{
    Console.WriteLine("양의 정수입니다.");
}
```

실행 결과

```
while 반복문 종료 후 결과값
 > 누적 합계 : 1 + 2 + ... + 99 + 100 = 5050
 > 카운트 변수값 : 101
```

실행 결과를 살펴보면 1부터 100까지 누적 합계 5050과 카운트 변수값 101이 출력된 것을 확인할 수 있습니다. 여기서 눈여겨 봐둘 부분은 카운트 변수값에 대한 변화입니다. 카운트 변수의 초기값은 count = 1로 선언하였습니다.

그리고 100회를 수행 후 반복 횟수를 헤아리는 카운트 변수의 값은 count = 101로 변하게 됩니다. 카운트 변수의 값은 while(count <= 100)에서 주어진 조건식 판별 결과 거짓이 되므로 while 반복문을 빠져나가게 됩니다.

1.2 키보드로 입력한 수까지 누적 합계

while 반복문으로 1부터 콘솔 창에서 입력한 수까지 누적 합계를 산출하여 출력하는 과정을 살펴보기 위해 다음 예제를 수행합니다.

예제 05-02 키보드로 입력한 수까지 누적 합계 출력하기

- **Step 01 | 프로젝트 생성** : 프로젝트명은 'WhileInputSum'으로 입력합니다. 소스 파일명은 그대로 둡니다.

- **Step 02 | 소스 코드 입력** : while 반복문으로 1부터 콘솔 창에서 입력한 수까지 누적 합계를 산출합니다. 그리고 출력하기 위해 다음과 같이 소스 코드를 입력합니다. 단축키 F5를 눌러 실행 결과를 확인합니다.

ch05/WhileInputSum/WhileInputSum/Program.cs

```
// See https://aka.ms/new-console-template for more information
int su, count, sum = 0;

count = 1;

Console.Write("누적합을 어디까지 구할까요 : ");
su = int.Parse(Console.ReadLine());

while(count <= su)   // 입력한 수까지 반복문 수행
{
    sum += count;
    count++;
}
Console.WriteLine(" > 1부터 " + su + "까지 누적 합계 : " + sum);
Console.WriteLine(" > 카운트 변수값 : " + count);
```

실행 결과

```
누적합을 어디까지 구할까요 : 50
 > 1부터 50까지 누적 합계 : 1275
 > 카운트 변수값 : 51
```

실행 결과

```
누적합을 어디까지 구할까요 : -80
 > 1부터 50까지 누적 합계 : 0
 > 카운트 변수값 : 1
```

실행 결과를 살펴보면 콘솔 창에서 입력한 데이터값이 양의 정수일 때는 정상적으로 누적 합계가 산출됩니다. 하지만 음의 정수의 데이터값을 입력하게 되면 누적 합계는 0, 카운트 변수값은 1이 출력됩니다. 이와 같은 증상은 누적 합계를 산출할 때 데이터값이 음의 정수이기 때문에 발생하게 되는 논리 오류입니다.

1.3 유효 범위만 누적 합계 출력하기

앞에서 실습한 예제 문제에서 발생한 논리 오류를 해결하려면 if...else 조건문을 사용하면 됩니다. 콘솔 창에서 정수형 데이터값을 입력할 때 if...else 조건문으로 음의 정수는 배제합니다. 그리고 양의 정수만 허용하여 누적 합계를 산출하기 위해 다음 예제를 수행합니다.

예제 05-03 양의 정수만 허용하여 누적 합계 출력하기

• **Step 01 | 프로젝트 생성** : 프로젝트명은 'WhileIFelseSum'으로 입력합니다. 소스 파일명은 그대로 둡니다.

• **Step 02 | 소스 코드 입력** : if...else 조건문으로 음의 정수는 배제하고 양의 정수만 허용하여 누적 합계를 산출합니다. 그리고 출력하기 위해 다음과 같이 소스 코드를 입력합니다. 단축키 F5를 눌러 실행 결과를 확인합니다.

ch05/WhileIFelseSum/WhileIFelseSum/Program.cs

```
// See https://aka.ms/new-console-template for more information
int su, count, sum = 0;

count = 1;

Console.Write("누적합을 어디까지 구할까요 : ");
su = int.Parse(Console.ReadLine());

if(su < 0)
{
    Console.WriteLine(" > 유효하지 않은 데이터값! ");
    Console.WriteLine(" > 프로그램 종료! ");
}
else
{
    while (count <= su)  // 입력한 수까지 반복문 수행
    {
        sum += count;
        count++;
```

```
    }
    Console.WriteLine(" > 1부터 " + su + "까지 누적 합계 : " + sum);
    Console.WriteLine(" > 카운트 변수값 : " + count);
}
```

실행 결과

```
누적합을 어디까지 구할까요 : 100
 > 1부터 50까지 누적 합계 : 5050
 > 카운트 변수값 : 101
```

실행 결과

```
누적합을 어디까지 구할까요 : -80
 > 유효하지 않은 데이터값!
 > 프로그램 종료!
```

2 do...while 반복문

do...while 반복문은 무조건 한 번은 명령문을 수행 후 마지막에 조건식을 판별하여 반복 여부를 결정합니다. do...while 문에서 반복문을 수행하는 과정을 좀 더 쉽게 이해할 수 있도록 다음 그림과 같이 표현하였습니다.

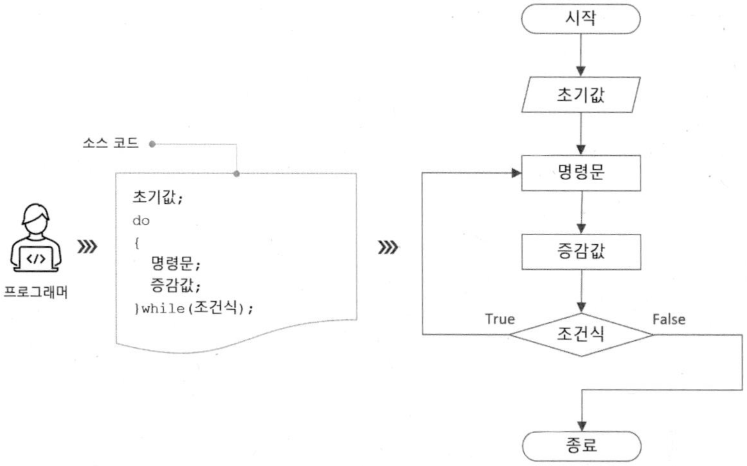

그림 5-2 do...while 반복문

do...while 반복문으로 'exit' 문자열이 입력될 때까지 계속해서 문자열 입력 명령문을 반복 실행하기 위해 다음 예제를 수행합니다.

예제 05-04 exit 문자열을 입력할 때까지 do...while 반복문 수행하기

• **Step 01 | 프로젝트 생성** : 프로젝트명은 'DoWhile'로 입력합니다. 소스 파일명은 그대로 둡니다.

• **Step 02 | 소스 코드 입력** : do...while 반복문으로 'exit' 문자열이 입력될 때까지 문자열 입력 명령을 반복 수행합니다. 그리고 출력하기 위해 다음과 같이 소스 코드를 입력합니다. 단축키 F5를 눌러 실행 결과를 확인합니다.

ch05/DoWhile/DoWhile/Program.cs

```
// See https://aka.ms/new-console-template for more information
int count = 1;
string s;

Console.WriteLine("문자열 exit가 입력되면 종료 ");

do
```

```
{
    Console.Write(" > " + count + "회 문자열 입력 : ");
    s = Console.ReadLine();
    count++;
}while (s != "exit");

Console.WriteLine(" > 반복 수행 횟수 : " + (count - 1) + "회 ");
```

실행 결과

```
문자열 exit가 입력되면 종료
 > 1회 문자열 입력 : space
 > 2회 문자열 입력 : korea
 > 3회 문자열 입력 : exit
 > 반복 수행 횟수 : 3회
```

3 for 반복문

for 반복문은 앞에서 살펴본 while 반복문과 do...while 반복문에 비해 문법 구조가 비교적 간단합니다. 하지만 for 문은(초기값; 조건식; 증감값)과 같이 모두 한 행에 선언합니다. 그렇기 때문에 다른 반복문에 비해 명령문을 반복 수행하는 절차를 이해하기가 조금 어렵습니다.

for 반복문으로 명령문을 반복해서 수행하는 절차를 충분히 이해하게 된다면 코딩 라인을 줄일 수 있다는 장점을 활용할 수 있습니다. for 반복문에서 명령문을 반복 수행하는 과정을 좀 더 쉽게 이해할 수 있도록 다음 그림과 같이 표현하였습니다.

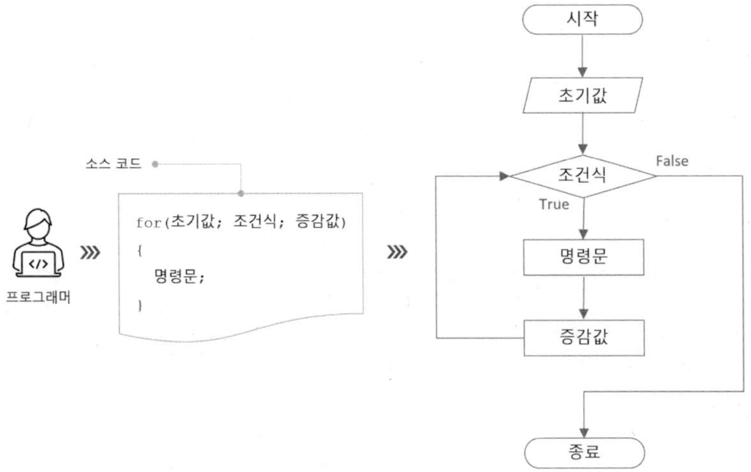

그림 5-3 for 반복문

3.1 입력한 수까지 누적 합계 출력하기

for 반복문으로 1부터 콘솔 창에서 입력한 수까지 누적되는 합계를 출력하기 위해 다음 예제를 수행합니다.

예제 05-05 for 반복문으로 1부터 입력한 수까지 누적 합계 출력하기

• **Step 01 | 프로젝트 생성** : 프로젝트명은 'ForSum'으로 입력합니다. 소스 파일명은 그대로 둡니다.

• **Step 02 | 소스 코드 입력** : for 반복문으로 1부터 입력한 수까지 누적되는 합계를 산출합니다. 그리고 출력하기 위해 다음과 같이 소스 코드를 입력합니다. 단축키 F5를 눌러 실행 결과를 확인합니다.

ch05/ForSum/ForSum/Program.cs

```
// See https://aka.ms/new-console-template for more information
int count, su, sum = 0;

Console.Write("누적합을 어디까지 구할까요 : ");
su = int.Parse(Console.ReadLine());

for(count = 1; count <= su; count++)
{
    sum += count;  // sum = sum + count;
}

Console.WriteLine(" > 1부터 " + su + "까지 누적 합계 : " + sum);
Console.WriteLine(" > 카운트 변수값 : " + count);
```

실행 결과

```
누적합을 어디까지 구할까요 : 100
 > 1부터 50까지 누적 합계 : 5050
 > 카운트 변수값 : 101
```

실행 결과

```
누적합을 어디까지 구할까요 : -80
 > 1부터 50까지 누적 합계 : 0
 > 카운트 변수값 : 1
```

for 반복문 또한 콘솔 창에서 입력한 데이터값이 양의 정수일 때는 정상적으로 누적 합계가 산출됩니다. 하지만 음의 정수의 데이터값을 입력하게 되면 누적 합계는 0, 카운트 변수값은 1이 출력됩니다. 이와 같은 증상은 앞에서도 언급한 바와같이 누적 합계를 산출할 때 데이터값이 음의 정수이기 때문에 발생하게 되는 논리 오류입니다.

3.2 유효 범위만 누적 합계 출력하기

앞에서 실습한 예제 문제에서 발생한 논리 오류를 해결하려면 if...else 조건문을 사용하여 유효 범위만 누적 합계를 산출하면 됩니다. 다음 예제를 통해 살펴보겠습니다.

예제 05-06 for 반복문에서 양의 정수만 허용하여 누적 합계 출력하기

- **Step 01 | 프로젝트 생성** : 프로젝트명은 'ForIFesleSum'으로 입력합니다. 소스 파일명은 그대로 둡니다.

- **Step 02 | 소스 코드 입력** : if...else 조건문으로 음의 정수는 배제하고 양의 정수만 허용하여 누적 합계를 산출합니다. 그리고 출력하기 위해 다음과 같이 소스 코드를 입력합니다. 단축키 F5를 눌러 실행 결과를 확인합니다.

ch05/ForIFelseSum/ForIFelseSum/Program.cs

```
// See https://aka.ms/new-console-template for more information
int count, su, sum = 0;

Console.Write("누적합을 어디까지 구할까요 : ");
su = int.Parse(Console.ReadLine());

if(su < 0)
{
    Console.WriteLine(" > 유효하지 않은 데이터값! ");
    Console.WriteLine(" > 프로그램 종료! ");
}
else
{
    for (count = 1; count <= su; count++)
    {
        sum += count;  // sum = sum + count;
    }

    Console.WriteLine(" > 1부터 " + su + "까지 누적 합계 : " + sum);
    Console.WriteLine(" > 카운트 변수값 : " + count);
}
```

실행 결과

```
누적합을 어디까지 구할까요 : -80
 > 유효하지 않은 데이터값!
 > 프로그램 종료!
```

실행 결과

```
누적합을 어디까지 구할까요 : 100
 > 1부터 50까지 누적 합계 : 5050
 > 카운트 변수값 : 101
```

3.3 입력한 숫자의 구구단 출력하기

for 반복문을 선언하여 2~99 사이의 숫자 중 콘솔 창에서 입력한 숫자의 구구단을 출력하기 위해 다음 예제를 수행합니다.

예제 05-07 for 반복문으로 입력한 숫자의 구구단 출력하기

• **Step 01 | 프로젝트 생성** : 프로젝트명은 'ForGugudan'으로 입력합니다. 소스 파일명은 그대로 둡니다.

• **Step 02 | 소스 코드 입력** : for 반복문으로 입력한 숫자의 구구단을 출력하기 위해 다음과 같이 소스 코드를 입력합니다. 단축키 F5를 눌러 실행 결과를 확인합니다.

ch05/ForGugudan/ForGugudan/Program.cs

```
// See https://aka.ms/new-console-template for more information
int dan, count, gob;

Console.Write("출력할 구구단 : ");
dan = int.Parse(Console.ReadLine());

if (dan < 2 || dan > 99)
{
    Console.WriteLine(" > 유효하지 않은 데이터값! ");
```

```
        Console.WriteLine(" > 프로그램 종료! ");
    }
    else
    {
        for (count = 1; count <= 9; count++)
        {
            gob = dan * count;
            Console.WriteLine(dan + " * " + count + " = " + gob);
        }
    }
```

실행 결과

```
출력할 구구단 : -5
 > 유효하지 않은 데이터값!
 > 프로그램 종료!
```

실행 결과

```
출력할 구구단 : 100
 > 유효하지 않은 데이터값!
 > 프로그램 종료!
```

실행 결과

```
출력할 구구단 : 8
8 * 1 = 8
8 * 2 = 16
8 * 3 = 24
8 * 4 = 32
8 * 5 = 40
8 * 6 = 48
8 * 7 = 56
8 * 8 = 64
8 * 9 = 72
```

3.4 중첩된 for 반복문으로 구구단 출력하기

for 반복문을 중첩되게 선언하여 2~9단을 출력하는 과정을 살펴보기 위해 다음 예제를 수행합니다.

예제 05-08 중첩 for 반복문으로 2~9단까지 구구단 출력하기

• **Step 01 | 프로젝트 생성** : 프로젝트명은 'ForNestingGugudan'으로 입력합니다. 소스 파일명은 그대로 둡니다.

• **Step 02 | 소스 코드 입력** : 중첩된 for 반복문으로 구구단을 출력하기 위해 다음과 같이 소스 코드를 입력합니다. 단축키 F5를 눌러 실행 결과를 확인합니다.

ch05/ForNestingGugudan/ForNestingGugudan/Program.cs

```
// See https://aka.ms/new-console-template for more information
int dan, count, gob;

for (dan = 2; dan <= 9; dan++)
{
    for(count = 1; count <= 9; count++)
    {
        gob = dan * count;
        Console.WriteLine(dan + " * " + count + " = " + gob);
    }
    Console.WriteLine();
}
```

실행 결과

```
2 * 1 = 2
2 * 2 = 4
2 * 3 = 6
2 * 4 = 8
2 * 5 = 10
2 * 6 = 12
2 * 7 = 14
```

```
2 * 8 = 16
2 * 9 = 18

3 * 1 = 3
3 * 2 = 6
3 * 3 = 9
   :
```

3.5 중첩된 for 반복문으로 ☆ 출력하기

for 반복문을 중첩 선언하여 ☆(ㅁ(미음)+[한자] 키)을 5개부터 1개까지 개수가 1개씩 점차 줄어들게 출력하는 과정을 살펴보기 위해 다음 예제를 수행합니다.

예제 05-09 중첩 for 반복문으로 ☆을 5개부터 1개까지 출력하기

- **Step 01 | 프로젝트 생성** : 프로젝트명은 'ForNestingStar'로 입력합니다. 소스 파일명은 그대로 둡니다.

- **Step 02 | 소스 코드 입력** : 중첩된 for 반복문으로 ☆을 5개부터 1개까지 개수가 1개씩 점차 줄어들게 수행합니다. 그리고 출력하기 위해 다음과 같이 소스 코드를 입력합니다. 단축키 F5를 눌러 실행 결과를 확인합니다.

ch05/ForNestingStar/ForNestingStar/Program.cs

```
// See https://aka.ms/new-console-template for more information
int star, count;

for (count = 1; count <= 5; count++)
{
    for (star = 5; star >= count; star--)
    {
        Console.Write("☆");
    }
    Console.WriteLine();
}
```

실행 결과

```
☆☆☆☆☆
☆☆☆☆
☆☆☆
☆☆
☆
```

2

점프문

점프문은 프로그램의 순차적인 흐름을 끊고 실행 위치를 원하는 위치로 강제 점프할 때 사용합니다. C#에서는 5개(break, continue, goto, return, throw)의 점프문을 제공합니다. 여기서는 break, continue, goto 점프문만 다루겠습니다.

Quiz C#에서 사용하는 반복문의 종류 중 (   ) 반복문은 배열이나 컬렉션의 개념을 알고 있어야 합니다.

정답
foreach

1 break 점프문

break 점프문은 반복문이나 switch...case 조건문을 빠져나올 때 사용합니다. 반복문을 중첩해서 여러 개가 선언되었을 때 모든 반복문 전체를 한꺼번에 빠져나올 수는 없습니다. break 점프문은 현재 속해 있는 반복문 또는 case 문의 위치에서만 빠져나오게 됩니다.

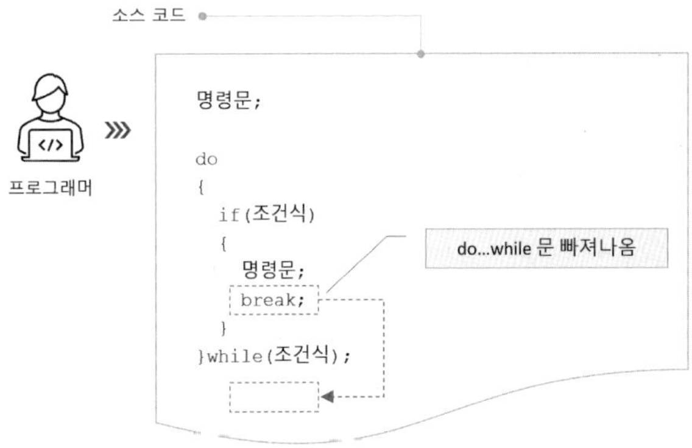
소스 코드
프로그래머
명령문;
do
{
if(조건식)
{
명령문;
break;
}
}while(조건식);
do...while 문 빠져나옴

그림 5-4 break 점프문

do...while 반복문으로 1부터 100까지 누적 합계를 산출합니다. 이 과정에서 누적합이 500을 넘게 되면 반복문을 빠져나와 누적 합계를 출력하게 됩니다. 다음 예제를 통해 살펴 봐야겠습니다.

예제 05-10 누적 합계가 500을 넘으면 break 점프문으로 반복문 탈출하기

• **Step 01 | 프로젝트 생성** : 프로젝트명은 'DowhileBreak'로 입력합니다. 소스 파일명은 그대로 둡니다.

• **Step 02 | 소스 코드 입력** : do...while 반복문으로 1부터 100까지 누적 합계를 산출합니다. 그리고 누적합이 500을 넘게 되면 반복문을 빠져나옵니다. 누적 합계를 출력하기 위해 다음과 같이 소스 코드를 입력합니다. 단축키 F5를 눌러 실행 결과를 확인합니다.

ch05/DowhileBreak/DowhileBreak/Program.cs

```
// See https://aka.ms/new-console-template for more information
int count = 1, sum = 0;

Console.WriteLine("누적합이 500을 넘으면 프로그램 종료 ");

do
{
    if (sum > 500)
    {
```

```
        Console.WriteLine(" > 누적합 500 초과! ");
        break;
    }
    else
    {
        sum += count;  // sum = sum + count;
    }
    count++;
} while (count <= 100);  // 또는 while (true) → 무한 반복문 구현 가능

Console.WriteLine(" > 누적 합계 : " + sum);
```

실행 결과

```
누적합이 500을 넘으면 프로그램 종료
 > 누적합 500초과!
 > 누적 합계 : 528
```

2 continue 점프문

continue 점프문을 만나게 되면 반복문의 처음 위치로 이동하게 됩니다. continue 문은 반복문을 통해 짝수 또는 홀수의 합을 구할 때 조건문의 코드 블록 안에 선언합니다.

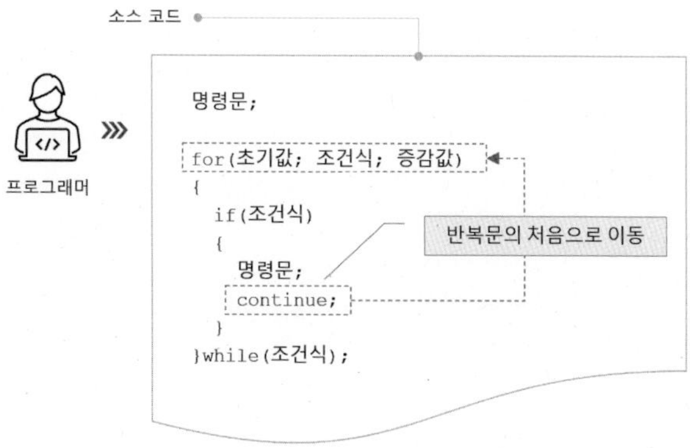
소스 코드
프로그래머
명령문;
for(초기값; 조건식; 증감값)
{
if(조건식)
{
명령문;
continue;
}
}while(조건식);
반복문의 처음으로 이동

그림 5-5 continue 점프문

다음 예제에서는 for 반복문을 사용하여 1부터 10까지의 숫자 중 홀수만 출력합니다. 홀수에 대한 구분은 나머지 연산자(%)와 continue 점프문을 사용합니다.

예제 05-11 continue 점프문으로 홀수만 출력하기

• **Step 01 | 프로젝트 생성** : 프로젝트명은 'ForContinue'로 입력합니다. 소스 파일명은 그대로 둡니다.

• **Step 02 | 소스 코드 입력** : for 반복문을 사용하여 1부터 10까지의 숫자 중 홀수만 출력합니다. 홀수는 나머지 연산자(%)와 continue 점프문을 사용하여 판별하기 위해 다음과 같이 소스 코드를 입력합니다. 단축키 F5를 눌러 실행 결과를 확인합니다.

ch05/ForContinue/ForContinue/Program.cs

```
// See https://aka.ms/new-console-template for more information
int count;

Console.WriteLine("홀수만 출력하는 프로그램 ");
Console.Write(" > ");

for (count = 1; count <= 10; count++)
{
    if(count % 2 == 0)
    {
        continue;
    }
    Console.Write(count + " ");
}
```

실행 결과

```
홀수만 출력하는 프로그램
 > 1 3 5 7 9
```

3 goto 점프문

goto 문은 지정된 레이블 위치로 점프할 때 사용합니다. goto 점프문을 사용할 때는 레이블의 위치를 선정하기 위해 반드시 레이블명을 선언해야 합니다. 그래야만 goto 점프문에서 가리키는 레이블의 위치로 강제 이동 할 수 있게 됩니다.

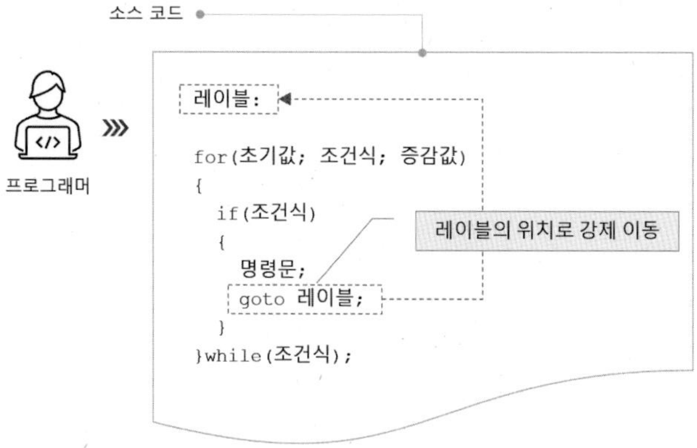

그림 5-6 goto 점프문

콘솔 창에서 입력한 수가 음의 정수 데이터값일 경우 goto 점프문을 선언하여 다시 입력하는 과정을 살펴보기 위해 다음 예제를 수행합니다.

예제 05-12 goto 점프문을 사용하여 유효한 값으로 다시 입력하기

• **Step 01 | 프로젝트 생성** : 프로젝트명은 'WhileGoto'로 입력합니다. 소스 파일명은 그대로 둡니다.

• **Step 02 | 소스 코드 입력** : 콘솔 창에서 입력한 수가 음의 정수 데이터값일 경우 goto 점프문을 선언합니다. 그리고 다시 입력하도록 수행하기 위해 다음과 같이 소스 코드를 입력합니다. 단축키 F5를 눌러 실행 결과를 확인합니다.

```
// See https://aka.ms/new-console-template for more information
int su, count, sum = 0;

count = 1;

replay:  // 레이블 선언
Console.Write("누적합을 어디까지 구할까요 : ");
su = int.Parse(Console.ReadLine());

if (su < 0)
{
    Console.WriteLine(" > 유효하지 않은 데이터값! ");
    Console.WriteLine();
    goto replay;
}
else
{
    while (count <= su)  // 입력한 수까지 반복문 수행
    {
        sum += count;
        count++;
    }
    Console.WriteLine(" > 1부터 " + su + "까지 누적 합계 : " + sum);
    Console.WriteLine(" > 카운트 변수값 : " + count);
}
```

실행 결과

```
누적합을 어디까지 구할까요 : -100
 > 유효하지 않은 데이터값!

누적합을 어디까지 구할까요 : 100
 > 1부터 100까지 누적 합계 : 5050
 > 카운트 변수값 : 101
```

Quiz (　　　　)은 프로그램의 순차적인 흐름을 끊고 실행 위치를 원하는 위치로 강제 점프할 때 사용합니다.

정답

점프문

도전문제 반복문에서 조건식과 점프문이 수행하는 역할 익히기

1 프로그램 소스 코드를 보고 빈칸을 채워 완성하시오.

```
int su, count, sum = 0;

count = 1;

Console.Write("누적합을 어디까지 구할까요 : ");
su = int.Parse(Console.ReadLine());

while [          ]          // 입력한 수까지 반복문 수행
{
    [          ]
    count++;
}
Console.WriteLine(" > 1부터 ” + su + "까지 누적 합계 : " + sum);
Console.WriteLine(" > 카운트 변수값 : " + count);
```

Hint 반복문을 수행할 때 주어지는 조건식은 명령문에 대해 반복 수행을 계속할 것인지 아닌지를 판별하는 기준이 됩니다. 누적되는 합계를 구할 때는 누적합과 카운트 변수를 활용합니다.

정답

```
(count <= su)
sum += count;
```

2 프로그램 소스 코드를 보고 빈칸을 채워 완성하시오.

```
int count = 1, sum = 0;

Console.WriteLine("누적합이 500을 넘으면 프로그램 종료 ");

do
{
    if [          ]
    {
        Console.WriteLine(" > 누적합 500 초과! ");
        [          ]
    }
    else
    {
        sum += count;          // 누적 합계 산출
    }
    [          ]
} while (count <= 100);      // 또는 while (true) → 무한 반복문 구현 가능

Console.WriteLine(" > 누적 합계 : " + sum);
```

Hint while 반복문에서 주어진 조건식에 의해 명령문을 반복해서 수행하지만 누적되는 합계가 500을 넘게 되면 반복문을 강제로 빠져나가게 됩니다. 이때 선언하는 조건식의 형태와 반복문을 빠져나갈 때 사용하는 점프문은 무엇인지를 생각해 보세요.

정답

```
(sum > 500)
break;
count++;
```

핵심점검

1 C#에서 사용하는 반복문의 종류는 (　　　　　　), do...while, for, foreach 반복문이 있습니다.

2 반복문 또는 case 조건문을 빠져나올 때는 (　　　　　　) 점프문을 사용하면 됩니다.

3 goto 점프문을 사용할 때는 (　　　　　　)를 선정하기 위해 반드시 '레이블명'을 선언해야 합니다.

4 do...while 반복문의 경우 조건식은 (　　　　　　) 위치에 선언하기 때문에 무조건 1회 반복문을 수행합니다.

5 continue 문을 만나게 되면 반복문의 (　　　　) 위치로 이동하게 됩니다.

정답 1 while　2 break　3 점프 위치　4 마지막　5 처음

연습문제

01 다음 중 반복문에 대한 설명으로 옳지 않은 것은?

① for 반복문은 초기값, 조건식, 증감값을 1행으로 선언

② 반복문은 무조건 1회 수행 후 조건식을 판별

③ 반복문의 조건식이 참일 경우 무한루프

④ 중괄호를 대칭으로 선언하여 반복문의 명령 구간 설정

02 for 반복문으로 짝수만 선별할 때 응용할 수 있는 요소는?

① 초기값과 조건식　　② 조건식과 증감식

③ 초기값과 증감식　　④ 조건식과 레이블명

03 중첩된 반복문을 선언할 때 가장 간결한 명령문은?

① while 문　　② do...while 문

③ for 문　　④ continue 문

04 반복문을 빠져나올 때 선언하는 점프문은?

① continue 문　　② continue 문

③ return 문　　④ break 문

05 goto 점프문이 강제 이동하는 위치는?

① 레이블명　　② 반복문의 처음

③ 반복문의 끝　　④ 프로그램의 마지막

06 다음 중 break 점프문에 대한 설명으로 옳은 것은?

① case 문에서 생략하면 다음 case 문까지 명령문 수행

② 중첩된 반복문도 한꺼번에 탈출

③ if...else 조건문에서는 무조건 탈출

④ 프로그램 재시작

07 변수 count = 0, sum = 0과 같이 선언하고 누적되는 합을 산출하기 위한 식은?

① sum -= count;　　② sum = sum + 0;

③ sum += count;　　④ sum = sum + 100;

08 다음 중 무한 반복문을 수행하기 위한 필수 조건은?

① 조건식에 선언하는 값을 자료형의 크기만큼 선언

② 조건식을 사용자가 입력한 수까지 선언

③ 조건식을 빈 괄호로 선언

④ 조건식을 무조건 참(True)로 선언

09 다음 중 반복문이 무한루프에 빠지게 되는 상황은?

① 초기값을 선언하지 않았을 경우

② 조건식을 선언하지 않았을 경우

③ 증감값을 선언하지 않았을 경우

④ 명령문을 선언하지 않았을 경우

10 다음과 같이 주어진 while 반복문의 순서도를 보고 빈칸을 채우시오.

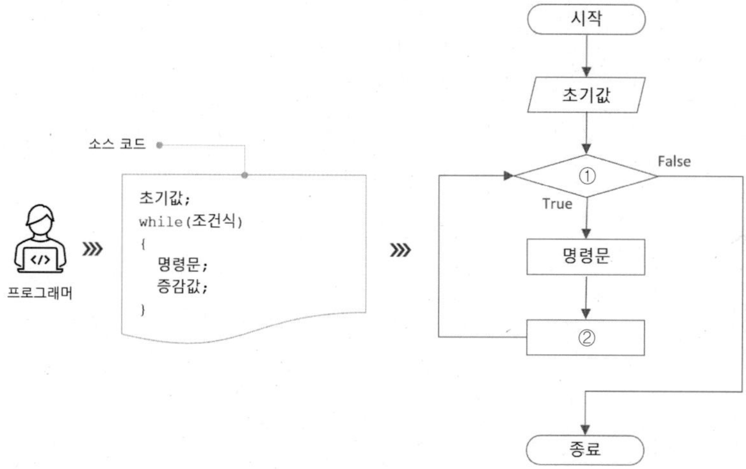

① ( ) ② ( )

11 다음과 같이 주어진 do...while 반복문의 순서도를 보고 빈칸을 채우시오.

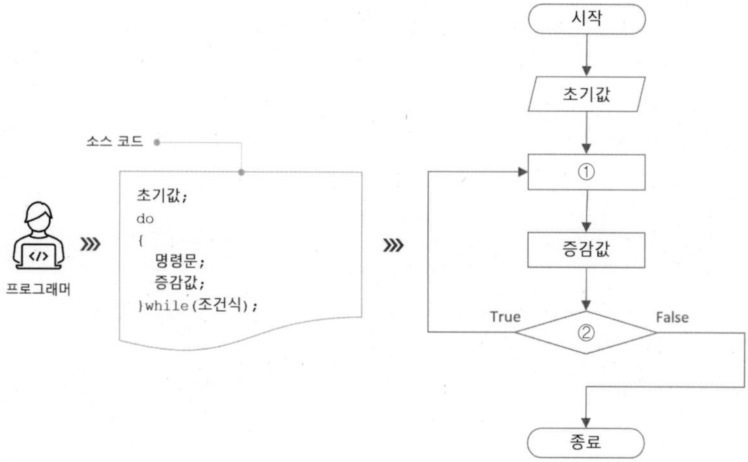

① ( ) ② ( )

12 다음과 같이 주어진 for 반복문의 순서도를 보고 빈칸을 채우시오.

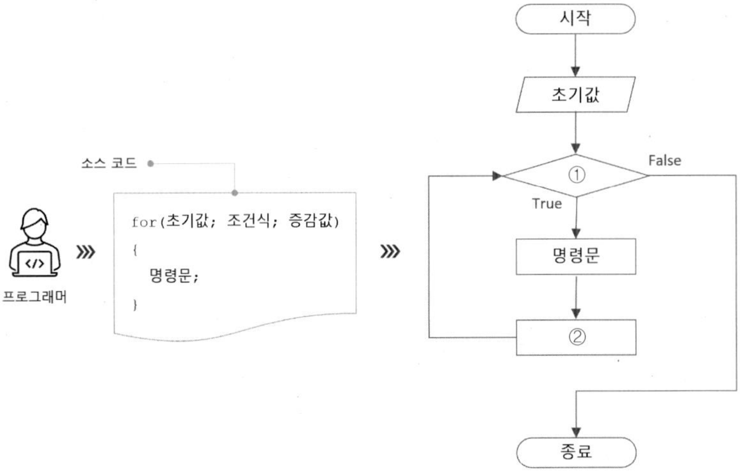

① (   )   ② (   )

13 다음과 같이 주어진 명령문에서 break 점프문의 역할을 빈칸을 설명하시오.

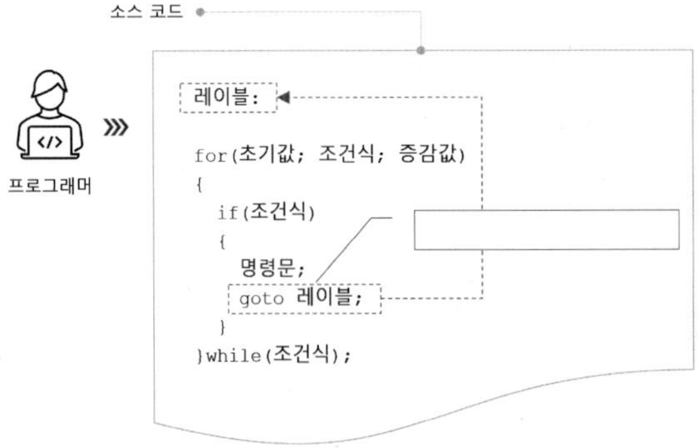

14 다음과 같이 주어진 명령문에서 continue 점프문의 역할을 빈칸을 설명하시오.

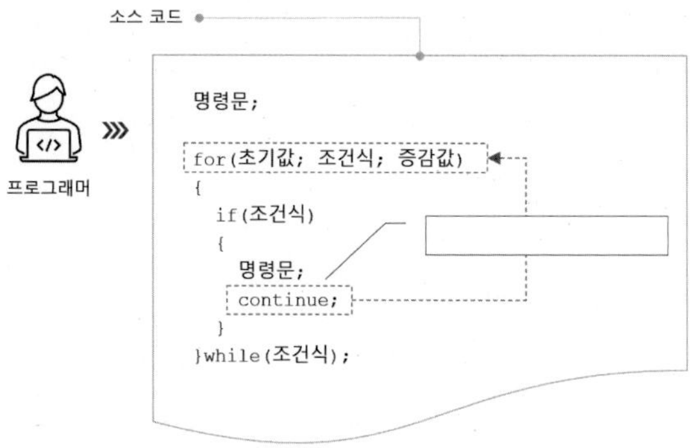
소스 코드
프로그래머
명령문;
for(초기값; 조건식; 증감값)
{
if(조건식)
{
명령문;
continue;
}
}while(조건식);

15 다음과 같이 주어진 소스 코드의 실행 결과를 적으시오.

```
for (int count = 0; count <= 10; count++)
{
    if(count % 2 != 0)
    {
        continue;
    }
    Console.Write(count + " ");
}
```

15 다음과 같이 주어진 소스 코드의 실행 결과를 적으시오.

```
int count = 10, sum = 0;
do
{
    sum += count;
    Console.Write(count + " ");
    count -= 3;
} while (count > 0);
```

16 다음과 같이 주어진 소스 코드의 실행 결과를 적으시오.

```
int count = 10, sum = 0;
do
{
    sum += count;
    Console.Write(count + " ");
    count -= 3;
} while (count > 0);
```

프로그래밍 문제

01 다음 지시사항을 준수하여 프로그램을 작성하시오.

(1) 정수형 변수 2개 선언

(2) 중첩 for 반복문으로 ★을 1개부터 5개까지 출력

(3) 기호 ★은 ㅁ(미음)+[한자] 키 사용

(4) 기타 사항은 실행 결과 참조

실행 결과

```
★
★★
★★★
★★★★
★★★★★
```

02 다음과 같이 MenuStip 컨트롤을 사용하여 윈폼 화면을 디자인하시오.

(1) if…else 조건문으로 2~9단 유효성 판별

(2) 2~9 이외의 숫자가 입력되면 goto 문으로 다시 입력하는 위치로 점핑

(3) 입력한 숫자에 해당하는 구구단을 for 반복문으로 출력

(4) 기타 사항은 실행 결과 참조

실행 결과

```
출력할 구구단(2~9) : -3
 > 유효하지 않은 데이터값!
 > 다시 입력하세요...

출력할 구구단(2~9) : 10
 > 유효하지 않은 데이터값!
 > 다시 입력하세요...

출력할 구구단(2~9) : 5
5 * 1 = 5
5 * 2 = 10
  :
```

Chapter

6

배열

1_배열 선언
2_Array 클래스
3_다차원 배열
4_Random 클래스
5_탐색과 정렬

| 도전문제 | 핵심점검 |
| 연습문제 | 프로그래밍 문제 |

학습목표

- 배열을 생성하고 반복문으로 배열 요소를 출력하는 과정에 대해 알아봅니다.
- Array 클래스에 대한 개념과 상속, 속성 및 메서드에 대해 알아봅니다.
- 다차원 배열의 의미와 Random 클래스의 객체 생성 방법에 대해 알아봅니다.
- 순차탐색과 이진탐색 및 버블정렬을 수행하는 방법에 대해 알아봅니다.

SELF CHECK

1 배열이란 (동일한, 다른) 자료형을 가지는 데이터들의 연속된 집합을 의미합니다.

2 배열 요소는 (중괄호, 대괄호) 안에 나열하고 배열의 크기는 (중괄호, 대괄호) 안에 정수형 숫자로 선언하지만 생략해도 됩니다.

3 foreach 문은 인덱스 (0, 1)부터 시작하고 인덱스 n−1로 끝나는 인덱스 순서로 배열의 요소를 전부 처리합니다.

4 다차원 배열의 경우 왼쪽 차원의 인덱스는 오른쪽 차원의 인덱스가 모두 증가한 다음 (왼쪽, 오른쪽) 차원의 인덱스가 증가하는 방식으로 배열의 요소를 출력합니다.

5 상속이란 (기존, 새로운) 클래스에 기능을 추가하거나 재정의하여 새로운 클래스를 정의하는 것을 의미합니다.

정답 1 동일한 2 중괄호, 대괄호 3 0 4 왼쪽 5 기존

1

배열 선언

1 배열 선언

배열Array이란 동일한 자료형을 가지는 데이터들의 연속된 집합을 의미합니다. C#에서는 배열을 참조형으로 제공되므로 new 키워드를 사용하여 다음과 같이 생성합니다.

```
자료형[] 배열명 = new 자료형[]{배열 요소};
```

배열 요소는 중괄호 안에 나열하고 배열의 크기는 대괄호 안에 정수형 숫자로 선언하지만 생략해도 됩니다. 그 이유는 배열의 크기를 생략하게 되면 배열 요소의 개수를 자동으로 파악하여 배열의 크기로 적용되기 때문입니다. 배열을 생성할 때 선언과 동시에 초기화를 한꺼번에 선언할 수도 있습니다.

C#에서 배열을 선언하는 방법은 다음과 같이 3가지 방법이 제공됩니다.

```
자료형[] 배열명 = {요소1, 요소2, ... };
자료형[] 배열명 = new 자료형[]{요소1, 요소2, ...};
자료형[] 배열명 = new 자료형[n]{요소1, 요소2, ..., 요소n};
```

2 foreach 반복문

foreach 문은 배열의 요소를 반복하는 단순하고 깔끔한 방법을 제공합니다. 1차원 배열의 경우 foreach 문은 인덱스 0으로 시작하고 인덱스 n-1로 끝나는 인덱스 순서로 배열의 요소를 전부 처리합니다. 예를 들어 int[5]와 같이 배열을 생성하였다면 배열의 크기는 5가 되고 각 배열 요소는 0, 1, 2, 3, 4와 같이 인덱스가 자동으로 부여됩니다. 배열의 생성과 초기화는 다음과 같이 선언합니다.

```
int[] numbers = {-1, 0, 1, 2, 3};
foreach(int cnt in numbers)
{
    Console.Write(cnt + " ");
}
// 출력결과 : -1, 0, 1, 2, 3
```

다차원 배열의 경우 왼쪽 차원의 인덱스는 오른쪽 차원의 인덱스가 모두 증가한 다음 왼쪽 차원의 인덱스가 증가하는 방식으로 배열의 요소를 출력합니다. 3행 2열의 2차원 배열 요소를 foreach 문으로 출력할 때는 다음과 같이 선언합니다.

```
int[,] numbers2D[3, 2] = new int{{1, 3}, {5, 7}, {9, 11}};
foreach(int cnt in numbers2D)
{
    Console.Write(cnt + " ");
}
// 출력결과 : 1 3 5 7 9 11
```

3 배열 요소 출력

3.1 1차원 배열

배열을 생성한 다음 foreach 반복문으로 1차원 배열의 요소를 출력하기 위해 다음 예제를 수행합니다.

예제 06-01 foreach 반복문으로 1차원 배열 요소 출력하기

• **Step 01 | 프로젝트 생성** : 프로젝트명은 'Array1D'로 입력합니다. 소스 파일명은 그대로 둡니다.

• **Step 02 | 소스 코드 입력** : 1차원 배열을 생성합니다. 그리고 foreach 반복문으로 배열의 요소를 출력하기 위해 다음과 같이 소스 코드를 입력합니다. 단축키 F5를 눌러 실행 결과를 확인합니다.

ch06/Array1D/Array1D/Program.cs

```
// See https://aka.ms/new-console-template for more information
int[] a = { -1, 0, 1, 2, 3 };
foreach (int cnt in a)
{
    Console.Write(cnt + " ");
}
```

실행 결과

```
-1 0 1 2 3
```

3.2 2차원 배열

배열을 생성한 다음 foreach 반복문으로 2차원 배열의 요소를 출력하기 위해 다음 예제를 수행합니다.

예제 06-02 foreach 반복문으로 2차원 배열 요소 출력하기

• **Step 01 | 프로젝트 생성** : 프로젝트명은 'Array2D'로 입력합니다. 소스 파일명은 그대로 둡니다.

• **Step 02 | 소스 코드 입력** : 2차원 배열을 생성합니다. 그리고 foreach 반복문으로 배열의 요소를 출력하기 위해 다음과 같이 소스 코드를 입력합니다. 단축키 F5를 눌러 실행 결과를 확인합니다.

ch06/Array2D/Array2D/Program.cs

```
// See https://aka.ms/new-console-template for more information
int[,] b = new int[3, 2] { { 1, 3 }, { 5, 7 }, { 9, 11 } };
foreach(int cnt in b)
{
    Console.Write(cnt + " ");
}
```

실행 결과

```
1 3 5 7 9 11
```

Quiz 배열이란 동일한 자료형을 가지는 데이터들의 연속된 집합을 의미하며 C#에서는 배열을 참조형으로 제공되므로 (   ) 키워드를 사용하여 생성합니다.

정답

new

2

Array 클래스

C#의 모든 배열은 System.Array 클래스를 상속받아 구현됩니다. C#에서 배열을 선언하게 되면 System.Array 클래스의 속성과 메소드를 사용할 수 있습니다.

표 6-1 System.Array 클래스의 속성 및 메서드

속성 및 메서드	의미
Rank	배열의 차원 수를 반환
Length	배열 요소의 전체 개수를 반환
LongLength	배열 요소의 전체 개수를 64비트 정수값으로 반환
GetLength(n)	n 차원의 요소 개수를 반환 (n은 0부터 시작)
IsFixedSize	배열의 크기가 고정되어 있는지 여/부를 나타내는 값 반환
GetValue( )	인덱스 위치의 요소값을 반환
SetValue( )	인덱스 위치에 지정한 값을 저장
Array.Sort(배열명)	배열의 요소를 오름차순으로 정렬
Array.Clear(배열명)	배열을 초기화
Array.Reverse(배열명)	배열 요소의 순서를 역순으로 정렬
Clone( )	동일한 내용을 갖는 배열을 복사
Array.Copy.(a,n1,b,n2,len)	a 배열의 n1부터 len 길이만큼 b 배열의 n2에 복사
CopyTo(b,n)	현재 1차원 배열의 모든 요소를 b 배열의 n 인덱스 위치에 복사

1 배열 차원

Array 클래스의 속성을 선언하여 1차원 배열과 2차원 배열에 대한 차원 수를 출력하기 위해 다음 예제를 수행합니다.

예제 06-03 Array 클래스의 속성으로 배열의 차원 수 출력하기

- **Step 01 | 프로젝트 생성** : 프로젝트명은 'ArrayClass'로 입력합니다. 소스 파일명은 그대로 둡니다.

- **Step 02 | 소스 코드 입력** : 1차원 배열과 2차원 배열을 생성합니다. 그리고 Rank 속성을 지정하여 각 배열의 차원 수를 출력하기 위해 다음과 같이 소스 코드를 입력 합니다. 단축키 F5를 눌러 실행 결과를 확인합니다.

ch06/ArrayClass/ArrayClass/Program.cs

```
// See https://aka.ms/new-console-template for more information
int[] a = { 10, 50, 30 };
int[,] b = { { 1, 2, 3 }, { 4, 5, 6 } };

int d1 = a.Rank;
int d2 = b.Rank;

Console.WriteLine(" > 차원수 : " + d1);
Console.WriteLine(" > 차원수 : " + d2);
```

실행 결과

```
> 차원수 : 1
> 차원수 : 2
```

2 배열 요소 정렬

Array 클래스의 메서드를 선언하여 1차원 배열 요소에 대해 오름차순과 내림차순으로 정렬 후 출력하기 위해 다음 예제를 수행합니다.

예제 06-04 **Array 클래스의 메서드를 선언하여 배열 요소 정렬하기**

• **Step 01 | 프로젝트 생성** : 프로젝트명은 'ArrayClassAD'로 입력합니다. 소스 파일명은 그대로 둡니다.

• **Step 02 | 소스 코드 입력** : 1차원 배열을 생성하고 Sort( ) 메서드를 선언하여 배열 요소를 오름차순으로 정렬합니다. 그리고 Reverse( ) 메서드를 선언하여 내림차순으로 정렬합니다. 오름차순과 내림차순으로 정렬된 배열 요소를 출력하기 위해 다음과 같이 소스 코드를 입력합니다. 단축키 F5를 눌러 실행 결과를 확인합니다.

ch06/ArrayClassAD/ArrayClassAD/Program.cs

```
// See https://aka.ms/new-console-template for more information
int[] a = { 10, 50, 30 };
Array.Sort(a);
Console.Write("> 오름차순 정렬 : ");

foreach (int cnt in a)
{
    Console.Write(cnt + " ");
}

Console.WriteLine();
Array.Reverse(a);
Console.Write("> 내림차순 정렬 : ");

foreach (int cnt in a)
{
    Console.Write(cnt + " ");
}
```

실행 결과

```
> 오름차순 정렬 : 10 30 50
> 내림차순 정렬 : 50 30 10
```

Quiz (　　)이란 기존의 클래스에 기능을 추가하거나 재정의하여 새로운 클래스를 정의하는 것을 의미합니다.

정답

상속

3

다차원 배열

다차원 배열이라 함은 배열의 차수가 2개 이상인 배열을 의미합니다. 다차원 배열 중 많이 사용하는 배열은 2차원 배열이고 3차원 배열은 가끔 사용됩니다. 여기서는 2차원 배열과 3차원 배열을 생성하는 방법에 대해서만 살펴보도록 하겠습니다.

1 2차원 배열

2차원 배열은 [행]과 [열]로 구성된 배열을 의미합니다. 2차원 배열부터는 가변 배열을 사용합니다. 가변 배열Jugged Array이란 일반 다차원 배열로 선언했을 경우 메모리 공간의 낭비가 심해지거나 다른 배열의 크기를 가져야만 수행이 가능한 경우 사용할 수 있는 유용한 자료구조입니다.

2차원 배열을 선언할 때 a[3,5]와 같이 선언할 때와 a[3][5]와 같이 선언할 때의 의미는 다릅니다. a[3][5]와 같이 선언하게 되면 배열 요소의 크기를 각각 다르게 지정할 수 있는 가변 배열의 자료구조가 적용됩니다.

2차원 배열을 다음과 같이 생성할 수 있습니다.

```
자료형[,] 배열명 = new 자료형[X, Y];      // 2차원 배열
자료형[][] 배열명 = new 자료형[X][Y];     // 2차원 배열 (가변 배열)
```

2 3차원 배열

3차원 배열은 [면], [행], [열]로 구분되는 자료구조입니다. 3차원 배열을 다음과 같이 생성할 수 있습니다.

```
자료형[,,] 배열명 = new 자료형[X,Y,Z];          // 3차원 배열
자료형[][][] 배열명 = new 자료형[X][Y][Z];      // 3차원 배열 (가변 배열)
```

3 배열 요소 출력

3.1 중첩 for 문 사용

2차원 배열을 생성하고 중첩 for 문으로 배열의 요소를 출력하기 위해 다음 예제를 수행합니다.

예제 06-05 중첩 for 문으로 2차원 배열 요소 출력하기

• **Step 01 | 프로젝트 생성** : 프로젝트명은 'ArrayMultiD'로 입력합니다. 소스 파일명은 그대로 둡니다.

• **Step 02 | 소스 코드 입력** : 2차원 배열을 생성합니다. 그리고 중첩 for 문으로 배열의 요소를 출력하기 위해 다음과 같이 소스 코드를 입력합니다. 단축키 F5를 눌러 실행 결과를 확인합니다.

ch06/ArrayMultiD/ArrayMultiD/Program.cs

```
// See https://aka.ms/new-console-template for more information
Console.WriteLine(" > 2차원 배열 : arrA[2, 3]");
int[,] arrA = new int[2,3] {{10, 20, 30}, {40, 50, 60 }};

for(int i = 0; i < 2; i++)
{
    for(int j = 0; j < 3; j++)
    {
        Console.Write("{0,5}", arrA[i,j]);    // 5자리로 출력
```

```
    }
    Console.WriteLine();
}
```

실행 결과

```
> 2차원 배열 : arrA[2,3]
  10  20  30
  40  50  60
```

3.2 가변 배열 선언

2차원 가변 배열을 생성하고 중첩 for 문으로 가변 배열의 요소를 출력하기 위해 다음 예제를 수행합니다.

예제 06-06 중첩 for 문으로 2차원 가변 배열 요소 출력하기

• **Step 01 | 프로젝트 생성** : 프로젝트명은 'ArrayMultiJD'로 입력합니다. 소스 파일명은 그대로 둡니다.

• **Step 02 | 소스 코드 입력** : 2차원 가변 배열을 생성합니다. 중첩 for 문으로 가변 배열의 요소를 출력하기 위해 다음과 같이 소스 코드를 입력합니다. 단축키 F5를 눌러 실행 결과를 확인합니다.

ch06/ArrayMultiJD/ArrayMultiJD/Program.cs

```
// See https://aka.ms/new-console-template for more information
Console.WriteLine(" > 2⊠⊠ ⊠⊠ ⊠⊠ : arrB[2][3]");

int[][] arrB = new int[2][];
arrB[0] = new int[] { 100, 200 };
arrB[1] = new int[] { 300, 400, 500 };

```

```
08  for (int i = 0; i < 2; i++)
09  {
10      Console.Write(" arrB[{0}] : ", i);
11
12      for (int j = 0; j < arrB[i].Length; j++)
13      {
14          Console.Write("{0}   ", arrB[i][j]);
15      }
16      Console.WriteLine();
17  }
```

실행 결과

```
> 2차원 배열 : arrB[2][3]
 arrB[0] :  100  200
 arrB[1] :  300  400  500
```

2차원 가변 배열을 선언할 때는 소스 코드 4행에서 선언한 new int[2][]와 같이 앞의 대괄호 안에는 숫자가 반드시 있어야 합니다. 그리고 뒤의 대괄호 안에는 숫자가 없어야 함을 주의해야 합니다.

✓ Check Point | 합성 서식 문자열

합성 서식 문자열과 개체 목록은 합성 서식 지정 기능을 지원하는 메서드의 인수로 사용됩니다. 합성 서식 문자열은 0개 이상의 고정 텍스트가 하나 이상의 서식 항목과 결합된 형태로 구성됩니다. Console.Write(" arrB[{0}] : ", i);과 같이 선언한 출력문에서 중괄호로 표기한 {0}은 인덱스 0을 의미하고 {1}은 인덱스 1, {2}는 인덱스 2를 의미하여 문자열을 출력하게 됩니다.

4

Random 클래스

1 객체 생성

C#에서 랜덤값을 사용하려면 Random 클래스를 사용하여 객체를 생성해야 합니다. new 키워드를 사용하여 Random 클래스의 새로운 객체를 다음과 같이 생성하면 됩니다.

```
Random r = new Random( );    // Random 클래스의 객체 r 생성
```

랜덤값은 숫자가 차례대로 정렬되어 있지 않고 무작위로 추출하고자 할 때 사용됩니다. 예를 들면 로또 복권은 1~45까지의 숫자를 사용하고 주사위는 1~6까지의 숫자를 무작위로 추출할 때 랜덤값을 사용합니다. Random 클래스에서 제공하는 Next( ) 메소드를 선언하게 되면 다음과 같이 파라미터의 개수를 지정할 수 있습니다.

```
int x = r.Next( );              // 0~2,147,483,647 사이의 랜덤 정수값을 반환
int y = r.Next(100);            // 0~99 사이의 랜덤 정수값을 반환
int z = r.Next(1, 7);           // 1~6 사이의 랜덤 정수값을 반환
double d = r.NextDouble( );     // 0.0 이상 1.0 미만의 랜덤 실수값을 반환
Byte[] b = r.NextBytes( );      // 배열 전체를 0~255까지의 랜덤 숫자로 채움
```

2 랜덤 숫자 출력

Random 클래스의 객체를 생성합니다. 그리고 Next( ) 메서드를 사용하여 1~45까지 숫자 중 랜덤 숫자 6개를 출력하기 위해 다음 예제를 수행합니다.

예제 06-07 **Random 클래스의 객체를 생성하여 6개의 랜덤 숫자 출력하기**

• **Step 01 | 프로젝트 생성** : 프로젝트명은 'RandomClass'로 입력합니다. 소스 파일명은 그대로 둡니다.

• **Step 02 | 소스 코드 입력** : Random 클래스의 객체를 생성합니다. 그리고 Next( ) 메서드를 사용하여 1~45까지 숫자 중 랜덤 숫자 중 6개를 출력하기 위해 다음과 같이 소스 코드를 입력합니다. 단축키 F5를 눌러 실행 결과를 확인합니다.

ch06/RandomClass/RandomClass/Program.cs

```
// See https://aka.ms/new-console-template for more information
Random r = new Random();
int[] a = new int[6];

// 6개의 랜덤값 생성하여 저장
for (int i = 0; i < 6; i++)
{
    a[i] = r.Next(1, 46);
}

Console.WriteLine(" > 생성된 6개의 랜덤 숫자 출력 ");
foreach (int value in a)
{
    Console.Write("{0, 8}", value);  // 8자리로 출력
}
```

실행 결과

```
> 생성된 6개의 랜덤 숫자 출력
    31    16    17    6    11    34
```

실행 결과

```
> 생성된 6개의 랜덤 숫자 출력
    3    44    34    13    35    36
```

3 최대값과 최소값

배열에 저장된 요소의 개수를 구할 때는 Length 속성을 사용합니다. 랜덤값을 배열에 저장하고 최대값과 최소값을 출력하는 프로그램을 작성하기 위해 다음 예제를 수행합니다.

예제 06-08 랜덤값에 대한 최대값과 최소값 출력하기

• **Step 01 | 프로젝트 생성** : 프로젝트명은 'RandomMaxMin'로 입력합니다. 소스 파일명은 그대로 둡니다.

• **Step 02 | 소스 코드 입력** : 랜덤값을 배열에 저장합니다. 최대값과 최소값을 출력하기 위해 다음과 같이 소스 코드를 입력합니다. 단축키 F5를 눌러 실행 결과를 확인합니다.

ch06/RandomMaxMin/RandomMaxMin/Program.cs

```
// See https://aka.ms/new-console-template for more information
Random r = new Random();
int[] v = new int[10];

// 10개의 랜덤값 저장
for (int i = 0; i < v.Length; i++)
    v[i] = r.Next(100);     // 0~99까지 랜덤값

Console.WriteLine(" > 랜덤값 출력 ");
```

```
foreach (int a in v)
    Console.Write("{0, 5}", a);
Console.WriteLine();

// 랜덤값 중 최대값
int max = v[0];
for(int i = 1; i < v.Length; i++)
    if(v[i] > max)
        max = v[i];
Console.Write(" > 최대값 : ");
Console.WriteLine("{0, 3}", max);

// 랜덤값 중 최소값
int min = v[0];
for (int i = 1; i < v.Length; i++)
    if (v[i] < min)
        min = v[i];
Console.Write(" > 최소값 : ");
Console.WriteLine("{0, 3}", min);
```

실행 결과

```
> 랜덤값 출력
  18    8   79    5   75   94   51   59   25   48
> 최대값 :  94
> 최소값 :   5
```

4 총점과 평균

0~99까지의 랜덤값을 배열에 저장 후 총점과 평균을 산출하여 출력하는 프로그램을 작성하기 위해 다음 예제를 수행합니다.

예제 06-09 랜덤값에 대한 총점과 평균 출력하기

• **Step 01 | 프로젝트 생성** : 프로젝트명은 'RandomSumAverage'로 입력합니다. 소스 파일명은 그대로 둡니다.

• **Step 02 | 소스 코드 입력** : 랜덤값을 배열에 저장합니다. 그리고 총점과 평균을 산출하여 출력하기 위해 다음과 같이 소스 코드를 입력합니다. 단축키 F5를 눌러 실행 결과를 확인합니다.

ch06/RandomSumAverage/RandomSumAverage/Program.cs

```
// See https://aka.ms/new-console-template for more information
Random r = new Random();
int[] v = new int[13];

// 13개의 랜덤값 저장
for (int i = 0; i < v.Length; i++)
    v[i] = r.Next(100);     // 0~99까지 랜덤값

Console.WriteLine(" > 랜덤값 출력 ");
foreach (int a in v)
    Console.Write("{0, 5}", a);
Console.WriteLine();

// 랜덤값 총점
int sum = 0;
for (int i = 0; i < v.Length; i++)
    sum += v[i];
Console.Write(" > 총점 : ");
Console.WriteLine("{0, 3}", sum);

// 랜덤값 평균
double avg = 0;
avg = (double)sum / v.Length;

Console.Write(" > 평균 : ");
Console.WriteLine("{0, 3}", avg);
```

실행 결과

```
> 랜덤값 출력
  83   55    3   84   77   83   67   27   74   50   91   64   16
> 총점 : 774
> 평균 : 59.53846153846154
```

5 랜덤 실수값

NextDouble( ) 메서드를 사용하여 랜덤 실수값을 출력하는 프로그램을 작성하기 위해 다음 예제를 수행합니다.

예제 06-10 NextDouble( ) 메서드로 랜덤 실수값 출력하기

- **Step 01 | 프로젝트 생성** : 프로젝트명은 'RandomDouble'로 입력합니다. 소스 파일명은 그대로 둡니다.

- **Step 02 | 소스 코드 입력** : NextDouble( ) 메서드를 사용하여 랜덤 실수값을 출력하기 위해 다음과 같이 소스 코드를 입력합니다. 단축키 F5를 눌러 실행 결과를 확인합니다.

ch06/RandomDouble/RandomDouble/Program.cs

```
// See https://aka.ms/new-console-template for more information
Random r = new Random();

Console.WriteLine(r.NextDouble());
Console.WriteLine(r.NextDouble() * 10);
Console.WriteLine(r.NextDouble() * 20);
```

실행 결과

```
0.3786097386536993
2.458708122357253
13.198773775026858
```

5

탐색과 정렬

1 순차탐색

순차탐색은 배열 요소의 처음부터 끝까지 모든 요소를 찾고자 하는 키값과 비교하여 같으면 그 값의 인덱스를 반환하여 출력합니다. 랜덤값을 배열에 저장한 다음 순차탐색을 수행하기 위해 다음 예제를 수행합니다.

예제 06-11 랜덤값에 대한 순차탐색 수행하기

• **Step 01 | 프로젝트 생성** : 프로젝트명은 'RandomSequentialSearch'로 입력합니다. 소스 파일명은 그대로 둡니다.

• **Step 02 | 소스 코드 입력** : 랜덤 숫자를 배열에 저장합니다. 그리고 순차탐색을 수행하기 위해 다음과 같이 소스 코드를 입력합니다. 단축키 F5를 눌러 실행 결과를 확인합니다.

ch06/RandomSequentialSearch/RandomSequentialSearch/Program.cs

```
// See https://aka.ms/new-console-template for more information
Random r = new Random();
int[] v = new int[10];

// 10개의 랜덤값 저장
for (int i = 0; i < v.Length; i++)
```

```
    v[i] = r.Next(100);     // 0~99까지 랜덤값

Console.WriteLine(" > 정렬 전 랜덤값 ");
foreach (int a in v)
    Console.Write("{0, 5}", a);

Console.WriteLine();
Console.WriteLine();

Console.WriteLine(" > 정렬 후 랜덤값 ");
Array.Sort(v);
foreach (int a in v)
    Console.Write("{0, 5}", a);

Console.WriteLine();
Console.WriteLine();

Console.Write(" > 순차탐색할 숫자 입력 : ");
int choice = int.Parse(Console.ReadLine());
int count = 0;     // 탐색 횟수

for (int i = 0; i < v.Length - 1; i++)
{
    count++;
    if(v[i] == choice)
    {
        Console.WriteLine(" > 인덱스 : [{0}] = {1}", i, choice);
        Console.WriteLine(" > 탐색 횟수 : {0}회", count);
        break;
    }
}
```

실행 결과

```
> 정렬 전 랜덤값
  46   88   69   77   80   68   74   98   22   35

> 정렬 후 랜덤값
  22   35   46   68   69   74   77   80   88   98

> 순차탐색할 숫자 입력 : 74
> 인덱스 : [5] = 74
> 탐색 횟수 : 6회
```

2 이진탐색

이진탐색을 수행하기 위해서는 반드시 배열 요소가 정렬되어 있어야 합니다. 만약 배열 요소가 정렬되어 있지 않다면 이진탐색을 수행할 수 없게 됩니다. 배열 요소가 정렬되어 있다면 배열의 중간값과 키값을 비교하여 중간값보다 키값이 크다면 아래쪽 자료는 검색하지 않습니다.

이진탐색은 한 번 탐색을 수행할 때마다 탐색할 배열 요소가 1/2씩 줄어들기 때문에 탐색속도가 순차탐색에 비해 빠르게 수행됩니다. 배열 요소가 많을수록 탐색속도의 차이는 상당한 차이가 발생합니다. 랜덤값을 배열에 저장한 다음 이진탐색을 수행하기 위해 다음 예제를 수행합니다.

예제 06-12 **랜덤값에 대한 이진탐색 수행하기**

• **Step 01 | 프로젝트 생성** : 프로젝트명은 'RandomBinarySearch'로 입력합니다. 소스 파일명은 그대로 둡니다.

• **Step 02 | 소스 코드 입력** : 랜덤값을 배열에 저장합니다. 그리고 이진탐색을 수행하기 위해 다음과 같이 소스 코드를 입력합니다. 단축키 F5를 눌러 실행 결과를 확인합니다.

ch06/RandomBinarySearch/RandomBinarySearch/Program.cs

```
// See https://aka.ms/new-console-template for more information
Random r = new Random();
int[] v = new int[10];

// 10개의 랜덤값 저장
for (int i = 0; i < v.Length; i++)
    v[i] = r.Next(100);     // 0..99까지 랜덤값

Console.WriteLine(" > 정렬 전 랜덤값 ");
foreach (int a in v)
    Console.Write("{0, 5}", a);

Console.WriteLine();
Console.WriteLine();

Console.WriteLine(" > 정렬 후 랜덤값 ");
Array.Sort(v);
foreach (int a in v)
    Console.Write("{0, 5}", a);

Console.WriteLine();
Console.WriteLine();

Console.Write(" > 이진탐색할 숫자 입력 : ");
int choice = int.Parse(Console.ReadLine());

int count = 0;     // 탐색 횟수
int low = 0;
int high = v.Length - 1;

while(low <= high)
{
    count++;
    int mid = (low + high) / 2;    // 중간 위치 산출

    if (choice == v[mid])
```

```
    {
        Console.WriteLine(" > 인덱스 : [{0}] = {1}", mid, choice);
        Console.WriteLine(" > 탐색 횟수 : {0}회", count);
        break;
    }
    else if (choice > v[mid])  // 중간 배열 요소값보다 클 경우
        low = mid + 1;
    else   // 값을 찾지 못하거나 중간 배열 요소값보다 크지 않을 경우
        high = mid - 1;  // high 변수값을 새로운 값으로 설정
}
```

실행 결과

```
> 정렬 전 랜덤값
  94   51   42   16   69   40    7   57   31   46

> 정렬 후 랜덤값
   7   16   31   40   42   46   51   57   69   94

> 이진탐색할 숫자 입력 : 94
> 인덱스 : [9] = 94
> 탐색 횟수 : 4회
```

3 버블정렬

버블정렬은 인접한 2개의 배열 요소를 비교하여 더 큰 수를 뒤로 보내는 과정으로 배열 요소를 정렬합니다. 버블정렬을 수행 과정은 다음 그림과 같습니다.

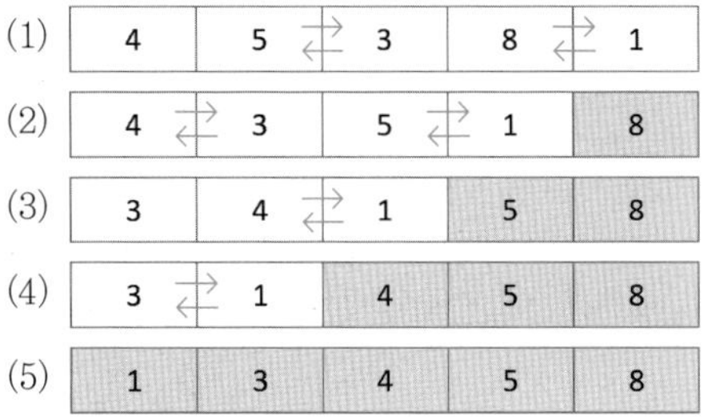

그림 6-1 버블정렬 수행 과정

예제 06-13 배열 요소에 대한 버블정렬 수행하기

• **Step 01 | 프로젝트 생성** : 프로젝트명은 'ArrayBubbleSort'로 입력합니다. 소스 파일명은 그대로 둡니다.

• **Step 02 | 소스 코드 입력** : 배열 요소에 대한 버블정렬을 수행하기 위해 다음과 같이 소스 코드를 입력합니다. 단축키 F5를 눌러 실행 결과를 확인합니다.

ch06/ArrayBubbleSort/ArrayBubbleSort/Program.cs

```
// See https://aka.ms/new-console-template for more information
int[] v = { 4, 5, 3, 8, 1 };

Console.WriteLine(" > 주어진 배열 요소 ");
foreach (var i in v)
    Console.Write("{0, 5}", i);

Console.WriteLine();
Console.WriteLine();

Console.WriteLine(" > 버블정렬 수행 과정 ");
for(int i = 4; i > 0; i--)
{
    for(int j = 0; j < i; j++)
        if(v[j] > v[j + 1])
        {
            int t = v[j];
```

```
                v[j] = v[j + 1];
                v[j + 1] = t;
            }

        foreach (var s in v)
            Console.Write("{0, 5}", s);
        Console.WriteLine();
}
```

실행 결과

```
> 주어진 배열 요소
    4    5    3    8    1

> 버블정렬 수행 과정
    4    3    5    1    8
    3    4    1    5    8
    3    1    4    5    8
    1    3    4    5    8
```

Quiz 합성 서식 문자열과 개체 목록은 합성 서식 지정 기능을 지원하는 (   )의 인수로 사용됩니다.

정답
메서드

도전문제 중첩 반복문으로 2차원 배열 요소 출력 방법 익히기

1 프로그램 소스 코드를 보고 빈칸을 채워 완성하시오.

```
Console.WriteLine(" > 2차원 배열 : arrA[2, 3]");
int[,] arrA = new int[2,3] {{10, 20, 30}, {40, 50, 60 }};

for [          ]
{
    for [          ]
    {
        Console.Write("{0,5}", arrA[i,j]);    // 5자리로 출력
    }
    Console.WriteLine();
}
```

Hint 다차원 배열의 요소를 중첩 반복문으로 출력할 때는 바깥쪽 반복문과 안쪽 반복문의 역할에 대해 명확하게 구분할 수 있어야 됩니다.

정답

```
(int i = 0; i < 2; i++)
(int j = 0; j < 3; j++)
```

2 프로그램 소스 코드를 보고 빈칸을 채워 완성하시오.

```
Console.WriteLine(" > 2차원 가변 배열 : arrB[2][3]");

int[][] arrB = new int[2][];
arrB[0] = new int[] { 100, 200 };
arrB[1] = new int[] { 300, 400, 500 };

for (int i = 0; [          ] ;   i++)
{
    Console.Write(" arrB[{0}] : ", i);

    for (int j = 0; j < [          ] ; j++)
    {
        Console.Write("{0}  ", arrB[i][j]);
    }
    Console.WriteLine();
}
```

Hint 2차원 가변 배열의 요소를 출력할 때는 배열 요소의 길이를 계산하는 Length 속성을 사용합니다. 반복문이 2차원 가변 배열의 요소를 출력하기 위해서는 각 배열의 요소 길이만큼 중첩 반복문으로 행과 열을 구분하여 출력하면 됩니다.

정답

```
i < 2
arrB[i].Length
```

핵심점검

1 배열이란 동일한 (   )을 가지는 데이터들의 연속된 집합을 의미합니다.

2 C#에서는 배열을 참조형으로 제공되므로 (   ) 키워드를 사용합니다.

3 상속이란 기존의 클래스에 기능을 (   )하거나 재정의하여 새로운 클래스를 정의하는 것을 의미합니다.

4 int[n]과 같이 배열을 선언하게 되면 인덱스는 0부터 시작하고 인덱스 배열의 요소는 (   )로 처리됩니다.

5 다차원 배열이라 함은 배열의 차수가 (   )개 이상인 배열을 의미합니다.

정답 1 자료형 2 new 3 추가 4 n–1 5 FA

연습문제

01 다음 중 배열에 대한 설명으로 옳지 않은 것은?

① 동일한 자료형의 집합

② 배열 크기는 대괄호 안에 선언

③ 배열의 크기는 실수형으로 선언

④ 배열의 요소는 중괄호 안에 선언

02 배열의 요소를 반복하는 단순하고 깔끔한 반복문은?

① while 문 ② do...while 문

③ for 문 ④ foreach 문

03 다음 중 다차원 배열에 대한 설명으로 옳지 않은 것은?

① 오른쪽 차원의 인덱스는 왼쪽 차원의 인덱스가 모두 증가 후 적용

② 왼쪽 차원의 인덱스는 오른쪽 차원의 인덱스가 모두 증가 후 적용

③ 배열을 생성할 때는 new 생성자 선언

④ 배열의 인덱스는 0부터 시작하여 n-1로 끝나는 인덱스 순서 부여

04 C#의 모든 배열을 구현할 때 상속받는 클래스는?

① Console.Write ② Console.WriteLine

③ System.Data.SQLite ④ System.Array

05 3차원 배열을 선언할 경우 맨 앞에 오는 선언되는 것은?

① 행 ② 열

③ 면 ④ 상관없음

06 랜덤값을 출력하고자 할 때 사용하는 클래스는?

① System ② Random

③ WirteLine ④ Microsoft

07 System..Array 클래스에서 배열의 차원 수를 반환해 주는 속성은?

① Length ② IsFixedSize

③ LongLength ④ Rank

08 System..Array 클래스에서 배열의 인덱스 위치의 요소 값을 반환해 주는 메서드는?

① SetValue( ) ② GetValue( )

③ Clone( ) ④ CopyTo( )

09 System..Array 클래스에서 배열 요소를 오름차순으로 정렬해 주는 메서드는?

① Sort( ) ② Reverse( )

③ GetLength( ) ④ CopyTo( )

10 일반 다차원 배열로 선언했을 경우 메모리 공간의 낭비가 심해지거나 다른 배열의 크기를 가져야만 수행이 가능한 경우 선언하는 자료구조는?

① 가변 배열 ② 2차원 배열

③ 3차원 배열 ④ 다차원 배열

11 다음 중 2차원 배열을 올바르게 선언한 것은?

① 자료형 [, ,] 배열명 = new 자료형[X, Y, Z];

② 자료형 [ ] 배열명 = new 자료형[X];

③ 자료형 [,] 배열명 = new 자료형[X, Y];

④ 자료형 [,] 배열명 = new 자료형[X, Y, Z];

12 Console.Write(" arrB[{0}] : ", i);의 명령문에서 틀리게 설명한 것은?

① 배열의 이름은 arrB

② 문자열을 출력 후 개행 금지

③ {0}은 두 번째 인덱스

④ 합성 서식 문자열 형식으로 선언

13 랜덤 클래스를 사용하여 객체를 올바르게 선언한 것은?

① Rander r = new Random( );

② Rnader( ) r = new Random;

③ Rnader( ) r = new Random( );

④ Rnader(new) r = Random;

14 랜덤 객체 r을 사용하여 0.0 ~ 1.0 미만의 랜덤 실수값을 반환하기 위해 올바르게 선언한 것은?

① double a = r.NextBytes( );

② int b = r.Next( );

③ Byte[ ] c = r.NextBytes( );

④ double d = r.NextDouble( );

15 배열 요소의 처음부터 끝까지 차례대로 탐색하는 방법은?

① 순차탐색 ② 이진탐색

③ 역탐색 ④ 랜덤탐색

16 한 번 탐색할 때마다 배열 요소가 1/2로 줄어드는 탐색 방법은?

① 순차탐색 ② 이진탐색

③ 역탐색 ④ 랜덤탐색

17 인접한 2개의 배열 요소를 비교하여 더 큰 수를 뒤로 보내는 정렬 방식은?

① 합병정렬 ② 순차정렬

③ 버블정렬 ④ 리스트정렬

18 배열 { 89, 97, 63, 54, 33 } 요소를 대상으로 버블정렬을 수행한 결과는?

① 97, 89, 63, 54, 33 ② 33, 54, 63, 89, 97

③ 89, 97, 63, 54, 33 ④ 63, 54, 33, 89, 97

19 다음과 같이 주어진 소스 코드의 실행 결과를 적으시오.

```
int[] numbers = {3, 9, 7, 4, 2};
foreach(int cnt in numbers)
{
   Console.Write(cnt + " ");
}
```

20 다음과 같이 Next( ) 메소드를 선언할 경우 파라미터의 범위를 적으시오.

```
Random r = new Random( );
int z = r.Next(1, 46);          // ①
double d = r.NextDouble( );     // ②
```

①

②

프로그래밍 문제

01 다음 지시사항을 준수하여 프로그래밍을 작성하시오.

(1) 2차원 배열 생성 : {{3, 5, 9}, {10, 20, 30}}

(2) 배열 요소 출력 : foreach 반복문 사용

(3) 배열 요소의 출력 자릿수 설정 : {0, 5}

(4) 기타 사항은 실행 결과 참조

실행 결과

> 2차원 배열 선언 후 요소 출력

```
    3    5    9   10   20   30
```

02 다음 지시사항을 준수하여 프로그램을 작성하시오.

(1) 1부터 100까지의 숫자 중 5개의 랜덤 숫자 출력

(2) Random 클래스의 객체 r 생성

(3) for 반복문으로 5개의 랜덤 숫자 저장

(4) foreach 반복문으로 5개의 랜덤 숫자 출력

(5) 배열 요소의 출력 자릿수 설정 : {0, 7}

(6) 기타 사항은 실행 결과 참조

실행 결과

```
> 생성된 5개의 랜덤 숫자 출력

      7      75      17      24      4
```

둘째마당

객체 지향 프로그래밍

Chapter

7

클래스

학습목표

- 클래스와 구조체의 데이터 구조에 대해 알아봅니다.
- 클래스 멤버의 종류와 메서드를 선언하는 방법에 대해 알아봅니다.
- List 클래스와 Math 클래스 사용 방법에 대해 알아봅니다.
- 클래스를 상속하는 방법에 대해 알아봅니다.

SELF CHECK

1 클래스와 구조체는 .NET Framework의 공용 형식 시스템의 기본 구조로 데이터와 동작을 (분해, 캡슐화)하는 데이터 구조입니다.

2 클래스를 선언할 때는 접근제한자 (public, private) 키워드를 사용하여 멤버 변수를 선언하게 되면 클래스 밖에서도 멤버 변수를 읽거나 수정할 수 있습니다.

3 클래스는 사용자가 정의하는 자료형을 의미합니다. 그리고 인스턴스는 클래스 자료형의 속성과 (this, new) 키워드를 사용하여 생성합니다.

4 정적 필드는 클래스명과 함께 사용하는 필드로 클래스 필드라고도 합니다. 정적 필드를 생성할 때는 (static, const) 키워드를 추가로 선언해 줍니다.

5 클래스를 생성할 때 클래스명 앞에 접근제한자를 선언하지 않게 되면 자동으로 (public, private) 접근제한자가 설정됩니다.

정답 1 캡슐화 2 public 3 new 4 static 5 private

1

데이터 구조

1 선언 형식

클래스와 구조체는 .NET Framework의 공용 형식 시스템의 기본 구조를 가지고 있습니다. 용도는 데이터와 동작을 캡슐화하는 데이터 구조입니다. 구조체를 선언할 때 멤버는 데이터의 동작을 정의합니다. 멤버 요소로는 필드(멤버 변수), 메서드, 속성, 이벤트 등을 포함합니다.

날짜를 구성하는 구조체의 데이터 구조는 다음과 같습니다.

```
class Date
{
    public int year;
    public int month;
    public int day;
}
```

클래스를 선언할 때는 접근제한자 public 키워드를 사용하여 멤버 변수를 선언해야 합니다. 그 이유는 클래스 밖에서도 멤버 변수를 읽거나 수정할 수 있어야 하기 때문입니다. 클래스를 생성할 때는 class 명령어를 사용합니다.

멤버 변수 3개의 자료형이 모두 동일한 int형일 경우 다음과 같이 간단하게 한 줄로 선언할 수 있습니다.

```
class Date
{
    public int year, month, day;
}
```

2 생성 방법

2.1 클래스 객체 생성

클래스는 좀 더 복잡한 동작이나 객체를 생성한 후 수정하려는 데이터를 모델링할 때 주로 사용합니다. 클래스는 참조형식으로 생성된 객체는 해당 메모리에 대한 참조만 갖게 됩니다. b = a와 같이 객체 a가 다른 객체 b에게 할당되면 새 객체인 b도 동일한 메모리를 참조하게 됩니다. 그러므로 한 객체의 값을 변경하게 되면 다른 객체의 값 또한 변경하게 됩니다.

```
class Student
{
    멤버 변수, 속성, 메서드, 이벤트 등 선언
}
Student a = new Student( );   // 객체(인스턴스) a 생성
Student b = a;                // 객체 b 생성 후 객체 a를 객체 b에 할당
```

Student 클래스를 생성하고 3개의 멤버 변수를 선언하여 활용하기 위해 다음 예제를 수행합니다.

예제 07-01 **Student 클래스를 생성하고 멤버 변수 3개 활용하기**

• **Step 01 | 프로젝트 생성** : 프로젝트명은 'StudentClass'로 입력합니다. 소스 파일명은 그대로 둡니다.

• **Step 02 | 소스 코드 입력** : Student 클래스를 생성합니다. 그리고 멤버 변수를 활용하기 위해 다음과 같이 소스 코드를 입력합니다. 단축키 F5를 눌러 실행 결과를 확인합니다.

ch07/StudentClass/StudentClass/Program.cs

```
// See https://aka.ms/new-console-template for more information
class Student
{
    public int year, month, day;
}

class Program
{
    static void Main(string[] args)
    {
        Student sDay = new Student();    // 객체 sDay 생성
        sDay.year = 2035;
        sDay.month = 3;
        sDay.day = 2;

        Console.Write(" > 입학 일자 : ");
        Console.Write(sDay.year + "/");
        Console.Write(sDay.month + "/");
        Console.WriteLine(sDay.day);
    }
}
```

실행 결과

```
> 입학 일자 : 2035/3/2
```

2.2 클래스와 인스턴스

클래스는 사용자가 정의하는 자료형을 의미합니다. 그리고 인스턴스는 클래스 자료형의 속성과 new 키워드를 사용하여 생성합니다. 이와 같은 클래스 관련 기본 용어를 좀 더 쉽게 이해할 수 있도록 다음과 같이 나타냈습니다.

Student sDay = new Student( )

클래스명 인스턴스 키워드 생성자

그림 7-1 클래스 관련 용어

인스턴스의 다른 표현은 객체라고도 합니다. 클래스명과 같은 이름으로 뒤에 괄호가 붙은 메서드를 생성자라고 합니다. 생성자는 객체를 처음 생성할 때 호출되는 메서드를 의미합니다. 클래스명은 일반 변수와 구분되도록 Student와 같이 첫 글자는 대문자로 시작하는 것이 관례입니다.

✓ Check Point | 클래스와 객체

클래스란 객체지향 프로그래밍에서 멤버 변수와 메소드(함수)를 가지는 객체를 만들기 위해 확장이 가능한 코드 양식의 프레임을 의미합니다. 객체는 클래스에서 정의한 것을 바탕으로 실제 저장 공간인 메모리에 할당된 것으로 프로그램에서 사용되는 데이터 또는 식별자에 의해 참조되는 공간을 의미합니다. 객체를 '클래스의 인스턴스'라고도 합니다.

Quiz 클래스와 구조체는 .NET Framework의 공용 형식 시스템의 기본 구조로 데이터와 동작을 (   )하는 데이터 구조입니다.

정답

캡슐화

2

클래스 멤버

1 멤버의 종류

클래스나 구조체에는 데이터와 이벤트(동작)를 나타내기 위한 멤버를 제공합니다. 만약 클래스를 상속받았다면 상위 클래스에서 선언된 모든 멤버와 함께 상속받게 됩니다. 그러면 하위 클래스에서 선언된 모든 멤버(생성자 및 종료자는 제외)도 하위 클래스의 멤버로 포함하여 사용할 수 있게 됩니다. 클래스나 구조체에 포함되어 사용할 수 있는 멤버의 종류는 다음 표와 같습니다.

표 7-1 멤버의 종류

멤버	의미
멤버 변수	클래스 또는 구조체에서 선언하는 모든 형식의 변수 (필드라고도 함)
상수	고유의 값으로 컴파일 동안 설정되며 변경할 수 없는 멤버 변수 또는 속성
속성	해당 클래스의 멤버 변수처럼 액세스 되는 클래스의 메서드 속성
메서드	클래스가 명령을 수행하는 행위
이벤트	버튼을 클릭하거나 메서드 수행 완료 등의 사건이 발생하게 되면 알림을 전달
연산자	public static 메서드로 정의하며 오버로드된 연산자는 클래스의 멤버로 처리
인덱서	배열과 유사한 방법으로 객체에 대한 인덱싱
생성자	객체를 처음 생성할 때 호출되는 메서드 (객체를 초기화할 때 주로 사용)
소멸자	메모리에서 객체를 제거할 때 런타임 엔진이 호출하는 메서드

2 필드와 상수

클래스에서 선언하는 모든 형식의 멤버 변수를 필드라고 합니다. 필드는 보안을 위한 캡슐화 작업을 위해 선언할 때는 private 또는 protected 접근제한자를 사용합니다. 클래스에서 사용되는 필드는 인스턴스 필드와 정적 필드로 구분되어 사용됩니다.

2.1 인스턴스 필드

인스턴스 필드는 객체에 속한 필드로 객체의 이름과 함께 사용됩니다. 인스턴스 필드를 선언할 때는 public int year;와 같이 '[접근제한자][자료형][필드명]' 형식으로 선언합니다. 인스턴스 필드를 사용할 때는 '인스턴스.필드명'으로 사용됩니다.

2.2 정적 필드

정적 필드는 클래스명과 함께 사용하는 필드로 클래스 필드라고도 합니다. 정적 필드를 생성할 때는 static 키워드를 추가로 선언해 줍니다. 정적 필드를 사용할 때는 '[클래스명].[필드명]' 형식으로 선언합니다.

2.3 상수

상수는 컴파일을 수행하는 동안 변경할 수 없는 고유의 값을 의미합니다. 상수를 선언할 때는 const 한정자를 사용합니다. C#에서는 bool, byte, char, int, double, string 등 기본 제공 형식에서만 const를 선언할 수 있습니다. 클래스 또는 구조체나 배열 등의 사용자 정의 형식에서는 const를 사용할 수 없습니다.

클래스 필드와 상수를 선언하여 평방미터(㎡)를 평(坪)으로 환산한 결과를 출력하기 위해 다음 예제를 수행합니다.

예제 07-02 클래스의 필드와 상수로 평방미터를 평으로 환산하기

• **Step 01 | 프로젝트 생성** : 프로젝트명은 'FieldAndConstant'로 입력합니다. 소스 파일명은 그대로 둡니다.

• **Step 02 | 소스 코드 입력** : 클래스 필드와 상수를 선언합니다. 그리고 평방미터를 평으로 환산한 결과를 출력하기 위해 다음과 같이 소스 코드를 입력합니다. 단축키 F5를 눌러 실행 결과를 확인합니다.

ch07/FieldAndConstant/FieldAndConstant/Program.cs

```
/ See https://aka.ms/new-console-template for more information
class Owner
{
    public string name;                         // 인스턴스 필드 선언
}

class Exchange
{
    public static double P = 0.3025;            // 클래스 정적 필드 선언
    public const int Q = 100;                   // 상수 선언

    public static double result = P * Q;        // 평방미터를 평으로 환산
}
class Program
{
    static void Main(string[] args)
    {
        Owner s = new Owner();     // Owner 클래스의 속성을 가진 객체 s 생성
        s.name = "홍길동";

        Console.WriteLine(" > 성명 : " + s.name);
        Console.WriteLine(" > 기준 : 1 평방미터 -> " + Exchange.P + " 평");
        Console.WriteLine(" > 대상 : " + Exchange.Q + " 평방미터");
        Console.WriteLine(" > 결과 : " + Exchange.result + " 평 ");
    }
}
```

실행 결과

```
> 성명 : 홍길동
> 기준 : 1 평방미터 -> 0.3025 평
> 대상 : 100 평방미터
> 결과 : 30.25 평
```

3 접근제한자

3.1 private 접근제한자

클래스를 생성할 때 클래스명 앞에 접근제한자를 선언하지 않게 되면 자동으로 private 접근제한자가 설정됩니다. private 접근제한자로 생성된 클래스는 자신의 클래스 내부에서만 해당 메서드를 사용할 수 있게 됩니다.

private 접근제한자는 자신의 클래스에서 생성한 멤버 변수나 메서드에 대해 다른 클래스에서는 접근할 수 없으므로 보안 유지를 위한 접근제한자로 많이 활용됩니다.

```
class Test
{
    private int number;                // Test 클래스 내에서만 사용 가능
    private void TestMethod( )         // Test 클래스 내에서만 접근 가능
}
class Program
{
    private void ExampleMethod( )   // Program 클래스에서만 접근 가능
}
```

3.2 public 접근제한자

클래스나 메서드를 생성할 때 public 접근제한자를 선언하게 되면 자신의 클래스 내부 이외에도 다른 클래스에서의 접근이 가능해집니다. 하지만 클래스 외부에서도 접근할 수 있기 때문에 보안

에는 취약하다는 단점이 존재합니다. 그러므로 접근제한자는 보안 유지에 대한 필요성에 따라 선택적으로 사용할 것을 권장합니다.

클래스 외부에서 멤버 변수 또는 메서드에 접근할 수 없도록 선언할 때는 private 접근제한자를 사용하면 됩니다.

```
class Test
{
    public string name;               // 모든 클래스에서 멤버 변수 사용 가능
    public void TestMethod( )         // 모든 클래스에서 메서드 접근 가능
    {
        // 명령문 수행
    }
}
class Program
{
    Test s = new Test( );             // Test 클래스의 속성을 가진 객체 생성
    s.name = "홍길동";                 // Test 클래스의 멤버 변수 사용
}
```

3.3 접근제한자의 종류

C#에서 사용할 수 있는 접근제한자Access Modifier는 4개(private, public, protected, internal)입니다. 접근제한자에 대한 의미를 다음 표와 같이 정리하였습니다.

표 7–2 접근제한자의 종류

접근제한자	의미
private	클래스 내부에서만 접근 가능
public	모든 곳에서 해당 멤버로 접근 가능
protected	클래스 외부에서는 접근할 수 없으며 파생 클래스에서만 접근 가능
internal	같은 어셈블리에서만 public 권한으로 접근 가능
protected internal	같은 어셈블리에서만 protected 권한으로 접근 가능

접근제한자에 대해서는 해당 단원에서 자세하게 다루기로 하겠습니다. 일단 여기서는 접근제한자의 종류와 역할 정도만 알아두기 바랍니다.

3

메서드 선언

1 소수 판별 메서드

정적 메서드는 필드와 마찬가지로 static 키워드를 사용하여 선언할 수 있습니다. 이때 키워드 static를 선언하지 않은 메서드를 인스턴스 메서드라고 하며 static 키워드를 선언한 메서드를 정적 메서드라고 합니다. 2부터 50까지 숫자 중 소수를 판별하여 출력하기 위해 다음 예제를 수행합니다.

예제 07-03 2~50까지 숫자 중 소수를 판별하여 출력하기

- **Step 01 | 프로젝트 생성** : 프로젝트명은 'PrimeOutput'로 입력합니다. 소스 파일명은 그대로 둡니다.

- **Step 02 | 소스 코드 입력** : 2~50까지 숫자 중 소수를 판별합니다. 그리고 출력하기 위해 다음과 같이 소스 코드를 입력합니다. 단축키 F5를 눌러 실행 결과를 확인합니다.

ch07/PrimeMethod/PrimeMethod/Program.cs

```
// See https://aka.ms/new-console-template for more information
class Solution
{
    static void Main(string[] args)
    {
```

```
        // 2~50까지 숫자 중 소수 판별 프로그램
        int count = 0;
        for (int i = 2; i <= 50; i++)
        {
            if (IsPrime(i))
            {
                Console.Write("{0, 3}", i);      // 3자리로 소수 출력
                count++;
            }
        }
        Console.WriteLine();
        Console.WriteLine(" > 소수 개수 : " + count);
    }
    private static bool IsPrime(int s)
    {
        int num = (int)Math.Sqrt(s);
        for (int i = 2; i <= num; i++)
        {
            if (s % i == 0)
                return false;
        }
        return true;
    }
}
```

실행 결과

```
  2  3  5  7 11 13 17 19 23 29 31 37 41 43 47
 > 소수 개수 : 15
```

2 윤년 판별 메서드

2020년부터 2050년까지 윤년인지를 판별하여 해당 연도를 출력하기 위해 다음 예제를 수행합니다.

예제 07-04 2020부터 2050년까지 윤년 판별하기

• **Step 01 | 프로젝트 생성** : 프로젝트명은 'LeapyearOutput'로 입력합니다. 소스 파일명은 그대로 둡니다.

• **Step 02 | 소스 코드 입력** : 2020~2050년까지 윤년을 판별합니다. 그리고 해당 연도를 출력하기 위해 다음과 같이 소스 코드를 입력합니다. 단축키 F5를 눌러 실행 결과를 확인합니다.

ch07/LeapyearMethod/LeapyearMethod/Program.cs

```
// See https://aka.ms/new-console-template for more information
class Solution
{
    static void Main(string[] args)
    {
        Console.WriteLine(" > 윤년 리스트 ");
        for(int year = 2020; year <= 2050; year++)
        {
            if (IsLeapYear(year))
            {
                Console.Write("{0, 7}", year);
            }
        }
        Console.WriteLine();
    }

    private static bool IsLeapYear(int year)
    {
        return year % 4 == 0 && (year % 100 != 0 || year % 400 == 0);
    }
}
```

실행 결과

```
> 윤년 리스트
2020   2024   2028   2032   2040   2044   2048
```

3 피라미드 메서드

프로그램의 소스 코드는 가능하다면 간결하게 작성하는 것이 유지보수 측면에서도 훨씬 효율적입니다. 특정 메서드를 작성하고 필요할 때마다 호출하여 사용한다면 중복되는 소스 코드를 간결하게 작성할 수 있게 됩니다. 피라미드를 출력하는 메서드를 생성하고 필요할 때마다 호출하기 위해 다음 예제를 수행합니다.

예제 07-05 피라미드 메서드 생성 후 호출하기

• **Step 01 | 프로젝트 생성** : 프로젝트명은 'PyramidMethod'로 입력합니다. 소스 파일명은 그대로 둡니다.

• **Step 02 | 소스 코드 입력** : 피라미드 메서드를 생성합니다. 그리고 메서드를 호출하기 위해 다음과 같이 소스 코드를 입력합니다. 단축키 F5를 눌러 실행 결과를 확인합니다.

ch07/PyramidMethod/PyramidMethod/Program.cs

```
// See https://aka.ms/new-console-template for more information
class Solution
{
    static void Main(string[] args)
    {
        Console.WriteLine(" > 5개로 구성된 피라미드 ");
        DrawPyramid(5);

        Console.WriteLine(" > 8개로 구성된 피라미드 ");
        DrawPyramid(8);
    }

    static void DrawPyramid(int n)
    {
        for(int count = 1; count <= n; count++)
        {
            for(int s = 1; s <= n - count; s++)
                Console.Write(" ");
```

```
                for (int star = 1; star <= 2 * count - 1; star++)
                    Console.Write("*");
                Console.WriteLine();
        }
        Console.WriteLine();
    }
}
```

실행 결과

```
 > 5개로 구성된 피라미드
    *
   ***
  *****
 *******
*********

 > 8개로 구성된 피라미드
       *
      ***
     *****
    *******
   *********
  ***********
 *************
***************
```

4 누적합 메서드

정수 n부터 m까지의 누적합을 구하는 메서드를 생성합니다. 그리고 1부터 10까지의 누적 합계와 51부터 100까지의 누적 합계를 각각 출력하기 위해 다음 예제를 수행합니다.

예제 07-06 덧셈을 수행하는 메서드 생성 후 누적 합계 출력하기

• **Step 01 | 프로젝트 생성** : 프로젝트명은 'AddMethod'로 입력합니다. 소스 파일명은 그대로 둡니다.

• **Step 02 | 소스 코드 입력** : 정수 n부터 m까지의 누적합을 구하는 메서드를 생성합니다. 그리고 1부터 10까지의 누적 합계와 51부터 100까지의 누적 합계를 각각 출력하기 위해 다음과 같이 소스 코드를 입력합니다. 단축키 F5를 눌러 실행 결과를 확인합니다.

ch07/AddMethod/AddMethod/Program.cs

```
// See https://aka.ms/new-console-template for more information
class Solution
{
    static void Main(string[] args)
    {
        Console.Write(" >   1~10 까지 누적 합계 : ");
        Console.WriteLine("{0, 5}", AddMethod(1, 10));

        Console.Write(" > 51~100 까지 누적 합계 : ");
        Console.WriteLine("{0, 5}", AddMethod(51, 100));
    }

    private static int AddMethod(int n, int m)
    {
        int sum = 0;
        for(int count = n; count <= m; count++)
        {
            sum += count;     // sum = sum + count
        }
        return sum;
    }
}
```

실행 결과

```
>     1~10 까지 누적 합계 :     55
> 51~100 까지 누적 합계 :   3775
```

5 메서드 오버로딩

프로그램에서 여러 개의 메서드를 선언할 때 메서드의 이름은 모두 동일하고 매개 변수만 다를 때를 메서드 오버로딩Overloading이라고 합니다. 동일한 이름의 메서드는 주어진 매개 변수로 구분되어 호출됩니다. 동일한 이름을 가진 Output 메서드 3개를 선언하고 매개 변수로 구분하여 해당 메서드를 호출하기 위해 다음 예제를 수행합니다.

예제 07-07 동일한 이름의 메서드 오버로딩 선언하기

• **Step 01 | 프로젝트 생성** : 프로젝트명은 'MethodOverloading'으로 입력합니다. 소스 파일명은 그대로 둡니다.

• **Step 02 | 소스 코드 입력** : 동일한 이름을 가진 Output 메서드 3개를 선언합니다. 그리고 매개 변수로 구분하여 해당 메서드를 호출하기 위해 다음과 같이 소스 코드를 입력합니다. 단축키 F5를 눌러 실행 결과를 확인합니다.

ch07/MethodOverloading/MethodOverloading/Program.cs

```
// See https://aka.ms/new-console-template for more information
class Solution
{
    static void Main(string[] args)
    {
        Output(15);
        Output(12.35);
        Output("파이값 = ", 3.141592);
    }

```

```
    private static void Output(double a)
    {
        Console.Write(" > 실수값 출력 : ");
        Console.WriteLine(a);
    }

    private static void Output(string s, double a)
    {
        Console.Write(" > 문자열 + 실수값 출력 : ");
        Console.WriteLine(s + a);
    }

    private static void Output(int a)
    {
        Console.Write(" > 정수값 출력 : ");
        Console.WriteLine(a);
    }
}
```

실행 결과

```
> 정수값 출력 : 15
> 실수값 출력 : 12.35
> 문자열 + 실수값 출력 : 파이값 = 3.141592
```

6 get과 set 메서드

멤버 변수에 대한 보안을 강화하고자 할 때는 private 접근제한자로 캡슐화를 선언합니다. 하지만 캡슐화를 수행하게 되면 클래스 외부에서 마음대로 값을 변환할 수 없게 됩니다. 이러한 상황에서 클래스 외부에서도 값을 안정적으로 변경하고자 할 때는 get 메서드와 set 메서드를 사용하면 됩니다. get 메서드는 필드값을 반환해 주고 set 메서드는 필드값을 설정해 줍니다.

```
class Program
{
    private string name; // private 접근제한자 필드 생성

    public string Host   // 속성 생성
    {
        get { return name; }   // get 메서드
        set { name = value; }  // set 메서드
    }
}
```

get 메서드를 게터Getter라고 하며 set 메서드를 세터Setter라고 부릅니다. 게터와 세터를 사용하는 방법을 살펴보기 위해 다음 예제를 수행합니다.

예제 07-08 게터와 세터를 사용하여 멤버 변수 선언하기

• **Step 01 | 프로젝트 생성** : 프로젝트명은 'GetterSetterMethod'으로 입력합니다. 소스 파일명은 그대로 둡니다.

• **Step 02 | 소스 코드 입력** : get 메서드와 set 메서드를 사용하기 위해 다음과 같이 소스 코드를 입력합니다. 단축키 F5를 눌러 실행 결과를 확인합니다.

ch07/GetterSetterMethod/GetterSetterMethod/Program.cs

```
// See https://aka.ms/new-console-template for more information
class Solution
{
    private int start;    // 멤버 변수 생성
    public int width      // 속성 생성
    {
        get { return start; }
        set
        {
            if (value > 0) { start = value; }
```

```
                else
                {
                    Console.WriteLine("시작 : 양의 정수만 입력 ");
                }
            }
        }

        private int end;      // 멤버 변수 생성
        public int height    // 속성 생성
        {
            get { return end; }
            set
            {
                if (value > 0) { end = value; }
                else
                {
                    Console.WriteLine("종료 : 양의 정수만 입력 ");
                }
            }
        }

        public Solution(int start, int end)  // 생성자 생성
        {
            width = start;
            height = end;
        }

        // 인스턴스 메서드
        public int Area()
        {
            return this.width = this.height;
        }

        static void Main(string[] args)
        {
            Solution box = new Solution(-38, -23);
            Console.WriteLine();
```

```

        box.width = -73;
        box.height = - 88;
    }
}
```

실행 결과

```
시작 : 양의 정수만 입력
종료 : 양의 정수만 입력

시작 : 양의 정수만 입력
종료 : 양의 정수만 입력
```

4

List 클래스

1 배열의 한계

배열은 크기가 고정되어 있으므로 메모리의 낭비를 초래할 수 있습니다. 다음과 같이 배열을 선언하게 되면 실제 데이터를 모두 저장하지 않더라도 메모리 공간을 확보할 수 있습니다.

```
int[] a = new int[10];
long[] b = new long[20];
string[] s = new string[30];
```

위와 같이 배열을 선언하게 되면 메모리에는 int형 10개, long형 20개, string 30개의 저장 공간을 확보하게 됩니다. 각 배열의 크기만큼 데이터를 저장할 수도 있지만 프로그래밍을 수행하다 보면 반드시 그렇지 않은 경우도 발생하게 됩니다. 이와 같이 배열을 선언하게 되면 확보된 메모리 공간을 모두 사용하지 않더라도 다른 데이터를 저장할 수 없게 됩니다. 그러므로 배열 선언 시 메모리 공간의 낭비를 초래할 수 있다는 한계를 느끼게 됩니다. 이와 같은 한계는 가변적 배열 선언으로 해결할 수 있습니다.

2 가변적 배열

List 클래스를 사용하게 되면 가변적 배열을 생성할 수 있습니다. 메모리 공간에 데이터 1개를 저장하고 싶으면 1개만 선언하면 됩니다. 그리고 10개를 저장하고 싶다면 10개를 선언할 수도 있습니다.

2.1 제네릭 선언

C#에서는 클래스를 선언할 때 어떤 자료형인지를 알려주는 제네릭Generic을 제공해 줍니다. 제네릭은 클래스의 이름 뒤에 '〈'와 '〉' 괄호로 감싸 적용합니다. int 자료형의 리스트를 생성합니다. 그리고 Add( ) 메서드를 선언하여 리스트에 요소를 추가하기 위해 다음 예제를 수행합니다.

예제 07-09 List 클래스를 사용하여 정수형 리스트 생성하기

• **Step 01 | 프로젝트 생성** : 프로젝트명은 'ListElementAdd'로 입력합니다. 소스 파일명은 그대로 둡니다.

• **Step 02 | 소스 코드 입력** : int 자료형의 리스트를 생성 후 Add( ) 메서드를 선언합니다. 그리고 리스트에 요소를 추가하기 위해 다음과 같이 소스 코드를 입력합니다. 단축키 F5를 눌러 실행 결과를 확인합니다.

ch07/ListElementAdd/ListElementAdd/Program.cs

```
// See https://aka.ms/new-console-template for more information
class Solution
{
    static void Main(string[] args)
    {
        List<int> list = new List<int>();

        // 리스트에 요소 추가
        list.Add(23);
        list.Add(85);
        list.Add(16);
        list.Add(95);

        Console.WriteLine(" > 반복문으로 요소 출력 ");

```

```
        foreach(var item in list)
        {
            Console.WriteLine(" 요소 : {0}", item);
        }
        Console.WriteLine(" > 리스트 요소 개수 : {0}", list.Count);
    }
}
```

실행 결과

```
> 반복문으로 요소 출력
요소 : 23
요소 : 85
요소 : 16
요소 : 95
> 리스트 요소 개수 : 4
```

2.2 리스트 생성과 요소 추가

C#에서는 리스트를 생성하는 과정에서 요소를 동시에 추가할 수 있습니다. 이 방법을 사용하려면 리스트를 선언한 다음 중괄호를 사용하여 배열처럼 요소를 입력해 주면 됩니다. List 인스턴스 생성과 동시에 요소를 추가하기 위해 다음 예제를 수행합니다.

예제 07-10 **리스트 생성과 동시에 요소 추가하기**

• **Step 01 | 프로젝트 생성** : 프로젝트명은 'ListElementParallelism'로 입력합니다. 소스 파일명은 그대로 둡니다.

• **Step 02 | 소스 코드 입력** : int 자료형의 리스트를 생성과 동시에 요소를 추가하기 위해 다음과 같이 소스 코드를 입력합니다. 단축키 F5를 눌러 실행 결과를 확인합니다.

ch07/ListElementParallelism/ListElementParallelism/Program.cs

```
// See https://aka.ms/new-console-template for more information
class Solution
{
    static void Main(string[] args)
    {
        List<int> list = new List<int>() { 123, 35, 78 };

        Console.WriteLine(" > 반복문으로 요소 출력 ");
        foreach (var item in list)
        {
            Console.WriteLine(" 요소 : {0, 3}", item);
        }
        Console.WriteLine(" > 리스트 요소 개수 : {0}", list.Count);
    }
}
```

실행 결과

```
 > 반복문으로 요소 출력
요소 : 123
요소 :  35
요소 :  78
 > 리스트 요소 개수 : 3
```

2.3 리스트 요소 제거

리스트에서 요소를 제거할 때는 Remove( ) 메서드를 사용합니다. 리스트 생성 후 Remove( ) 메서드를 사용하여 특정 요소를 제거하기 위해 다음 예제를 수행합니다.

예제 07-11 **리스트 생성 후 특정 요소 제거하기**

• **Step 01 | 프로젝트 생성** : 프로젝트 생성 : 프로젝트명은 'ListElementRemove'로 입력합니다. 소스 파일명은 그대로 둡니다.

• **Step 02 | 소스 코드 입력** : 리스트 생성 후 Remove( ) 메서드를 사용합니다. 그리고 특정 요소를 제거하기 위해 다음과 같이 소스 코드를 입력합니다. 단축키 F5를 눌러 실행 결과를 확인합니다.

ch07/ListElementRemove/ListElementRemove/Program.cs

```
// See https://aka.ms/new-console-template for more information
class Solution
{
    static void Main(string[] args)
    {
        List<int> list = new List<int>() { 123, 35, 78, 98 };

        Console.WriteLine(" > 리스트 요소 제거 전 ");
        foreach (var item in list)
        {
            Console.WriteLine(" 요소 : {0, 3}", item);
        }
        Console.WriteLine(" > 리스트 요소 개수 : {0}", list.Count);
        Console.WriteLine();

        list.Remove(35);  // 특정 요소 35를 리스트에서 제거
        Console.WriteLine(" > 리스트 요소 제거 후 ");
        foreach (var item in list)
        {
            Console.WriteLine(" 요소 : {0, 3}", item);
        }
        Console.WriteLine(" > 리스트 요소 개수 : {0}", list.Count);
    }
}
```

실행 결과

```
> 리스트 요소 제거 전
요소 : 123
요소 :  35
```

```
요소 :  78
요소 :  98
> 리스트 요소 개수 : 4

> 리스트 요소 35 제거 후
요소 : 123
요소 :  78
요소 :  98
> 리스트 요소 개수 : 3
```

5

Math 클래스

1 수학 관련 메서드

Math 클래스는 수학과 관련된 메서드 또는 변수를 제공합니다. Math 클래스는 인스턴스를 생성하여 활용하는 것이 아닙니다. Math 클래스 이름 뒤에 마침표(.) 기호를 표기하고 곧바로 멤버를 선언하여 사용합니다.

```
Math.Abs(-35);              // 절대값 반환
Math.Max(10, 20);           // 2개의 매개 변수 중 큰 값을 반환
Math.Mix(200, 300);         // 2개의 매개 변수 중 작은 값을 반환
```

2 메서드의 종류

Math 클래스를 사용하여 수학 관련 메서드를 활용하기 위한 메서드의 종류는 다음 표와 같습니다.

표 7-3 Math 클래스의 메서드 종류

메서드	의미
Abs(숫자)	절대값을 반환
Max(숫자, 숫자)	2개의 매개 변수 중 큰 값을 반환
Min(숫자, 숫자)	2개의 매개 변수 중 작은 값을 반환
Round(숫자)	지정된 숫자보다 크거나 같은 최소 정수값을 반환
Ceiling(숫자)	지정된 숫자보다 크거나 같은 최소 정수값을 반환
Floor(숫자)	지정된 숫자보다 작거나 같은 최소 정수값을 반환

Math 클래스의 메서드를 활용하여 멤버를 지정하고 지정한 멤버를 메서드의 종류에 따라 각각 출력하기 위해 다음 예제를 수행합니다.

예제 07-12 Math 클래스의 메서드로 멤버 출력하기

- **Step 01 | 프로젝트 생성** : 프로젝트명은 'MathBasic'으로 입력합니다. 소스 파일명은 그대로 둡니다.

- **Step 02 | 소스 코드 입력** : Math 클래스의 메서드를 활용하여 멤버를 지정합니다. 그리고 지정한 멤버를 메서드의 종류에 따라 각각 출력하기 위해 다음과 같이 소스 코드를 입력합니다. 단축키 F5를 눌러 실행 결과를 확인합니다.

ch07/MathBasic/MathBasic/Program.cs

```
// See https://aka.ms/new-console-template for more information
class Solution
{
    static void Main(string[] args)
    {
        Console.Write(" > -35의 Math.Abs : ");
        Console.WriteLine(Math.Abs(-35));

        Console.Write(" > (10, 20)의 Math.Max : ");
        Console.WriteLine(Math.Max(10, 20));

```

```
        Console.Write(" > (200, 300)의 Math.Min : ");
        Console.WriteLine(Math.Min(200, 300));

        Console.Write(" > 23.5789의 Math.Round : ");
        Console.WriteLine(Math.Round(23.5789));

        Console.Write(" > 53.9563의 Math.Ceiling : ");
        Console.WriteLine(Math.Ceiling(53.9563));

        Console.Write(" > 53.9563의 Math.Floor : ");
        Console.WriteLine(Math.Floor(53.9563));
    }
}
```

실행 결과

```
> -35의 Math.Abs : 35
> (10, 20)의 Math.Max : 20
> (200, 300)의 Math.Min : 200
> 23.5789의 Math.Round : 24
> 53.9563의 Math.Ceiling : 54
> 53.9563의 Math.Floor : 53
```

3 클래스 관련 정보

C# 프로그래밍을 수행하다 보면 많은 클래스를 접하게 됩니다. 이 책에서 다루고 있지 않은 클래스에 대한 정보는 마이크로소프트사에서 제공하는 기술문서를 활용하면 됩니다. https://docs.microsoft.com/ko-kr/documentation/ 사이트에 방문하게 되면 각종 클래스에 대한 추가적인 정보를 활용할 수 있으므로 참고 바랍니다.

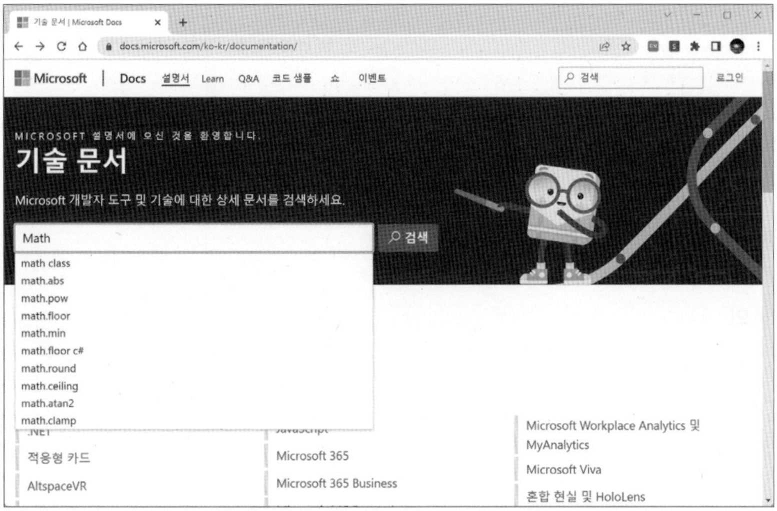

그림 7-2 마이크로소프트사의 기술문서

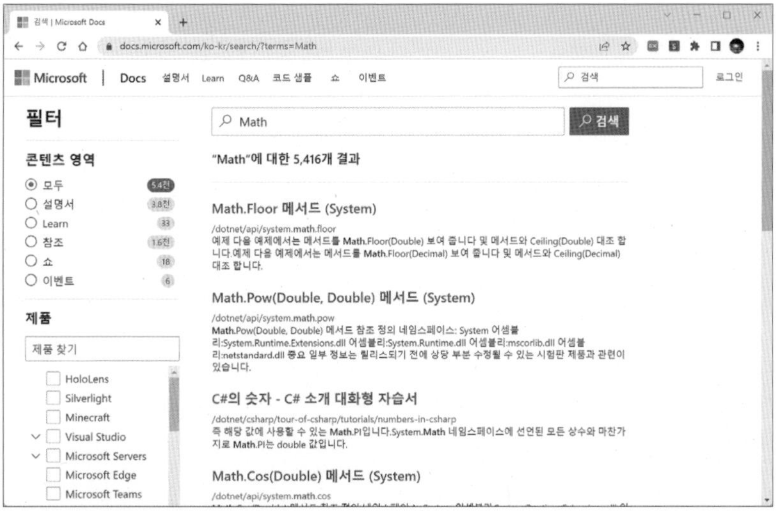

그림 7-3 Math 클래스 검색

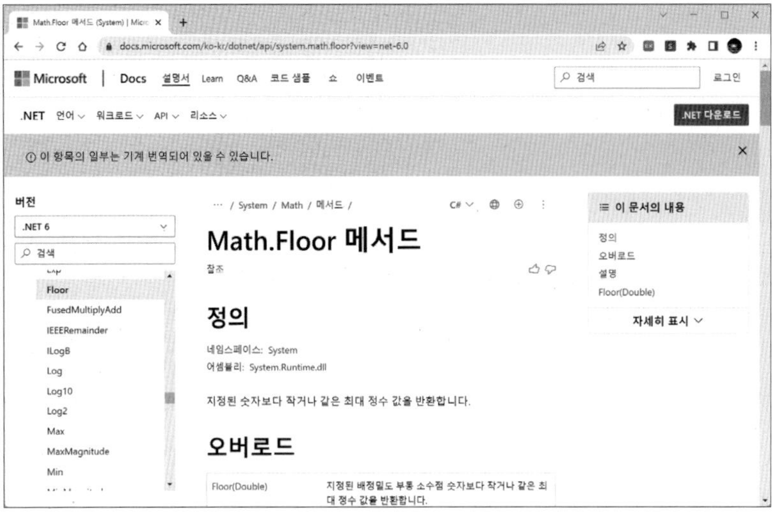

그림 7-4 Math.Floor 메서드 정보

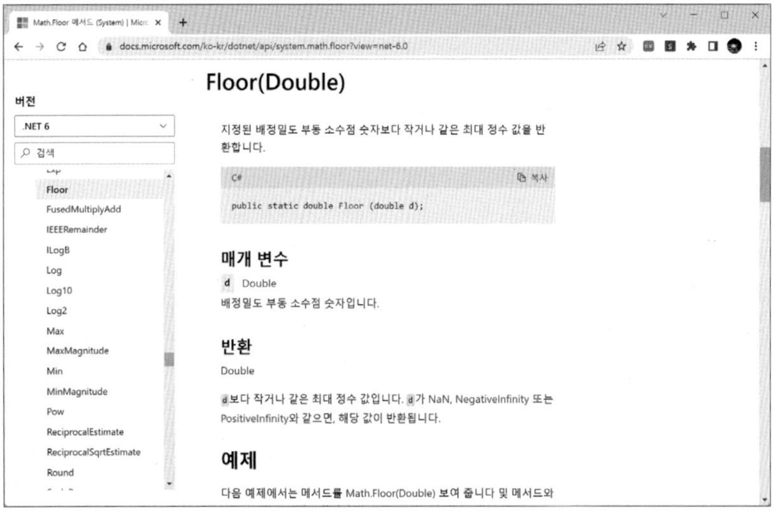

그림 7-5 Math.Floor 메서드의 매개 변수 정보

6

클래스 상속

1 상속의 개념

상속Inheritance은 상위 클래스인 부모 클래스와 하위 클래스인 자식 클래스 간의 관계를 정의하는 작업을 의미합니다. 상위 클래스는 여러 개의 하위 클래스를 가질 수 있습니다. 상속을 통해 하위 클래스는 상위 클래스가 가지고 있는 멤버 변수와 메서드 등을 그대로 상속하여 사용할 수 있게 됩니다.

실행 결과

```
class Car                  // 상위 클래스
{
    멤버 변수 선언
    메서드 생성
}
class Sedan : Car          // 상위 클래스인 Car 클래스의 상속을 받음
{
    멤버 변수 사용
    메서드 호출
}
```

클래스를 상속받게 되면 기존의 클래스에 기능을 추가하거나 재정의하여 새로운 클래스로 정의할 수 있습니다. 상속은 상위 클래스인 부모 클래스의 멤버를 하위 클래스인 자식 클래스에게 물려줍니다. 그렇기 때문에 하위 클래스는 자체적인 멤버를 소유하고 있지 않더라도 상위 클래스의 멤버를 그대로 상속하여 사용할 수 있게 됩니다.

클래스를 상속하게 되면 중복된 소스 코드 작성을 줄일 수 있고 유지/보수 시간 또한 줄일 수 있다는 장점이 있어 객체지향 프로그래밍에서는 자주 사용되고 있습니다.

2 클래스 다이어그램

클래스Class란 객체지향 프로그래밍에서 데이터와 그 조작 절차인 메서드를 정리한 객체의 추상화를 정의한 것입니다. 다이어그램Diagram은 수량이나 관계 등을 나타낸 도표를 의미합니다. 상속 관계에 있는 클래스 다이어그램을 구성하는 요소에 대해 다음 그림과 같이 나타냈습니다.

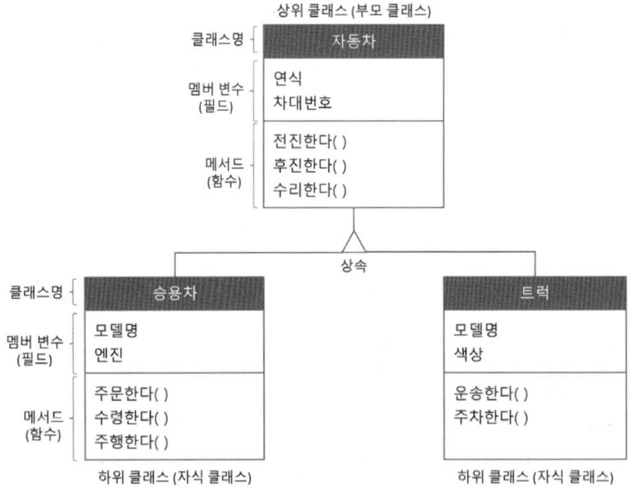

그림 7-6 상속 관계의 클래스 다이어그램

매개 변수는 프로그램에서 부프로그램이나 함수를 호출할 때 넘겨주는 인자를 의미합니다. 호출하는 쪽에서 부프로그램을 수행할 때 실제로 넘겨주는 값을 저장하기 위한 변수입니다. 메서드Method는 정보 작업의 흐름을 제어하는 방식을 정의한 것으로 함수와 같은 역할을 수행합니다.

3 접근제한자

접근제한자는 클래스를 설계할 때 외부 클래스에서 접근할 수 있는 멤버와 접근할 수 없는 멤버로 구분합니다. 접근제한자를 선언하여 매개 변수(필드), 생성자, 메서드에 대한 접근 허용 여부와 접근 한계를 설계합니다. C#에서 제공하는 접근제한자의 종류에 따라 허용 여부는 다음 표와 같습니다.

표 7-4 접근제한자의 허용 범위

접근제한자	외부 클래스	파생 클래스	내부 클래스
private	허용하지 않음	허용	허용
public	허용	허용	허용
protected	허용하지 않음	허용	허용
internal	허용	허용	허용
protected internal	어셈블리 안에 있을 경우만 허용	허용	허용

C#에서는 접근제한자를 선언하지 않게 되면 자동으로 private 접근제한자가 설정됩니다. private 접근제한자는 외부 클래스에서는 접근을 허용하지 않기 때문에 보안 요구가 필요할 경우 선언하는 것이 좋습니다. 캡슐화를 수행할 때는 멤버 변수의 접근제한자를 private으로 선언합니다.

✓ Check Point | 캡슐화

캡슐화란 객체지향 프로그래밍에서의 중요한 특징 중 하나이며 서로 연관된 데이터와 메서드를 논리적으로 묶어 놓은 것을 의미합니다. 캡슐화는 데이터를 보호하고 다른 객체의 접근을 제한하기 위해 접근제한자의 기능을 사용합니다.

보안을 요구하지 않는 상황이라면 접근제한자를 public으로 선언하는 것을 권장합니다. 그 이유는 모든 클래스에서의 접근을 허용하여 프로그램의 호환성을 확보하기 위함입니다.

4 생성자

생성자Constructor는 객체지향 프로그래밍에서 사용되는 객체 초기화 메서드로 객체의 생성 시에만 호출됩니다. 생성자는 메모리 생성과 동시에 객체의 데이터를 초기화하는 역할을 수행합니다. 인스턴스 생성자는 인스턴스를 생성할 때 자동으로 호출됩니다.

인스턴스를 생성할 때는 다음과 같은 조건이 충족되어야 합니다.

- 생성자의 이름은 클래스명과 동일해야 합니다.
- 접근제한자는 public로 선언해야 합니다.
- 반환과 관련된 명령은 선언하지 않습니다.

생성자는 일반적으로 인스턴스 변수를 초기화할 때 사용합니다. 즉 인스턴스가 생성될 때 실행되는 메서드를 생성자라고 합니다.

인스턴스 생성자는 다음과 같은 형태로 구성됩니다.

```
public [클래스명]([매개 변수])
{

}
```

클래스 변수 count를 선언합니다. 그리고 생성자에서 이를 증가시켜 인스턴스 생성 개수를 출력하기 위해 다음 예제를 수행합니다.

예제 07-13 클래스 변수 선언 후 인스턴스 생성 개수 출력하기

• **Step 01 | 프로젝트 생성** : 프로젝트명은 'Constructor'로 입력합니다. 소스 파일명은 그대로 둡니다.

• **Step 02 | 소스 코드 입력** : 클래스 변수 count를 선언합니다. 그리고 생성자에서 이를 증가시켜 인스턴스 생성 개수를 출력하기 위해 다음과 같이 소스 코드를 입력합니다. 단축키 F5를 눌러 실행 결과를 확인합니다.

ch07/Constructor/Constructor/Program.cs

```
// See https://aka.ms/new-console-template for more information
class Solution
{
    class Product
    {
        public static int count = 0;
        public int id;
        public string name;
        public int price;

        public Product(string name, int price)
        {
            Product.count = count + 1;  // 생성자에서 카운트
            this.id = count;      // this 키워드는 클래스 자신을 의미
            this.name = name;     // 자신의 이름
            this.price = price;   // 자신의 가격
        }
    }

    static void Main(string[] args)
    {
        Product pA = new Product("세단", 3000);
        Product pB = new Product("트럭", 2300);
        Product pC = new Product("SCV", 3500);

```

```
            Console.WriteLine(" " + pA.id + ":" + pA.name);
            Console.WriteLine(" " + pB.id + ":" + pB.name);
            Console.WriteLine(" " + pC.id + ":" + pC.name);

            Console.WriteLine(" > 인스턴스 " + Product.count + "개 생성");
        }
}
```

실행 결과

```
1:세단
2:트럭
3:SCV
> 인스턴스 3개 생성
```

5 클래스 상속 관계

상위 클래스에서 private, public, protected로 각각 멤버를 선언합니다. 상위 클래스로부터 상속받는 하위 클래스에서는 접근제한자의 종류에 따라 멤버에 접근 가능 여부가 달라집니다.

상위 클래스에서 선언한 멤버를 상속받는 하위 클래스에서의 접근 가능 여부를 살펴보기 위해 다음 예제를 수행합니다.

예제 07-14 상속 과정에서 접근 가능한 멤버 확인하기

• **Step 01 | 프로젝트 생성** : 프로젝트명은 'ModifierAccess'로 입력합니다. 소스 파일명은 그대로 둡니다.

• **Step 02 | 소스 코드 입력** : 상위 클래스에서 private, public, protected로 각각 멤버를 선언합니다. 그리고 상속 관계에서 접근 가능 여부를 살펴보기 위해 다음과 같이 소스 코드를 입력합니다. 단축키 F5를 눌러 실행 결과를 확인합니다.

ch07/ModifierAccess/ModifierAccess/Program.cs

```
// See https://aka.ms/new-console-template for more information
class Solution
{
    class Car
    {
        private void PrivateM() { }
        public void PublicM() { }
        protected void ProtectedM() { }

        public void TestA()  // 자신의 클래스에서는 모두 사용 가능
        {
            PrivateM();
            PublicM();
            ProtectedM();
        }
    }
    class Sedan : Car         // Car 클래스를 상속 받음
    {
        public void TestB()
        {
            // private 접근제한자는 자신의 클래스에서만 사용 가능
            PublicM();
            ProtectedM();
        }
    }

    static void Main(string[] args)
    {
        Sedan sd = new Sedan();
        sd.PublicM();   // Car 클래스 외부에서는 public 만 허용
    }
}
```

실행 결과는 아무것도 출력되지 않습니다. 그 이유는 상위 클래스에서 선언한 멤버를 상속받는 하위 클래스에서의 접근 가능 여부만 살펴봤기 때문입니다.

Quiz 클래스는 사용자가 정의하는 (   )을 의미하며 인스턴스는 클래스 자료형의 속성과 new 키워드를 사용하여 생성합니다.

정답

자료형

도전문제 접근제한자 사용 방법과 캡슐화에 따른 특정 메서드 선언 방법 익히기

1 프로그램 소스 코드를 보고 빈칸을 채워 완성하시오.

```
class Test
{
    public string name;
    [        ] void TestMethod( )
    {
        // 명령문 수행
    }
}
class Program
{
    Test s = new Test( );
    [        ] = "홍길동";
}
```

Hint 클래스 외부에서도 멤버 변수 또는 메서드를 접근할 수 있도록 권한을 부여하는 접근제한자에 대해 알고 있어야 합니다. 특정 클래스의 속성을 가진 멤버 변수를 사용하기 위해서는 마침표(.)로 구분합니다.

정답

```
public
s.name
```

2 프로그램 소스 코드를 보고 빈칸을 채워 완성하시오.

```
class Program
{
    private string name;
    public string Host
    {
    [        ] { return name; }
    [        ] { name = value; }
    }
}
```

Hint 클래스 내의 멤버 변수에 대한 보안을 강화하기 위해 private 접근제한자로 캡슐화를 선언합니다. 캡슐화를 선언하게 되면 외부에서 마음대로 값을 변환할 수 없게 됩니다. 이러한 상황에서 외부에서도 값을 안정적으로 변경할 때는 이 메서드를 활용합니다.

정답

```
get
set
```

핵심점검

1 클래스나 구조체를 선언할 때 멤버는 데이터의 동작을 정의합니다. 멤버 요소로는 필드 멤버 변수, (   ), 속성, 이벤트 등을 포함합니다.

2 클래스에서 선언하는 모든 형식의 멤버 변수를 필드라고 합니다. 필드는 보안을 위한 (   ) 작업을 위해 선언할 때는 private 또는 protected 접근제한자를 사용합니다.

3 프로그램에서 여러 개의 메서드를 선언할 때 메서드의 이름은 모두 동일하고 (   )만 다를 때를 메서드 오버로딩이라고 합니다.

4 생성자는 객체지향 프로그래밍에서 사용되는 객체 (   ) 메서드, 객체의 생성 시에만 호출됩니다.

5 클래스란 객체지향 프로그래밍에서 데이터와 그 조작 절차인 (   )를 정리한 객체의 추형을 정의한 것을 의미합니다.

정답 1 메서드 2 캡슐화 3 매개 변수 4 초기화 5 메서드

연습문제

01 클래스를 선언할 때 멤버 요소에 속하지 않는 것은?

① 필드　② 멤버 변수

③ 메서드　④ 상속

02 클래스를 선언할 때 외부에서도 멤버 변수를 읽거나 수정할 수 있도록 선언하는 접근제한자는?

① public　② private

③ protected　④ new

03 다음 중 인스턴스를 생성할 때 사용하는 형식은?

① 클래스 자료형의 속성 + 메서드

② 클래스 자료형의 속성 + 접근제한자

③ 클래스 자료형의 속성 + new 키워드

④ 클래스 자료형의 속성 + 캡슐화

04 다음 중 클래스 멤버에 속하지 않는 것은?

① 상수　② 속성

③ 이벤트　④ 접근제한자

05 필드는 보안을 위한 캡슐화 작업 시 사용하는 접근제한자는?

① public 또는 private　② public 또는 protected

③ private 또는 protected　④ public만 사용 가능

06 클래스와 객체에 대한 설명 중 틀린 것은?

① 클래스란 객체를 만들기 위한 프레임

② 객체는 클래스에서 정의

③ 메서드는 클래스의 인스턴스

④ 객체는 저장 공간인 실제 메모리에 할당

07 클래스가 명령을 수행하는 행위는?

① 메서드
② 인스턴스
③ 객체
④ 멤버 변수

08 객체를 처음 생성할 때 호출되는 메서드는?

① 소멸자
② 생성자
③ 연산자
④ 이벤트

09 버튼을 클릭하거나 메서드 수행 완료 등의 사건이 발생하게 되면 알림을 전달하는 멤버는?

① 소멸자
② 생성자
③ 연산자
④ 이벤트

10 배열과 유사한 방법으로 객체에 대한 인덱싱을 표현한 멤버는?

① 속성
② 메서드
③ 인덱서
④ 생성자

11 클래스 또는 구조체에서 선언하는 모든 형식의 변수를 의미하는 멤버는?

① 상수 ② 멤버 변수

③ 연산자 ④ 소멸자

12 객체에 속한 필드로 객체의 이름과 함께 사용되는 것은?

① 정적 필드 ② 인스턴스 필드

③ 동적 필드 ④ 상수

13 인스턴스 필드를 사용하는 형식으로 올바른 것은?

① 인스턴스.필드명 ② 인스턴스.객체명

③ 인스턴스.메서드 ④ 인스턴스.속성

14 정적 필드를 사용하는 형식으로 올바른 것은?

① 클래스명.객체명 ② 클래스명.메서드

③ 클래스명.인스턴스 ④ 클래스명.필드명

15 상수를 선언할 때 사용하는 한정자는?

① static ② new

③ as ④ const

16 컴파일을 수행하는 동안 변경할 수 없는 고유의 값은?

① 필드 ② 변수

③ 인스턴스 ④ 상수

17 메서드의 이름은 모두 동일하고 매개 변수만 다를 때를 표현하는 용어는?

① 오버로딩 ② 오버라이딩

③ 접근제한자 ④ 인스턴스

18 인스턴스를 생성할 때 충족해야 할 조건 중 틀리게 설명한 것은?

① 생성자의 이름은 클래스명과 동일하게 선언

② 접근제한자는 public로 선언

③ 반환과 관련된 명령은 선언하지 않음

④ 생성자는 클래스를 초기화할 때 선언

19 다음 중 클래스 관련 용어가 올바른 것은?

Student	sDay	=	new	Student( )
①	②		③	④

① 메서드 ② 키워드

③ 인스턴스 ④ 생성자

20 다음 소스 코드에 대한 설명 중 틀린 것은?

```
class Test
{
    private int number;                 // ①
    private void TestMethod( )          // ②
}
class Program                           // ③
{
    private void ExampleMethod( )       // ④
}
```

① Test 클래스 내에서만 사용 가능

② Test 클래스 내에서만 접근 가능

③ Program 메서드 선언

④ Program 클래스에서만 접근 가능

프로그래밍 문제

01 다음 지시사항을 준수하여 프로그램을 작성하시오.

(1) 클래스 생성 후 피라미드를 구성할 '*'의 개수를 키보드로 입력

(2) 중첩 for 문으로 피라미드를 그리는 메서드 생성 후 호출

(3) 키보드로 입력한 1개의 값을 메서드의 매개 변수로 전달

(4) 기타 사항은 실행 결과 참조

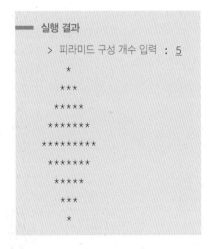

실행 결과

```
> 피라미드 구성 개수 입력 : 5
    *
   ***
  *****
 *******
*********
 *******
  *****
   ***
    *
```

실행 결과

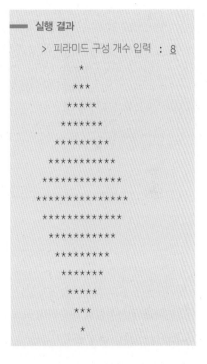

```
> 피라미드 구성 개수 입력 : 8
       *
      ***
     *****
    *******
   *********
  ***********
 *************
***************
 *************
  ***********
   *********
    *******
     *****
      ***
       *
```

02 다음 지시사항을 준수하여 프로그램을 작성하시오.

(1) 클래스를 생성 후 키보드로 2개의 정수 입력 : n과 m

(2) 반복문으로 n부터 m까지 누적합을 구하는 메서드 생성 후 호출

(3) 키보드로 입력한 2개의 값을 메서드의 매개 변수로 전달

(4) 기타 사항은 실행 결과 참조

실행 결과

```
> 시작 : 1
> 종료 : 100
> 1부터 100까지 누적 합계 : 5050
```

실행 결과

```
> 시작 : 51
> 종료 : 200
> 51부터 200까지 누적 합계 : 18825
```

03 다음 지시사항을 준수하여 프로그램을 작성하시오.

(1) 클래스 생성 후 name과 age 매개 변수 선언

(2) 리스트 요소를 추가하는 새로운 메서드 생성

(3) foreach 반복문으로 요소를 모두 출력 후 요소의 개수도 출력

(4) 기타 사항은 실행 결과 참조

실행 결과

```
> 반복문으로 요소 출력
  김가을 : 23 세
  최고봉 : 34 세
  홍길동 : 19 세
> 리스트 요소 개수 : 3
```

Chapter

8

구조체

학습목표

- 구조체 선언과 변수를 생성하는 방법에 대해 알아봅니다.
- DateTime 구조체에 대해 알아봅니다.
- TimeSpan 구조체에 대해 알아봅니다.
- 날짜와 시간의 형식을 지정하는 포맷 방법에 대해 알아봅니다.

SELF CHECK

1 구조체를 선언할 때는 접근제한자 (public, private) 키워드를 사용하여 멤버 변수를 선언해야 합니다. 그 이유는 구조체 밖에서도 멤버 변수를 읽거나 수정할 수 있어야 하기 때문입니다.

2 구조체는 생성한 다음 수정하지 않으려는 데이터를 포함하는 (소규모, 대규모)의 데이터 구조를 모델링할 때 주로 사용합니다.

3 클래스는 (메모리, 값)를(을) 참조하는 참조형이고 구조체는 (메모리, 값)를(을) 다루는 값 형식으로 구분됩니다.

4 DateTime 값은 특정 시점을 그리니치 표준시(GMI)라는 UCT 또는 로컬 타임을 의미하는 (컴퓨터, 손목시계)의 시간으로 기록할 수 있습니다.

5 TimeSpan 객체는 양수 또는 음수로 측정되는 시간 간격을 일, 시간, 분, 초로 나타냅니다. 초의 경우 (정수부, 소수부)로 표현됩니다.

정답 1 public 2 소규모 3 메모리, 값 4 컴퓨터 5 소수부

1

구조체 선언

1 선언 형식

클래스와 구조체는 .NET Framework의 공용 형식 시스템의 기본 구조를 가지고 있습니다. 용도는 데이터와 동작을 캡슐화하는 데이터 구조입니다. 클래스를 선언할 때 멤버는 데이터의 동작을 정의합니다. 멤버 요소로는 필드(멤버 변수), 메서드, 속성, 이벤트 등을 포함합니다. 날짜를 구성하는 멤버를 선언할 때 클래스와 구조체를 비교하여 살펴보겠습니다.

먼저 날짜를 구성하는 클래스의 데이터 구조는 다음과 같습니다.

```
class Date
{
    public int year;
    public int month;
    public int day;
}
```

구조체를 선언할 때는 접근제한자 public 키워드를 사용하여 멤버 변수를 선언해야 합니다. 그 이유는 구조체 밖에서도 멤버 변수를 읽거나 수정할 수 있어야 하기 때문입니다. 구조체를 생성할 때는 struct 명령어를 사용합니다.

멤버 변수 3개의 자료형이 모두 동일한 int형이므로 다음과 같이 간단하게 한 줄로 선언할 수도 있습니다.

```
struct Date
{
    public int year, month, day;
}
```

2 구조체 변수 생성

구조체는 생성한 다음 수정하지 않으려는 데이터를 포함하는 소규모의 데이터 구조로 모델링해 둡니다. 구조체는 값 형식으로 구조체 멤버 변수에는 참조가 아닌 실제 데이터가 할당됩니다.

예를 들어 d = c와 같이 구조체를 새로운 변수에 할당하게 되면 구조체 전체가 통째로 복사됩니다. 그렇기 때문에 c의 값을 변경하더라도 d의 값은 변경되지 않습니다.

```
struct Person
{
    멤버 변수, 속성, 메서드, 이벤트 등 선언
}
Person c = new Person( );     // 구조체 변수 c 생성
Person d = c;                 // 구조체 변수 d 생성 후 c를 d에 할당
```

Person 구조체를 생성하고 3개의 멤버 변수를 선언하여 활용하기 위해 다음 예제를 수행합니다.

예제 08-01 Person 구조체를 생성하고 3개의 멤버 변수 활용하기

• **Step** 01 | **프로젝트 생성** : 프로젝트명은 'PersonStruct'로 입력합니다. 소스 파일명은 그대로 둡니다.

• **Step** 02 | **소스 코드 입력** : Person 구조체를 생성합니다. 그리고 멤버 변수를 활용하기 위해 다음과 같이 소스 코드를 입력합니다. 단축키 F5를 눌러 실행 결과를 확인합니다.

ch08/PersonStruct/PersonStruct/Program.cs

```
// See https://aka.ms/new-console-template for more information
struct Person
{
    public int year, month, day;
}

class Program
{
    static void Main(string[] args)
    {
        Person pDay;                        // 구조체 변수 생성
        pDay.year = 2020;
        pDay.month = 12;
        pDay.day = 25;

        Console.Write(" > 생년월일 : ");
        Console.Write(pDay.year + "/");
        Console.Write(pDay.month + "/");
        Console.WriteLine(pDay.day);
    }
}
```

실행 결과

```
> 생년월일 : 2020/12/25
```

3 클래스와 구조체 비교

클래스는 메모리를 참조하는 참조형이고 구조체는 값을 다루는 값 형식으로 구분되어 사용됩니다. 즉 클래스는 스택 메모리의 주소를 참조하고 구조체는 스택 메모리 영역의 공간을 직접 확보하여 저장된 실제 데이터가 할당됩니다. 클래스와 구조체를 간단하게 비교하여 정리하면 다음 표와 같습니다.

표 8-1 클래스와 구조체의 차이점

구분	클래스	구조체
생성 키워드	class	struct
메모리 참조	스택 메모리의 주소 참조	스택 메모리 영역의 공간 확보
데이터 사용	데이터가 저장된 메모리 주소를 사용	실제적인 데이터를 적용하여 사용
new 키워드	클래스 객체 생성 (디폴트 값으로 초기화)	구조체 변수 생성 (디폴트 값으로 초기화)
생성 위치	클래스 내부	클래스 내부
사용해야 하는 이유	상속이 필요하거나 메모리를 많이 차지하는 경우	짧게 생성되고 없어지거나 클래스를 사용할 필요가 없는 경우

Quiz 구조체를 선언할 때는 접근제한자 public 키워드를 사용하여 멤버 변수를 선언해야 하며 구조체를 생성할 때는 (　　) 명령어를 선언합니다.

정답
struct

2

DateTime 구조체

C#는 프로그램에서 날짜와 시간을 설정할 때는 DateTime 구조체를 사용합니다. 이 구조체는 서기 1년 1월 1일 00:00:00부터 서기 9999년 12월 31일 11:59:59초까지 표시할 수 있습니다. 시간에 대한 데이터값은 틱Tick이라는 단위로 측정됩니다. 틱은 0.1밀리초(100나노초)를 의미하며 날짜와 시간은 서기 1년 1월 1일 자정부터 틱 수로 계산됩니다.

1 인스턴스 생성

DateTime 인스턴스는 생성자를 이용하거나 Today 또는 Now와 같은 속성을 이용하여 다음과 같이 생성할 수 있습니다.

```
DateTime d1 = new DateTime(2035, 12, 25, 7, 30, 46); // 년,월,일,시,분
DateTime d2 = new DateTime.Today;
DateTime d3 = new DateTime.Now;
```

2 구조체의 덧셈과 뺄셈

2.1 Add 메서드

DateTime 구조체는 Add( )와 Subtract( ) 메서드를 제공합니다. Add( ) 메서드는 TimeSpan을 매개 변수로 가지며 다음과 같이 선언합니다.

```
public DateTime Add(TimeSpan value);
public DateTime AddYears(int year);
public DateTime AddMonths(int months);
public DateTime AddDays(double value);
public DateTime AddHours(double value);
public DateTime AddMinutes(double value);
public DateTime AddSeconds(double value);
public DateTime AddMilliseconds(double value);
public DateTime AddTicks(long value);
```

2.2 Subtract 메서드

Subtract( ) 메서드는 인스턴스에서 지정된 시간이나 경과된 기간을 빼주며 다음과 같이 선언합니다.

```
public TimeSpan Subtract(DateTime value);
public DateTime Subtract(TimeSpan value);
```

3 타임존 간의 전환

DateTime 값은 특정 시점을 그리니치 표준시(GMI)라는 UCTCoordinated Universal Time 또는 로컬 타임(컴퓨터의 시간)으로 기록할 수 있습니다. C#에서는 특정 시점을 표준시 또는 로컬 타임으로 변환하기 위해 다음과 같은 메서드를 제공합니다.

```
public DateTime ToUniversalTime( );
public DateTime ToLocalTime( );
```

4 DateTime과 TimeSpan

4.1 DateTime과 String의 변환

DateTime 값을 string으로 변환할 수 있습니다. 그리고 string을 전달받아 다음과 같이 메서드를 선언하여 DateTime 인스턴스를 생성할 수 있습니다.

```
public static DateTime Parse(string s);
public override string ToString( );
public string ToString(string format);
```

4.2 DateTime과 TimeSpan 개체

어느 특정적인 한순간을 표현할 때는 DateTime을 사용합니다. 그리고 TimeSpan은 시간의 간격을 나타낼 때는 사용합니다. DateTime에 TimeSpan을 더하거나 뺄 수 있으며 그 결과는 DateTime 개체로 반환됩니다.

5 DateTime 구조체의 속성

DateTime 구조체의 속성은 다음 표와 같습니다.

표 8-2 DateTime 구조체 속성의 종류

속성	단위	의미
Year	int	인스턴스가 나타내는 날짜의 연도
Today	DateTime	시간이 00:00:00인 현재 날짜
Now	DateTime	내 컴퓨터의 현재 날짜와 시간으로 설정되고 현지 시간으로 표시되는 DateTime 개체

Date	DateTime	인스턴스와 동일한 날짜로 시간값은 12:00:00 자정(00:00:00)으로 설정된 새로운 DateTime 객체
Month	int	인스턴스가 나타내는 날짜의 월
Day	int	인스턴스가 나타내는 월의 일 수
Hour	int	인스턴스가 나타내는 날짜의 시간
Minute	int	인스턴스가 나타내는 날짜의 분
Second	int	인스턴스가 나타내는 날짜의 초
Millisecond	int	인스턴스가 나타내는 밀리초
Ticks	long	인스턴스의 날짜와 시간을 나타내는 틱 수
DayOfWeek	DayOfWeek	인스턴스가 나타내는 주의 요일을 표현하는 열거형 값
DayOfYear	int	인스턴스가 나타내는 연도의 일 수
TimeOfDay	TimeSpan	인스턴스에 대한 하루 중 시간
Kind	DateTimeKind	인스턴스에 표시된 시간이 현지 시간 또는 UTC 기준 아니면 둘 중 어느 것도 기준으로 설정하지 않는지를 나타내는 열거형 값
UtcNow	DateTime	내 컴퓨터의 현재 날짜와 시간이 설정되고 UTC로 표시되는 DateTime 개체

6 DateTime 메서드

2개의 DateTime을 비교할 때는 Compare( ) 또는 CompareTo( ) 메서드를 사용합니다. Compare( )는 정적 메소드이며 결과값은 정수로 반환해 줍니다. 0보다 작으면 t1이 t2보다 이전임을 나타냅니다. 그리고 0이면 현재를 의미하며 0보다 크면 t1이 t2보다 나중임을 의미합니다.

```
public static int Compare(DateTime t1, DateTime t2);
public int CompareTo(DateTime value);
```

6.1 Equals 메서드

Equals( ) 메서드는 2개의 DateTime을 비교합니다. 서로 같으면 true를 반환해 줍니다. 그리고 비교하여 서로 다르면 false를 반환해 줍니다.

```
public static bool Equals(DateTime t1, DateTime t2);
public bool Equals(DateTime value);
```

6.2 DayInMonth 메서드

DayInMonth( ) 메서드는 특정 연도의 해당 월이 며칠인지에 대한 날짜 수를 반환해 줍니다. 2월일 경우 평년이면 28일, 윤년이면 29일을 반환해 줍니다.

```
public static int DaysInMonth(int year, int month);
```

6.3 IsLeapYear 메서드

IsLeapYear( ) 메서드를 사용하게 되면 지정한 특정 연도가 평년인지 윤년인지를 판별할 수 있습니다. 윤년 여부를 판단하기 위한 메서드 사용 형식은 다음과 같습니다.

```
public static bool IsLeapYear(int year);
```

7 메서드 선언

7.1 오늘과 어제, 내일의 날짜 출력

DateTime 구조체를 사용하여 오늘을 기준으로 오늘과 어제, 내일의 날짜를 산출합니다. 그리고 출력하기 위해 다음 예제를 수행합니다.

예제 08-02 오늘과 어제 그리고 내일의 날짜 출력하기

• **Step 01 | 프로젝트 생성** : 프로젝트명은 'BeforeAndAfterDay'로 입력합니다. 소스 파일명은 그대로 둡니다.

• **Step 02 | 소스 코드 입력** : DateTime 구조체를 사용하여 오늘을 기준으로 오늘과 어제, 내일의 날짜를 산출합니다. 그리고 출력하기 위해 다음과 같이 소스 코드를 입력합니다. 단축키 F5를 눌러 실행 결과를 확인합니다.

ch08/BeforeAndAfterDay/BeforeAndAfterDay/Program.cs

```
// See https://aka.ms/new-console-template for more information
class Solution
{
    static void Main(string[] args)
    {
        Console.WriteLine(" > 오늘 : {0}", DateTime.Today);

        DateTime y = DateTime.Today.AddDays(-1);  // 어제
        Console.WriteLine(" > 어제 : {0}", y.ToShortDateString());

        DateTime t = DateTime.Today.AddDays(+1);  // 내일
        Console.WriteLine(" > 내일 : {0}", t.ToShortDateString());
    }
}
```

실행 결과

```
> 오늘 : 2022-06-25 오전 12:00:00
> 어제 : 2022-06-24
> 내일 : 2022-06-26
```

7.2 입사 후 경과 일수

DateTime 구조체를 사용하여 2000년 3월 2일 09:30:00 초부터 2035년 12월 25일 23:59:38 초까지 경과 된 일수를 산출하기 위해 다음 예제를 수행합니다.

예제 08-03 회사에 입사 후 경과된 일수 산출하기

• **Step 01 | 프로젝트 생성** : 프로젝트명은 'HistoryDays'로 입력합니다. 소스 파일명은 그대로 둡니다.

• **Step 02 | 소스 코드 입력** : DateTime 구조체를 사용하여 회사에 입사한 2000년 3월 2일 09 :30:00 초부터 2035년 12월 25일 23:59:38 초 현재까지 경과 된 일수를 산출합니다. 그리고 출력하기 위해 다음과 같이 소스 코드를 입력합니다. 단축키 F5를 눌러 실행 결과를 확인합니다.

ch08/HistoryDays/HistoryDays/Program.cs

```
// See https://aka.ms/new-console-template for more information
class Solution
{
    static void Main(string[] args)
    {
        DateTime d1 = new DateTime(2000, 3, 2, 9, 30, 0);
        DateTime d2 = new DateTime(2035, 12, 25, 23, 59, 38);

        Console.WriteLine(" > 입사일자 : {0}", d1);
        Console.WriteLine(" > 경력기준 : {0}", d2);

        Console.WriteLine(" > {0}과 {1}의 차이는 {2} 일입니다.",
            d1.ToString("yyyy년 MM월 dd일"),  // 월과 일은 2자리로 설정
            d2.ToString("yyyy년 MM월 dd일"),
            d2.Subtract(d1).Days);
    }
}
```

실행 결과

```
> 입사일자 : 2000-03-02 오전 9:30:00
> 경력기준 : 2035-12-25 오후 11:59:38
> 2000년 03월 02일과 2035년 12월 25일의 차이는 13081 일입니다.
```

7.3 윤년 판별

DateTime 구조체를 사용하여 주어진 특정 연도가 윤년인지를 판별합니다. 그리고 윤년이면 2월의 날짜 수를 29일, 평년이면 28일로 출력하기 위해 다음 예제를 수행합니다.

예제 08-04 윤년 판별 후 2월의 날짜 수 출력하기

• **Step 01 | 프로젝트 생성** : 프로젝트명은 'LeapYearCheck'로 입력합니다. 소스 파일명은 그대로 둡니다.

• **Step 02 | 소스 코드 입력** : DateTime 구조체를 사용하여 주어진 특정 연도가 윤년인지를 판별합니다. 그리고 윤년이면 2월의 날짜 수를 29일, 평년이면 28일로 출력하기 위해 다음과 같이 소스 코드를 입력합니다. 단축키 F5를 눌러 실행 결과를 확인합니다.

ch08/LeapYearCheck/LeapYearCheck/Program.cs

```
// See https://aka.ms/new-console-template for more information
class Solution
{
    static void Main(string[] args)
    {
        Console.WriteLine(" > 2024년은 {0} 입니다.",
            DateTime.IsLeapYear(2024) ? "[윤년]" : "[평년]");
        Console.WriteLine(" > 2024년 2월은 {0}일 입니다. \n",
            DateTime.DaysInMonth(2024, 2));

        Console.WriteLine(" > 2030년은 {0} 입니다.",
            DateTime.IsLeapYear(2030) ? "[윤년]" : "[평년]");
        Console.WriteLine(" > 2030년 2월은 {0}일 입니다. \n",
            DateTime.DaysInMonth(2030, 2));
    }
}
```

실행 결과

```
> 2024년은 [윤년] 입니다.
> 2024년 2월은 29일 입니다.

> 2030년은 [평년] 입니다.
> 2030년 2월은 28일 입니다.
```

Quiz 클래스는 메모리를 참조하는 (　　　　)이고 구조체는 값을 다루는 값 형식으로 구분됩니다.

정답
참조형

3

TimeSpan 구조체

TimeSpan 구조체는 2개의 시간에 대한 간격을 표현할 때 사용합니다. TimeSpan 객체는 양수 또는 음수로 측정되는 시간 간격을 일, 시간, 분, 초로 나타냅니다. 초의 경우 소수부로 표현됩니다.

1 인스턴스 생성

TimeSpan 구조체에서 가장 크게 취급하는 단위는 날짜를 의미하는 '일'이며 개체의 값은 틱 수입니다. 1틱은 0.1밀리초(100나노초)를 나타냅니다. TimeSpan 구조체의 명시적 생성자 또는 암시적 생성자를 사용하여 다음과 같이 생성합니다.

```
TimeSpan interval = new TimeSpan( );
TimeSpan interval = new TimeSpan(3, 25, 37);    // 3시간 25분 37초
```

2개의 DateTime 인스턴스를 빼면 TimeSpan 값이 산출됩니다.

```
DateTime startTime = new DateTime(2023, 3, 15, 10, 33, 0);
DateTime endTime = new DateTime(2023, 3, 20, 7, 15, 0);
TimeSpan travelTime = endTime - startTime;
```

2 날짜 사이 간격

DateTime 구조체와 TimeSpan 구조체를 사용하여 2개 날짜 사이의 시간 간격을 산출합니다. 그리고 출력하기 위해 다음 예제를 수행합니다.

예제 08-05 **날짜 사이의 시간 간격 출력하기**

• **Step 01 | 프로젝트 생성** : 프로젝트명은 'IntervalTimeSpan'으로 입력합니다. 소스 파일명은 그대로 둡니다.

• **Step 02 | 소스 코드 입력** : DateTime과 TimeSpan 구조체를 사용하여 2개 날짜 사이의 시간 간격을 산출합니다. 그리고 출력하기 위해 다음과 같이 소스 코드를 입력합니다. 단축키 F5를 눌러 실행 결과를 확인합니다.

ch08/IntervalTimeSpan/IntervalTimeSpan/Program.cs

```
// See https://aka.ms/new-console-template for more information
class Solution
{
    static void Main(string[] args)
    {
        DateTime sT = new DateTime(2023, 3, 15, 10, 33, 0);
        DateTime eT = new DateTime(2023, 3, 20, 7, 15, 0);
        TimeSpan tTime = eT - sT;

        Console.WriteLine(" > 2023. 3. 15 ~ 2023. 3. 20일의 시간 간격 ");
        Console.WriteLine(" > 여행기간 : {0, 10}", tTime);
        Console.WriteLine(" {0, 14} 일", tTime.Days);
        Console.WriteLine(" {0, 14} 시간", tTime.TotalHours);
        Console.WriteLine(" {0, 14} 분", tTime.TotalMinutes);
        Console.WriteLine(" {0, 14} 초", tTime.TotalSeconds);
    }
}
```

실행 결과

```
> 2023. 3. 15 ~ 2023. 3. 20일의 시간 간격
> 여행기간 : 4.20:42:00
             4 일
         116.7 시간
          7002 분
        420120 초
```

2023년 3월 15일 10:23:00부터 2023년 3월 20일 7:15:00까지 시간 간격을 출력한 결과 여행 일수는 4일입니다. 여행 기간을 모두 시간으로 표현하면 116.7시간입니다. 그리고 분으로 표현하면 7002분입니다. 초로 표현하면 420120초 동안 여행을 다녀온 시간이 각각 출력되었습니다.

3 생애 주기 계산

DateTime 구조체와 TimeSpan 구조체를 사용하여 출생한 생일부터 오늘까지의 시간을 산출합니다. 그리고 출력하기 위해 다음 예제를 수행합니다.

예제 08-06 출생일로부터 현재까지의 시간 계산하기

• **Step 01 | 프로젝트 생성** : 프로젝트명은 'LifeTimeCalc'로 입력합니다. 소스 파일명은 그대로 둡니다.

• **Step 02 | 소스 코드 입력** : DateTime과 TimeSpan 구조체를 사용하여 출생한 생일부터 오늘까지의 시간을 산출합니다. 그리고 출력하기 위해 다음과 같이 소스 코드를 입력합니다. 단축키 F5를 눌러 실행 결과를 확인합니다.

ch08/LifeTimeCalc/LifeTimeCalc/Program.cs

```csharp
// See https://aka.ms/new-console-template for more information
class Solution
{
    static void Main(string[] args)
    {
        Console.Write(" > 생일 입력(년-월-일 시:분) : ");
        DateTime d1 = DateTime.Parse(Console.ReadLine());
        DateTime d2 = DateTime.Now;

        TimeSpan interval = d2 - d1;
        Console.WriteLine(" > 출생 시각 : {0}", d1);
        Console.WriteLine(" > 현재 시각 : {0}", d2);
        Console.WriteLine(" > 생존 시간 : {0}",
            interval.ToString());
        Console.WriteLine(" > 지금까지 {0}일 {1}시간" +
            " {2}분 {3}초를 생활하였습니다.",
            interval.Days, interval.Hours,
            interval.Minutes, interval.Seconds);
    }
}
```

실행 결과

```
> 생일 입력(년-월-일 시:분) : 2000-05-23 13:25
> 출생 시각 : 2000-05-23 오후 1:25:00
> 현재 시각 : 2022-06-25 오후 4:23:46
> 생존 시간 : 8068.02:58:46.7207712
> 지금까지 8068일 2시간 58분 46초를 생활하였습니다.
```

Quiz C#에서는 프로그램에서의 날짜와 시간을 (   ) 구조체를 사용합니다.

정답
DateTime

4

DateTime 포맷 형식

1 포맷 형식의 필요성

DateTime 형의 날짜와 시간 출력 양식을 지정하기 위해서는 형식 문자열을 사용합니다. 세계 여러 국가마다 다른 날짜와 시간의 형식을 사용하고 있습니다. 또한 사용자 컴퓨터 환경(제어판의 국가 및 언어 설정 등) 설정 여건에 따라 다르게 출력될 수도 있습니다. 이와 같은 차별화를 해결하기 위한 DateTime 포맷 형식에 대해 살펴보겠습니다.

2 날짜와 시간의 형식 지정

사용자 지정 형식은 사용자가 원하는 대로 형식을 출력할 수 있습니다. 출력할 때는 DateTime의 ToString( ) 메서드를 사용합니다. 또는 String.Format( ) 메서드에서 포맷 형식을 따로 지정하여 사용할 수도 있습니다. 날짜와 시간은 국가마다 다를 수 있고 사무실 근무 여건에 따라 다르게 적용될 수 있음을 참고바랍니다.

DateTime 형의 사용자 지정 형식을 다음과 같이 지정할 수 있습니다.

```
DateTime d1 = DateTime.Today;
Console.WriteLine(d1.ToString("yyyy년 MM월 dd일"));
Console.WriteLine(string.Format({0:"yyyy년 MM월 dd일"), today);

[출력]
2025년 03월 25일
```

3 CultureInfo 클래스

CultureInfo 클래스를 사용하게 되면 특정 문화권의 양식에 맞도록 형식을 지정할 수 있습니다. CultureInfo 클래스는 언어, 국가와 지역, 달력 및 특정 문화권과 관련된 정보를 제공합니다. 예를 들어 미국식과 프랑스식으로 형식을 지정하려면 다음과 같이 선언하면 됩니다.

```
DateTime d1 = DateTime.Today;
Console.WriteLine(d1.ToString("MMMM dd, yyyy ddd",
    CultureInfo.CreateSpecificCulture("en-US")));
Console.WriteLine(d1.ToString("MMMM dd, yyyy ddd",
    new CultureInfo("fr-FR")));

[출력]
June 26, 2022 Sun
juin 26, 2022 dim.
```

4 사용자 지정 형식 기호

사용자 지정 형식 기호는 DateTime 형의 사용자 형식을 지정할 때 선언합니다. DateTime 형의 사용자 지정 형식 기호의 종류는 다음 표와 같습니다.

표 8-2 DateTime 형의 사용자 지정 형식 기호

단위	기호	의미	예시
연도	yy	2자리로 표현되는 연도	08, 23
	yyyy	4자리로 표현되는 연도	2008, 2023
월	M	월 표현 (10 이하는 한 자리 표현)	7
	MM	월 표현 (10 이하는 앞에 0을 첨부)	07
	MMM	축약형 월 표현	Feb, 2
	MMMM	월 이름을 그대로 표현	February, 2월
일	d	일 표현 (10 이하는 한 자리 표현)	5
	dd	일 표현 (10 이하는 앞에 0을 첨부)	05
시	h	12시간 단위의 시간 표현 (10 이하는 한 자리)	3
	hh	12시간 단위의 시간 표현 (10 이하는 0 추가)	03
	H	24시간 단위의 시간 표현 (10 이하는 한 자리)	8
	HH	24시간 단위의 시간 표현 (10 이하는 0 추가)	08
분	m	분 표현 (10 이하는 한 자리 표현)	4
	mm	분 표현 (10 이하는 0 추가)	04
초	s	초 표현 (10 이하는 한 자리 표현)	6
	ss	초 표현 (10 이하는 0 추가)	06
요일	ddd	축약형 요일 표현	Wed, 수
	dddd	요일 이름을 그대로 표현	Wednesday, 목요일
오전/오후	t	AM/PM (오전/오후)	AM, 오전

5 표준 형식 지정어

날짜 형식을 자주 사용하는 경우 표준 형식을 사용하는 것이 편리합니다. 날짜와 시간을 출력하기 위한 표준 형식 지정자는 다음 표와 같습니다.

표 8-2 DateTime 형의 표준 형식 지정자

단위	의미	예시
d	축약된 날짜 표현	2022-06-26
D	긴 형식의 날짜 표현	2022년 6월 26일 일요일
t	축약된 시간 표현	오후 5:58
T	긴 형식의 시간 표현	오후 5:58:56

g	일반 날짜와 시간 (초는 생략)	2022-06-26 오후 5:58
G	일반 날짜와 시간	2022-06-26 오후 5:58:56
f	자세한 날짜와 시간 표현 (초는 생략)	2022년 6월 26일 일요일 오후 5:58
F	자세한 날짜와 시간 표현	2022년 6월 26일 일요일 오후 5:58:56
s	정렬이 가능한 서식 (ISO 8601)	2022-06-26T17:58:56
o/O	ISO 8601 표준	2022-06-26T17:58:56.2487215+09:00
r/R	라운드 트립	Sun, 26 Jun 2022 17:58:56 GMT
u	로컬 시간을 UTC로 변환	2022-06-26 17:58:56Z

6 형식 지정자 메서드

날짜와 시간의 형식을 지정하는 메서드 또한 제공됩니다. C#에서 사용하는 날짜와 시간의 형식을 지정하는 메서드의 종류는 다음 표와 같습니다.

표 8-4 형식 지정자 메서드의 종류

형식 지정자	날짜와 형식을 지정하는 메서드
D	ToLongDateString( )
d	ToShotDateString( )
T	ToLongTimeString( )
t	ToShotTimeString( )

DateTime 구조체를 사용하여 날짜와 시간에 대한 포맷 형식을 적용합니다. CultureInfo 클래스를 사용하려면 반드시 using 명령을 선언해야 합니다. 이 명령을 선언하지 않게 되면 컴파일 과정에서 오류가 발생하게 되므로 주의해야 합니다. CultureInfo 클래스를 사용하기 위해서는 다음과 같이 using 명령을 선언해야 합니다.

```
using System;
using System.Globalization;  // CultureInfo 클래스 사용에 필요함
namespace DateTimeFormat
{
    class Solution
    {
        ...
    }
}
```

오늘의 날짜와 시간을 기준으로 포맷 형식을 출력하기 위해 다음 예제를 수행합니다.

예제 08-07 오늘 날짜와 시간을 기준으로 포맷 형식 출력하기

• **Step 01 | 프로젝트 생성** : 프로젝트명은 'DateTimeFormat'으로 입력합니다. 소스 파일명은 그대로 둡니다.

• **Step 02 | 소스 코드 입력** : 오늘의 날짜와 시간을 기준으로 포맷 형식을 출력하기 위해 다음과 같이 소스 코드를 입력합니다. 단축키 F5를 눌러 실행 결과를 확인합니다.

ch08/DateTimeFormat/DateTimeFormat/Program.cs

```
// See https://aka.ms/new-console-template for more information
using System;
using System.Globalization;  // CultureInfo 클래스 사용에 필요함

namespace DateTimeFormat
{
    class Solution
    {
        static void Main(string[] args)
        {
            DateTime today = DateTime.Now;

            Console.WriteLine(today.
```

```
                ToString("오늘 : " + "yyyy년 MM월 dd일"));
            Console.WriteLine(string.
                Format("Format : " + "{0:yyyy년 MM월 dd일}",
                today));
            Console.WriteLine(today.
                ToString("미국식 : " + "MMMM dd, yyyy ddd",
                CultureInfo.CreateSpecificCulture("en-US")));

            Console.WriteLine(today.
                ToString("프랑스식 : " + "MMMM dd, yyyy ddd",
                new CultureInfo("fr-FR")));

            Console.WriteLine("d : " +
                today.ToString("d"));

            Console.WriteLine("D : " +
                string.Format("{0:D}", today));

            Console.WriteLine("t : " +
                string.Format("{0:t}", today));

            Console.WriteLine("T : " +
                string.Format("{0:T}", today));

            Console.WriteLine("g : " +
                string.Format("{0:g}", today));

            Console.WriteLine("G : " +
                string.Format("{0:G}", today));

            Console.WriteLine("f : " +
                string.Format("{0:f}", today));

            Console.WriteLine("F : " +
                string.Format("{0:F}", today));

            Console.WriteLine("s : " +
```

```
                string.Format("{0:s}", today));

            Console.WriteLine("o : " +
                string.Format("{0:o}", today));

            Console.WriteLine("O : " +
                string.Format("{0:O}", today));

            Console.WriteLine("r : " +
                string.Format("{0:r}", today));

            Console.WriteLine("R : " +
                string.Format("{0:R}", today));

            Console.WriteLine("u : " +
                string.Format("{0:u}", today));
        }
    }
}
```

실행 결과

```
오늘 : 2022년 06월 26일
Format : 2022년 06월 26일
미국식 : June 26, 2022 Sun
프랑스식 : juin 26, 2022 dim.
d : 2022-06-26
D : 2022년 6월 26일 일요일
t : 오후 6:44
T : 오후 6:44:21
g : 2022-06-26 오후 6:44
G : 2022-06-26 오후 6:44:21
f : 2022년 6월 26일 일요일 오후 6:44
F : 2022년 6월 26일 일요일 오후 6:44:21
s : 2022-06-26T18:44:21
o : 2022-06-26T18:44:21.8139149+09:00
```

```
O : 2022-06-26T18:44:21.8139149+09:00
r : Sun, 26 Jun 2022 18:44:21 GMT
R : Sun, 26 Jun 2022 18:44:21 GMT
u : 2022-06-26 18:44:21Z
```

Quiz Equals( ) 메서드는 2개의 DateTime을 비교합니다. 서로 같으면 (   )를 반환해 줍니다. 그리고 비교하여 서로 다르면 (   )를 반환해 줍니다.

정답
true, false

도전문제 구조체 변수 선언과 DateTime 인스턴스의 빼셈 연산 익히기

1 프로그램 소스 코드를 보고 빈칸을 채워 완성하시오.

```
struct Person
{
    멤버 변수, 속성, 메서드, 이벤트 등 선언
}
Person c = new [          ]
[          ] = c;
```

Hint 구조체 변수를 생성하는 문법 구조에 대한 이해가 필요합니다. 생성된 구조체 변수를 다른 구조체 변수를 생성하여 대입하는 과정으로 소스 코트를 완성하면 됩니다.

정답

```
Person( );
Person d
```

2 인스턴스를 생성하고 TimeSpan 값을 산출하는 소스 코드를 보고 빈칸을 채워 완성하시오.

```
DateTime startTime = new DateTime(2023, 3, 15, 10, 33, 0);
DateTime endTime = new DateTime(2023, 3, 20, 7, 15, 0);
TimeSpan travelTime = [          ]
```

Hint TimeSpan 구조체 변수를 생성하고 2개의 DateTime 인스턴스에 대한 뺄셈 연산을 통해 TimeSpan 값이 산출되는 과정을 이해하면 됩니다.

정답

```
endTime - startTime;
```

핵심점검

1 DateTime 구조체는 서기 1년 1월 1일 00:00:00부터 서기 (   )년 12월 31일 11:59:59초까지 표시할 수 있습니다.

2 DateTime 인스턴스는 생성자를 이용하거나 (   ) 또는 Now와 같은 속성을 이용하여 생성할 수 있습니다.

3 Equals 메서드는 2개의 DateTime을 비교하여 서로 같으면 (   )를 반환해 줍니다. 그리고 비교하여 서로 다르면 (   )를 반환해 줍니다.

4 클래스의 생성 키워드는 class이고 구조체의 생성 키워드는 (   )입니다.

5 시간에 대한 데이터값은 틱(Tick)이라는 단위로 측정됩니다. 틱은 0.1밀리초 (   )를 의미하며 날짜와 시간은 서기 1년 1월 1일 자정부터 틱 수로 계산됩니다.

정답 1 9999 2 today 3 true, false 4 struct 5 100 나노초

연습문제

01 구조체를 선언할 때 사용하는 접근제한자는?

① public ② private

③ protected ④ new

02 구조체를 Person k = new Person( )과 같이 선언할 때 구조체 변수는?

① Person ② k

③ Person( ) ④ new

03 다음 중 클래스와 구조체의 공통점은?

① 생성 키워드 ② 메모리 참조

③ 데이터 사용 ④ 생성 위치

04 DateTime 구조체 중 '시간이 00:00:00인 현재 날짜'를 표현하는 속성은?

① Year ② Now

③ Today ④ Date

05 2개의 DateTime을 비교하는 메서드는?

① Compare( ) ② CompareTo( )

③ Equals( ) ④ DayInMonth( )

06 날짜와 시간의 형식을 지정하는 메서드를 바르게 연결한 것은?

① D와 ToShotDateString( ) ② d와 ToShotDateString( )

③ T와 ToLongTimeString( ) ④ t와 ToLongTimeString( )

07 구조체를 선언하는 명령어는?

① class ② new

③ struct ④ const

08 구조체와 클래스를 비교한 내용 중 틀린 것은??

① 클래스는 new 키워드를 사용하여 객체를 생성

② 구조체는 실제적인 데이터를 적용하여 사용

③ 클래스는 class 키워드를 사용하여 클래스를 생성

④ 구조체는 데이터가 저장된 메모리 주소를 사용

09 인스턴스에서 지정된 시간이나 경과된 기간을 빼줄때 사용하는 DateTime 구조체의 메서드는?

① Add( ) ② Subtract( )

③ DayInMonth( ) ④ IsLeapYear( )

10 특정 연도가 평년인지 윤년인지를 판별할 수 있는 DateTime 구조체의 메서드는?

① Add( ) ② Subtract( )

③ DayInMonth( ) ④ IsLeapYear( )

11 2월의 경우 평년이면 28일, 윤년이면 29일을 반환해 주는 DateTime 구조체의 메서드는?

① Add( ) ② Subtract( )

③ DayInMonth( ) ④ IsLeapYear( )

12 어느 특정적인 한순간을 표현할 때 사용하는 구조체는?

① DateTime ② TimeSpan

③ Date ④ Year

13 DateTime 구조체의 속성 중 단위가 다른 것은?

① Today ② Year

③ Date ④ Now

14 DateTime 구조체의 속성 중 인스턴스가 나타내는 주의 요일을 표현하는 열거형 값을 반환해 주는 속성은?

① TimeOfDay ② DayOfWeek

③ Kind ④ DayOfYear

15 DateTime 구조체의 속성 중 인스턴스가 나타내는 연도의 일 수를 반환해 주는 속성은 ?

① TimeOfDay ② DayOfWeek

③ UtcNow ④ DayOfYear

16 짧게 생성되고 없어지거나 클래스를 사용할 필요가 없을 경우 선언하는 것은?

① 구조체 ② 인스턴스
③ 메서드 ④ 객체

17 현재 2038년 5월 15일 09:00를 기준으로 수행한 다음 프로그램의 실행 결과를 바르게 제시한 것은?

```
DateTime d1 = DateTime.Today;
Console.WriteLine(d1.ToString("yyyy년 MM월 dd일"));
Console.WriteLine(string.Format({0:"yyyy년 MM월 dd일"), today);
```

① 2038년 5월 15일
② 2038년 5월 15일 09:00
③ 2038년 05월 15일
④ 2038년 05월 15일 09:00

18 현재 2022년 7월 25일 10:30분을 기준으로 수행한 다음 프로그램의 실행 결과를 바르게 제시한 것은?

```
DateTime d1 = DateTime.Today;
Console.WriteLine(d1.ToString("MMMM dd, yyyy ddd",
    CultureInfo.CreateSpecificCulture("en-US")));
```

① 2022 July 25, Mon
② July 25, 2022 Mon
③ 2022 25 July, Mon
④ July 2022, 25 Mon

19 현재 2022년 7월 25일 18:30분을 기준으로 수행한 다음 프로그램의 실행 결과를 바르게 제시한 것은?

```
DateTime today = DateTime.Now;
Console.WriteLine("T : " +
            string.Format("{0:T}", today));
```

① 2022-07-25 오후 6:30

② 2022-07-25

③ 2022년 07월 25일

④ 오후 6:30

프로그래밍 문제

01 다음 지시사항을 준수하여 프로그램을 작성하시오.

(1) 오늘을 기준으로 근무시간을 출력하는 클래스 생성

(2) 키보드로 입사일자 입력 (년–월–일 시:분)

(3) DateTime 구조체와 TimeSpan 구조체 선언

(4) 기타 사항은 실행 결과 참조

실행 결과

```
> 입사일자 입력(년-월-일 시:분) : 2019-01-23 09:00
> 입사일자 : 2019-01-23 오전 9:00:00
> 현재 시각 : 2022-06-25 오후 6:17:15
> 지금까지 1249일 9시간 17분 15초를 근무하였습니다.
```

실행 결과

```
> 입사일자 입력(년-월-일 시:분) : 2021-03-02 10:05
> 입사일자 : 2021-03-02 오전 10:05:00
> 현재 시각 : 2022-06-25 오후 6:18:44
> 지금까지 480일 8시간 13분 44초를 근무하였습니다.
```

02 다음 지시사항을 준수하여 프로그램을 작성하시오.

(1) 현재 날짜와 시간 기준 : 포맷 형식으로 출력하는 클래스 생성

(2) CultureInfo 클래스를 사용

(3) namespace 선언

(4) 기타 사항은 실행 결과 참조

실행 결과

```
오늘 : 2022년 06월 26일
F : 2022년 6월 26일 일요일 오후 7:10:03
s : 2022-06-26T19:10:03
```

셋째마당

윈도우 프로그래밍

Chapter

9

윈폼 디자인 화면

1_프로젝트 생성

2_윈폼 기본 구조

3_디자인 화면 요소

4_디자인 코드

5_코드 요소의 속성

| 핵심점검 | 연습문제 | 프로그래밍 문제 |

학습목표

- 디자인 화면 생성을 위한 새 프로젝트 만들기에 대해 알아봅니다.
- 윈폼 기본 구조와 디자인 화면 요소에 대해 알아봅니다.
- 화면의 디자인 코드에 대해 알아봅니다.
- 윈폼 코드 요소의 속성에 대해 알아봅니다.

SELF CHECK

1 닷넷 윈폼 앱을 제작하는 프로젝트를 새로 만들게 되면 자동으로 생성되는 폼 디자인 화면과 함께 (한, 여러) 개의 소스 코드가 제공됩니다.

2 Program.cs 파일은 비주얼 스튜디오에서 (수동, 자동)으로 생성되는 파일입니다.

3 윈폼 디자인 화면 프로젝트를 수행하면서 우리가 직접 소스 코드를 수정해야 하는 작업 대상 파일은 (Program.cs, Form1.cs)입니다.

4 Form1.Designer.cs 파일명을 더블클릭하게 되면 (디자인, 소스 코드)을(를) 확인할 수 있습니다.

5 도구상자가 활성화되어 있지 않다면 메뉴에서 [(파일, 보기)]–[도구상자]를 선택하여 도구상자를 활성화 상태로 유지하면 됩니다.

정답 1 여러 2 자동 3 Form1.cs 4 소스 코드 5 보기

1

프로젝트 생성

1 윈폼 화면

지금까지는 콘솔 응용 프로그램을 작성하는 방법에 대해 살펴봤습니다. 여기서는 윈폼Winform을 사용하는 방법에 대해 살펴보겠습니다. 윈폼 디자인 프로젝트는 프로그램 실행 결과를 지금까지 봐왔던 콘솔 창에서 보여주는 것이 아닙니다.

윈폼 화면을 보여주면서 소스 코드에서 정의한 이벤트를 수행하게 됩니다. 윈폼 화면을 작성하려면 C#에서 'Windows Forms 앱(.NET Framework)' 프로젝트를 생성하면 됩니다.

2 새 프로젝트 만들기

C#에서 'Windows Forms 앱(.NET Framework)' 프로젝트를 생성하기 위해 다음 예제를 수행합니다.

예제 09-01 윈폼 화면 생성 프로젝트 수행하기

- **Step 01 | 프로젝트 생성** : 화면에서 [새 프로젝트 만들기] 항목을 선택합니다.

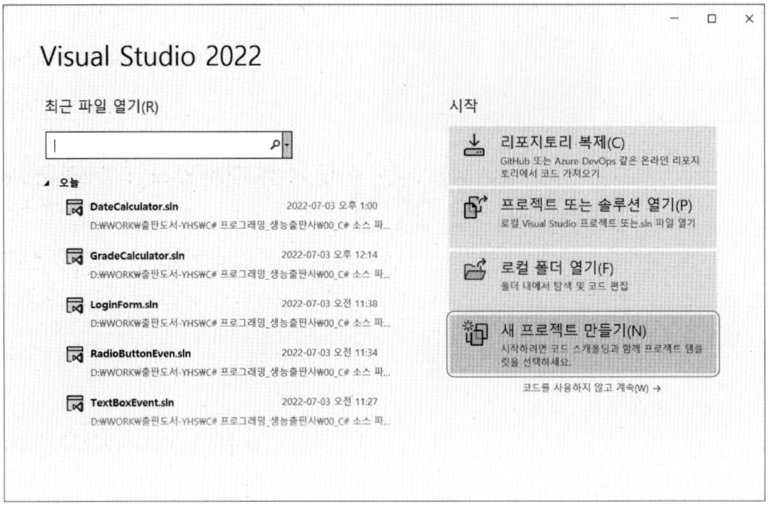

그림 9-1 새 프로젝트 만들기

• **Step 02 | 프로젝트 종류 선택** : 'Windows Forms 앱(.NET Framework)'을 선택 후 〈다음〉을 누릅니다.

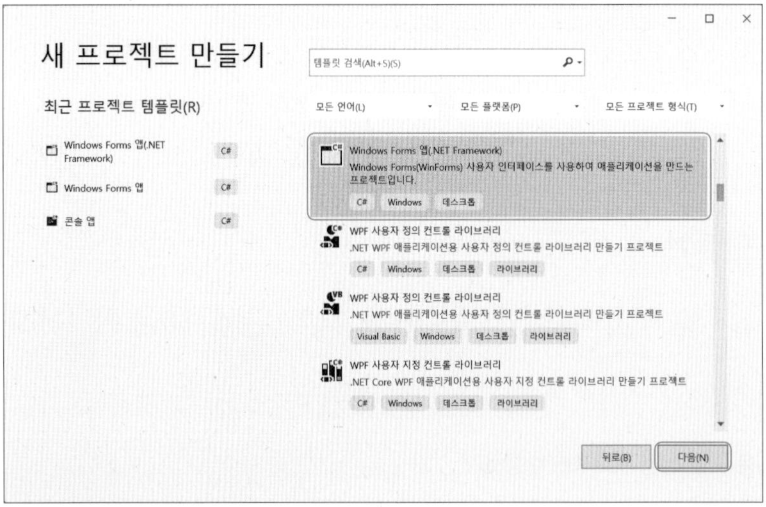

그림 9-2 윈폼 앱 프로젝트 선택

• **Step 03 | 프로젝트명 입력과 경로 지정** : 프로젝트명은 'FirstFormApp'으로 입력하고 소스 파일명은 그대로 둡니다. 경로명은 각자 알아서 지정합니다.

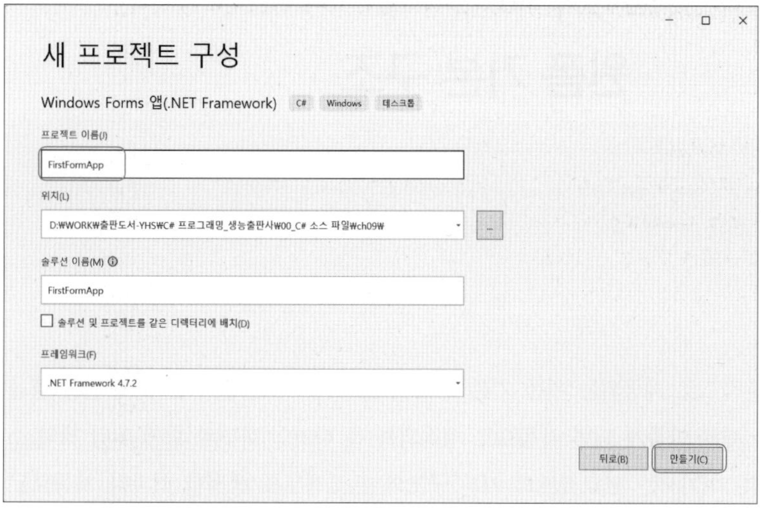

그림 9-3 윈폼 앱 프로젝트 선택

• **Step 04 | 윈폼 편집 화면** : 새 프로젝트가 생성되면 윈폼 편집 화면을 보여줍니다.

그림 9-4 윈폼 편집 화면

2

윈폼 기본 구조

새 프로젝트에서 기본적으로 제공되는 윈폼 기본 구조에 대해 살펴보겠습니다. 닷넷 윈폼 앱을 제작하는 프로젝트를 새로 만들게 되면 자동으로 생성되는 폼 디자인 화면과 함께 여러 개의 소스 코드가 제공됩니다. 여기서는 프로젝트의 기본 구조와 프로젝트를 생성할 때마다 자동으로 생성해 주는 소스 코드의 종류에 대해 살펴보도록 하겠습니다.

1 프로젝트의 기본 구조

[솔루션 탐색기] 창에서 각 항목 옆에 있는 삼각형(▷)을 눌러보면 윈폼 디자인 응용 프로그램 프로젝트에 대한 기본 구조를 확인할 수 있습니다. 이 중에서 3개(Program.cs, Form1.Designer.cs, Form1.cs) 파일에 대한 소스 코드와 역할에 대해 살펴보겠습니다.

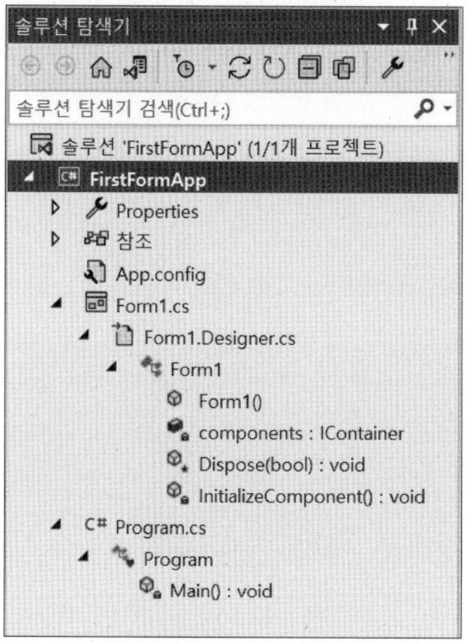

그림 9-5 프로젝트의 기본 구조

2 Program.cs 파일

[솔루션 탐색기]에서 Program.cs 파일명을 더블클릭하게 되면 오른쪽 화면에서 소스 코드를 확인할 수 있습니다. 이 소스 코드는 비주얼 스튜디오에서 자동으로 생성되는 파일입니다. 별도의 작업은 필요 없습니다. 여기서는 소스 코드의 구성에 대해서만 참고하면 됩니다.

ch09/FirstFormApp/FirstFormApp/Program.cs

```
using System;
using System.Collections.Generic;
using System.Linq;
using System.Threading.Tasks;
using System.Windows.Forms;

namespace FirstFormApp
{
    internal static class Program
    {
        /// <summary>
        /// 해당 애플리케이션의 주 진입점입니다.
```

```
        /// </summary>
        [STAThread]
        static void Main()
        {
            Application.EnableVisualStyles();
            Application.SetCompatibleTextRenderingDefault(false);
            Application.Run(new Form1());
        }
    }
}
```

3 Form1.Designer.cs 파일

이 파일 또한 프로젝트를 생성하게 되면 자동으로 제공됩니다. 이 파일의 역할은 윈폼 화면인 Form1 클래스의 디자인을 지정합니다. Form1.Designer.cs 파일명을 더블클릭하게 되면 소스 코드를 확인할 수 있습니다. 여기서도 소스 파일은 건드리지 않고 그냥 구성된 소스 코드의 내용만 살펴봅니다.

ch09/FirstFormApp/FirstFormApp/Form1.Designer.cs

```
namespace FirstFormApp
{
    partial class Form1
    {
        /// <summary>
        /// 필수 디자이너 변수입니다.
        /// </summary>
        private System.ComponentModel.IContainer components = null;

        /// <summary>
        /// 사용 중인 모든 리소스를 정리합니다.
        /// </summary>
        /// <param name="disposing">관리되는 리소스를 삭제해야 하면 true이고,
        /// 그렇지 않으면 false입니다.</param>
```

```
        protected override void Dispose(bool disposing)
        {
            if (disposing && (components != null))
            {
                components.Dispose();
            }
            base.Dispose(disposing);
        }

        #region Windows Form 디자이너에서 생성한 코드

        /// <summary>
        /// 디자이너 지원에 필요한 메서드입니다.
        /// 이 메서드의 내용을 코드 편집기로 수정하지 마세요.
        /// </summary>
        private void InitializeComponent()
        {
            this.components = new System.
                 ComponentModel.Container();
            this.AutoScaleMode = System.Windows.
                 Forms.AutoScaleMode.Font;
            this.ClientSize = new System.Drawing.Size(800, 450);
            this.Text = "Form1";
        }

        #endregion
    }
}
```

4 Form1.cs 파일

이 파일은 윈폼 디자인 화면 프로젝트를 수행하면서 우리가 직접 소스 코드를 수정해야 하는 작업 대상 파일입니다. [솔루션 탐색기] 창의 Form1.cs 파일명 위에 커서를 올려놓고 마우스 오른쪽 버튼을 누른 다음 [코드 보기]를 클릭하게 되면 소스 코드를 확인할 수 있습니다.

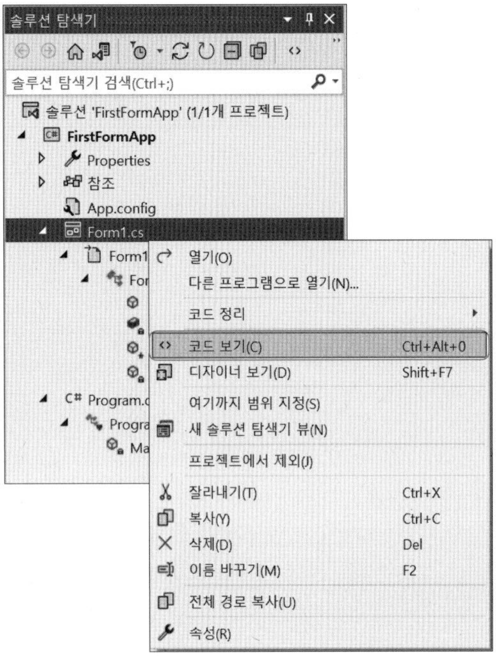

그림 9-6 Form1.cs 파일의 소스 코드 보기

Form1.cs 소스 코드의 내용은 다음과 같습니다. 앞으로 직접 실습하기 위한 소스 코드는 이 파일에서 작성하게 됩니다.

ch09/FirstFormApp/FirstFormApp/Form1.cs

```
using System;
using System.Collections.Generic;
using System.ComponentModel;
using System.Data;
using System.Drawing;
using System.Linq;
using System.Text;
using System.Threading.Tasks;
using System.Windows.Forms;

namespace FirstFormApp
{
```

```
    public partial class Form1 : Form
    {
        public Form1()
        {
            InitializeComponent();
        }
    }
}
```

지금까지 3개 파일의 소스 코드를 모두 살펴봤습니다. C#을 처음 경험하는 입문자의 경우 프로그램 배우기가 무척 어렵게 느껴질 것입니다. 하지만 전혀 걱정하지 않아도 됩니다. 그 이유는 3개 파일 중 우리는 Form1.cs 파일에서 필요한 일부 소스 코드만 추가해 주면 되기 때문입니다.

Quiz Form1.Designer.cs 파일의 역할은 윈폼 화면인 Form1 클래스의 (　　　　)을 지정합니다.

정답 디자인

3

디자인 화면 요소

1 도구상자 활성화

윈폼 디자인 화면에 버튼이나 레이블 등의 디자인 요소를 추가하기 위해서는 먼저 도구상자가 활성화되어 있어야 합니다. 만약 도구상자가 활성화되어 있지 않다면 메뉴에서 [보기]–[도구상자]를 선택하여 도구상자를 활성화 상태로 유지하면 됩니다.

2 버튼과 레이블 추가

앞에서 생성한 프로젝트를 대상으로 윈폼 디자인 화면에 배치할 버튼과 레이블을 추가하겠습니다. 그리고 디자인 요소로 추가된 컨트롤 도구의 속성을 변경하기 위해 다음 예제를 수행합니다.

예제 09-02 **윈폼 화면에 버튼과 레이블 추가하기**

• **Step 01 | 기존 프로젝트 사용** : [예제 09-01]에서 생성한 프로젝트의 윈폼 디자인 화면에서 작업을 이어서 수행합니다.

• **Step 02 | 도구상자 활성화** : 윈폼 디자인 화면에 디자인 요소를 선택하기 위해 메뉴에서 [보기]–[도구상자]를 선택하여 도구상자를 열어줍니다.

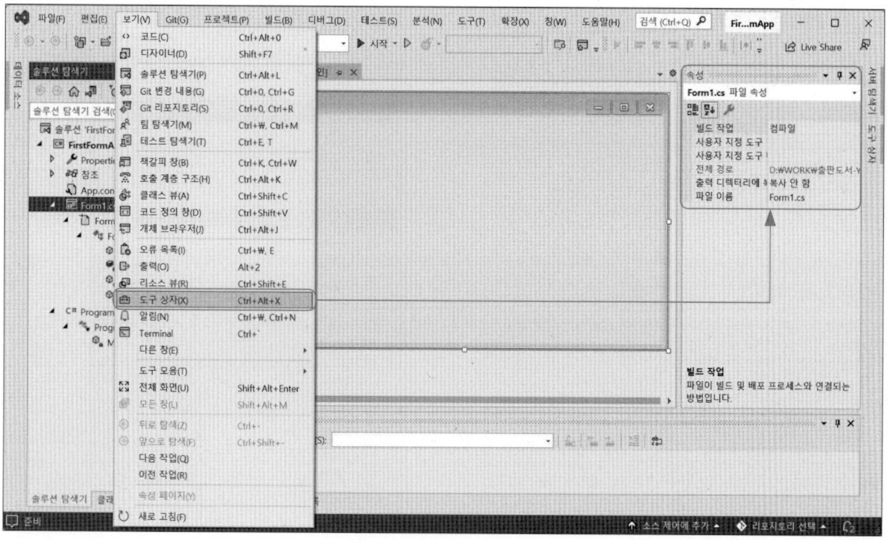

그림 9-7 도구상자 창 활성화

• **Step 03 | 버튼 추가** : 윈폼 디자인 화면에 버튼을 추가합니다. 윈폼 디자인 화면에 추가된 버튼의 이름은 button1과 같이 자동으로 부여됩니다.

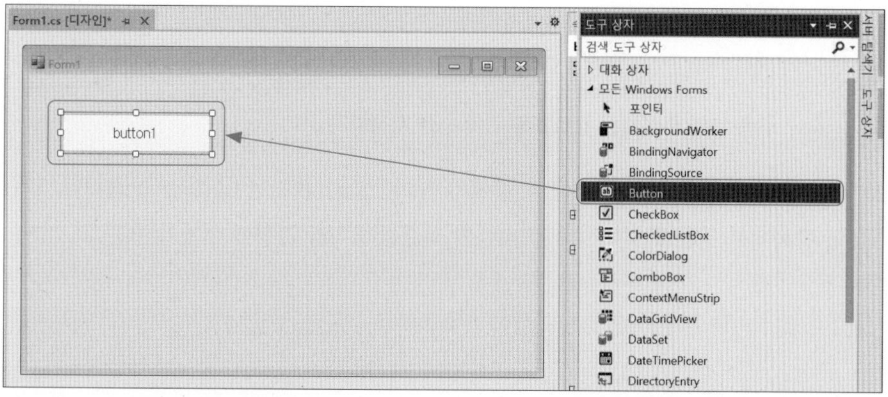

그림 9-8 윈폼 디자인 화면에 버튼 추가

• **Step 04 | 레이블 추가** : 윈폼 디자인 화면에 레이블을 추가합니다.

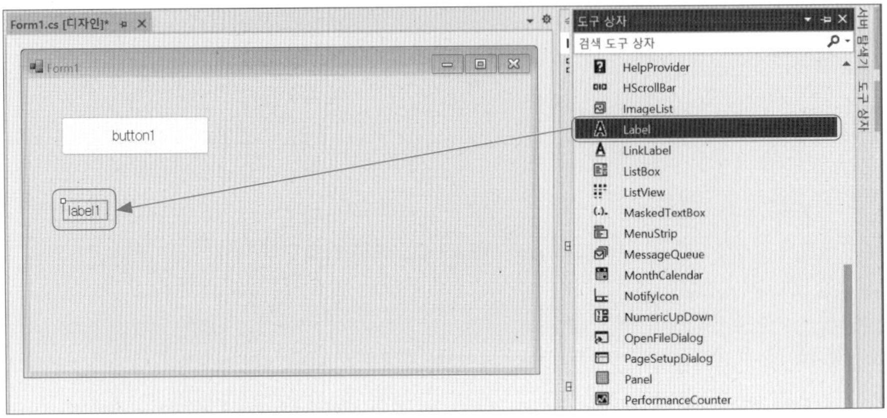

그림 9-9 윈폼 디자인 화면에 레이블 추가

3 컨트롤 속성 변경

윈폼 디자인 화면에 배치된 버튼과 레이블의 속성을 변경하여 설정하기 위해 다음 예제를 수행합니다.

예제 09-03 윈폼 화면에 배치된 컨트롤 도구의 속성 지정하기

• **Step 01 | 버튼의 좌표 위치 설정** : 속성 창에서 아이콘으로 표기된 [속성]을 누릅니다. 그런 다음 Location 항목에서 윈폼 화면에 배치된 버튼의 좌표값 x, y의 속성을 설정합니다.

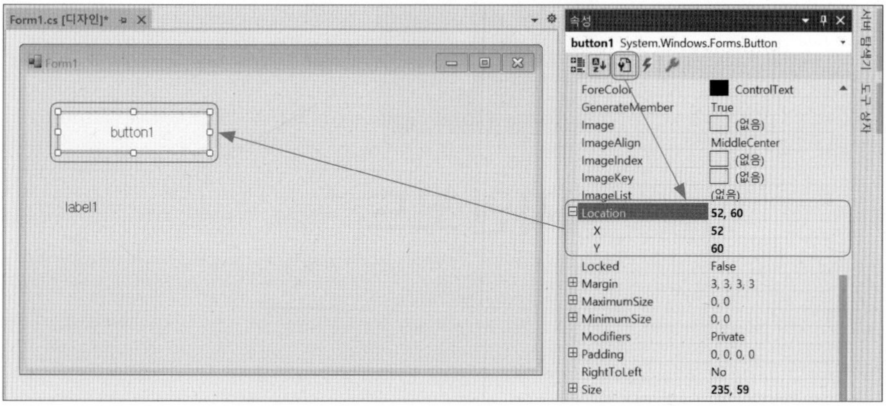

그림 9-10 버튼의 좌표값 속성 설정

• **Step** 02 | **버튼의 텍스트 속성 변경** : 버튼의 Text 속성을 '시작 버튼'으로 변경합니다.

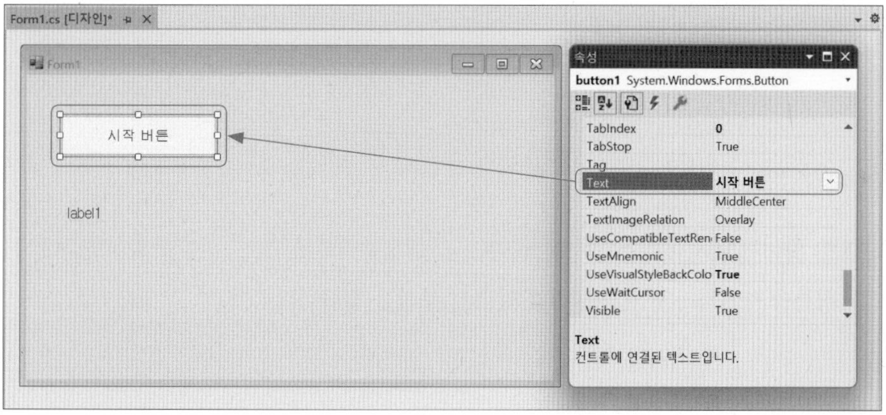

그림 9-11 버튼에 표기된 텍스트 속성 변경

윈폼 디자인 화면에 배치된 컨트롤 도구들의 속성을 다양하게 변경할 수 있습니다. 속성을 변경하여 설정하는 과정이 다소 어색하고 어렵게 느껴지겠지만 차츰 사용하다 보면 익숙해질 것입니다.

Quiz 윈폼 디자인 화면에 버튼이나 레이블 등의 디자인 요소를 추가하기 위해서는 먼저 (　　　　　　)가 활성화되어 있어야 합니다.

정답
도구상자

4

디자인 코드

앞에서 윈폼 디자인 화면에 버튼을 추가하였습니다. 여기서는 프로젝트에서 기본적으로 제공하는 파일 중 이미 살펴봤던 3개 파일(Program.cs, Form1.Designer.cs, Form1.cs)에 대해 소스 코드의 변화가 있는지를 살펴보겠습니다.

1 Program.cs 파일 확인

[솔루션 탐색기] 창에서 Program.cs 파일을 마우스로 더블클릭하여 소스 코드를 확인합니다. 이 소스 코드는 버튼을 추가하기 전과 특별하게 달라진 부분은 없습니다.

ch09/FirstFormApp/FirstFormApp/Program.cs

```
using System;
using System.Collections.Generic;
using System.Linq;
using System.Threading.Tasks;
using System.Windows.Forms;

namespace FirstFormApp
{
    internal static class Program
    {
```

```
        /// <summary>
        /// 해당 애플리케이션의 주 진입점입니다.
        /// </summary>
        [STAThread]
        static void Main()
        {
            Application.EnableVisualStyles();
            Application.SetCompatibleTextRenderingDefault(false);
            Application.Run(new Form1());
        }
    }
}
```

2 Form1.Designer.cs 파일 확인

Form1 클래스의 디자인을 지정하는 이 파일의 소스 코드에 대해서도 살펴보겠습니다. 버튼과 레이블을 윈폼 화면에 추가하기 전 42행보다 소스 코드가 더 추가되어 77행의 소스 코드로 구성된 것을 확인할 수 있습니다. 소스 코드 라인은 컴퓨터 환경에 따라 다르게 나타날 수 있으므로 참고 바랍니다.

여기서는 소스 코드의 변화를 전부 이해하려고 노력하지 않아도 됩니다. 그냥 폼 디자인 화면에 버튼을 추가하게 되면 소스 코드의 양이 증가한다는 정도만 살펴보고 넘어가도록 합니다.

ch09/FirstFormApp/FirstFormApp/Form1.Designer.cs

```
namespace FirstFormApp
{
    partial class Form1
    {
        /// <summary>
        /// 필수 디자이너 변수입니다.
        /// </summary>
        private System.ComponentModel.IContainer components = null;
```

```
        /// <summary>
        /// 사용 중인 모든 리소스를 정리합니다.
        /// </summary>
        /// <param name="disposing">관리되는 리소스를 삭제해야 하면 true이고,
        /// 그렇지 않으면 false입니다.</param>
        protected override void Dispose(bool disposing)
        {
            if (disposing && (components != null))
            {
                components.Dispose();
            }
            base.Dispose(disposing);
        }

        #region Windows Form 디자이너에서 생성한 코드

        /// <summary>
        /// 디자이너 지원에 필요한 메서드입니다.
        /// 이 메서드의 내용을 코드 편집기로 수정하지 마세요.
        /// </summary>
        private void InitializeComponent()
        {
            this.button1 = new System.Windows.Forms.Button();
            this.label1 = new System.Windows.Forms.Label();
            this.SuspendLayout();
            //
            // button1
            //
            this.button1.Font = new System.Drawing.Font("굴림", 11F);
            this.button1.Location = new System.Drawing.Point(52, 60);
            this.button1.Name = "button1";
            this.button1.Size = new System.Drawing.Size(235, 59);
            this.button1.TabIndex = 0;
            this.button1.Text = "시작 버튼";
            this.button1.UseVisualStyleBackColor = true;
            //
```

```
            // label1
            //
            this.label1.AutoSize = true;
            this.label1.Font = new System.Drawing.Font("굴림", 11F);
            this.label1.Location = new System.Drawing.Point(58, 193);
            this.label1.Name = "label1";
            this.label1.Size = new System.Drawing.Size(62, 22);
            this.label1.TabIndex = 1;
            this.label1.Text = "label1";
            //
            // Form1
            //
            this.AutoScaleDimensions = new System.
                Drawing.SizeF(10F, 18F);
            this.AutoScaleMode = System.
                Windows.Forms.AutoScaleMode.Font;
            this.ClientSize = new System.Drawing.Size(800, 450);
            this.Controls.Add(this.label1);
            this.Controls.Add(this.button1);
            this.Name = "Form1";
            this.Text = "Form1";
            this.ResumeLayout(false);
            this.PerformLayout();

        }

        #endregion

        private System.Windows.Forms.Button button1;
        private System.Windows.Forms.Label label1;
    }
}
```

3 Form1.cs 파일 확인

[솔루션 탐색기] 창의 Form1.cs 파일명 위에 마우스 커서를 올려놓고 오른쪽 버튼을 눌러 [코드 보기]를 클릭합니다. 이 소스 코드 또한 버튼을 추가하기 전과 특별하게 달라진 부분은 없습니다.

ch09/FirstFormApp/FirstFormApp/Form1.cs

```
using System;
using System.Collections.Generic;
using System.ComponentModel;
using System.Data;
using System.Drawing;
using System.Linq;
using System.Text;
using System.Threading.Tasks;
using System.Windows.Forms;

namespace FirstFormApp
{
    public partial class Form1 : Form
    {
        public Form1()
        {
            InitializeComponent();
        }
    }
}
```

윈폼 디자인 화면에 버튼 요소를 추가하고 3개 파일에 대한 소스 코드를 확인하였습니다. 그 결과 Form1.Designer.cs 파일에 대해서만 소스 코드의 양이 늘어났습니다. 이 파일은 비주얼 스튜디오 프로그램에서 자동으로 생성해 주는 소스 코드이므로 사용자가 임의로 수정하면 안 됩니다.

5

코드 요소의 속성

윈폼 디자인 화면에 추가하는 요소에는 다른 요소들과 구분되도록 각각 고유의 이름이 부여됩니다. 버튼의 경우 button1, button2, ... 등으로 요소의 종류와 일련번호가 자동으로 부여되어 요소의 이름으로 정해집니다. 여기서는 윈폼 디자인 화면에 추가된 버튼의 이벤트를 설정하기 위해 다음 예제를 수행합니다.

예제 09-04 윈폼 화면에 배치된 버튼 이벤트 설정하기

• **Step 01 | 버튼 이벤트 설정** : 윈폼 화면에 배치된 버튼을 마우스로 더블클릭합니다. 그러면 Form1.cs 파일이 열리게 됩니다. 소스 코드 22행부터 다음과 같이 소스 코드를 추가합니다.

```
// 소스 코드 추가
label1.Text = "첫 방문을 환영합니다.";
```

• **Step 02 | 객체 리스트** : 소스 코드를 추가하다 보면 알파벳 첫 글자만 입력해도 관련 객체 리스트를 보여줍니다. 리스트에서 객체를 선택해도 되고 키보드로 입력해도 됩니다.

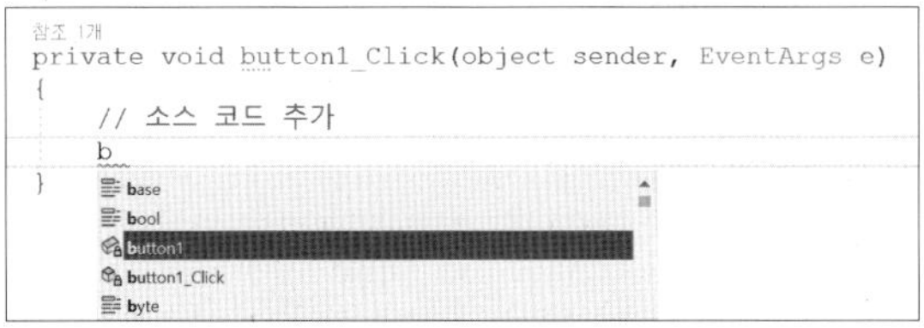

그림 9-12 객체 리스트

• **Step 03 | 객체의 속성 리스트** : 객체명을 입력 후 마침표(.)를 입력하게 되면 해당 객체에 대한 속성 리스트를 보여줍니다. 속성 또한 리스트에서 선택해도 되고 키보드로 입력해도 됩니다.

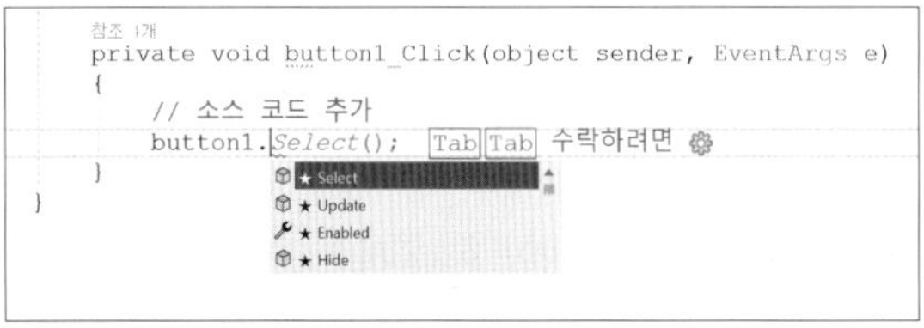

그림 9-13 객체의 속성 리스트

• **Step 04 | 추가된 소스 코드 확인** : 버튼 이벤트를 수행하기 위해 추가된 소스 코드를 확인합니다.

ch09/FirstFormApp/FirstFormApp/Form1.cs

```
using System;
using System.Collections.Generic;
using System.ComponentModel;
using System.Data;
using System.Drawing;
using System.Linq;
using System.Text;
using System.Threading.Tasks;
using System.Windows.Forms;

namespace FirstFormApp
{
    public partial class Form1 : Form
```

```
    {
        public Form1()
        {
            InitializeComponent();
        }

        private void button1_Click(object sender, EventArgs e)
        {
            // 소스 코드 추가
            label1.Text = "첫 방문을 환영합니다.";
        }
    }
}
```

• **Step 05 | 프로젝트 실행** : 디자인 화면에서 단축키 Ctrl+F5를 눌러 디버깅하지 않고 프로젝트 실행합니다. 〈시작 버튼〉을 누르게 되면 레이블에 문자열이 출력됩니다.

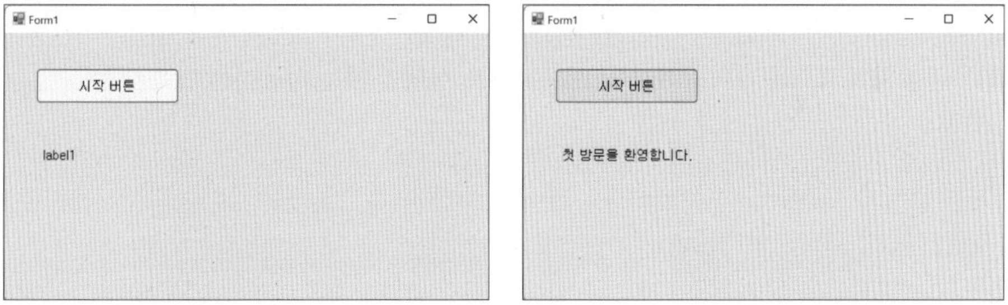

그림 9–14 실행 화면

Quiz Form1.cs 파일의 소스 코드를 보기 위해서는 파일명 위에 커서를 올려 놓고 마우스 오른쪽 버튼을 눌러 (   )를 클릭합니다.

정답
코드보기

핵심점검

1 C# Windows Forms 앱 항목은 .NET WinForms(Windows Forms) 앱을 만들기 위한 프로젝트 (   )입니다.

2 Form1.Designer.cs 파일은 윈폼 클래스의 (   )을 지정합니다.

3 도구 상자가 활성화되어 있지 않다면 메뉴에서 (   ) – (도구 상자)를 선택하여 도구 상자를 활성화 상태로 유지하면 됩니다.

4 윈폼 프로젝트를 디버깅하지 않고 프로젝트 실행할 때는 사용하는 단축키 는 (   )입니다.

5 Main( ) 메서드가 존재하는 파일로 응용 프로그램과 관련된 설정을 수행하고 new Form1( ) 메서드로 Form1 클래스의 인스턴스를 생성하는 파일은 (   ) 파일입니다.

정답 1 템플릿 2 디자인 3 보기 4 Ctrl+F5 5 Program.cs

연습문제

01 윈폼 프로젝트를 수행할 때 개발자가 이벤트를 설정하는 파일은?

① Program.cs ② App.xaml.cs

③ Form1.Designer.cs ④ Form1.cs

02 디자인 화면에 다양한 컨트롤을 배치하기 위한 첫 번째 수행 절차는?

① 컨트롤 배치 정렬 ② 도구상자 활성화

③ 컨트롤의 크기 조절 ④ 컨트롤의 이벤트 설정

03 윈폼 화면에 디자인 요소를 추가하게 되면 소스 코드가 늘어나는 파일은?

① Program.cs ② App.xaml.cs

③ Form1.Designer.cs ④ Form1.cs

04 윈폼 화면에 버튼을 배치하고 버튼에 표기되는 문자열을 수정하기 위한 속성은?

① Text ② Location

③ Name ④ TabStop

05 윈폼 프로젝트를 수행할 때 개발자가 절대로 수정해서는 안 되는 파일 구성은?

① App.xaml.cs 파일과 Program.cs 파일

② Program.cs 파일과 Form1.Designer.cs 파일

③ Form1.cs 파일과 Form1.Designer.cs 파일

④ App.xaml 파일과 Form1.cs 파일

6 Form1.cs 파일의 소스 코드를 보기 위해 사용하는 마우스 기능은?

① 왼쪽 버튼 ② 스크롤 버튼

③ 오른쪽 버튼 ④ 드래그 앤 드롭

7 다음과 같이 주어진 소스 코드를 설명하시오.

```
button1.Text = "연습 문제";
```

8 다음 주어진 파일의 용도에 대해 간략하게 설명하시오.

(1) Program.cs 파일 –

(2) Form1.Designer.cs 파일 –

(3) Form1.cs 파일 –

프로그래밍 문제

01 다음 지시사항을 준수하여 프로그램을 작성하시오.

(1) 윈도 폼 앱 프로젝트 생성 : Test09_01

(2) 윈폼 앱 디자인 화면에 도구상자의 버튼 2개 배치

(3) 버튼 좌표값 (Location → 첫 번째 버튼 : 35, 35, 두 번째 버튼 : 35, 112

(4) 각 버튼의 크기 Width : 210, Height : 53 (size → 210, 53)

(5) 기타 사항은 실행 결과 참조

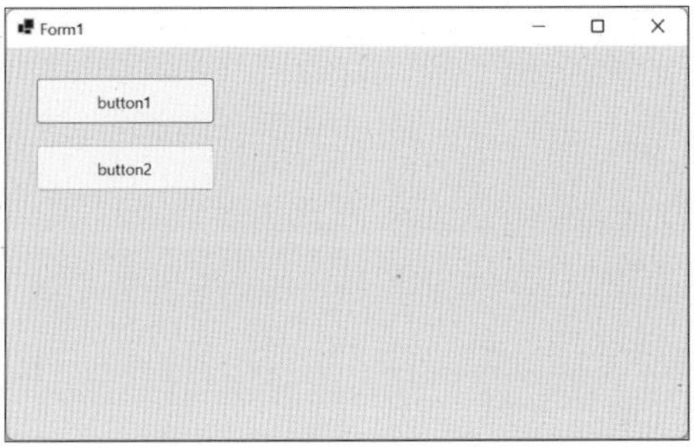

02 다음 지시사항을 준수하여 프로그램을 작성하시오.

(1) 대상 프로젝트명 : Test09_02

(2) 버튼 좌표값 (Location → 첫 번째 버튼 : 50, 80, 두 번째 버튼 : 300, 80

(3) 각 버튼의 크기 Width : 200, Height : 50 (size → 200, 50)

(4) 각 버튼 객체의 텍스트 속성을 그림과 같이 변경

(5) 기타 사항은 실행 결과 참조

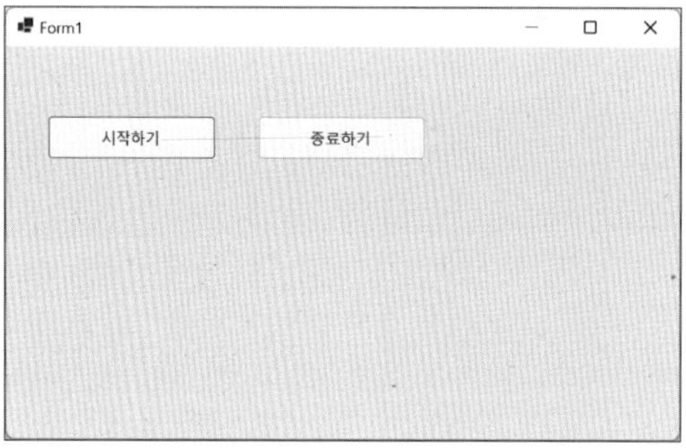

Chapter

10

기본 컨트롤 도구

학습목표

- 버튼과 레이블 활용 방법에 대해 알아봅니다.
- 윈폼 상속과 다형성에 대해 알아봅니다.
- 윈폼 2개를 만드는 방법에 대해 알아봅니다.
- 메시지박스와 로그인 화면을 만드는 방법에 대해 알아봅니다.

SELF CHECK

1 윈폼 클래스의 속성 중 타이틀바에 표시되는 글자를 설정할 때 사용하는 속성은 (Text, FormBorderStyle)입니다.

2 윈폼 클래스에는 상당히 많은 속성, 메서드, 이벤트가 정의되어 있습니다. 그 중에서 윈폼 화면을 닫을 때 사용하는 메서드는 (Close, Show)입니다.

3 사용자의 선택을 입력받기 위한 대화상자 창은 (메시지박스, 레이블)입니다.

4 문자열을 출력할 때 사용하는 가장 기본적인 컨트롤 도구는 (체크박스, 레이블)입니다.

5 (라디오버튼, 체크박스)은(는) 1개 혹은 2개 이상의 여러 개 항목을 중복해서 선택할 수 있습니다.

정답 1 Text 2 Close 3 메시지박스 4 레이블 5 체크박스

1

버튼과 레이블

1 프로젝트 작성 순서

윈폼 디자인 화면을 작성하는 프로젝트를 수행하려면 다음과 같은 순서로 진행하면 됩니다.

1. 윈폼 템플릿 프로젝트 생성
2. 도구 상자를 활용한 윈폼 화면 디자인
3. 컨트롤 속성 설정
4. 이벤트 소스 코드 등록
5. 프로젝트 실행

2 버튼과 레이블 배치

1개의 버튼과 2개의 레이블을 윈폼 화면에 배치합니다. 그리고 프로젝트를 실행 후 버튼을 클릭하게 되면 2개의 레이블에 각각의 메시지가 출력됩니다. 다음 예제를 통해 살펴보겠습니다.

예제 10-01 버튼과 레이블에 이벤트 설정하기

• **Step 01 | 프로젝트 생성** : 프로젝트명은 'ButtonAndLLabel'로 입력합니다. 소스 파일명은 그대로 둡니다.

• **Step 02 | 디자인 구성** : 1개의 버튼과 2개의 레이블을 윈폼 화면에 배치합니다. 그리고 레이블의 [AutoSize] 속성을 각각 변경합니다. lebal1은 'True', label2는 'False'로 설정합니다.

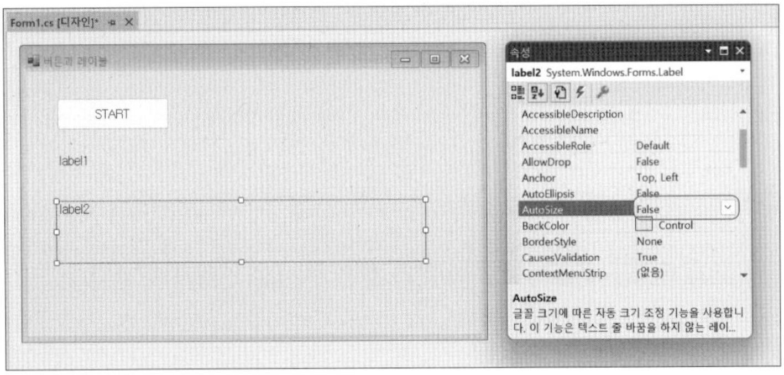

그림 10-1 디자인 화면

• **Step 03 | 버튼 이벤트 등록** : 윈폼 화면을 더블클릭 후 이벤트 등록을 위해 다음과 같이 소스 코드를 추가합니다.

ch10/ButtonAndLLabel/ButtonAndLLabel/Form1.cs

```
using System;
using System.Collections.Generic;
using System.ComponentModel;
using System.Data;
using System.Drawing;
using System.Linq;
using System.Text;
using System.Threading.Tasks;
using System.Windows.Forms;

namespace ButtonAndLLabel
```

```
{
    public partial class Form1 : Form
    {
        public Form1()
        {
            InitializeComponent();

            // 소스 코드 추가
            label1.Text = "";
            label2.Text = "";
        }

        private void button1_Click(object sender, EventArgs e)
        {
            // 소스 코드 추가
            label1.Text = "C# 프로그래밍의 첫 걸음";

            string comlist = "컴퓨터의 종류를 살펴보면" +
                "크게 2가지로 구분할 수 있습니다. \n" +
                "데스크탑 PC와 노트북 PC로 " +
                "선호도는 달라집니다.";

            label2.Text = comlist;
        }
    }
}
```

Quiz 윈폼 디자인 화면을 작성하는 프로젝트를 수행하려면 윈폼 템플릿 프로젝트 생성, 도구 상자를 활용한 윈폼 화면 디자인, 컨트롤 (　　) 설정, 이벤트 소스 코드 등록, 프로젝트 실행 순서로 진행합니다.

정답
속성

• **Step 04** | **프로젝트 실행** : 단축키 Ctrl+F5를 눌러 실행 결과를 확인합니다.

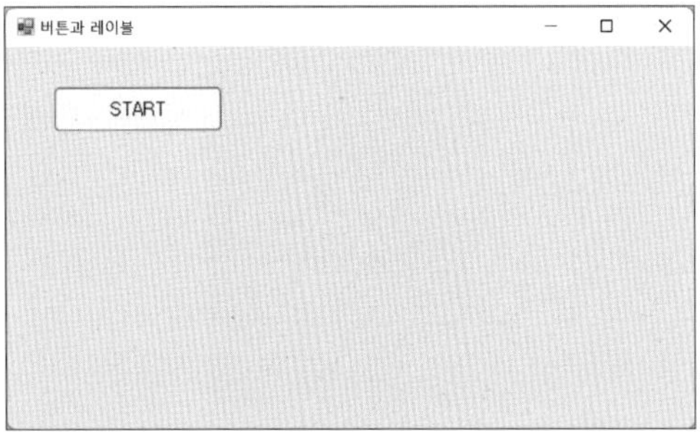

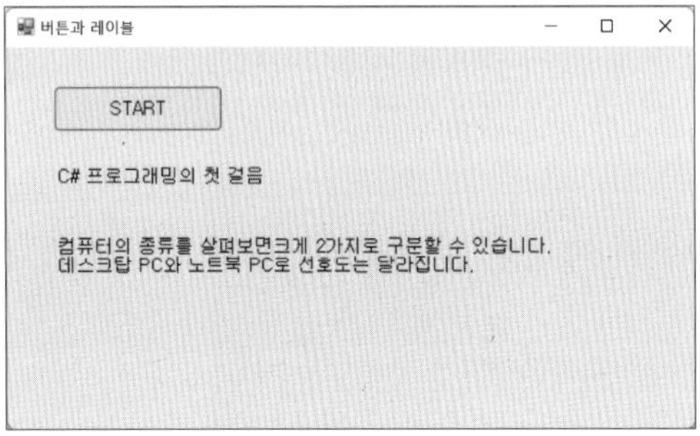

그림 10-2 실행 화면

3 flag 이벤트

버튼을 누르게 되면 레이블에 문자열이 출력됩니다. 한 번 더 누르게 되면 레이블의 문자열이 지워집니다. 이와 같은 프로그램을 수행할 때는 flag 필드를 사용합니다. 다음 예제를 통해 살펴보겠습니다.

예제 10-02 flag 이벤트 수행하기

• **Step 01** | **프로젝트 생성** : 프로젝트명은 'FlagEvent'로 입력합니다. 소스 파일명은 그대로 둡니다.

• **Step 02** | **디자인 구성** : 버튼과 레이블을 윈폼 화면에 각각 1개씩 배치합니다. 버튼의 [Font] 속성은 '12pt', 레이블은 '16pt'로 변경하고 레이블의 [AutoSize] 속성은 'False'로 설정합니다.

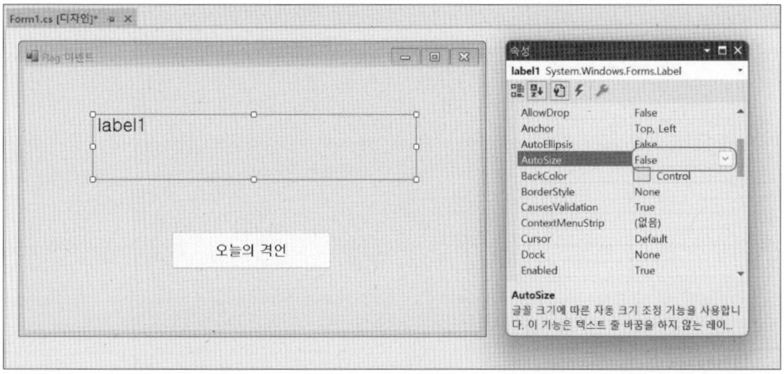

그림 10-3 디자인 화면

• **Step 03 | 이벤트 등록** : 윈폼 화면의 버튼을 더블클릭 후 이벤트 등록을 위해 다음과 같이 소스 코드를 추가합니다.

ch10/FlagEvent/FlagEvent/Form1.cs

```
using System;
using System.Collections.Generic;
using System.ComponentModel;
using System.Data;
using System.Drawing;
using System.Linq;
using System.Text;
using System.Threading.Tasks;
using System.Windows.Forms;

namespace FlagEvent
{
    public partial class Form1 : Form
    {
        // 소스 코드 추가
        private bool flag;      // 기본값은 false

        public Form1()
        {
            InitializeComponent();
        }
```

```

        private void label1_Click(object sender, EventArgs e)
        {

        }

        private void button1_Click(object sender, EventArgs e)
        {
            // 소스 코드 추가
            if (flag == false)
            {
                label1.Text = "오늘은 어제 죽어간 이가 그토록\n" +
                    "기다리던 내일이다.";
                flag = true;
            }
            else
            {
                label1.Text = "";
                flag = false;
            }
        }
    }
}
```

Quiz 화면에 배치된 버튼을 클릭하게 되면 레이블에 문자열이 출력되고 또 한 번 누르면 레이블에 문자열이 지워집니다. 이와 같은 프로그램을 수행할 때는 (   ) 필드를 사용합니다.

정답

flag

• **Step 04 | 프로젝트 실행** : 단축키 Ctrl+F5를 눌러 실행 결과를 확인합니다. 버튼을 누르면 문자열이 레이블에 나타납니다. 또 한 번 버튼을 누르게 되면 레이블에 존재하는 문자열을 감춥니다.

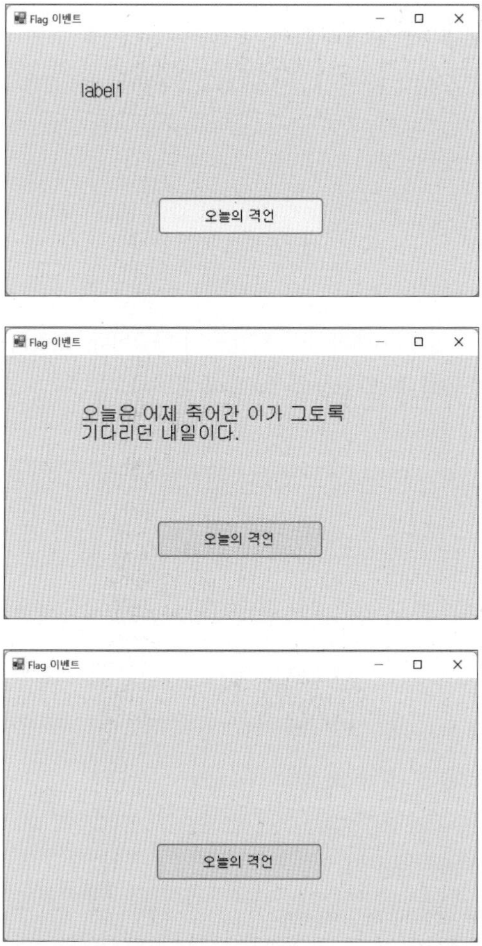

그림 10-4 실행 화면

2

윈폼 화면 추가

윈폼은 응용 프로그램에서 사용자 인터페이스를 구성하는 대화상자 역할을 수행합니다. 여기서는 윈폼 화면과 관련된 클래스의 속성과 메서드의 종류에 대해 살펴보겠습니다.

1 윈폼 클래스의 속성

윈폼 화면을 추가할 때 필요한 클래스의 속성과 자료형에 대한 종류와 의미는 다음 표와 같습니다.

표 10-1 윈폼 클래스 속성의 종류

속성	자료형	의미
ClientSize	Size	윈폼 경계와 타이틀바를 제외한 영역의 크기 설정
Text	String	타이틀바에 표시되는 글자 설정
FormBorderStyle	FormBorderStyle	윈폼 화면의 테두리 모양 설정
StartPosition	FormStartPosition	윈폼 화면이 처음 나타나는 위치 설정

윈폼 클래스 속성은 디자이너의 속성 창 또는 코드에서 다음과 같이 설정할 수 있습니다.

```
this.ClientSize = new Size(800, 500);
this.Text = "메인 화면";
this.FormBorderStyle = FormBorderStyle.Fixed8D
this.StartPosition = FormStartPosition.CenterParent;
```

Quiz 윈폼 화면을 추가할 때 필요한 클래스의 속성과 자료형 중 ClientSize 속성은 윈폼 경계와 ( )를 제외한 영역의 크기를 설정합니다.

정답
타이틀바

2 윈폼 클래스의 메서드

윈폼 클래스에는 상당히 많은 속성, 메서드, 이벤트가 정의되어 있습니다. 속성은 윈폼의 모양을 지정하고 메서드는 동작을 정의합니다. 이벤트는 사용자와의 상호작용을 수행합니다.

윈폼 클래스에서 지원하는 메서드에 대해 MSDN에서 찾아보면 다양한 종류가 많다는 것을 살펴볼 수 있습니다. 그중에서 자주 사용하는 메서드의 종류에 대해서만 다음 표와 같이 소개합니다.

표 10-3 윈폼 클래스의 메서드 종류

메서드	의미
Activate( )	윈폼을 활성화하고 포커스 할당
AddOwnedForm( )	다른 윈폼을 현재 윈폼에 포함시킴
CenterToParent( )	상위 윈폼의 중앙에 현재 윈폼을 위치시킴
CenterToScreen( )	스크린 중앙에 현재 윈폼을 위치시킴
Close( )	윈폼 화면을 닫음
SetClientSizeCore(int, int)	윈폼의 클리이언트 크기를 설정
Show( )	윈폼을 보여줌
ShowDialog( )	윈폼을 모달 다이얼로그 박스로 보여줌
OnLoad( )	Load 이벤트 발생

3 윈폼 화면 추가하기

여기서는 윈폼 화면을 하나 더 추가하도록 하겠습니다. 윈폼 디자인 화면을 추가하기 위해 다음 예제를 수행합니다.

예제 10-03 윈폼 화면 추가하기

• **Step 01 | 프로젝트 생성** : 프로젝트명은 'FormsTow'로 입력합니다. 소스 파일명은 그대로 둡니다. 프로젝트를 생성하게 되면 윈폼 1개는 기본으로 제공합니다.

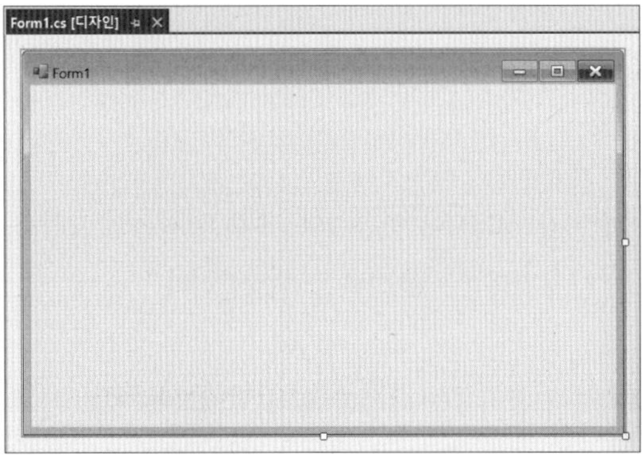

그림 10-5 디자인 화면

• **Step 02 | 윈폼 화면 추가 메뉴 선택** : 솔루션 탐색기의 프로젝트명 위치에서 마우스 오른쪽 버튼을 클릭하고 [추가]–[양식(Windows Forms)]을 선택합니다.

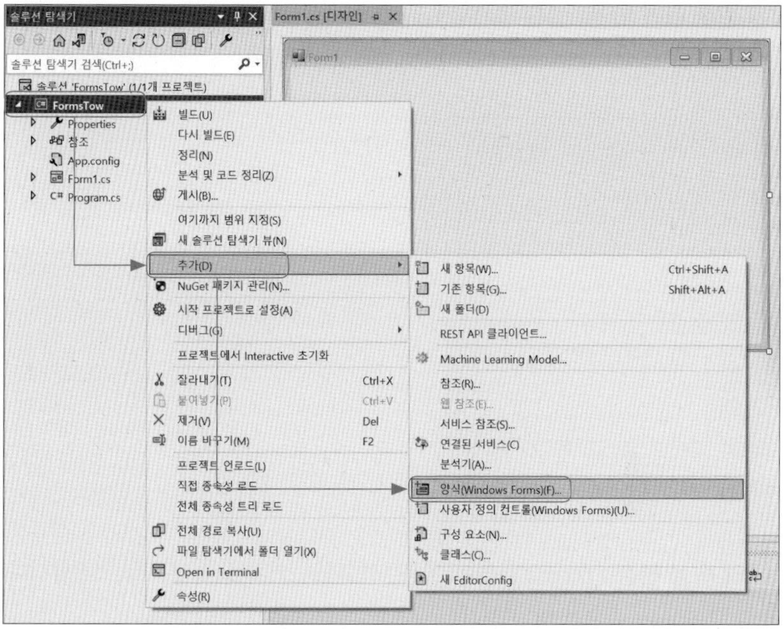

그림 10-6 윈폼 화면 추가 메뉴 선택

• **Step** 03 | **윈폼 화면 추가** : 양식(Windows Forms)을 선택합니다. Form2 이름은 그대로 두고 〈추가〉를 누릅니다.

그림 10-7 Form2 화면 추가

• **Step 04 | 추가된 윈폼 화면 확인** : 새로 추가된 Form2 디자인 화면을 확인합니다.

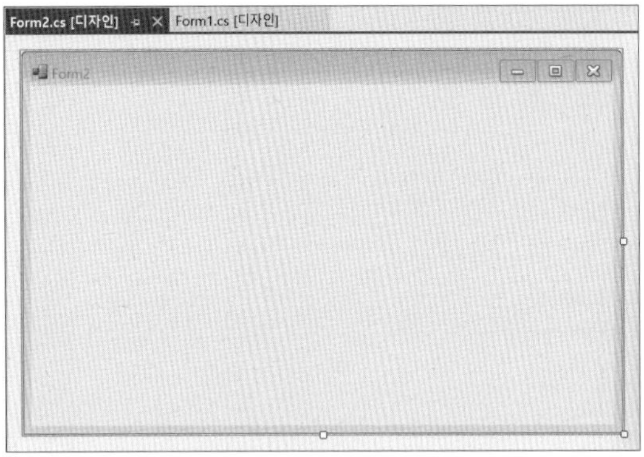

그림 10-8 추가된 Form2 디자인 화면

• **Step 05 | Form2의 속성 변경** : Form2 화면이 처음 나타나는 위치를 속성으로 지정합니다. [StartPosion]의 속성을 'CenterParent'로 변경합니다.

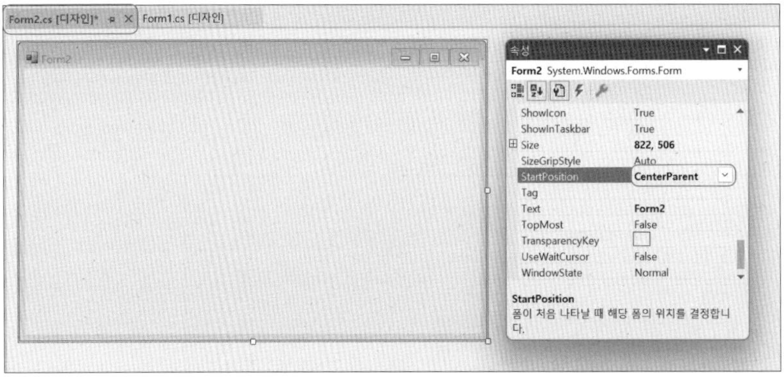

그림 10-9 Form2가 처음 나타나는 위치 속성 변경

• **Step 06 | Form2 타이틀바의 문자열 변경** : Form2의 타이틀바에 표시되는 문자열을 변경하기 위해 [Text] 속성에서 '두 번째 폼 화면'으로 변경합니다.

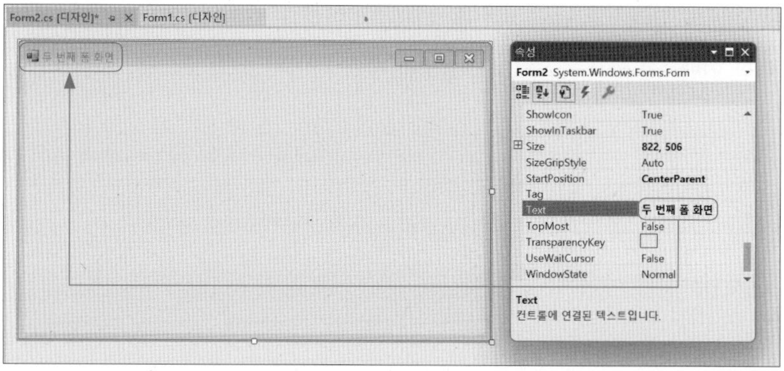

그림 10-10 Form2 타이틀바의 문자열 변경

• **Step** 07 | **Form1의 타이틀바의 문자열 변경** : Form1의 타이틀바에 표시되는 문자열도 동일한 방법으로 변경합니다. 'Form1.cs[디자인] *' 탭을 누른 다음 [Text] 속성을 '메인 폼 화면'으로 변경합니다.

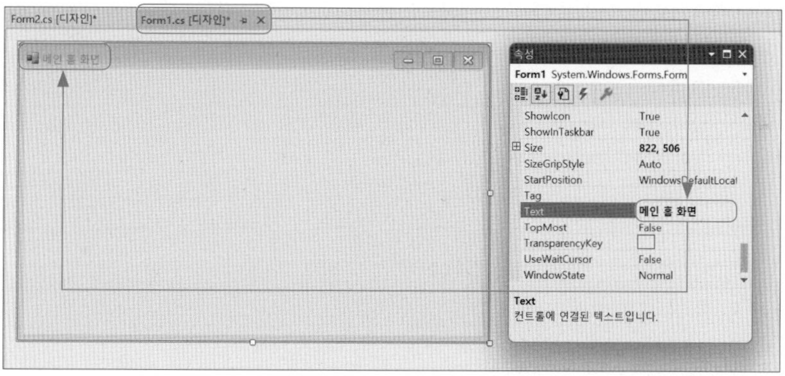

그림 10-11 Form1 타이틀바의 문자열 변경

• **Step 08 | Form1 이벤트 등록** : Form1 화면을 더블클릭합니다. 그리고 객체가 생성될 때 [ClientSize] 속성에 대한 이벤트를 800 × 500으로 설정한 다음 나머지 소스 코드를 추가합니다.

ch10/FormsTow/FormsTow/Form1.cs

```
using System;
using System.Collections.Generic;
using System.ComponentModel;
using System.Data;
using System.Drawing;
using System.Linq;
using System.Text;
using System.Threading.Tasks;
using System.Windows.Forms;

namespace FormsTow
{
    public partial class Form1 : Form
    {
        public Form1()
        {
            InitializeComponent();

            // 소스 코드 추가
            this.ClientSize = new Size(800, 500);
            Form f2 = new Form2();
            this.AddOwnedForm(f2);
            f2.Show();
        }

        private void Form1_Load(object sender, EventArgs e)
        {

        }
    }
}
```

• **Step 09** | **Form2 이벤트 등록** : Form2 화면을 더블클릭합니다. 그리고 객체가 생성될 때 [ClientSize] 속성에 대한 이벤트를 500 × 300으로 설정한 다음 나머지 소스 코드를 추가합니다.

ch10/FormsTow/FormsTow/Form2.cs

```
using System;
using System.Collections.Generic;
using System.ComponentModel;
using System.Data;
using System.Drawing;
using System.Linq;
using System.Text;
using System.Threading.Tasks;
using System.Windows.Forms;

namespace FormsTow
{
    public partial class Form2 : Form
    {
        public Form2()
        {
            InitializeComponent();

            // 소스 코드 추가
            this.ClientSize = new Size(500, 300);
        }

        private void Form2_Load(object sender, EventArgs e)
        {
            // 소스 코드 추가
            CenterToParent();
        }
    }
}
```

• **Step 10 | 프로젝트 실행** : 단축키 Ctrl + F5 를 눌러 실행 결과를 확인합니다.

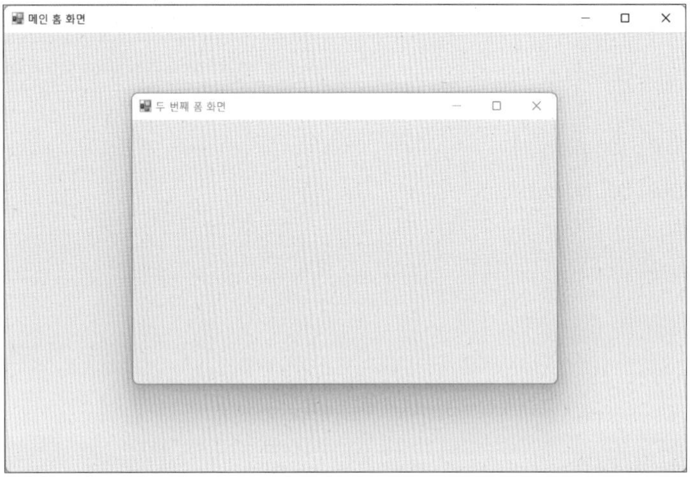

그림 10-12 실행 화면

Quiz 솔루션 탐색기의 프로젝트명 위치에서 마우스 오른쪽 버튼을 클릭하고 (   )-[양식(Windows Forms)]을 선택합니다.

정답
추가

3

메시지박스

1 메시지박스의 용도

메시지박스는 프로그램을 수행하는 도중 사용자에게 경고, 안내 등의 메시지를 보여줍니다. 메시지박스는 사용자의 선택을 입력받기 위한 대화상자 창입니다. 메시지박스는 사용자가 활성화된 창을 닫을 때까지 애플리케이션의 다른 동작을 차단하는 모달Modal창입니다. 메시지박스는 WPFWindows Presentation Foundation에서도 동일하게 사용됩니다.

2 메시지박스 종류

메시지박스에 표시되는 버튼의 종류는 다양하게 제공됩니다. 메시지박스의 타이틀을 표시해주거나 느낌표 아이콘 등도 포함하여 보여줍니다. 메시지박스를 활성화할 때는 MessageBox.Show( ) 메서드를 사용합니다.

다양한 종류의 메시지박스 7개가 순서대로 출력되도록 다음 예제를 수행합니다.

예제 10-04 다양한 메시지박스 순서대로 출력하기

• **Step 01 | 프로젝트 생성** : 프로젝트명은 'MessageBoxShow'로 입력합니다. 소스 파일명은 그대로 둡니다.

• **Step 02 | 화면 디자인** : 윈폼 화면에 버튼 1개를 추가하여 배치합니다.

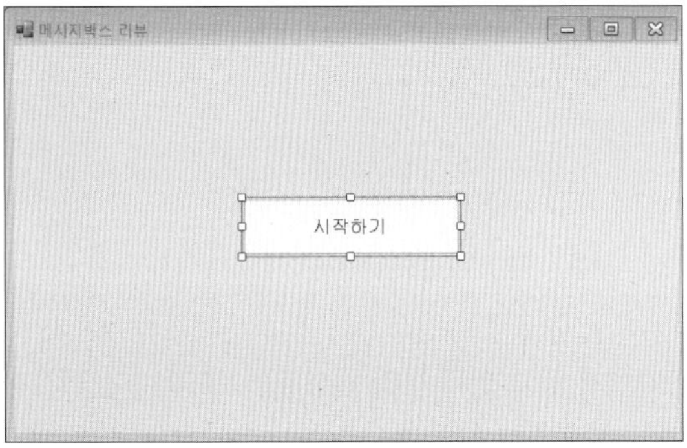

그림 10-13 디자인 화면

• **Step 03 | 버튼 이벤트 등록** : 윈폼 디자인 화면에서 버튼을 더블클릭합니다. 그리고 버튼 이벤트를 등록하기 위해 다음과 같이 소스 코드를 추가합니다.

ch10/MessageBoxShow/MessageBoxShow/Form1.cs

```
using System;
using System.Collections.Generic;
using System.ComponentModel;
using System.Data;
using System.Drawing;
using System.Linq;
using System.Text;
using System.Threading.Tasks;
using System.Windows.Forms;

namespace MessageBoxShow
{
```

```
    public partial class Form1 : Form
    {
        public Form1()
        {
            InitializeComponent();
        }

        private void Form1_Load(object sender, EventArgs e)
        {

        }

        private void button1_Click(object sender, EventArgs e)
        {
            // 소스 코드 추가
            MessageBox.Show("가장 단순한 메시지박스 입니다", "기본");

            MessageBox.Show("약속시간이 늦었습니다. ", "일정",
                MessageBoxButtons.OK,
                MessageBoxIcon.Error);

            MessageBox.Show("느낌표와 알림을 보여줍니다.", "안내",
              MessageBoxButtons.OK,
              MessageBoxIcon.Exclamation);

            DialogResult result1 = MessageBox.Show(
                "2개의 버튼을 보여줍니다.",
                "버튼 표시", MessageBoxButtons.YesNo);

            DialogResult result2 = MessageBox.Show(
                "3개의 버튼과 물음표 아이콘을 보여줍니다.",
                "아이콘 표시",
                MessageBoxButtons.YesNoCancel,
                MessageBoxIcon.Question);

            DialogResult result3 = MessageBox.Show(
                "기본 버튼을 두 번째 버튼으로\n지정한 메시지박스입니다.",
```

```
                    "기본 버튼",
                    MessageBoxButtons.YesNoCancel,
                    MessageBoxIcon.Question,
                    MessageBoxDefaultButton.Button2);

                string msg = string.Format(
                    "2개이상의 메시지박스에서 당신이 선택한 버튼의\n" +
                    "결과는 다음과 같습니다 : {0} {1} {2}",
                    result1.ToString(),
                    result2.ToString(),
                    result3.ToString());
                MessageBox.Show(msg, "선택 결과",
                    MessageBoxButtons.YesNoCancel,
                    MessageBoxIcon.Information);
        }
    }
}
```

• **Step 04 | 프로젝트 실행** : 단축키 Ctrl+F5를 눌러 실행 결과를 확인합니다. 〈시작하기〉 버튼을 클릭하게 되면 메시지박스를 차례대로 보여줍니다.

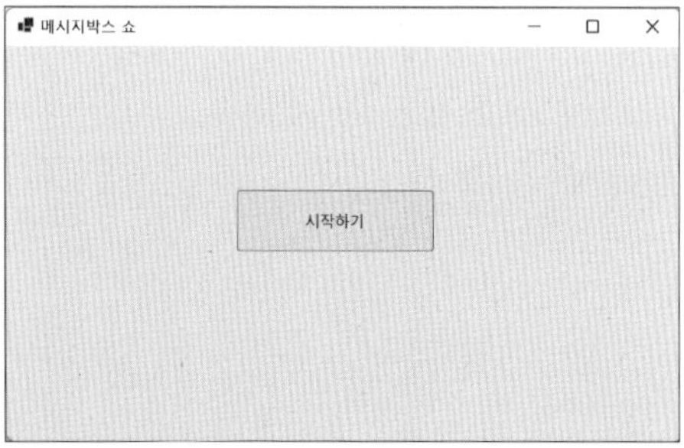

그림 10-14 실행 화면

① 가장 단순한 메시지박스를 보여줍니다. 〈확인〉을 누릅니다.

```
MessageBox.Show("가장 단순한 메시지박스 입니다", "기본");
```

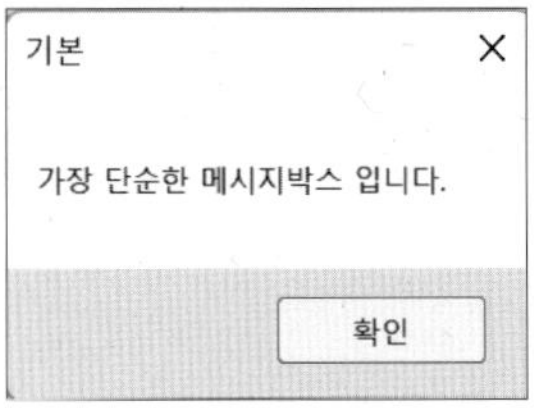

② 에러 아이콘과 함께 메시지박스 상단의 타이틀바에 제시한 문자열을 보여줍니다. 〈확인〉을 누릅니다.

```
MessageBox.Show("약속시간이 늦었습니다. ", "일정",
        MessageBoxButtons.OK,
        MessageBoxIcon.Error);
```

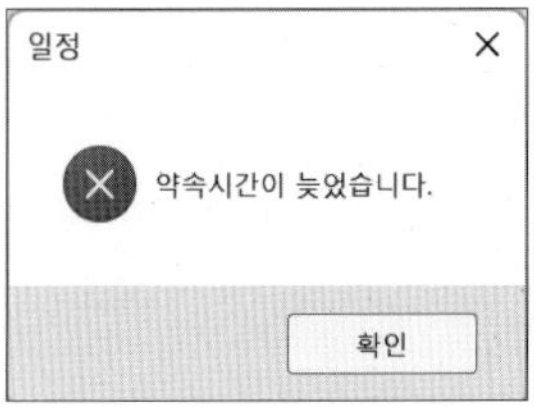

③ 느낌표 아이콘과 함께 알림이 추가된 메시지박스를 보여줍니다. 〈확인〉을 누릅니다.

```
MessageBox.Show("느낌표와 알림", "안내",
        MessageBoxButtons.OK,
        MessageBoxIcon.Exclamation);
```

④ 버튼 2개가 표시된 메시지박스를 보여줍니다. 〈예(Y)〉를 누릅니다. 어떤 버튼을 눌러도 상관없습니다. 다만 ⑦에서 버튼을 선택한 결과를 보여주기 위함입니다.

```
DialogResult result1 = MessageBox.Show(
        "2개의 버튼을 보여줍니다.",
        "버튼 표시", MessageBoxButtons.YesNo);
```

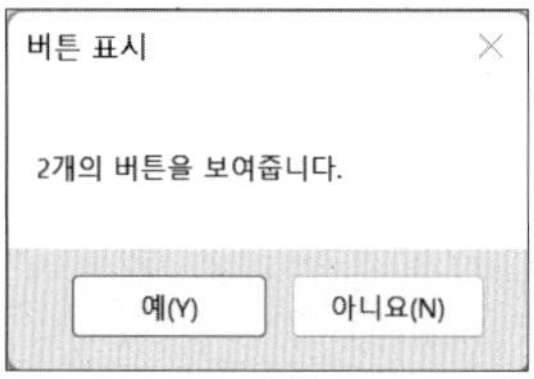

⑤ 버튼 3개와 물음표 아이콘이 표시된 메시지박스를 보여줍니다. 〈아니요(N)〉를 누릅니다. 어떤 버튼을 눌러도 상관없습니다. 여기서도 ⑦에서 버튼을 선택한 결과를 보여주기 위함입니다.

```
DialogResult result2 = MessageBox.Show(
      "3개의 버튼과 물음표 아이콘을 보여줍니다.",
      "아이콘 표시",
      MessageBoxButtons.YesNoCancel,
      MessageBoxIcon.Question);
```

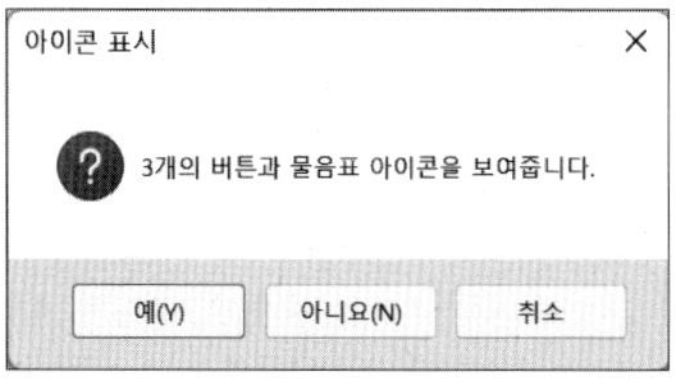

⑥ 기본 버튼을 두 번째 버튼인 〈아니요(N)〉로 표시된 메시지박스를 보여줍니다. 여기서는 〈아니요(N)〉를 누릅니다. 어떤 버튼을 눌러도 상관없습니다. 마찬가지로 ⑦에서 버튼을 선택한 결과를 보여주기 위함입니다.

```
DialogResult result3 = MessageBox.Show(
    "기본 버튼을 두 번째 버튼으로\n지정한 메시지박스입니다.",
    "기본 버튼",
    MessageBoxButtons.YesNoCancel,
    MessageBoxIcon.Question,
    MessageBoxDefaultButton.Button2);   // <아니요(N)>를 기본 버튼으로 지정
```

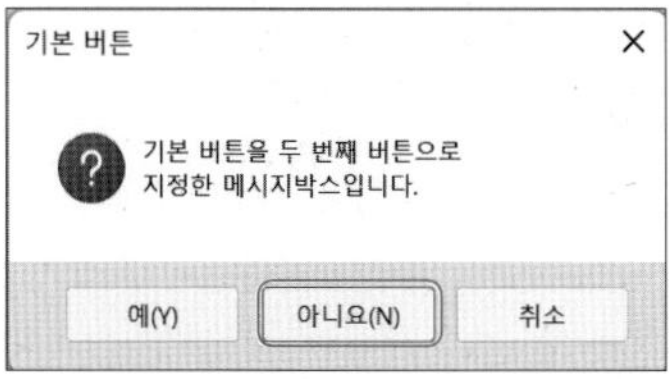

⑦ 프로젝트 수행 중 ④~⑥ 과정에서 〈예〉 또는 〈아니오〉 버튼을 선택한 결과를 느낌표 아이콘이 표기된 메시지박스에 보여줍니다.

```
string msg = string.Format(
            "2개이상의 메시지박스에서 당신이 선택한 버튼의\n" +
            "결과는 다음과 같습니다 : {0} {1} {2}",
            result1.ToString(),
            result2.ToString(),
            result3.ToString());
        MessageBox.Show(msg, "선택 결과",
            MessageBoxButtons.YesNoCancel,
            MessageBoxIcon.Information);
```

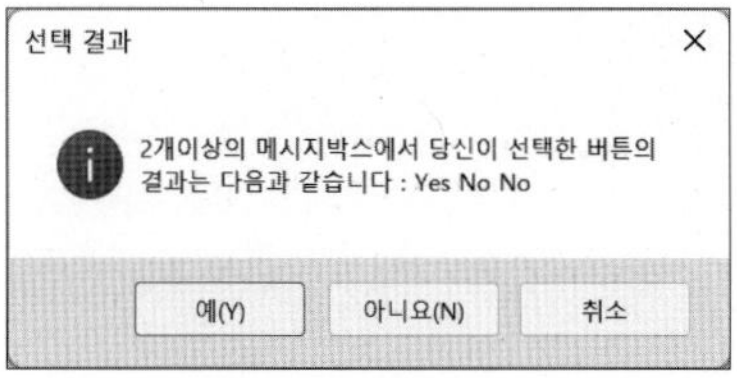

4

텍스트박스

1 텍스트박스의 용도

텍스트박스는 사용자로부터 문자열을 입력받을 때 사용합니다. 그에 반해 레이블은 문자열을 출력할 때 사용하는 가장 기본적인 컨트롤 도구입니다. 버튼은 사용자와의 상호작용을 구현할 때 가장 기본적인 인터페이스로 사용됩니다. 윈폼 화면을 구성할 때는 텍스트박스와 레이블, 그리고 버튼 컨트롤 도구를 가장 많이 사용합니다.

2 프로젝트 수행

프로젝트를 실행한 다음 윈폼 디자인 화면의 텍스트박스에 이름을 입력하고 버튼을 누르게 누릅니다. 그러면 레이블에 입력된 문자열과 함께 인사말이 출력됩니다. 만약 이름을 입력하지 않은 상태에서 버튼을 누르게 되면 오류가 있음을 알려주는 메시지박스가 나타나게 됩니다. 다음 예제를 통해 살펴보겠습니다.

예제 10-05 입력값 여부에 따른 메시지박스 출력하기

• **Step 01** | **프로젝트 생성** : 프로젝트명은 'TextBoxEvent'로 입력합니다. 소스 파일명은 그대로 둡니다.

• **Step 02 | 화면 디자인** : 레이블, 텍스트박스, 버튼 컨트롤을 윈폼 화면에 적절하게 배치합니다.

그림 10-15 디자인 화면

• **Step 03 | 버튼 이벤트 등록** : 윈폼 화면에서 버튼을 더블클릭합니다. 그리고 이벤트를 등록하기 위해 다음과 같이 소스 코드를 추가합니다.

ch10/TextBoxEvent/TextBoxEvent/Form1.cs

```
using System;
using System.Collections.Generic;
using System.ComponentModel;
using System.Data;
using System.Drawing;
using System.Linq;
using System.Text;
using System.Threading.Tasks;
using System.Windows.Forms;

namespace TextBoxEvent
{
    public partial class Form1 : Form
    {
        public Form1()
        {
            InitializeComponent();
        }

        private void textBox1_TextChanged(object sender, EventArgs e)
```

```
        {

        }

        private void button1_Click(object sender, EventArgs e)
        {
            // 소스 코드 추가
            if (textBox1.Text == "")
            {
                MessageBox.Show("성명이 입력되지 않았습니다.", "경고",
                    MessageBoxButtons.OK,
                    MessageBoxIcon.Exclamation);
            }
            else
            {
                label2.Text = textBox1.Text + "님을 환영합니다!";
            }
        }
    }
}
```

• **Step 04 | 메시지박스 출력** : 단축키 Ctrl+F5를 눌러 실행 결과를 확인합니다. 성명을 입력하지 않은 상태로 버튼을 클릭하게 되면 오류가 있음을 알려주는 메시지박스가 출력됩니다.

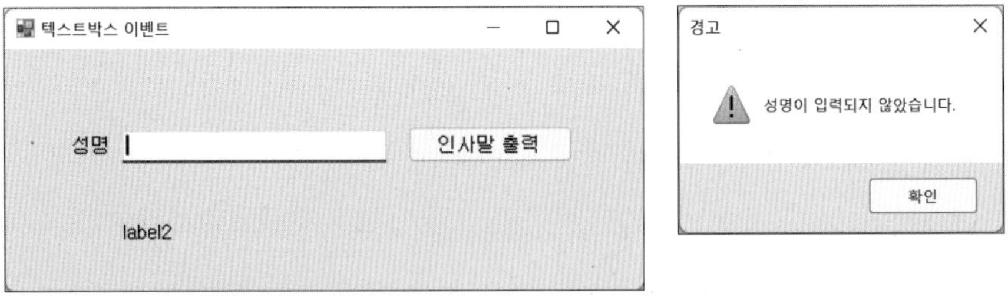

그림 10-16 성명이 누락된 실행 화면

• **Step 05 | 정상적인 실행 결과** : 성명을 입력 후 버튼을 클릭하게 되면 입력한 성명을 포함한 인사말이 레이블2에 출력됩니다.

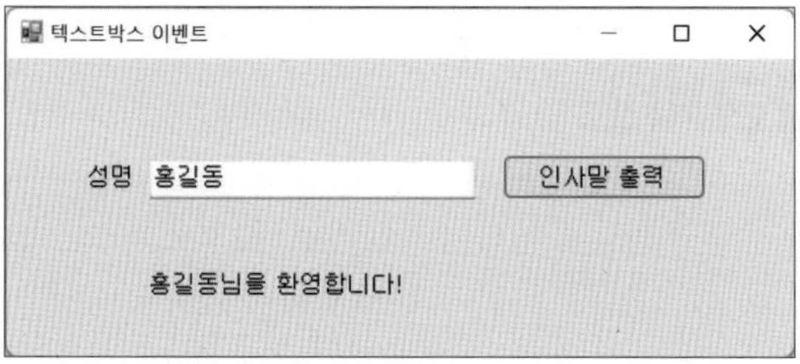

그림 10-17 성명이 입력된 실행 화면

Quiz 메시지박스는 프로그램을 수행하는 도중 (　　　　)로부터 경고, 안내 등을 보여주며 사용자의 선택을 입력받기 위한 대화상자 창입니다.

정답
사용자

5

체크박스

체크박스는 특정 항목을 제시하여 복수 개를 표시하고 체크 할 때 사용합니다. 체크박스는 1개 혹은 2개 이상의 여러 개 항목을 중복해서 선택할 수 있습니다. 체크박스 컨트롤은 Checked 속성을 지원합니다. 선택된 항목에는 CheckedChanged 이벤트가 발생하게 됩니다. 다음 예제를 통해 살펴보겠습니다.

예제 10-06 **체크박스 중 선택된 항목을 메시지박스에 출력하기**

• **Step 01 | 프로젝트 생성** : 프로젝트명은 'CheckedBoxEvent'로 입력합니다. 소스 파일명은 그대로 둡니다.

• **Step 02 | 화면 디자인** : 레이블과 체크박스, 버튼 컨트롤을 윈폼 화면에 배치합니다. 윈폼 화면의 타이틀바에 나타나는 문자열은 '체크박스 이벤트'로 변경합니다. 그리고 체크박스의 [Text] 속성 또한 디자인 화면과 같이 변경합니다.

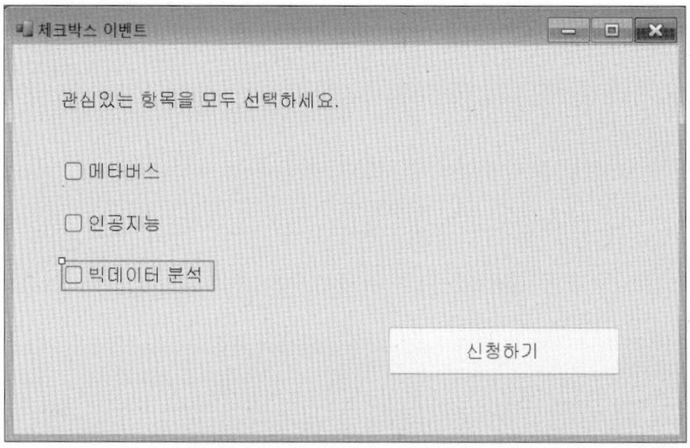

그림 10-18 디자인 화면

• **Step** 03 | **체크박스 이벤트 등록** : 윈폼 디자인 화면에서 버튼을 더블클릭합니다. 그리고 이벤트를 등록하기 위해 다음과 같이 소스 코드를 추가합니다.

ch10/CheckedBoxEvent/CheckedBoxEvent/Form1.cs

```
using System;
using System.Collections.Generic;
using System.ComponentModel;
using System.Data;
using System.Drawing;
using System.Linq;
using System.Text;
using System.Threading.Tasks;
using System.Windows.Forms;

namespace CheckedBoxEvent
{
    public partial class Form1 : Form
    {
        public Form1()
        {
            InitializeComponent();
        }

        private void button1_Click(object sender, EventArgs e)
```

```
        {
            // 소스 코드 추가
            string checkStates = "";
            CheckBox[] cBox
                = { checkBox1, checkBox2, checkBox3 };

            foreach (var item in cBox)
            {
                checkStates += string.Format("{0} : {1}\n",
                   item.Text, item.Checked);
            }
            MessageBox.Show(checkStates, "항목 선택");

            string selectcBox = string.Format("선호하는 분야 : ");
            foreach (var item in cBox)
            {
                if (item.Checked == true)
                    selectcBox += item.Text + " ";
            }
            MessageBox.Show(selectcBox, "관심 분야",
                MessageBoxButtons.OK,
                MessageBoxIcon.Exclamation);
        }
    }
}
```

• **Step 04 | 프로젝트 실행** : 단축키 Ctrl+F5를 눌러 실행 결과를 확인합니다. 체크박스 항목을 선택하고 〈신청하기〉 버튼을 누릅니다. 선택한 체크박스 항목을 메시지박스에 True와 False의 형태로 구분하고 최종적으로 '관심 분야' 메시지박스를 보여줍니다.

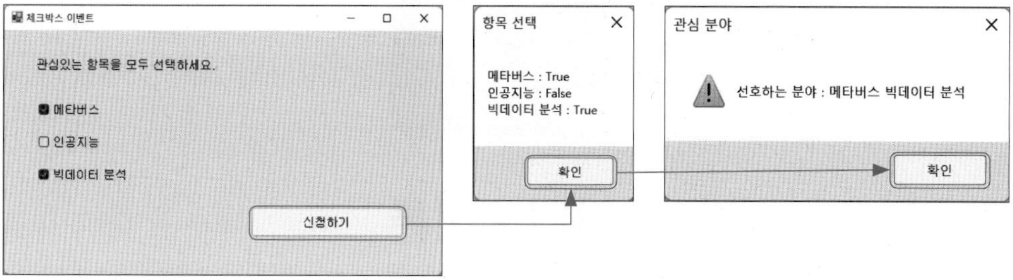
체크박스 이벤트
관심있는 항목을 모두 선택하세요.
메타버스
인공지능
빅데이터 분석
신청하기
항목 선택
메타버스 : True
인공지능 : False
빅데이터 분석 : True
확인
관심 분야
선호하는 분야 : 메타버스 빅데이터 분석
확인

그림 10-19 실행 화면

6

라디오버튼

라디오버튼은 여러 개의 항목 중 단 한 개의 항목만 선택할 때 사용합니다. 라디오버튼도 Checked 속성을 지원합니다. 선택된 항목에는 CheckedChanged 이벤트가 발생하게 됩니다. 라디오버튼은 주로 그룹박스와 함께 사용됩니다. 다음 예제를 통해 살펴보겠습니다.

예제 10-07 라디오버튼 중 선택된 항목을 메시지박스에 출력하기

• **Step 01 | 프로젝트 생성** : 프로젝트명은 'RadioButtonEvent'로 입력합니다. 소스 파일명은 그대로 둡니다.

• **Step 02 | 화면 디자인** : 윈폼 화면에 첫 번째 그룹박스를 배치하고 속성 창에서 그룹박스의 이름을 '학과'로 변경합니다. 학과 그룹박스 안에 라디오버튼 3개를 배치합니다. 그리고 속성 창에서 디자인 화면과 같이 학과명을 각각 변경합니다. 두 번째 '성별' 그룹박스를 배치하고 2개의 라디오버튼 '남성'과 '여성'을 추가합니다.

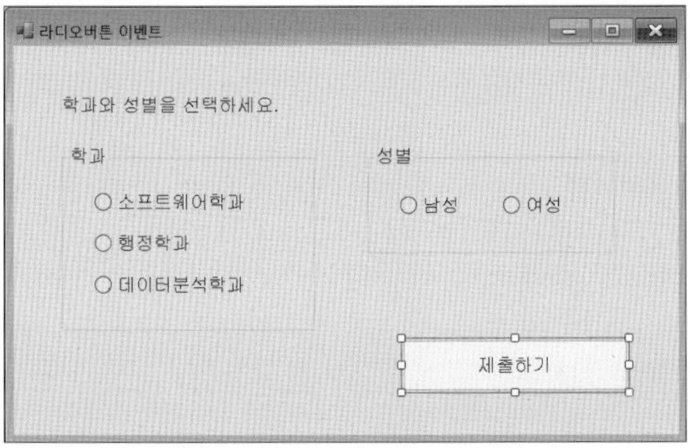

그림 10-20 디자인 화면

• **Step 03 | 라디오버튼 이벤트 등록** : 윈폼 디자인 화면에서 버튼을 더블클릭합니다. 그리고 이벤트를 등록하기 위해 다음과 같이 소스 코드를 추가합니다.

ch10/RadioButtonEvent/RadioButtonEvent/Form1.cs

```
using System;
using System.Collections.Generic;
using System.ComponentModel;
using System.Data;
using System.Drawing;
using System.Linq;
using System.Text;
using System.Threading.Tasks;
using System.Windows.Forms;

namespace RadioButtonEvent
{
    public partial class Form1 : Form
    {
        public Form1()
        {
            InitializeComponent();
        }

        private void button1_Click(object sender, EventArgs e)
```

```
        {
            // 소스 코드 추가
            string result = "";
            if (radioButton1.Checked)
                result += "학과 : 소프트웨어학과\n";
            else if (radioButton2.Checked)
                result += "학과 : 행정학과\n";
            else if (radioButton3.Checked)
                result += "학과 : 빅데이터분석학과\n";

            if (radioButton4.Checked)
                result += " 성별 : 남성";
            else if (radioButton5.Checked)
                result += " 성별 : 여성";

            MessageBox.Show(result, "학과와 성별",
                MessageBoxButtons.OK,
                MessageBoxIcon.Exclamation);
        }
    }
}
```

• **Step 04 | 프로젝트 실행** : 단축키 Ctrl+F5를 눌러 실행 결과를 확인합니다. 학과와 성별을 선택 후 〈제출하기〉를 누릅니다. 선택한 학과와 성별에 대한 정보가 메시지박스에 나타납니다.

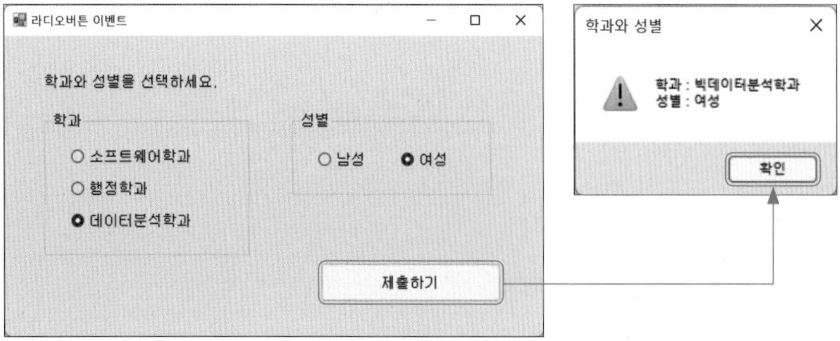

그림 10-21 실행 화면

7

로그인 화면

로그인 화면을 디자인 한 다음 아이디와 패스워드를 입력하고 버튼을 누릅니다. 텍스트박스에 아이디와 패스워드를 올바르게 입력하면 로그인 성공 메시지박스를 보여줍니다. 입력한 아이디와 패스워드를 틀리게 입력하게 되면 로그인을 실패했다는 메시지박스가 나타납니다. 여기에서 수행할 아이디 space와 패스워드 123456을 기본으로 설정합니다.

예제 10-08 아이디와 패스워드 입력 후 로그인 성공 여부 판별하기

• **Step 01 | 프로젝트 생성** : 프로젝트명은 'LoginForm'로 입력합니다. 소스 파일명은 그대로 둡니다.

• **Step 02 | 화면 디자인** : 레이블과 텍스트박스, 버튼을 윈폼 화면에 배치합니다. 패스워드를 입력할 텍스트박스에는 숫자가 아닌 문자가 표시되도록 [PasswordChar] 속성을 ●(ㅁ+[한자])으로 설정합니다. 이는 보안을 위해 패스워드는 숫자 대신 문자로 나타나게 하기 위함입니다.

그림 10-22
디자인 화면

• **Step** 03 | **컨트롤 정렬** : 윈폼 화면에 배치된 여러 컨트롤들의 정렬은 비주얼 스튜디오 메뉴 아래쪽에 있는 [맞춤 레이아웃] 도구를 활용하면 편리합니다. 화면에 배치된 여러 개의 컨트롤을 Shift 를 누른 상태로 마우스로 선택하게 되면 [맞춤 레이아웃] 도구가 활성화됩니다.

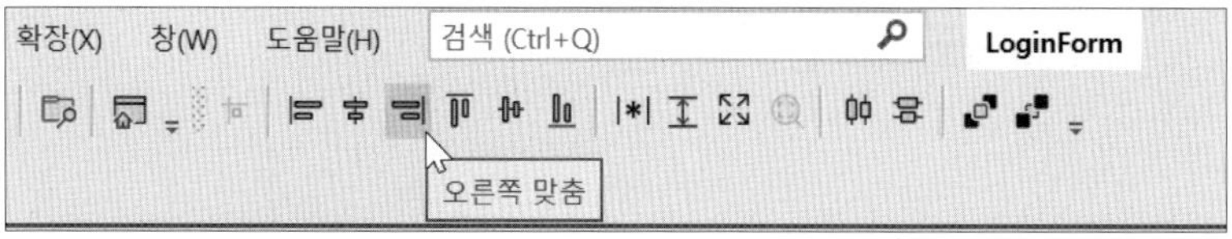

그림 10-21 맞춤 레이아웃 도구

• **Step** 04 | **버튼 이벤트 등록** : 윈폼 디자인 화면에서 버튼을 더블클릭합니다. 그리고 이벤트를 등록하기 위해 다음과 같이 소스 코드를 추가합니다.

ch10/LoginForm/LoginForm/Form1.cs

```
using System;
using System.Collections.Generic;
using System.ComponentModel;
using System.Data;
using System.Drawing;
using System.Linq;
using System.Text;
using System.Threading.Tasks;
using System.Windows.Forms;

namespace LoginForm
{
    public partial class Form1 : Form
    {
        public Form1()
        {
            InitializeComponent();
        }

        private void button1_Click(object sender, EventArgs e)
        {
```

```
            // 소스 코드 추가
            if (textBox1.Text == "space" && textBox2.Text == "123456")
            {
                string msg = "성공적으로 로그인 되었습니다!";
                MessageBox.Show(msg, "로그인 성공");
            }
            else
            {
                string msg = "아이디 또는 패스워드를 확인하세요!";
                MessageBox.Show(msg, "로그인 실패",
                    MessageBoxButtons.OK,
                    MessageBoxIcon.Exclamation);
            }
        }
    }
}
```

Quiz 텍스트박스는 사용자로부터 (　　　　)을 입력받을 때 사용합니다.

정답
문자열

• **Step 05 | 로그인 성공** : 단축키 Ctrl+F5를 눌러 실행 결과를 확인합니다. 아이디 'space'와 패스워드 '123456'을 입력 후 〈로그인〉 버튼을 누르게 되면 로그인 성공을 알려주는 메시지박스가 나타납니다.

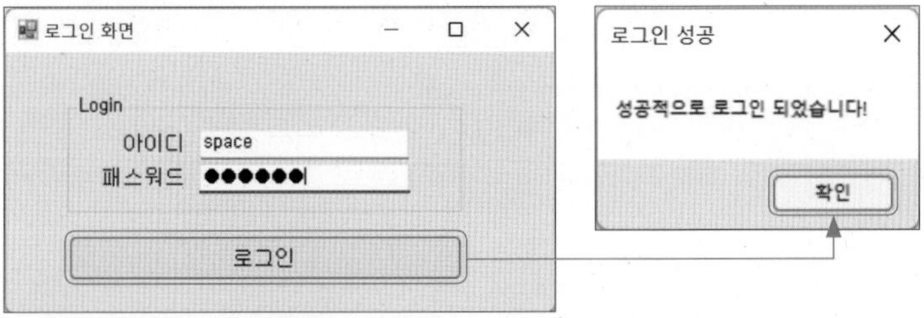

그림 10-24 로그인 성공 화면

• **Step 06 | 로그인 실패** : 반대로 로그인 화면에서 아이디와 패스워드를 입력하지 않거나 틀리게 입력하였을 경우 로그인 실패를 알려주는 메시지박스를 보여줍니다.

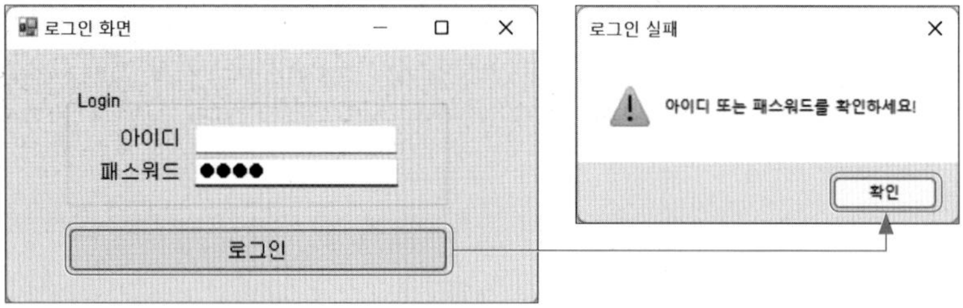

그림 10-24 로그인 실패 화면

Quiz 레이블은 문자열을 출력할 때 사용하는 가장 기본적인 컨트롤 도구이며 버튼은 사용자와의 ( )을 구현할 때 가장 기본적인 인터페이스로 사용됩니다.

정답
상호작용

도전문제 메시지박스의 종류와 속성을 지정하는 방법 익히기

1 다음과 같이 메시지박스가 출력되고 〈아니오(N)〉 버튼을 기본 지정되도록 소스 코드를 완성하시오.

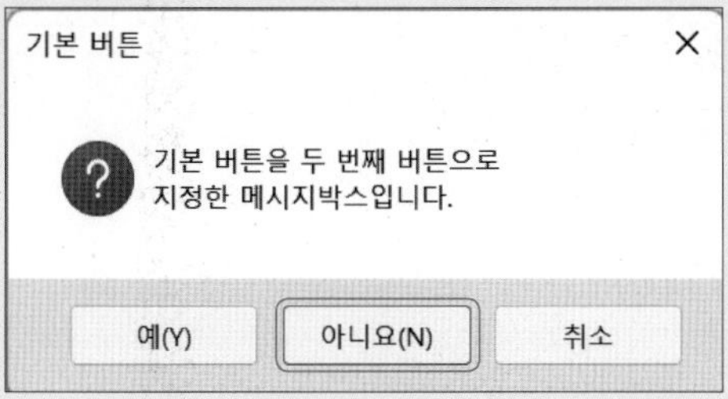


```
DialogResult result3 = MessageBox.Show(
    "기본 버튼을 두 번째 버튼으로\n지정한 메시지박스입니다.",
    "기본 버튼",
    MessageBoxButtons.[          ] ,
    MessageBoxIcon.Question,
    MessageBoxDefaultButton.[          ]);
```

Hint 메시지박스 컨트롤을 선언할 때 메시지박스 창에 나타난 버튼의 종류를 살펴봅니다. 그리고 기본 버튼으로 지정하려면 왼쪽 버튼부터 카운트를 정하여 구분하면 됩니다.

정답

```
YesNoCancel
Button2
```

2 인스턴스를 생성하고 TimeSpan 값을 산출하는 소스 코드를 보고 빈칸을 채워 완성하시오.

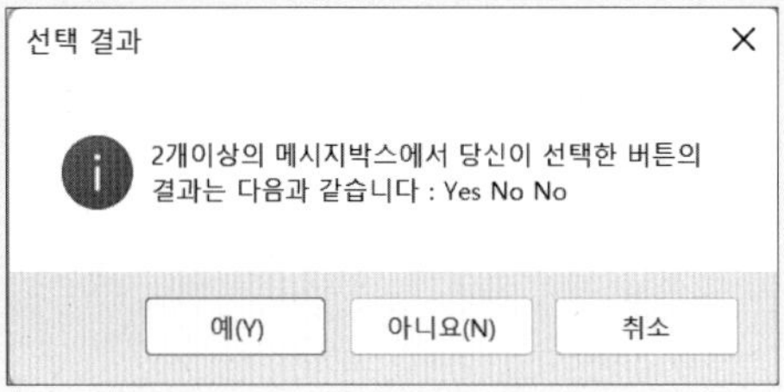


```
string msg = ____________(
                  "2개이상의 메시지박스에서 당신이 선택한 버튼의\n" +
                  "결과는 다음과 같습니다 : {0} {1} {2}",
                  result1.ToString(),
                  result2.ToString(),
                  result3.ToString());
            ____________(msg, "선택 결과",
                  MessageBoxButtons.YesNoCancel,
                  MessageBoxIcon.Information);
```

Hint 메시지박스에 보여주기 위한 문자열을 설정하는 속성에 대해 이해하고 있으면 됩니다. 그리고 메시지박스가 나타나도록 MessageBox 속성을 지정해 주면 됩니다.

정답

```
string.Format
MessageBox.Show
```

핵심점검

1 윈도 폼 클래스에는 상당히 많은 속성, 메서드, (   )가 정의되어 있습니다.

2 속성은 윈도 폼의 모양을 지정하고 메서드는 동작을 정의하며 이벤트는 사용자와의 (   )을 수행합니다.

3 텍스트박스는 사용자로부터 문자열을 입력받을 때 사용하고 버튼은 사용자와의 상호작용을 구현하는 가장 기본적인 (   )로 사용됩니다.

4 윈폼 경계와 타이틀바를 제외한 영역의 크기를 설정하는 윈폼 클래스의 속성은 (   )입니다.

5 윈폼을 활성화하고 포커스를 할당하는 윈폼 클래스의 메서드는 (   )입니다.

정답 1 이벤트 2 상호작용 3 인터페이스 4 ClientSize 5 Activate( )

연습문제

01 윈폼 디자인 화면을 작성하는 프로젝트를 수행하는 순서로 바르게 연결된 것은?

① 컨트롤 속성 – 화면 디자인 – 이벤트 등록 – 프로젝트 실행

② 화면 디자인 – 컨트롤 속성 – 이벤트 등록 – 프로젝트 실행

③ 화면 디자인 – 이벤트 등록 – 프로젝트 실행 – 컨트롤 속성

④ 이벤트 등록 – 화면 디자인 – 프로젝트 실행 – 컨트롤 속성

02 윈폼 화면에 배치된 버튼을 클릭하게 되면 레이블에 문자열이 출력되고 또 한 번 누르게 되면 레이블에 문자열이 지워지는 이벤트를 수행할 때 사용하는 필드는?

① flag　　② Grid

③ Canvas　　④ StackPanel

03 윈폼 화면의 테두리 모양을 설정하는 클래스의 속성은?

① ClientSize　　② Text

③ StartPosition　　④ FormBorderStyle

04 상위 윈폼의 중앙에 현재 윈폼을 배치할 때 사용하는 메서드는?

① Activate( )　　② AddOwnedForm( )

③ CenterToParent( )　　④ SetClientSizeCore( )

05 메시지박스에 대한 설명 중 틀린 것은?

① 프로그램 실행 도중 경고, 안내 등의 메시지를 보여줌

② 메시지박스에 표시되는 버튼의 종류는 한 가지만 사용 가능

③ 애플리케이션의 다른 동작을 차단하는 모달 창

④ WPF에서도 동일하게 사용

06 윈폼 경계와 타이틀바를 제외한 영역의 크기를 설정하는 클래스의 속성은?

① Text ② FormBorderStyle

③ ClientSize ④ StartPosition

07 윈폼 화면이 처음 나타나는 위치를 설정하는 클래스의 속성은?

① Text ② FormBorderStyle

③ ClientSize ④ StartPosition

08 윈폼 화면의 타이틀바에 표시되는 글자를 설정하는 클래스의 속성은?

① Text ② FormBorderStyle

③ ClientSize ④ StartPosition

09 윈폼의 클라이언트 크기를 설정하는 윈폼 클래스의 메서드는?

① CenterToParent( ) ② SetClientSizeCore( )

③ Close( ) ④ ShowDialog( )

10 윈폼을 모달 다이얼로그 박스로 보여주는 윈폼 클래스의 메서드는?

① CenterToParent( ) ② SetClientSizeCore( )

③ Close( ) ④ ShowDialog( )

11 윈폼을 보여주는 윈폼 클래스의 메서드는?

① Show( ) ② OnLoad( )

③ Close( ) ④ ShowDialog( )

12 다른 윈폼을 현재 윈폼에 포함시켜 주는 윈폼 클래스의 메서드는?

① Activate( ) ② AddOwnedForm( )

③ CenterToParent( ) ④ SetClientSizeCore( )

13 프로그램을 수행하는 도중 사용자에게 경고 및 안내 등의 메시지를 보여주는 컨트롤 도구는?

① 텍스트박스 ② 메시지박스

③ 콤보박스 ④ 체크박스

14 메시지 박스를 활성화할 때 사용하는 메서드는?

① MessageBox.Add( )

② MessageBox.Play( )

③ MessageBox.Show( )

④ MessageBox.Close( )

15 사용자 정보를 입력하는 인터페이스로 사용되는 컨트롤 도구는?

① 텍스트박스 ② 메시지박스

③ 콤보박스 ④ 체크박스

16 특정 항목을 제시하여 복수 개를 표시하고 체크 할 때 사용하는 컨트롤 도구는?

① 텍스트박스 ② 메시지박스

③ 콤보박스 ④ 체크박스

17 여러 개의 항목 중 유일하게 단 한 개의 항목만 선택할 때 사용하는 컨트롤 도구는?

① 텍스트박스 ② 라디오버튼

③ 레이블 ④ 체크박스

18 윈폼 화면에 배치된 여러 컨트롤들을 정렬할 때 사용하는 메뉴는?

① 맞춤 레이아웃 ② 컨트롤 속성

③ 솔루션 탐색기 ④ 도구박스

19 텍스트박스에 사용자 정보를 입력받을 때 보안 유출에 대한 위험을 줄일 수 있는 컨트롤 속성은?

① MaxLength ② ReadOnly

③ PasswordChar ④ Multiline

20 키보드에 없는 특수 문자(■)를 입력하기 위한 단축키는?

① ㄹ(리을) + [한자] 키

② ㅁ(미음) + [한자] 키

③ ㅂ(비읍) + [한자] 키

④ ㅎ(히읗) + [한자] 키

프로그래밍 문제

01 다음과 같이 에러 아이콘과 함께 메시지박스가 출력되도록 소스 코드를 작성하시오.

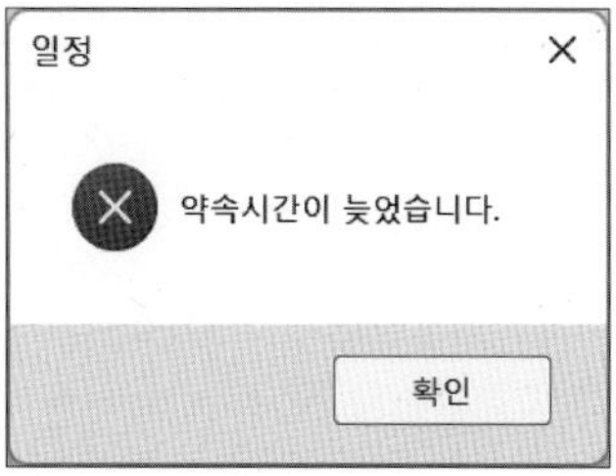

02 다음과 같이 느낌표 아이콘과 함께 알림이 추가된 메시지박스가 출력되도록 소스 코드를 작성하시오.

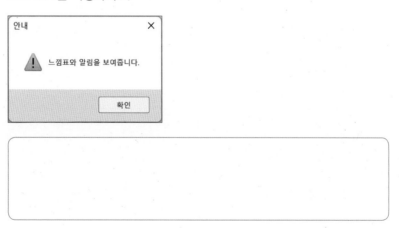

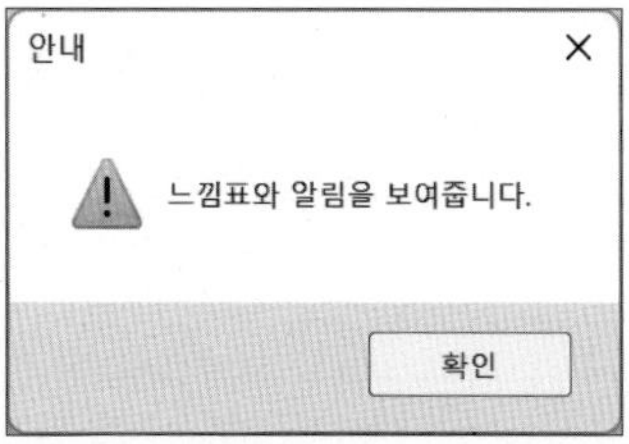

03 다음과 같이 버튼 3개와 물음표 아이콘이 표시된 메시지박스가 출력되도록 소스 코드를 작성하시오.

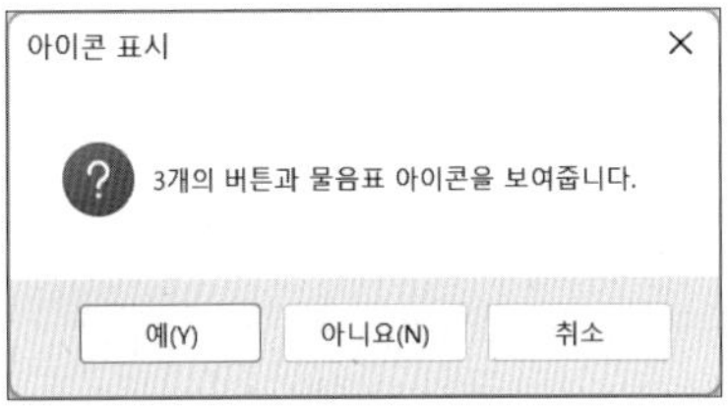

04 다음 지시사항을 준수하여 프로그램을 작성하시오.

(1) 그룹박스 안에 레이블 컨트롤 도구를 배치

(2) 버튼에는 flag 이벤트 설정

(3) 버튼을 한 번 누르면 레이블에 문자열을 출력하고 또 한 번 누르면 레이블의 문자열을 감춤

(4) 기타 사항은 실행 결과 참조

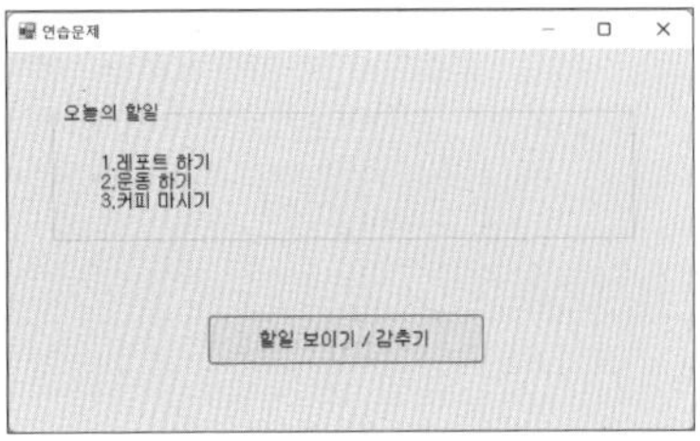

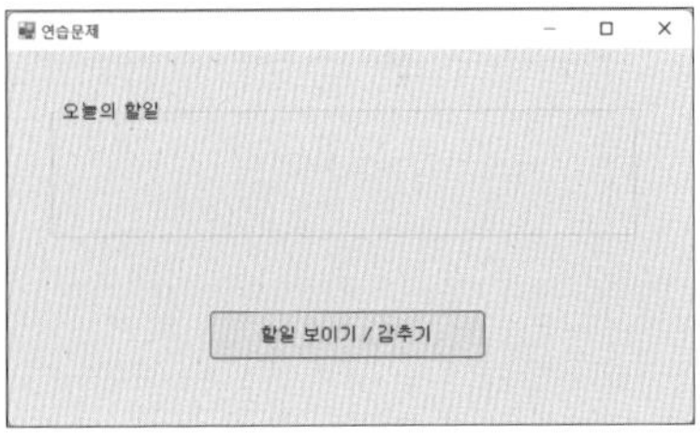

05 다음과 같이 주어진 실행 결과 화면을 보고 프로그램을 작성하시오.

(1) 오류 발생

(2) 정상 실행

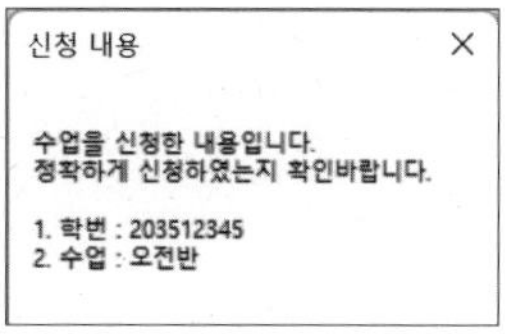

Chapter

11

컨트롤 도구 활용

학습목표

- Mask 속성에 대해 알아봅니다.
- 콤보박스와 체크리스트박스 활용 방법에 대해 알아봅니다.
- 날짜와 성적 계산기를 만드는 방법에 대해 알아봅니다.
- 이미지뷰어, 디지털 알람 시계를 작성하는 방법에 대해 알아봅니다.

SELF CHECK

1 (콤보박스, 메시지박스)는 사용자가 항목을 선택하거나 직접 입력할 때 사용하는 컨트롤 도구입니다.

2 (리스트박스, 체크리스트박스)는 아이템이 체크박스로 구성되어 있어 2개 이상의 아이템을 선택하는 과정에서 시각적으로 쉽게 구별할 수 있습니다.

3 PictureBox 컨트롤은 (부모, 자식) 컨테이너에 도킹하고 이미지 파일은 여러 포맷 형식을 지원합니다.

4 윈폼 화면에서 이미지를 불러올 때 선언하는 컨트롤 도구는 (MenuStip, PictureBox)입니다.

5 하나의 폼 화면에서 여러 개의 페이지를 직관적으로 표현할 때는 (TabControl, PictureBox) 컨트롤을 사용합니다.

정답 1 콤보박스 2 체크리스트박스 3 부모 4 PictureBox 5 TabControl

1

Mask 속성

MaskedTextBox 컨트롤 도구를 사용하면 핸드폰 번호 또는 주민등록번호 등을 입력할 때 특정 자릿수를 지정할 수 있습니다. 또한 컨트롤 도구를 사용하여 텍스트박스에 입력되는 Mask 속성 형식을 제한할 수도 있습니다. 윈폼 디자인 화면에 배치할 컨트롤 도구의 종류와 속성은 다음 표와 같습니다.

표 11-1 컨트롤 도구의 종류와 속성

컨트롤 도구	용도	Text 속성	Mask 속성	비고
Label1	레이블 제목	등록일	–	–
Label2	레이블 제목	휴대폰번호	–	–
Label3	레이블 제목	이메일주소	–	–
MaskedTextBox1	등록일 입력	–	간단한 날짜	입력 마스크
MaskedTextBox2	휴대폰 입력	–	휴대폰 번호	입력 마스크
TextBox1	메일주소 입력	–	–	–

예제 11-01 텍스트박스에 Mask 속성 설정하기

• **Step 01 | 프로젝트 생성** : 프로젝트명은 'MaskedTextBox'로 입력합니다. 소스 파일명은 그대로 둡니다.

• **Step 02 | 디자인 구성** : 윈폼 화면에 등록일과 휴대폰번호를 형식에 맞도록 입력하기 위해 MaskedTextBox 컨트롤 도구를 사용합니다. 메일주소는 일반 문자열을 입력하기 위해 TextBox 컨트롤 도구로 배치합니다.

그림 11-1 디자인 화면

• **Step 03 | 마스크 속성 설정** : 화면에서 '등록일' MaskedTextBox 컨트롤 도구를 선택합니다. [속성]창에서 Mask 속성의 [...]을 눌러 마스크를 설정합니다.

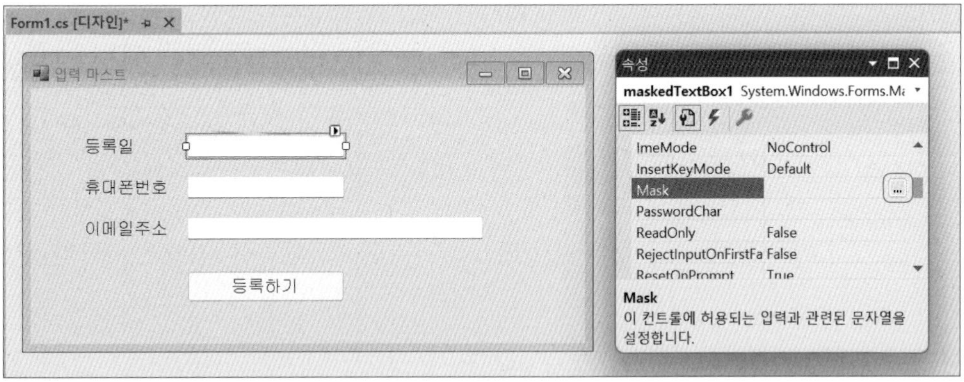

• **Step 04 | 등록일 입력 마스크 속성 설정** : 마스크 설정은 '간단한 날짜'를 선택합니다.

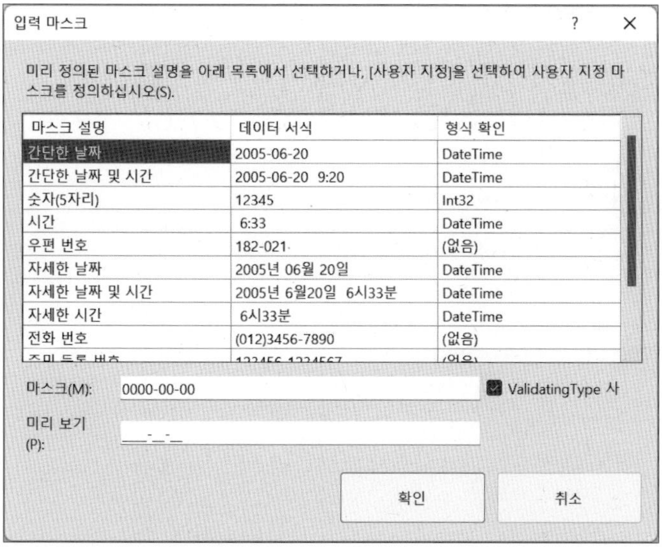

그림 11–2 등록일 Mask 속성 설정

• **Step 05 | 휴대폰 번호 마스크 속성 설정** : 화면에서 '휴대폰번호' MaskedTextBox 컨트롤 도구 또한 Mask 속성을 설정합니다.

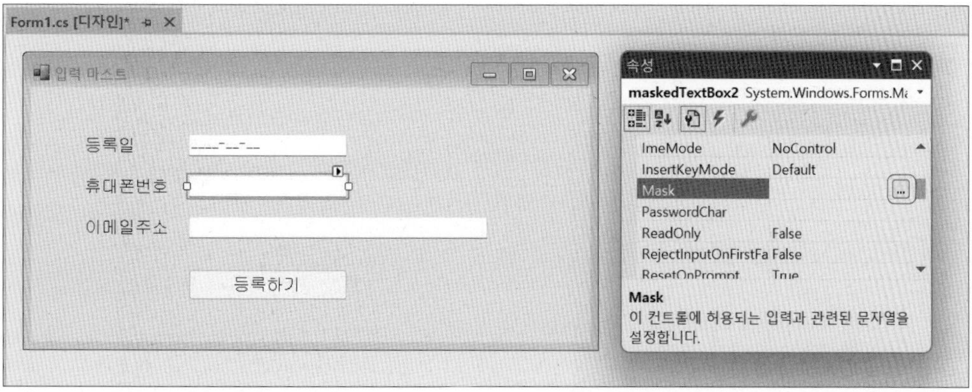

그림 11–3 Mask 속성 설정 메뉴

• **Step 06 | 휴대폰 번호 입력 마스크** : 마스크 설정은 '휴대폰번호'를 선택합니다.

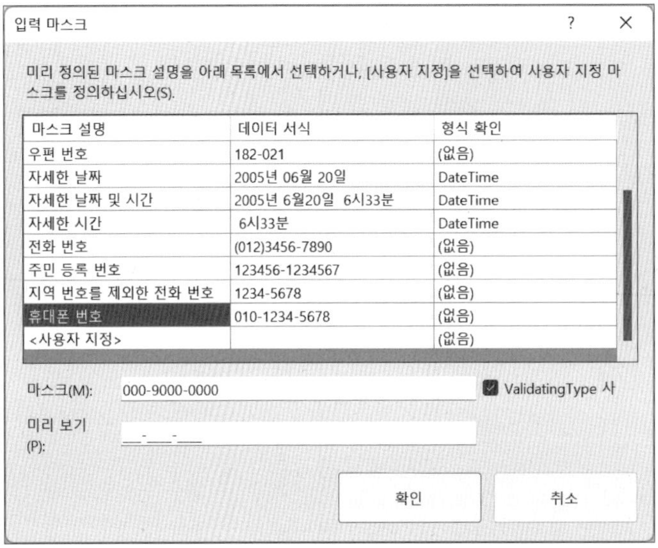

그림 11–4 휴대폰 번호 Mask 속성 설정

• **Step 07 | 이벤트 등록** : 윈폼 화면에서 〈등록하기〉 버튼을 더블클릭합니다. 그리고 이벤트 등록을 위해 다음과 같이 소스 코드를 추가합니다.

ch11/MaskedTextBox/MaskedTextBox/Form1.cs

```
using System;
using System.Collections.Generic;
using System.ComponentModel;
using System.Data;
using System.Drawing;
using System.Linq;
using System.Text;
using System.Threading.Tasks;
using System.Windows.Forms;

namespace MaskedTextBox
{
    public partial class Form1 : Form
```

```
    {
        public Form1()
        {
            InitializeComponent();
        }

        private void button1_Click(object sender, EventArgs e)
        {
            // 소스 코드 추가
            string str;

            str = "등록일 : " + maskedTextBox1.Text + "\n";
            str += "휴대폰번호 : " + maskedTextBox2.Text + "\n";
            str += "이메일주소 : " + textBox1.Text;

            DialogResult result = MessageBox.Show(str, "아이콘 표시",
                MessageBoxButtons.YesNoCancel,
                MessageBoxIcon.Information);
        }
    }
}
```

• **Step 08 | 프로젝트 실행** : 단축키 Ctrl+F5를 눌러 실행 결과를 확인합니다. 등록일의 Mask 속성에 따라 미리보기는 ____-__-__ 으로 표시되어 있으며 휴대폰 번호는 ____-____-____ 으로 보여줍니다.

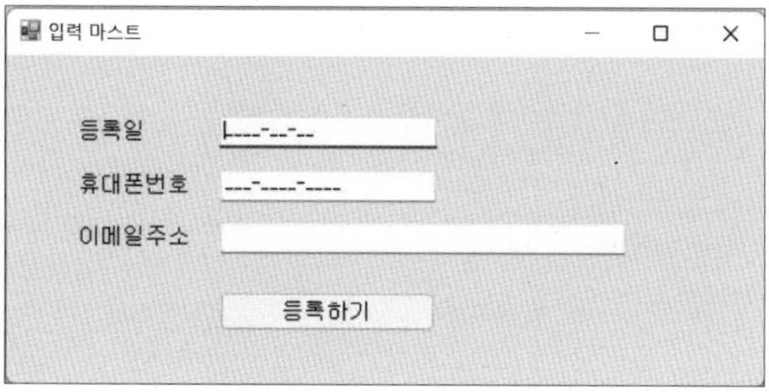

그림 11-5 실행 화면

• **Step 09 | 프로젝트 실행 결과** : 등록일과 휴대폰 번호, 이메일 주소를 입력 후 〈등록하기〉 버튼을 누릅니다. 그러면 결과가 메세지박스에 출력됩니다.

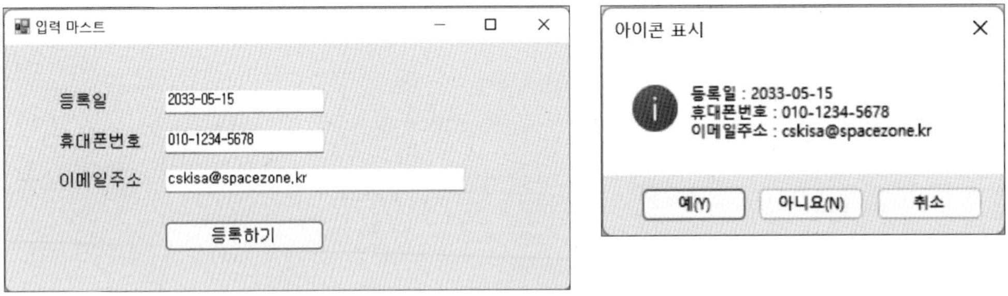

그림 11-6 핸드폰번호 Mask 속성 설정

Quiz MaskedTextBox 컨트롤 도구를 사용하면 핸드폰 번호 또는 주민등록 번호 등을 입력할 때 특정 (   )를 지정할 수 있습니다.

정답
자릿수

2

콤보박스 활용

1 콤보박스와 메시지박스

콤보박스는 사용자가 항목을 선택하거나 직접 입력할 때 사용하는 컨트롤 도구입니다. 메시지박스는 프로그램을 수행하는 도중 사용자로부터 경고, 안내 등을 보여줄 때 사용합니다. 다음 예제에서 윈폼 디자인 화면에 배치할 컨트롤 도구의 종류와 속성은 다음 표와 같습니다.

표 11-2 컨트롤 도구의 종류와 속성

컨트롤 도구	용도	Text 속성	Items 속성
Label1	레이블 제목	선호하는 과목을 선택하세요.	–
ComboBox1	아이템 리스트	–	컬렉션

예제 11-02 콤보박스와 메시지박스 활용하기

• **Step 01 | 프로젝트 생성** : 프로젝트명은 'ComboBoxEvent'로 입력합니다. 소스 파일명은 그대로 둡니다.

• **Step 02 | 디자인 구성** : 레이블과 콤보박스를 각각 디자인 화면에 배치합니다. 그런 다음 콤보박스를 선택하고 Items 속성(컬렉션)에서 [...]을 누릅니다.

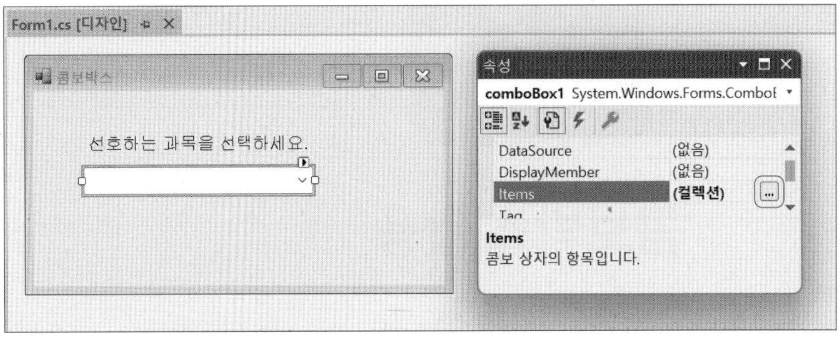

그림 11-7 콤보박스의 아이템 속성

• **Step 03 | 리스트 아이템 등록** : 콤보박스에 리스트로 보여줄 아이템을 키보드로 입력하여 등록한 다음 〈확인〉을 누릅니다.

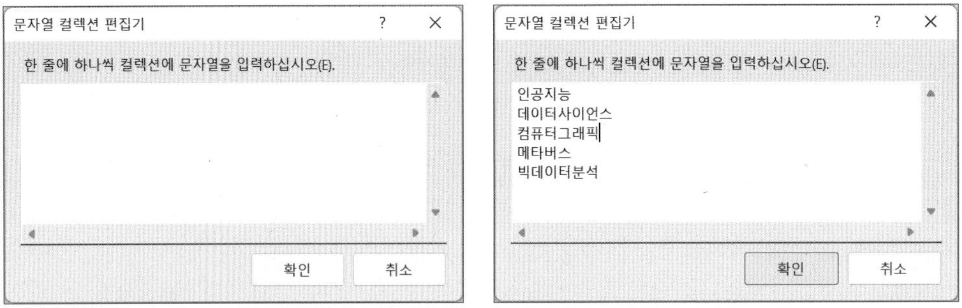

그림 11-8 콤보박스의 아이템 등록

• **Step 04 | 이벤트 등록** : 윈폼 화면에서 콤보박스를 더블클릭합니다. 그리고 이벤트 등록을 위해 다음과 같이 소스 코드를 추가합니다.

ch11/ComboBoxEvent/ComboBoxEvent/Form1.cs

```
using System;
using System.Collections.Generic;
using System.ComponentModel;
using System.Data;
using System.Drawing;
using System.Linq;
using System.Text;
```

```
using System.Threading.Tasks;
using System.Windows.Forms;

namespace ComboBoxEvent
{
    public partial class Form1 : Form
    {
        public Form1()
        {
            InitializeComponent();
        }

        private void comboBox1_SelectedIndexChanged(
             object sender, EventArgs e)
        {
            // 소스 코드 추가
            ComboBox cb = sender as ComboBox;
            if (cb.SelectedIndex > -1)
            {
                string msg = "당신이 선택한 과목은 다음과 같습니다.\n";
                msg += "▶ 선택한 과목 : ";
                msg += cb.SelectedItem.ToString();

                MessageBox.Show(msg, "선택 결과",
                    MessageBoxButtons.YesNo,
                    MessageBoxIcon.Information);
            }
        }
    }
}
```

콤보박스의 첫 번째 항목의 인덱스는 0입니다. 인덱스가 0보다 크거나 같다면 선택된 항목이 있다는 의미입니다.

• **Step 05 | 프로젝트 실행** : 단축키 Ctrl+F5를 눌러 실행 결과를 확인합니다. 콤보박스에 등록된 아이템 중에서 하나를 선택합니다. 콤보박스에서 선택한 아이템을 메시지박스에 보여줍니다.

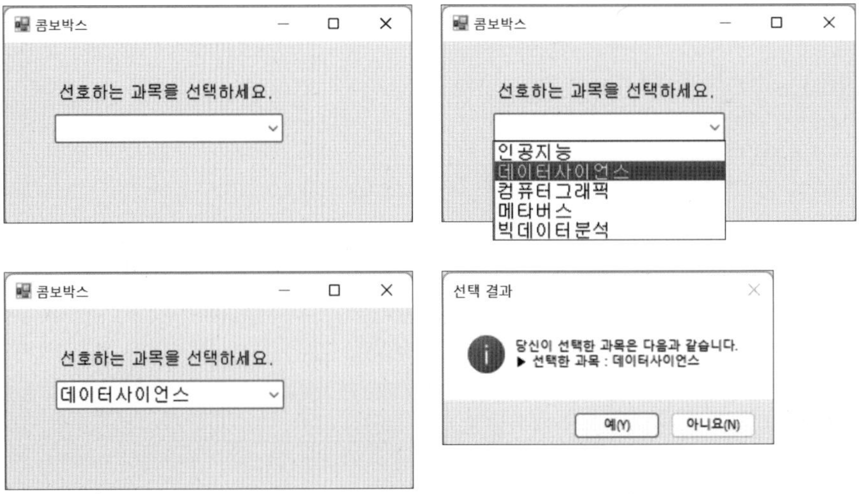

그림 11-9 실행 화면

2 콤보박스와 레이블

다음 예제에서는 콤보박스의 리스트 중에서 하나의 아이템을 선택합니다. 콤보박스에서 선택한 아이템을 레이블에 보여줍니다. 콤보박스의 아이템은 속성창의 컬렉션을 통해 추가합니다. 윈폼 디자인 화면에 배치할 컨트롤 도구의 종류와 속성은 다음 표와 같습니다.

표 11-3 컨트롤 도구의 종류와 속성

컨트롤 도구	용도	Text 속성	Items 속성
GroupBox1	그룹 제목	좋아하는 과일 리스트	–
GroupBox2	그룹 제목	선택 결과	–
ComboBox1	레이블 제목	–	컬렉션
Label1	실행 결과 출력	–	–

예제 11-03 콤보박스와 레이블 활용하기

• **Step** 01 | **프로젝트 생성** : 프로젝트명은 'ComboBoxItems'로 입력합니다. 소스 파일명은 그대로 둡니다.

• **Step** 02 | **디자인 구성** : 그룹박스, 콤보박스, 레이블을 각각 디자인 화면에 배치합니다. 그런 다음 콤보박스를 선택하고 Items 속성(컬렉션)에서 [...]을 누릅니다.

그림 11-10 디자인 화면

• **Step** 03 | **리스트 아이템 등록** : 콤보박스에 보여줄 아이템 리스트를 키보드로 입력하여 등록한 다음 〈확인〉을 누릅니다.

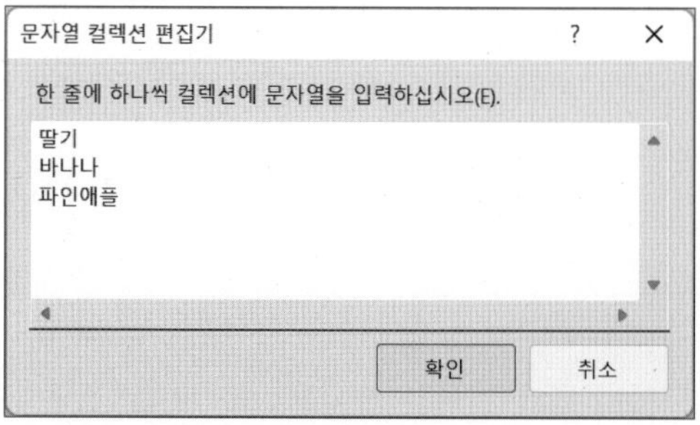

그림 11-11 콤보박스의 아이템 등록

• **Step** 04 | **이벤트 등록** : 윈폼 화면에서 콤보박스를 더블클릭합니다. 그리고 이벤트 등록을 위해 다음과 같이 소스 코드를 추가합니다.

```
using System;
using System.Collections.Generic;
using System.ComponentModel;
using System.Data;
using System.Drawing;
using System.Linq;
using System.Text;
using System.Threading.Tasks;
using System.Windows.Forms;

namespace ComboBoxItems
{
    public partial class Form1 : Form
    {
        public Form1()
        {
            InitializeComponent();
        }

        private void comboBox1_SelectedIndexChanged(
             object sender, EventArgs e)
        {
            // 소스 코드 추가
            ComboBox cb = sender as ComboBox;
            label1.Text = cb.SelectedItem.ToString();
        }
    }
}
```

• **Step 05 | 프로젝트 실행** : 단축키 Ctrl+F5를 눌러 실행 결과를 확인합니다. 콤보박스에 등록된 아이템 중에서 하나를 선택합니다. 콤보박스에서 선택한 아이템은 레이블에 보여줍니다.

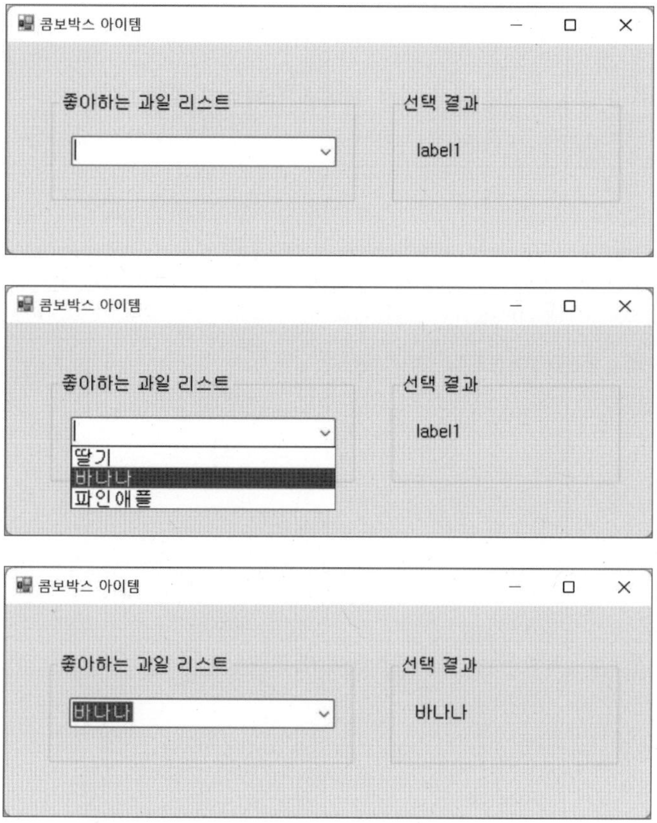

그림 11-12 실행 화면

콤보박스에 대한 아이템을 등록하는 방법은 [속성]창에서 등록하는 방법만 존재하는 것은 아닙니다. 윈폼 디자인 화면을 더블클릭하여 Form1_Load에 다음과 같이 이벤트를 등록할 수도 있습니다.

```
private void Form1_Load(object sender, EventArgs e)
{
    comboBox2.Items.Add("컴퓨터");
    comboBox2.Items.Add("노트북");
    comboBox2.Items.Add("스마트폰");
}
```

3 형 변환 연산자

C#에서 제공하는 형 변환 연산자 중 is와 as 연산자에 대한 의미를 살펴보기 위해 다음 표와 같이 나타냈습니다.

표 11-4 형 변환 연산자의 의미

연산자	의미
`is`	객체가 특정 형식에 대한 해당 여부를 bool 값으로 반환
`as`	형 변환을 실패하게 되면 객체 참조를 null 값으로 반환

3

체크리스트박스

CheckedListBox 컨트롤은 체크박스가 있는 리스트박스입니다. 리스트박스에 비해 아이템 옆에 체크박스가 있으므로 더 직관적으로 선택할 수 있습니다. 아이템이 체크박스로 구성되어 있어 2개 이상의 아이템을 선택하는 과정에서 시각적으로 쉽게 구별할 수 있습니다.

다음 예제에서는 CheckedListBox 컨트롤을 사용하여 제시한 아이템 중에서 특정 아이템을 선택하거나 선택된 아이템을 제거하는 이벤트를 설정합니다. 윈폼 디자인 화면에 배치할 컨트롤 도구의 종류와 속성은 다음 표와 같습니다.

표 11-5 컨트롤 도구의 종류와 속성

컨트롤 도구	용도	Text 속성	Items 속성
GroupBox1	그룹 제목	과목 리스트	–
GroupBox2	그룹 제목	선택 과목	–
CheckedListBox1	아이템 등록	–	소스 코드 입력
ListBox1	선택된 아이템 등록	–	–
Button1	아이템 선택 추가	추가 〉	–
Button2	아이템 전체 추가	전체 》	–
Button3	아이템 선택 제거	〈 제거	–
Button4	전체 아이템 제거	전체 삭제	–

예제 11-04 체크리스트박스 이벤트 설정하기

• **Step 01 | 프로젝트 생성** : 프로젝트명은 'CheckedListBoxEvent'로 입력합니다. 소스 파일명은 그대로 둡니다.

• **Step 02 | 디자인 구성** : 그룹박스, 체크리스트박스, 리스트 컨트롤을 각각 디자인 화면에 배치합니다.

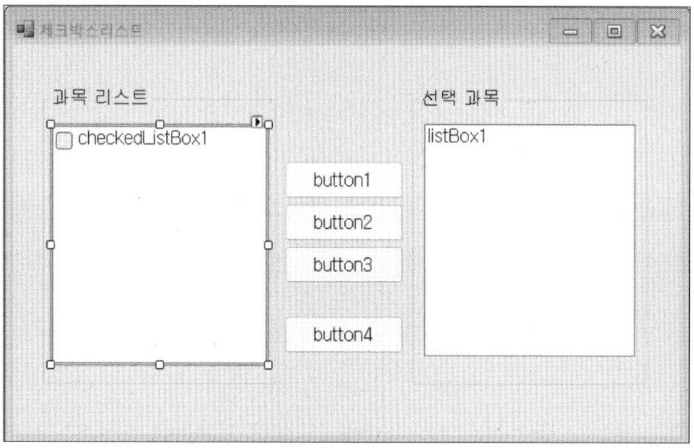

그림 11-13 디자인 화면

• **Step 03 | 이벤트 등록** : 윈폼 화면과 각 버튼을 차례대로 더블클릭합니다. 그리고 이벤트 등록을 위해 다음과 같이 소스 코드를 추가합니다. 체크박스리스트의 아이템 리스트 등록은 소스 코드로 선언합니다.

ch11/CheckedListBoxEvent/CheckedListBoxEvent/Form1.cs

```
using System;
using System.Collections.Generic;
using System.ComponentModel;
using System.Data;
using System.Drawing;
using System.Linq;
using System.Text;
using System.Threading.Tasks;
using System.Windows.Forms;
```

```
namespace CheckedListBoxEvent
{
    public partial class Form1 : Form
    {
        public Form1()
        {
            InitializeComponent();
        }
        private void Form1_Load(object sender, EventArgs e)
        {
            // 소스 코드 추가
            checkedListBox1.Items.Add("심리학");
            checkedListBox1.Items.Add("경제학");
            checkedListBox1.Items.Add("행정학");
            checkedListBox1.Items.Add("컴퓨터학");
            checkedListBox1.Items.Add("법학");
        }

        private void button1_Click(object sender, EventArgs e)
        {
            // 소스 코드 추가
            foreach(var dept in checkedListBox1.CheckedItems)
                listBox1.Items.Add(dept);
        }

        private void button2_Click(object sender, EventArgs e)
        {
            // 소스 코드 추가
            foreach (var dept in checkedListBox1.Items)
                listBox1.Items.Add(dept);
        }

        private void button3_Click(object sender, EventArgs e)
        {
            // 소스 코드 추가
            List<string> lstRemove = new List<string>();
```

```
                                                                                
            foreach (string dept in checkedListBox1.SelectedItems)
                lstRemove.Add(dept);

            foreach (string dept in lstRemove)
                listBox1.Items.Remove(dept);
        }

        private void button4_Click(object sender, EventArgs e)
        {
            // 소스 코드 추가
            listBox1.Items.Clear();
        }
    }
}
```

• **Step** 05 | **프로젝트 실행** : 단축키 Ctrl+F5를 눌러 실행 결과를 확인합니다.

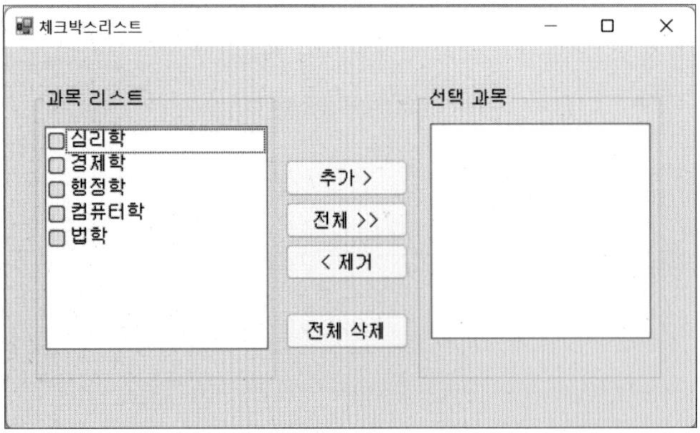

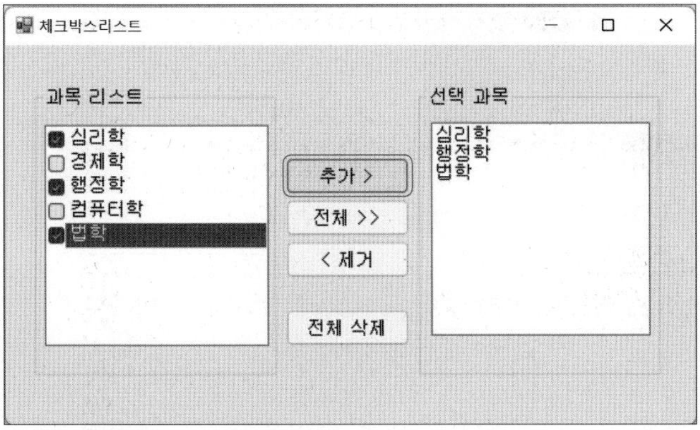

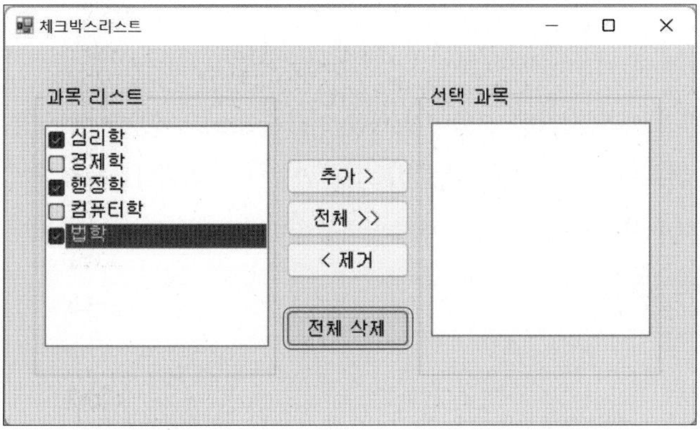

그림 11-14 실행 화면

Quiz (   )는 사용자가 항목을 선택하거나 직접 입력할 때 사용하는 컨트롤 도구입니다.

정답

콤보박스

4

날짜 계산기

DateTimePicker 컨트롤은 사용자가 날짜와 시간을 선택하기 위한 인터페이스를 제공할 때 사용하는 도구입니다. DateTimePicker 컨트롤에 설정되어 있는 기본값은 오늘 날짜입니다. 다음 예제에서는 선택할 날짜부터 오늘까지 경과된 일수를 계산하여 출력하겠습니다. 윈폼 디자인 화면에 배치할 컨트롤 도구의 종류와 속성은 다음 표와 같습니다.

표 11-6 컨트롤 도구의 종류와 속성

컨트롤 도구	용도	Text 속성	TextAlign 속성
Label1	레이블 제목	알고 싶은 날짜를 선택하세요.	–
Label2	레이블 제목	오늘까지 경과 일수	–
Label3	레이블 제목	일	–
DateTimePicker1	날짜 선택	–	–
TextBox1	경과 일수 출력	–	Right
Button1	이벤트 실행	날짜 계산하기	–

예제 11-05 선택한 날짜부터 오늘까지 경과된 일수 계산하기

• **Step 01 | 프로젝트 생성** : 프로젝트명은 'DateCalculator'로 입력합니다. 소스 파일명은 그대로 둡니다.

• **Step 02 | 디자인 구성** : 윈폼 화면에 DateTimePicker 컨트롤과 레이블, 텍스트박스, 버튼 컨트롤을 각각 배치합니다. 텍스트박스의 [TextAlignment] 속성을 Right로 설정합니다. 텍스트박스는 경과된 일수를 나타내기 위한 출력창으로 사용됩니다.

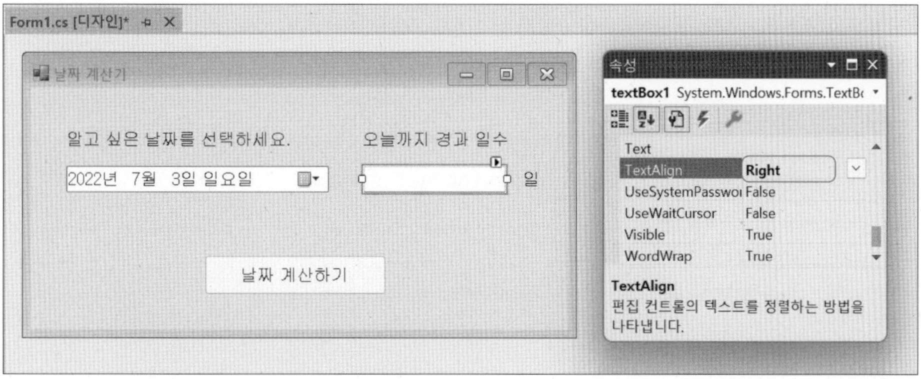

그림 11-15 디자인 화면

• **Step 03 | 이벤트 등록** : 윈폼 화면에서 〈날짜 계산하기〉 버튼을 더블클릭합니다. 그리고 이벤트 등록을 위해 다음과 같이 소스 코드를 추가합니다.

ch11/DateCalculator/DateCalculator/Form1.cs

```
using System;
using System.Collections.Generic;
using System.ComponentModel;
using System.Data;
using System.Drawing;
using System.Linq;
using System.Text;
using System.Threading.Tasks;
using System.Windows.Forms;

namespace DateCalculator
{
    public partial class Form1 : Form
    {
        public Form1()
```

```
        {
            InitializeComponent();
        }

        private void textBox1_TextChanged(object sender, EventArgs e)
        {

        }

        private void button1_Click(object sender, EventArgs e)
        {
            // 소스 코드 추가
            DateTime today = DateTime.Today;
            DateTime selectdDay = dateTimePicker1.Value;

            textBox1.Text = today.Subtract(selectdDay).
                TotalDays.ToString("0");
        }
    }
}
```

• **Step 04 | 프로젝트 실행** : 단축키 Ctrl+F5를 눌러 실행 결과를 확인합니다. 컨트롤 도구의 오른쪽 드롭다운을 눌러 특정 일자를 지정합니다. 그리고 〈날짜 계산하기〉 버튼을 누르게 되면 경과된 일수가 텍스트박스에 나타납니다.

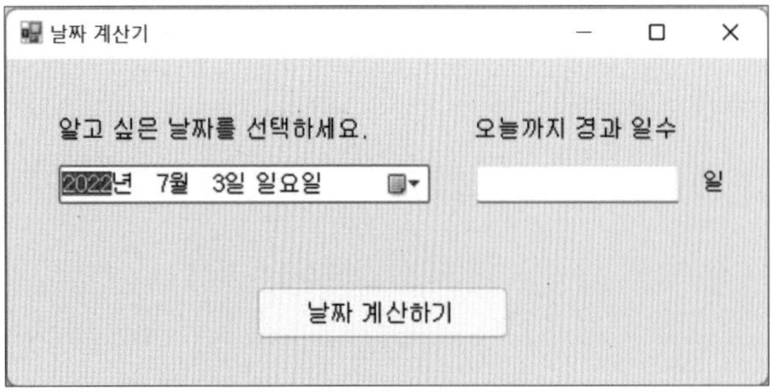

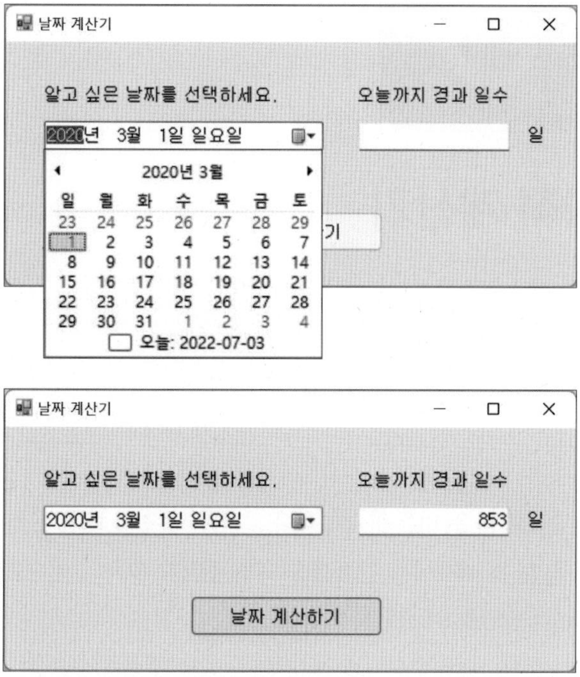

그림 11-16 실행 화면

Quiz DateTimePicker 컨트롤은 사용자가 날짜와 시간을 선택하기 위한 인터페이스를 제공할 때 사용하는 도구입니다. DateTimePicker 컨트롤에 설정되어 있는 기본값은 (　　　　　)입니다.

정답
오늘 날짜

5

성적 계산기

텍스트박스에 3개 과목의 점수를 각각 입력한 다음 버튼을 누릅니다. 그러면 총점과 평균을 산출하고 등급이 출력되도록 성적 계산기를 다음 예제에서 만들겠습니다. 총점과 평균의 점수는 수정할 수 없도록 텍스트박스의 [ReadOnly] 속성을 true로 설정합니다.

실행 화면에서 숫자를 입력할 때 입력된 숫자가 텍스트박스의 중앙에 표시되도록 [TextAlignment] 속성을 모두 Center로 설정합니다. 성적의 입력과 출력에 대한 컨트롤 도구는 모두 그룹박스로 묶어서 디자인합니다. 다음 예제에서 윈폼 디자인 화면에 배치할 컨트롤 도구의 종류와 속성은 다음 표와 같습니다.

표 11-7 컨트롤 도구의 종류와 속성

컨트롤 도구	용도	Text 속성	TextAlign 속성	TextAlign 속성
GroupBox1	그룹 제목	성적 입력	–	–
GroupBox2	그룹 제목	성적 결과	–	–
GroupBox3	그룹 제목	평균 기준	–	–
Label1	레이블 제목	행정학	–	–
Label2	레이블 제목	경영학	–	–
Label3	레이블 제목	통계학	–	–
Label4	레이블 제목	총점	–	–
Label5	레이블 제목	평균	–	–

Label6	레이블 제목	등급 (FontSize 25pt)	MiddleCenter	–
TextBox1	행정학 점수 입력	–	Center	False
TextBox2	경영학 점수 입력	–	Center	False
TextBox3	통계학 점수 입력	–	Center	False
TextBox4	총점 출력	–	Center	True
TextBox5	평균 출력	–	Center	True
Button1	이벤트 실행	성적 산출하기	–	–
Button2	이벤트 실행	성적 산출하기	–	–

예제 11-06 **3개의 과목 점수에 대한 총점과 평균 산출하기**

• **Step 01 | 프로젝트 생성** : 프로젝트명은 'GradeCalculator'로 입력합니다. 소스 파일명은 그대로 둡니다.

• **Step 02 | 디자인 구성** : 텍스트박스 5개와 버튼 1개를 윈폼 화면에 배치합니다. 모든 텍스트박스를 선택한 다음 [TextAlignment] 속성을 Center로 한꺼번에 설정합니다. 등급을 출력하는 레이블과 성적을 산출하는 버튼에 대한 디자인은 다음 그림을 참조하여 디자인합니다.

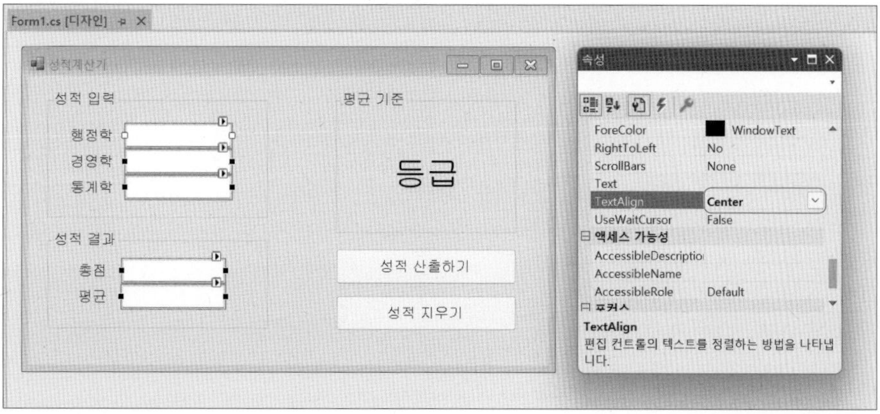

그림 11-17 디자인 화면

• **Step 03 | 텍스트박스 속성 변경** : 총점과 평균의 점수는 수정할 수 없도록 텍스트박스의 [ReadOnly] 속성을 true로 설정합니다.

그림 11-18 총점과 평균의 텍스트박스 속성 변경

• **Step 04 | 이벤트 등록** : 윈폼 화면에서 〈성적 산출〉 버튼을 더블클릭합니다. 그리고 이벤트 등록을 위해 다음과 같이 소스 코드를 추가합니다.

ch11/GradeCalculator/GradeCalculator/Form1.cs

```
using System;
using System.Collections.Generic;
using System.ComponentModel;
using System.Data;
using System.Drawing;
using System.Linq;
using System.Text;
using System.Threading.Tasks;
using System.Windows.Forms;

namespace GradeCalculator
{
    public partial class Form1 : Form
    {
        public Form1()
```

```
        {
            InitializeComponent();
        }

        private void Form1_Load(object sender, EventArgs e)
        {

        }

        private void button1_Click(object sender, EventArgs e)
        {
            // 소스 코드 추가
            if (textBox1.Text == "" || textBox2.Text == "" ||
                textBox3.Text == "")
            {
                MessageBox.Show("누락된 점수 발생!!\n" +
                    "프로그램을 다시 시작합니다.", "경고",
                    MessageBoxButtons.OK,
                    MessageBoxIcon.Exclamation);

                Application.Restart();  // 프로그램 재시작
               // Close();    프로그램을 종료할 때 선언
            }

            double d1, d2, d3, avg, sum;
            d1 = Convert.ToDouble(textBox1.Text);
            d2 = Convert.ToDouble(textBox2.Text);
            d3 = Convert.ToDouble(textBox3.Text);

            if ((d1 > 100 || d1 < 0) || (d2 > 100 || d2 < 0) ||
                (d3 > 100 || d3 < 0))
            {
                MessageBox.Show("점수 입력 과정에서 오류 발생!!\n" +
                    "점수를 다시 입력하세요.", "입력 오류",
                   MessageBoxButtons.OK,
                   MessageBoxIcon.Error);

```

```
                textBox1.Text = String.Empty;
                textBox2.Text = String.Empty;
                textBox3.Text = String.Empty;
                textBox4.Text = String.Empty;
                textBox5.Text = String.Empty;

                label6.Text = String.Empty;
            }
            else
            {
                sum = d1 + d2 + d3;
                avg = sum / 3;

                textBox4.Text = sum.ToString();
                textBox5.Text = avg.ToString("0.0");

                string grade = "";
                if (avg >= 90)
                    grade = "A";
                else if (avg >= 80)
                    grade = "B";
                else if (avg >= 70)
                    grade = "C";
                else if (avg >= 60)
                    grade = "D";
                else
                    grade = "F";

                label6.Text = grade + "학점";

                string str = "";
                str += "최종 성적은 다음과 같습니다." + "\n";
                str += "▶ 총점 : " + sum + "\n";
                str += "▶ 평균 : " + avg + "\n";
                str += "▶ 등급 : " + grade + "학점";

                MessageBox.Show(str, "성적 결과",
```

```
                        MessageBoxButtons.YesNo,
                        MessageBoxIcon.Information);
            }
        }

        private void button2_Click(object sender, EventArgs e)
        {
            // 소스 코드 추가 : 텍스트박스와 레이블의 문자열을 모두 비움
            textBox1.Text = String.Empty;
            textBox2.Text = String.Empty;
            textBox3.Text = String.Empty;
            textBox4.Text = String.Empty;
            textBox5.Text = String.Empty;
            label6.Text = String.Empty;
        }

    }
}
```

• **Step 05 | 프로젝트 실행** : 단축키 Ctrl+F5를 눌러 실행 결과를 확인합니다. 소스 코드가 복잡해서 실행하는 과정을 단계별로 설명하겠습니다.

① 점수가 입력되지 않았을 경우 : 메시지박스 〈확인〉 클릭 → 프로그램 재시작

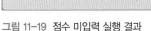

그림 11-19 점수 미입력 실행 결과

② 점수의 허용 범위가 아닌 경우 : 메시지박스 〈확인〉 클릭 → 성적 입력 칸은 자동으로 비워짐

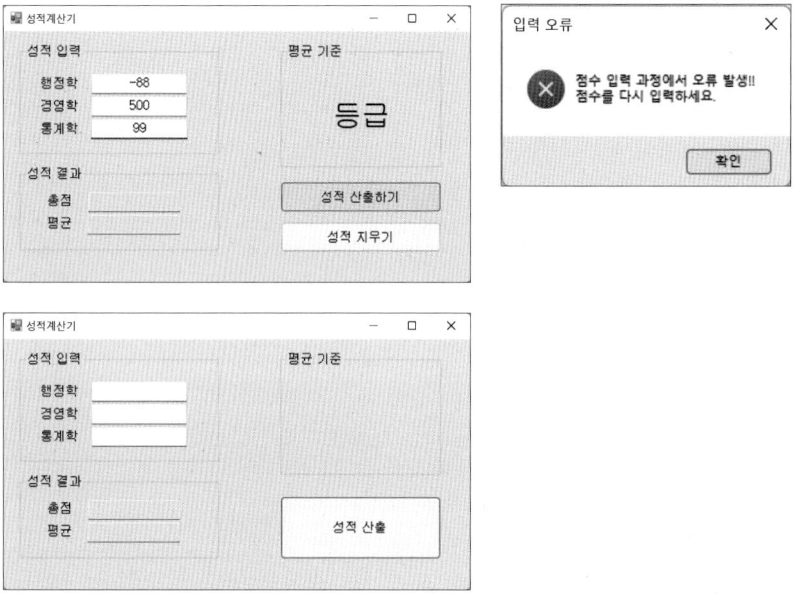

그림 11-20 점수의 허용 범위 초과

③ 정상적으로 점수 입력 : 총점과 평균, 등급 산출 → 레이블에 등급 출력 → 최종 성적 결과를 메시지박스에 출력

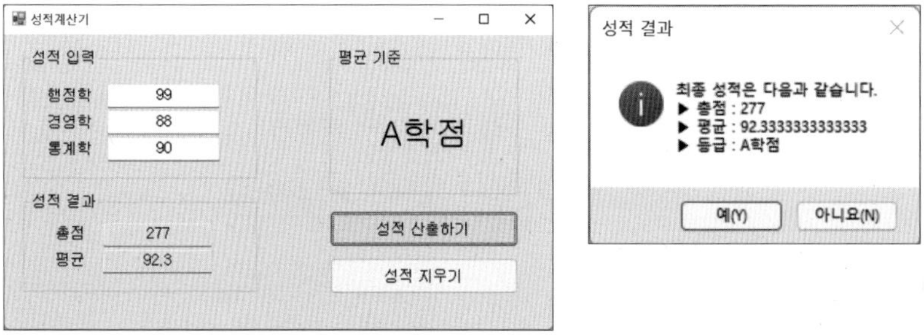

그림 11-21 정상적인 실행 결과

④ 〈성적 지우기〉 버튼 클릭 → 텍스트박스에 입력했던 3개 과목의 점수와 레이블에 표기된 등급을 모두 지움

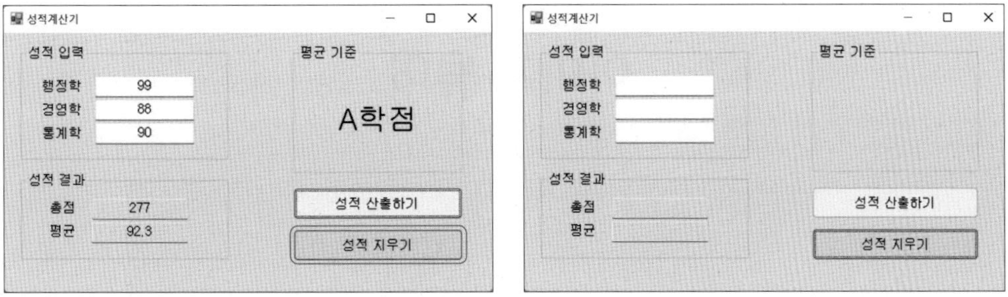

그림 11-22 성적지우기

6

이미지 뷰어

여기서는 그림 파일을 불러오는 이미지 뷰어를 생성하는 방법에 대해 살펴보겠습니다. 윈폼 디자인 화면에 MenuStip, PictureBox, OpenFileDialog 컨트롤을 배치합니다. PictureBox 컨트롤은 부모 컨테이너에 도킹합니다. 이미지 파일은 여러 포맷 형식을 지원합니다. 다음 예제에서 윈폼 디자인 화면에 배치할 컨트롤 도구의 종류와 속성은 다음 표와 같습니다.

표 11-8 컨트롤 도구의 종류와 속성

컨트롤 도구	용도	크기 모드 속성
MenuStip	메뉴바	–
PictureBox	이미지 로드	Normal StretchImage AutoSize CenterImage Zoom
OpenFileDialog	해당 파일을 찾아서 선택	–

예제 11-07 다양한 포맷 형식의 이미지 파일 불러오기

• **Step 01 | 프로젝트 생성** : 프로젝트명은 'ImageViewerEvent'로 입력합니다. 소스 파일명은 그대로 둡니다.

• **Step 02 | 컨트럴 도구 배치** : MenuStip, PictureBox, OpenFileDialog 컨트롤을 각각 디자인 화면에 배치합니다.

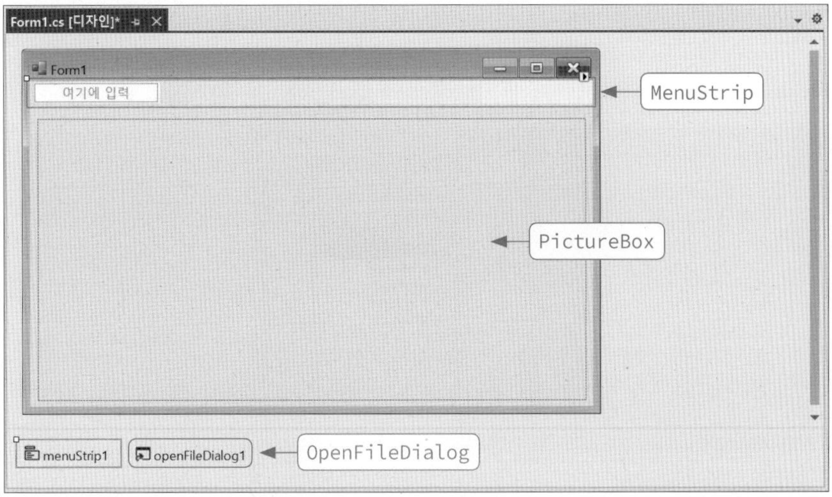

그림 11-23 디자인 화면에 컨트롤 배치

• **Step 03 | 메뉴 항목 추가** : MenuStip 컨트롤의 [여기에 입력]을 눌러 메인 메뉴 3개 항목(이미지선택, 크기조절. 종료)을 각각 추가합니다.

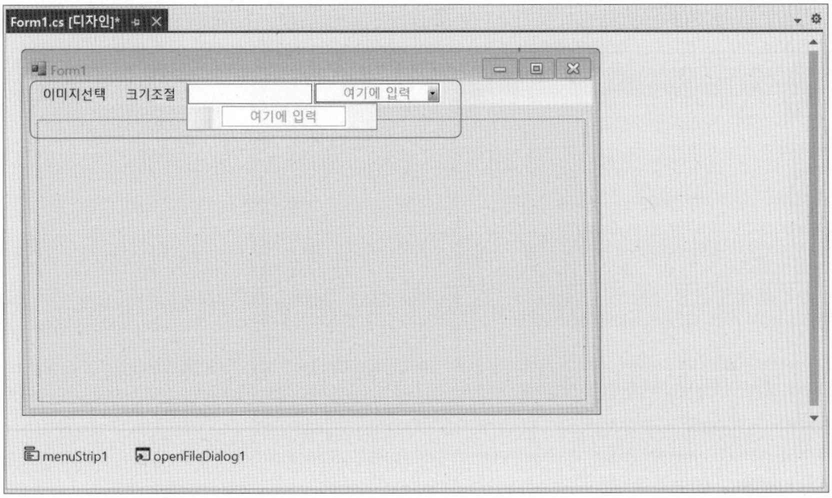

그림 11-24 메인 메뉴 항목 3개 추가

• **Step 04 | 크기 모드 종류 확인** : PictureBox의 [▶]을 눌러 [크기 모드]의 종류를 살펴봅니다.

```
크기 모드: Normal / StretchImage / AutoSize / CenterImage / Zoom
```

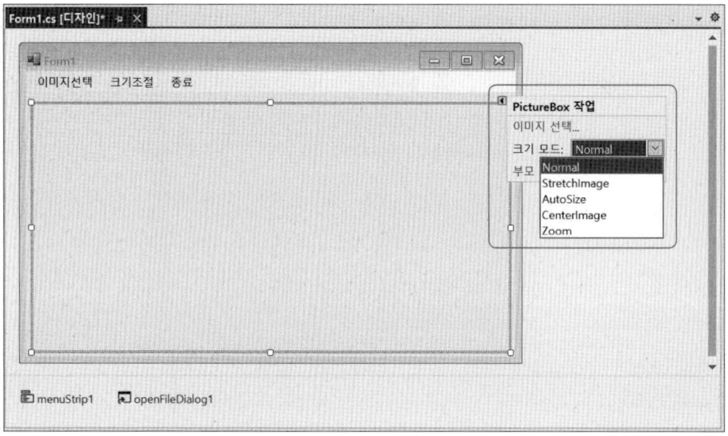

그림 11-25 PictureBox의 크기 모드 확인

• **Step 05 | 크기조절 서브 메뉴 설정** : 크기모드에서 확인한 5개의 유형을 [크기조절] 항목의 서브 메뉴로 추가합니다.

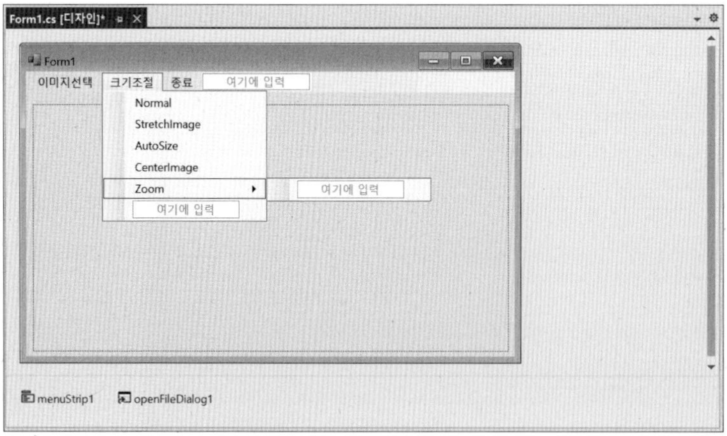

그림 11-26 크기조절 서브 메뉴 추가

• **Step 06 | 서브 메뉴 추가 설정** : [이미지선택]에서 '파일열기', [종료]에는 '프로그램' 종료 서브 메뉴를 각각 추가합니다.

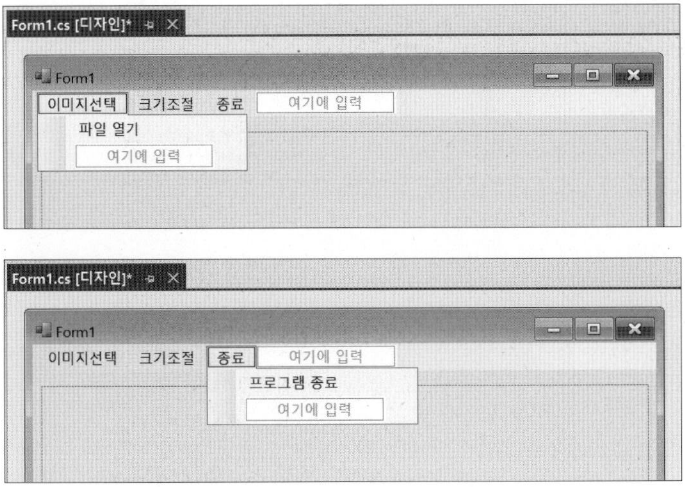

그림 11-27 서브 메뉴 추가

• **Step 07 | 이벤트 등록** : [이미지선택]의 서브 메뉴인 [파일 열기]를 더블클릭합니다. 그리고 이벤트 등록을 위해 다음과 같이 소스 코드를 추가합니다. 다른 서브 메뉴 항목도 각각 더블클릭 후 소스 코드를 추가하면 됩니다.

ch11/ImageViewerEvent/ImageViewerEvent/Form1.cs

```
using System;
using System.Collections.Generic;
using System.ComponentModel;
using System.Data;
using System.Drawing;
using System.Linq;
using System.Text;
using System.Threading.Tasks;
using System.Windows.Forms;

namespace ImageViewerEvent
{
```

```
    public partial class Form1 : Form
    {
        public Form1()
        {
            InitializeComponent();

            // 소스 코드 추가
            this.Text = "이미지 뷰어";
            pictureBox1.BackColor = Color.White;
        }

        private void 파일열기ToolStripMenuItem_Click(
            object sender, EventArgs e)
        {
            // 소스 코드 추가
            openFileDialog1.Filter = "이미지 파일(.jpg)|" +
                "*.jpg|모든 파일(*.*)|*.*";
            openFileDialog1.Title = "이미지 열기";
            openFileDialog1.FileName = "";
            openFileDialog1.ShowDialog();

            if(openFileDialog1.FileName != "")
            {
                pictureBox1.Image = new Bitmap(
                    openFileDialog1.FileName);
            }
            pictureBox1.SizeMode = PictureBoxSizeMode.Zoom;
        }

        private void normalToolStripMenuItem_Click(
            object sender, EventArgs e)
        {
            // 소스 코드 추가
            pictureBox1.SizeMode=PictureBoxSizeMode.Normal;
        }

        private void stretchImageToolStripMenuItem_Click(
```

```
            object sender, EventArgs e)
        {
            // 소스 코드 추가
            pictureBox1.SizeMode = PictureBoxSizeMode.StretchImage;
        }

        private void autoSizeToolStripMenuItem_Click(
            object sender, EventArgs e)
        {
            // 소스 코드 추가
            pictureBox1.SizeMode = PictureBoxSizeMode.AutoSize;
        }

        private void centerImageToolStripMenuItem_Click(
            object sender, EventArgs e)
        {
            // 소스 코드 추가
            pictureBox1.SizeMode = PictureBoxSizeMode.CenterImage;
        }

        private void zoomToolStripMenuItem_Click(
            object sender, EventArgs e)
        {
            // 소스 코드 추가
            pictureBox1.SizeMode = PictureBoxSizeMode.Zoom;
        }

        // 소스 코드 추가 : 폼 크기 변화를 연동하기 위한 메서드
        protected override void OnPrint(PaintEventArgs e)
        {
            pictureBox1.SizeMode = PictureBoxSizeMode.Zoom;
        }

        private void 프로그램종료ToolStripMenuItem_Click(
            object sender, EventArgs e)
        {
            // 소스 코드 추가
```

```
                Close();
            }
        }
}
```

• **Step 08** | **프로젝트 실행** : 단축키 Ctrl+F5를 눌러 실행 결과를 확인합니다. 이미지 파일을 연 다음 서브 메뉴를 눌러 이미지의 변화를 살펴봅니다.

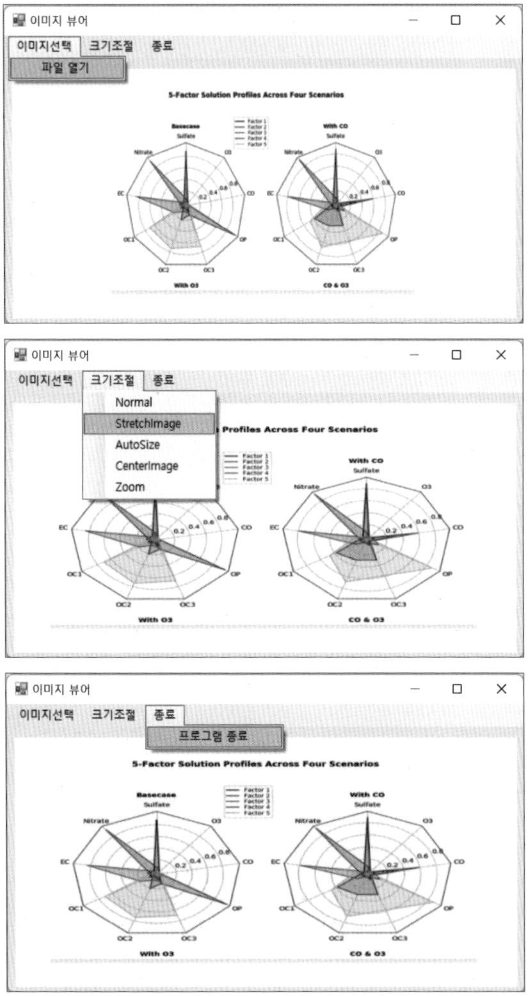

그림 11-28 실행 화면

7

디지털 알람 시계

하나의 윈폼 화면에서 여러 개의 페이지를 직관적으로 표현할 때는 TabControl 컨트롤을 사용합니다. 이 컨트롤을 사용하여 알람 기능이 있는 디지털시계를 다음 예제에서 만들도록 하겠습니다. 도구 목록에서 TabControl 컨트롤을 드래그 앤 드롭하여 2개의 페이지를 디자인 화면에 배치합니다.

첫 번째 탭에는 알람을 위한 날짜와 시간을 설정합니다. 그리고 두 번째 탭에는 디지털시계를 표시합니다. 윈폼 디자인 화면에 배치할 컨트롤 도구의 종류와 속성은 다음 표와 같습니다.

표 11-9 TabControl 도구의 속성

컬렉션	편집기	컨트롤 도구	용도	Text 속성	Format 속성
tabPage1	알람 설정	Label1	레이블 제목	날짜 설정	–
		Label2	레이블 제목	시간 설정	–
		DateTimePicker1		–	Long
		DateTimePicker2		–	Time
		Button1		설정	–
		Button2		해제	–
tabPage2	디지털시계	GroupBox1	그룹 제목	현재 시각	–
		Label3		알람 설정	–
		Label4		Alarm :	–
		Label5		Date	–
		Label6	FontSize 20pt	Time	–
		PictureBox	아이콘 이미지	크기 모드 속성 : StretchImage	

예제 11-08 TabControl 컨트롤을 사용하여 디지털 알람 시계 만들기

• **Step 01 | 프로젝트 생성** : 프로젝트명은 'TabControlEvent'로 입력합니다. 소스 파일명은 그대로 둡니다.

• **Step 02 | 디자인 화면에 컨트럴 배치** : 디자인 화면에 TabControl 컨트롤을 드래그하여 배치합니다. 그리고 TabPages 속성(컬렉션)에서 [...]을 누릅니다.

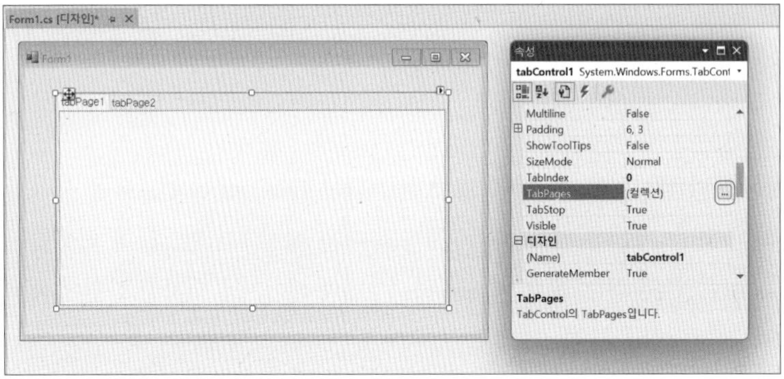

그림 11-29 디자인 화면

• **Step 03 | TabPages 속성 설정** : TabPages 속성창에서 tabPage1의 Text 속성은 '알람 설정', tabPage2의 Text 속성은 '디지털시계'로 각각 변경합니다. 그런 다음 <확인>을 누릅니다.

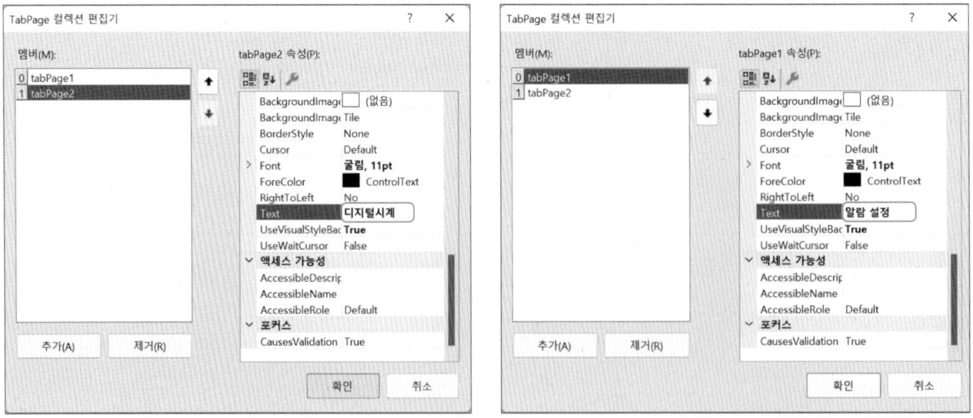

그림 11-30 TabPages 속성 설정

• **Step 04 | 알람 설정 탭 컨트롤 추가** : [알람 설정] 탭에 2개의 레이블(Label1 ~ Label2)과 DateTimePicker 컨트롤 2개를 배치합니다. 위쪽의 DateTimePicker 컨트롤은 날짜, 아래쪽은 시간을 설정하기 위함입니다. 그리고 버튼도 2개를 배치한 다음 버튼의 Text 속성을 '설정'과 '해제'로 변경합니다.

그림 11-31 [알람 설정] 탭의 컨트롤 배치

• **Step 05 | Format 속성 변경** : 날짜에 요일까지 표시되도록 DateTimePicker1의 속성을 'Long'으로 설정합니다. 그리고 DateTimePicker2의 속성은 'Time'으로 설정합니다.

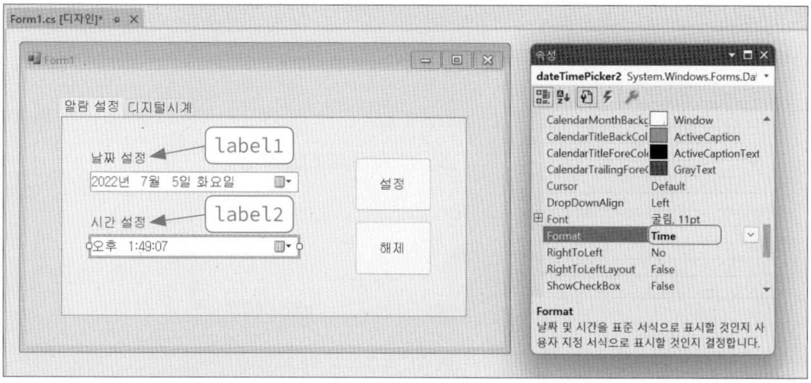

그림 11-32 Format 속성 설정

• **Step 06 | 디지털시계 탭에 다양한 컨트롤 추가** : [디지털시계] 탭을 누른 다음 위에서부터 4개의 레이블(Label3 ~ Label6)과 그룹박스 1개를 각각 배치합니다. 그리고 레이블의 Text 속성을 Label3은 '알람 설정', Label4는 'Alam' , Label5는 'Date', Label6은 'Time'으로 변경합니다.

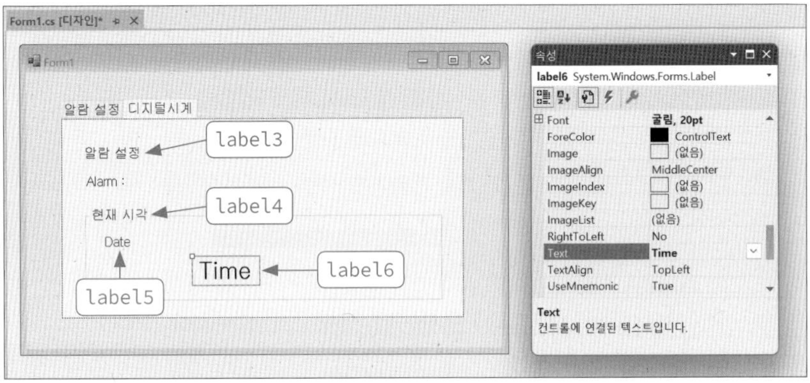

그림 11-33 [디지털시계] 탭에 다양한 컨트롤 배치

• **Step 07 | 디지털시계 탭에 이미지박스 추가** : [디지털시계] 탭에 알람 시계 이미지의 아이콘을 추가하기 위해 PictureBox 컨트롤 도구를 추가합니다.

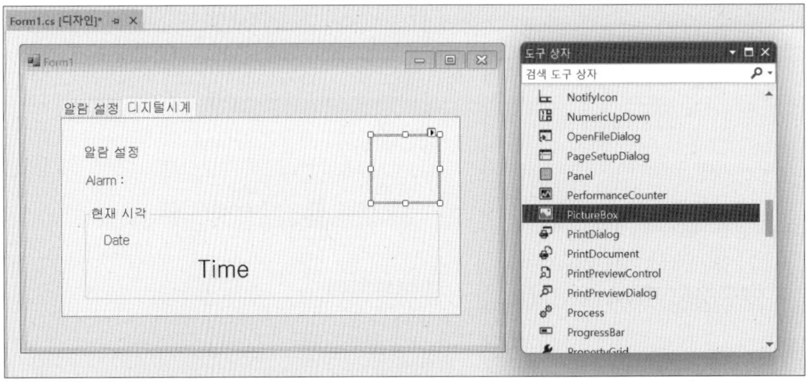

그림 11-34 [디지털시계] 탭에 이미지박스 컨트롤 배치

• **Step** 08 | **이미지 속성 설정** : PictureBox 컨트롤 도구가 선택된 상태에서 [Image] 속성의 [...]을 누릅니다.

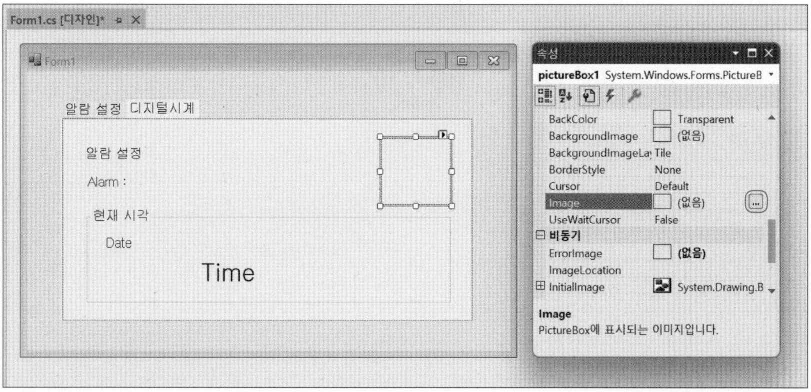

그림 11–35 [Image] 속성 선택

• **Step** 09 | **이미지 파일 선택** : [리소스 선택] 창에서 [로컬 리소스]-[가져오기]를 클릭하여 알람 시계 이미지의 아이콘을 선택합니다. 본인이 넣고 싶은 다른 이미지 파일을 선택해도 됩니다. 여기서 사용한 이미지는 [소스 파일]–[ch11]–[02_icon] 폴더에 존재합니다. 이미지 파일을 선택하였다면 〈확인〉을 누릅니다.

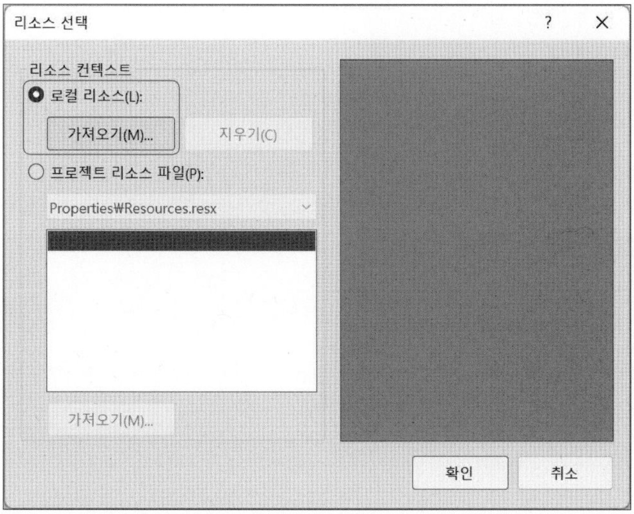

그림 11-36 이미지 파일 선택

• **Step 09 | 이미지 크기 속성 설정** : PictureBox 컨트롤 도구에서 [▶]을 눌러 이미지의 크기를 'StretchImage' 속성으로 설정합니다.

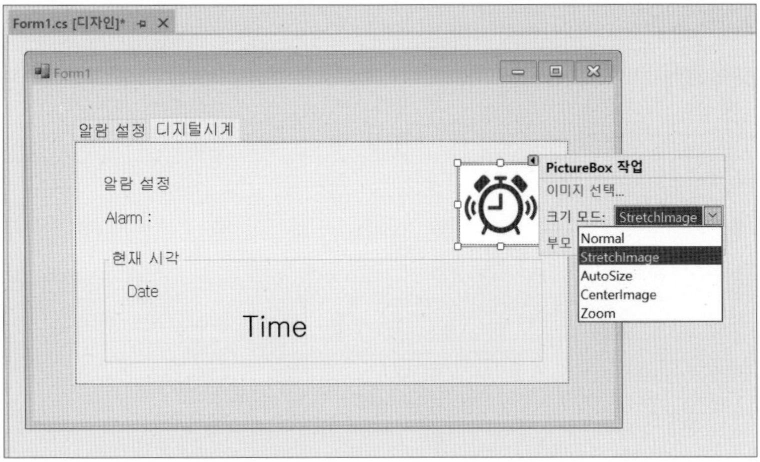

그림 11-37 이미지박스 크기 속성 설정

• **Step** 10 | **이벤트 등록** : [알림 설정] 탭에서 〈설정〉 버튼을 더블클릭합니다. 그리고 이벤트 등록을 위해 다음과 같이 소스 코드를 추가합니다. 다른 컨트롤도 각각 더블클릭 후 소스 코드를 추가하면 됩니다.

ch11/TabControlEvent/TabControlEvent/Form1.cs

```
using System;
using System.Collections.Generic;
using System.ComponentModel;
using System.Data;
using System.Drawing;
using System.Linq;
using System.Text;
using System.Threading.Tasks;
using System.Windows.Forms;

namespace TabControlEvent
{
    public partial class Form1 : Form
    {
        // 소스 코드 추가
        private Timer myTimer = new Timer();
```

```
        private DateTime dDay;
        private DateTime tTime;
        private bool setAlarm;

        public Form1()
        {
            InitializeComponent();

            // 소스 코드 추가
            label4.ForeColor = Color.Gray;
            label3.ForeColor = Color.Gray;

            dateTimePicker2.Format = DateTimePickerFormat.Custom;
            dateTimePicker2.CustomFormat = "tt hh:mm";

            myTimer.Interval = 1000;
            myTimer.Tick += MyTimer_Tick;
            myTimer.Start();

            tabControl1.SelectedTab = tabPage2;
        }

        // 소스 코드 추가
        private void MyTimer_Tick(object sender, EventArgs e)
        {
            DateTime cTime = DateTime.Now;
            label5.Text = cTime.ToShortDateString();
            label6.Text = cTime.ToLongTimeString();

            if(setAlarm == true)
            {
                if(dDay == DateTime.Today &&
                    cTime.Hour == tTime.Hour &&
                    cTime.Minute == tTime.Minute)
                {
                    setAlarm = false;
                    MessageBox.Show("알람 시각을 알려줍니다!", "알람 통보",
```

```
                        MessageBoxButtons.YesNoCancel,
                        MessageBoxIcon.Information);
                }
            }
        }

        private void button1_Click(object sender, EventArgs e)
        {
            // 소스 코드 추가
            dDay = DateTime.Parse(dateTimePicker1.Text);
            tTime = DateTime.Parse(dateTimePicker2.Text);

            setAlarm = true;
            label3.ForeColor= Color.Red;
            label4.ForeColor = Color.Blue;
            label4.Text = "Alarm : " + dDay.ToShortDateString() + " "
                + tTime.ToLongTimeString();
            tabControl1.SelectedTab= tabPage2;
        }

        private void button2_Click(object sender, EventArgs e)
        {
            // 소스 코드 추가
            setAlarm = false;
            label3.ForeColor = Color.Gray;
            label4.ForeColor = Color.Green;
            label4.Text = "Alarm : ";
            tabControl1.SelectedTab= tabPage2;
        }
    }
}
```

• **Step 11** | **프로젝트 실행** : 단축키 Ctrl+F5를 눌러 실행 결과를 확인합니다. 실행 화면에서 [알람 설정] 탭을 누른 다음 알람 시각 1분 후로 설정합니다. 잠시 후 1분이 경과되면 메시지박스에서 알림을 보여줍니다.

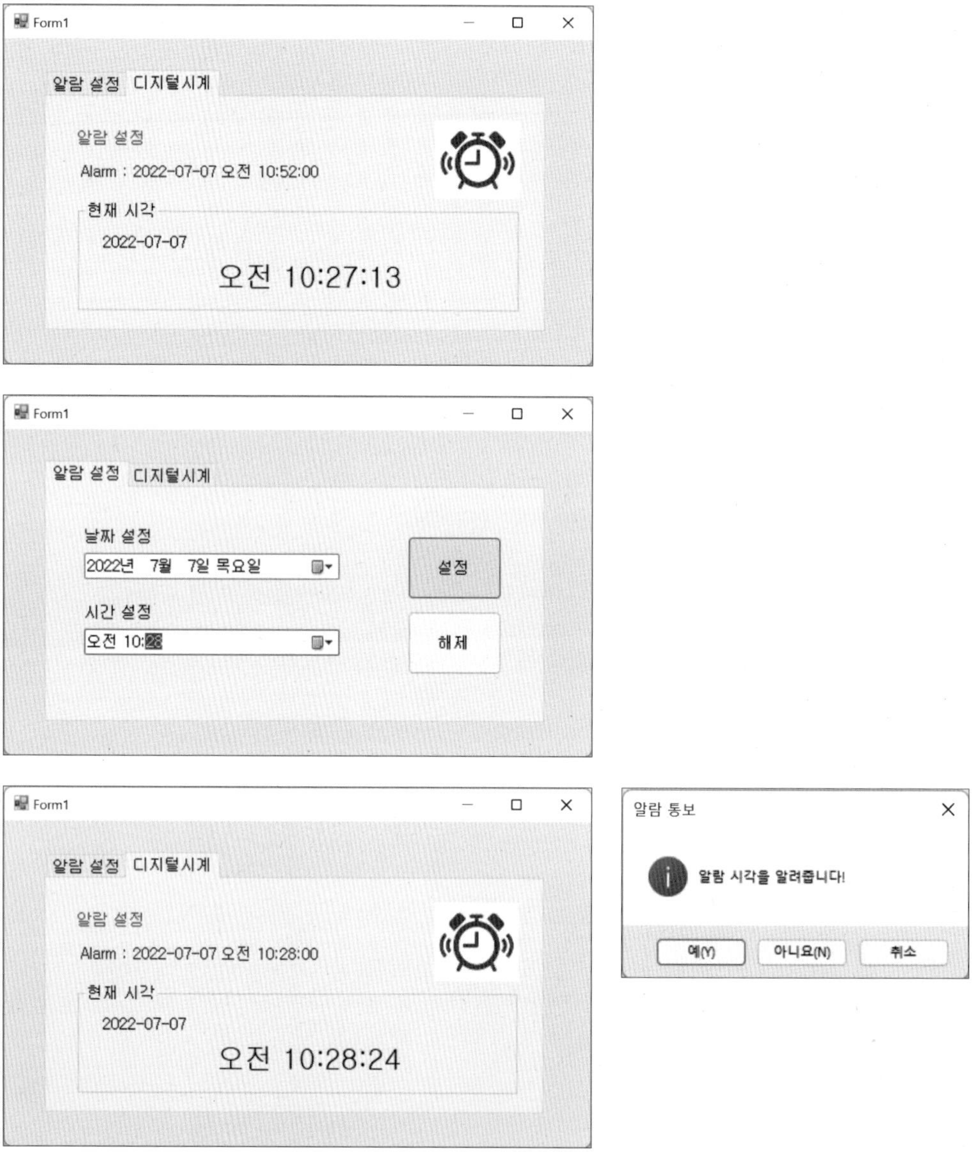

그림 11-38 실행 화면

Quiz PictureBox 컨트롤은 ( )컨테이너에 도킹하고 이미지 파일은 여러 포맷 형식을 지원합니다.

정답

부모

도전문제 문자열 연결과 형 변환 연산자 및 콤보박스의 인덱스 익히기

1 프로그램 소스 코드를 보고 빈칸을 채워 완성하시오.

```
private void button1_Click(object sender, EventArgs e)
{
    // 소스 코드 추가
    string str;

    str = "등록일 : " + maskedTextBox1.Text + "\n";
    str += "휴대폰번호 : " + maskedTextBox2.Text + "\n";
    [        ]"이메일주소 : " + textBox1.Text;

    DialogResult result = MessageBox.Show([        ], "아이콘 표시",
            MessageBoxButtons.YesNoCancel,
            MessageBoxIcon.Information);
}
```

Hint 문자열을 계속해서 연결하기 위해 사용하는 연산자를 생각해 보세요. 문자열 변수와 문자열 변수에 대해 덧셈 연산을 하게 되면 문자열을 연결하여 출력할 수 있습니다.

정답

```
str +=
str
```

2 프로그램 소스 코드를 보고 빈칸을 채워 완성하시오.

```
private void comboBox1_SelectedIndexChanged(
            object sender, EventArgs e)
{
    // 소스 코드 추가
    ComboBox cb = sender [          ] ComboBox;
    if [                          ]
    {
        string msg = "당신이 선택한 과목은 다음과 같습니다.\n";
        msg += "▶ 선택한 과목 : ";
        msg += cb.SelectedItem.ToString();

        MessageBox.Show(msg, "선택 결과",
                   MessageBoxButtons.YesNo,
                   MessageBoxIcon.Information);
    }
}
```

Hint 형 변환을 실패하게 되면 객체 참조를 null 값으로 반환해 주는 형 변환 연산자를 생각해 보세요. 콤보박스의 첫 번째 항목의 인덱스는 0입니다. if 문의 조건식에서 인덱스가 0보다 크거나 같다면 선택된 항목이 있다는 의미입니다.

정답

```
as
(cb.SelectedIndex > -1)
```

핵심점검

1 MaskedTextBox 컨트롤 도구를 사용하면 핸드폰 번호 또는 주민등록번호 등 텍스트박스에 입력되는 (　　　　　) 속성 형식을 제한할 수 있습니다.

2 DateTimePicker 컨트롤은 사용자가 날짜와 (　　　　)을 선택하기 위한 인터페이스를 제공할 때 사용하는 도구입니다.

3 TextAlignment 속성은 실행 화면에서 텍스트박스에 숫자를 입력할 때 입력된 숫자가 텍스트박스의 (　　　　)을 설정하기 위해 사용합니다.

4 CheckedListBox 컨트롤은 체크박스가 있는 리스트박스입니다. 리스트박스에 비해 아이템 옆에 (　　　　)가 있으므로 더 직관적으로 선택할 수 있습니다.

5 화면에 메인 메뉴와 서브 메뉴를 보여주도록 화면을 디자인할 때 사용하는 컨트롤 도구는 (　　　　　)입니다.

정답 1 Mask 2 시간 3 정렬 4 체크박스 5 menuStip

연습문제

01 핸드폰 번호 또는 주민등록번호 등을 입력할 때 자릿수를 지정할 수 있는 컨트롤 도구는?

① DateTimePicker ② OpenFileDialog
③ MaskedTextBox ④ TabControl

02 사용자가 항목을 선택하거나 직접 입력할 때 사용하는 컨트롤 도구는?

① 체크박스 ② 콤보박스
③ 레이블 ④ 텍스트박스

03 콤보박스에서 두 번째 항목의 인덱스는?

① 0 ② 1
③ 2 ④ 3

04 객체가 특정 형식에 대한 해당 여부를 bool 값으로 반환해 주는 형 변환 연산자는?

① is ② as
③ new ④ Add

05 사용자가 날짜와 시간을 선택하기 위한 인터페이스를 제공할 때 사용하는 컨트롤은?

① TextAlignment ② MaskedTextBox
③ TabControl ④ DateTimePicker

06 윈폼 화면에 이미지를 보여줄 때 사용하는 컨트롤은?

① menuStip ② MaskedTextBox

③ PictureBox ④ OpenFileDialog

07 콤보박스에 들어갈 아이템을 추가하는 도구의 속성은?

① DataSource ② Items

③ DisplayMember ④ Tag

08 형 변환을 실패하게 되면 객체 참조를 null 값으로 반환하는 연산자는?

① is ② as

③ new ④ Add

09 텍스트박스에 표기되는 문자열을 왼쪽, 가운데, 오른쪽으로 정렬하는 속성은?

① Text ② Visible

③ TextAlign ④ WordWrap

10 하나의 윈폼 화면에서 여러 개의 페이지를 직관적으로 표현할 때 사용하는 컨트롤 도구는?

① MenuStip

② PictureBox

③ TabControl

④ OpenFileDialog

11 DateTimePicker 컨트롤 도구를 사용할 때 날짜가 아닌 시간을 선택할 수 있도록 설정하는 속성은?

① Text ② Visible

③ TextAlign ④ Format

12 TabControl 컨트롤 도구를 사용할 때 탭에 보여줄 문자열을 편집하는 속성은?

① Padding ② TabPages

③ TabStop ④ Visible

13 다음 그림과 같이 주메뉴와 서브 메뉴를 작성할 때 사용하는 컨트롤 도구는?

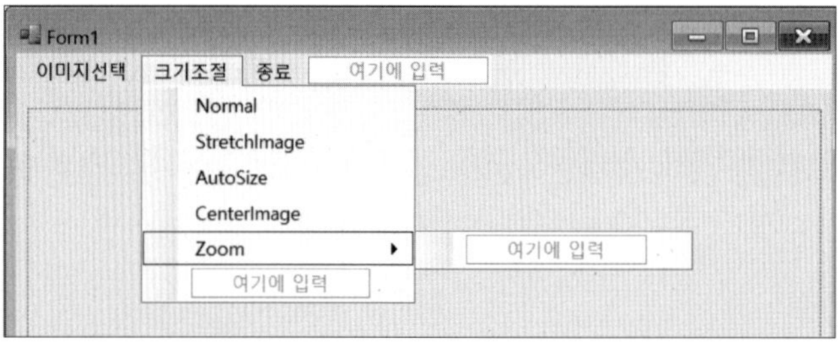

① MenuStip

② PictureBox

③ OpenFileDialog

④ ComboBox

14 윈폼 디자인 화면을 더블클릭하여 Form1_Load의 콤보박스에 3개(서울, 부산, 광주)의 아이템을 등록하는 소스 코드를 기술하시오.

```
private void Form1_Load(object sender, EventArgs e)
{
    // 소스 코드 추가



}
```

15 다음과 같이 주어진 컨트롤 도구에 대해 간략하게 설명하시오.

(1) menuStip 컨트롤 –

(2) PictureBox 컨트롤 –

(3) OpenFileDialog 컨트롤 –

프로그래밍 문제

01 다음 지시사항을 준수하여 프로그램을 작성하시오.

(1) 첫 번째 텍스트박스 : 점수 입력

점수	100초과 또는 음의 정수	100~90	89~80	79~70	69~60	60미만
등급	오류 메시지박스 출력	A	B	C	D	F

(2) 두 번째 텍스트박스의 [ReadOnly] 속성 : True

(3) 성적에 따른 등급 산출 : if…else if…else 조건문 사용

(4) 기타 사항은 실행 결과 참조

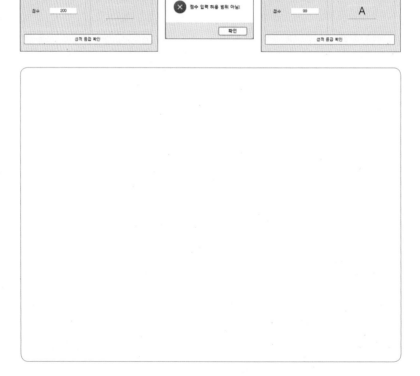

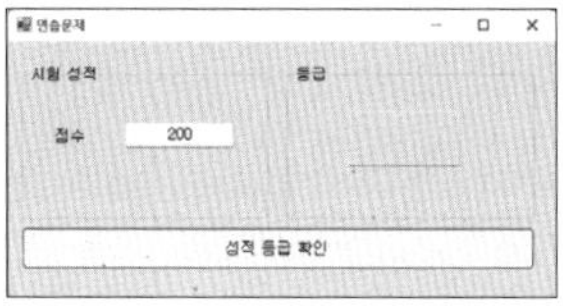

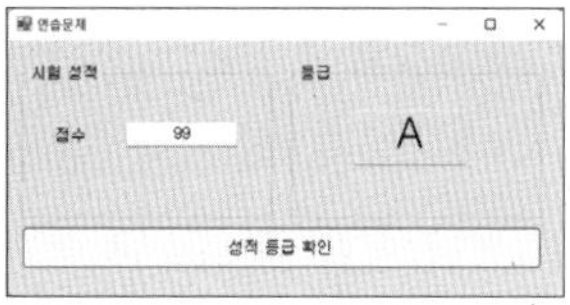

02 다음과 같이 MenuStip 컨트롤을 사용하여 윈폼 화면을 디자인하시오.

(1) 메인 메뉴 : 3개 선언 (학과명, 학년, 종료)

(2) 학과명의 서브 메뉴 : 법학과, 행정학과, 심리학과

(3) 학년의 서브 메뉴 : 1학년, 2학년, 3학년, 4학년

(4) 종료의 서브 메뉴 : 프로그램 종료

(5) 기타 사항은 실행 결과 참조

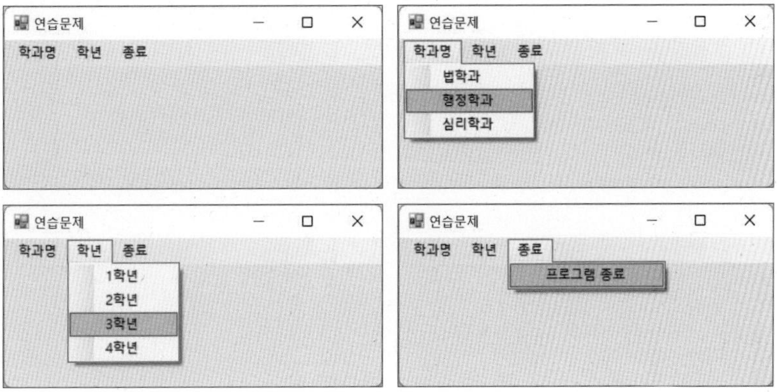

Chapter

12

WPF

1_WPF 개요
2_인사말 인터페이스
3_BMI 계산기
4_WPF 레이아웃
5_색상 보드 만들기

| 도전문제 | 핵심점검 |

| 연습문제 | 프로그래밍 문제 |

학습목표

- WPF의 개요에 대해 알아봅니다.
- WPF와 윈폼에 대한 차이점을 살펴봅니다.
- WPF 레이아웃에 대해 알아봅니다.
- WPF 인터페이스 기반에서 프로젝트를 생성하는 방법에 대해 알아봅니다.

SELF CHECK

1 WPF는 마이크로소프트사에서 2006년 개발한 데스크톱 클라이언트 애플리케이션을 생성하는 (사용자, 개발자) 인터페이스(UI) 프레임워크입니다.

2 WPF는 개발자와 프로그래머의 업무 영역을 (분담, 통합)하여 처리할 수 있다는 장점을 제공합니다.

3 (윈폼, WPF)은(는) 윈도우 운영체제에 맞춰진 UI를 구성하는 반면 (윈폼, WPF)은(는) 앱을 제작하기 위해 주로 사용합니다.

4 WPF는 디자인과 프로그램의 영역으로 로직이 (분리, 통합)되어 있으며 WPF를 사용함에 있어 이러한 부분이 가장 커다란 장점이라고 볼 수 있습니다.

5 WPF에서 사용하는 패널의 종류 중 가로와 세로로 그리드를 나누고 그 안에 자식들의 컨트롤 도구를 배치하는 패널은 (Grid, UniformGrid)입니다.

정답 1 사용자 2 분담 3 윈폼, WPF 4 분리 5 Grid

1

WPF 개요

1 WPF에 대한 이해

WPFWindows Presentation Foundation는 마이크로소프트사에서 2006년 개발하였습니다. WPF는 데스크톱 클라이언트 애플리케이션을 생성하는 사용자 인터페이스(UI) 프레임워크를 제공합니다. 윈폼은 2001년 .NET과 함께 등장한 기술이고 WPF는 2006년 .NET 3.0부터 등장한 새로운 기술입니다. WPF는 .NET의 환경 안에서 동작합니다. 그러므로 ASP.NET 또는 윈폼을 사용하여 .NET으로 애플리케이션을 빌드할 수 있습니다.

WPF의 주 언어로는 C#을 사용하며 XAMLExtensible Application Markup Language을 사용하여 디자인할 수 있습니다. WPF는 개발자와 프로그래머의 업무 영역을 분담하여 처리할 수 있다는 장점을 가지고 있습니다. 또한 WPF는 해상도와 관련하여 독립적인 벡터 기반 렌더링 엔진을 사용합니다. 이러한 기술을 기반으로 최신 그래픽 하드웨어도 충분히 활용할 수 있습니다.

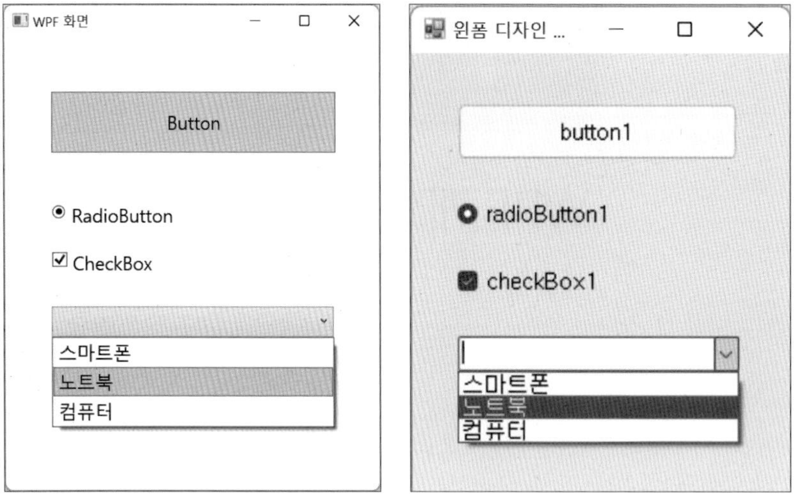

그림 12-1 WPF와 윈폼의 사용자 인터페이스 비교

2 WPF와 윈폼의 차이점

윈폼Winform은 윈도우 운영체제에 맞춰진 UIUser interface를 구성하는 반면 WPF는 앱을 제작하기 위해 주로 사용합니다. WPF는 벡터Vector 기반의 UI를 제공하기 때문에 윈폼에 비해 화면이 좀 더 부드럽게 표현됩니다.

Windows 운영체제에서 기본으로 제공하는 컨트롤을 표준 컨트롤이라고 합니다. WPF와 윈폼의 차이점에 대해 다음 표와 같이 정리하였습니다.

표 12-1 WPF와 윈폼의 차이점

구분	WPF	윈폼
개발 기간	개발 소요 기간 김	개발 소요 기간 비교적 짧음
인터페이스	벡터 기반 인터페이스 제공	컨트롤 도구를 이용한 UI 개발
프로그램 호환성	윈폼보다 늦게 출시되어 소스 부족	오랜 검증으로 다양한 소스 활용
표준 컨트롤	의존적이지 않아 커스터마이징 가능	의존적이라 확장성이 떨어짐

3 프로젝트 만들기

본격적으로 WPF 프로젝트를 생성하는 과정을 살펴보기 위해 다음 예제를 수행합니다.

예제 12-01 WPF 프로젝트 생성하기

• **Step 01 | 비주얼 스튜디오 실행** : WPF 프로젝트를 생성하기 위해 먼저 비주얼 스튜디오 프로그램을 실행합니다.

• **Step 02 | 프로젝트 템플릿 선택** : 새 프로젝트 템플릿은 'WPF 애플리케이션'을 선택하고 〈다음〉을 클릭합니다.

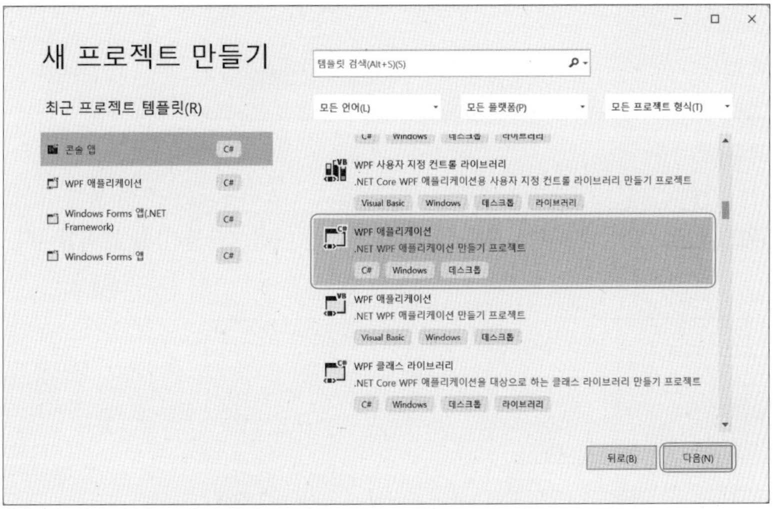

그림 12-2 새 프로젝트 템플릿 선택 화면

• **Step 03 | 프로젝트명 입력** : 프로젝트명은 'MyFirstWPF'로 입력합니다. 경로명은 각자 알아서 지정합니다. 여기서는 [ch12]로 설정하였습니다. 〈다음〉을 클릭합니다.

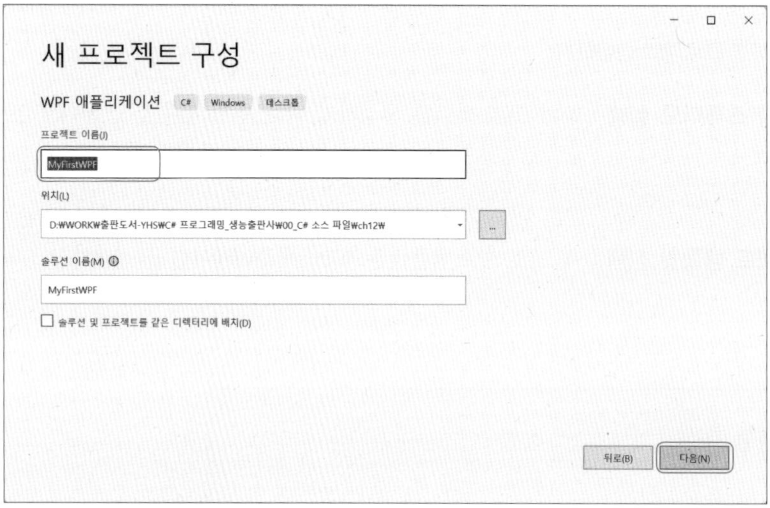

그림 12-3 프로젝트명과 경로 설정

• **Step 04 | 프레임워크 설정** : 대상 프레임워크를 'NET6.0' 설정한 다음 〈만들기〉를 클릭합니다.

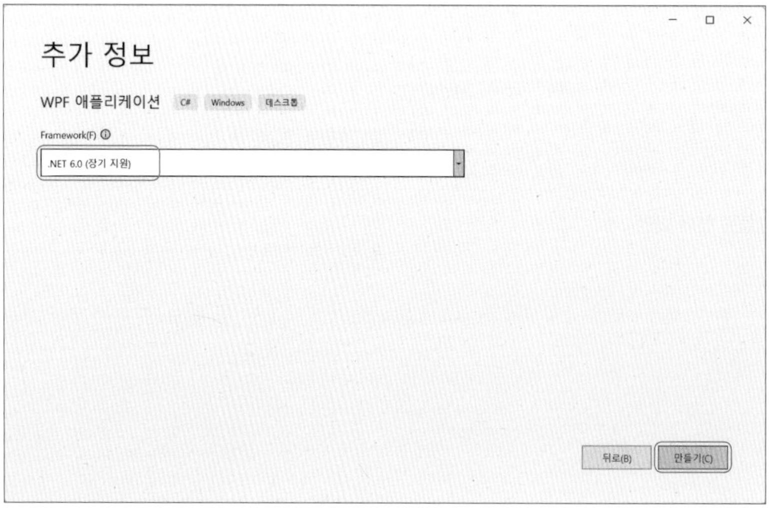

그림 12-4 대상 프레임워크 설정

• **Step 05 | WPF 프로젝트 메인 화면** : 새롭게 생성한 WPF 프로젝트의 메인 화면이 나타납니다. WPF는 사용자 인터페이스(UI)와 코드가 분리되어 있습니다.

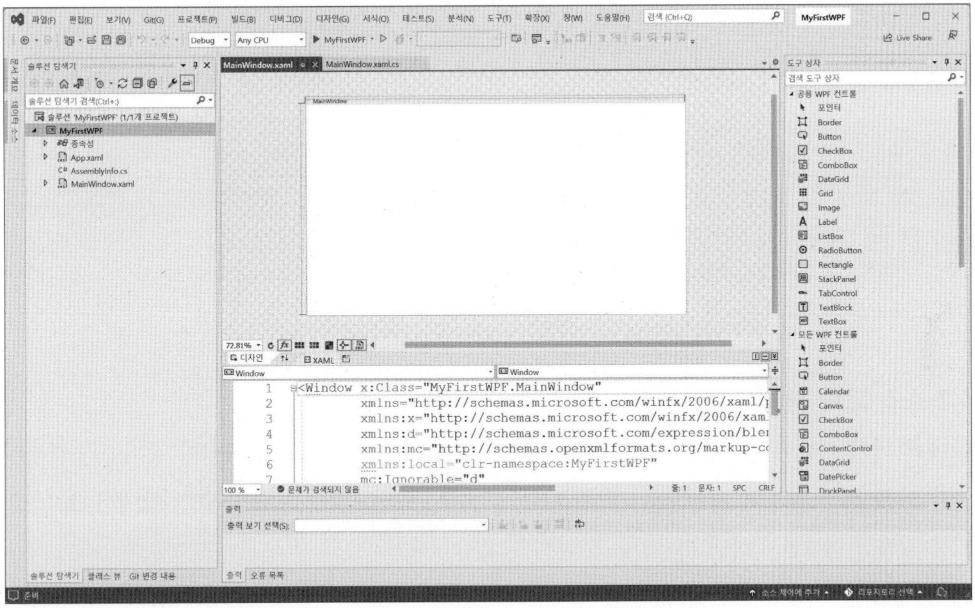

그림 12-5 WPF 프로젝트 메인 화면

4 WPF 프로젝트 구조

4.1 미리보기 창

WPF의 MainWindow의 미리보기 창에서는 XAML로 UI를 배치하는 화면 구성과 디자인 설정 등을 미리 볼 수 있습니다.

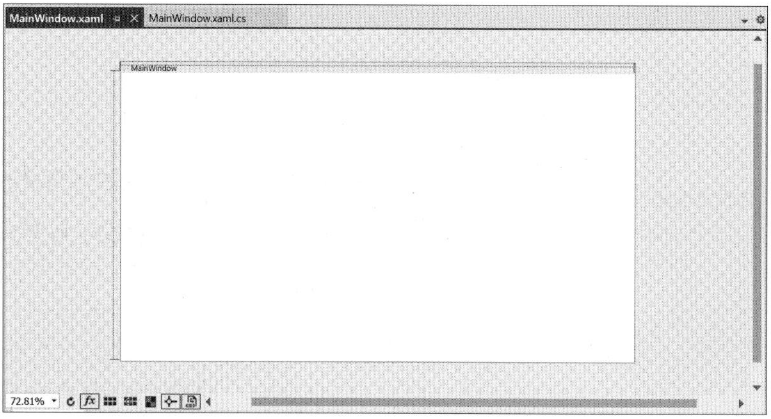
MainWindow.xaml
MainWindow.xaml.cs
MainWindow
72.81%

그림 12-6 WPF 미리보기 창

4.2 소스 코드 창

WPF의 메인 화면에 컨트롤 도구를 추가하게 되면 MainWindow.xaml 파일의 〈Grid〉...〈/Grid〉 구간 안에 소스 코드가 자동으로 생성됩니다. 또 다른 방법으로는 XAML 코드 창에서 소스 코드를 직접 입력하면서 화면 디자인을 꾸밀 수도 있습니다.

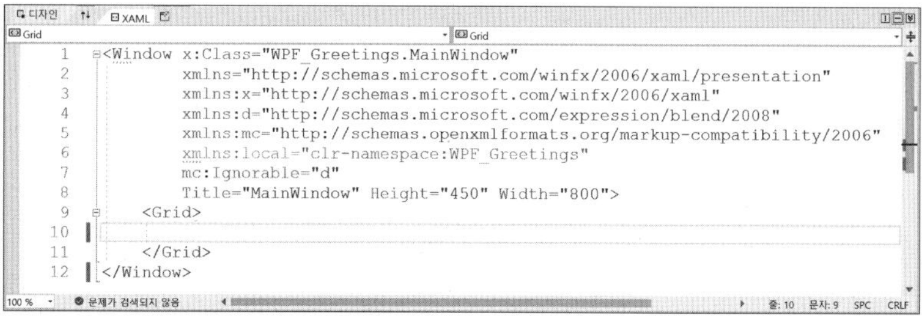
디자인
XAML
Grid
Grid
<Window x:Class="WPF_Greetings.MainWindow"
xmlns="http://schemas.microsoft.com/winfx/2006/xaml/presentation"
xmlns:x="http://schemas.microsoft.com/winfx/2006/xaml"
xmlns:d="http://schemas.microsoft.com/expression/blend/2008"
xmlns:mc="http://schemas.openxmlformats.org/markup-compatibility/2006"
xmlns:local="clr-namespace:WPF_Greetings"
mc:Ignorable="d"
Title="MainWindow" Height="450" Width="800">
<Grid>
</Grid>
</Window>
100 %
문제가 검색되지 않음
줄: 10
문자: 9
SPC
CRLF

그림 12-7 WPF 소스 코드 창

4.3 코드 구성 요소

WPF 프로젝트를 생성할 때마다 기본으로 제공되는 소스 코드에 대한 의미를 좀 더 자세하게 살펴보겠습니다.

```
<Window x:Class="MyFirstWPF.MainWindow"
        xmlns="http://schemas.microsoft.com/winfx/2006/
                xaml/presentation"
        xmlns:x="http://schemas.microsoft.com/winfx/2006/xaml"
        xmlns:d="http://schemas.microsoft.com/expression/blend/2008"
        xmlns:mc="http://schemas.openxmlformats.org/markup-
                    compatibility/2006"
        xmlns:local="clr-namespace:MyFirstWPF"
        mc:Ignorable="d"
        Title="MainWindow" Height="450" Width="800">
    <Grid>

    </Grid>
</Window>
```

- **x:Class** – C#의 네임 스페이스와 같은 의미로 이해하면 됩니다.
- **xmlns** – XML의 기본 네임스페이스 문법을 의미합니다. 주로 XAML에서 클래스나 속성 또는 이벤트를 선언할 때 사용합니다.
- **xmlns:x** – 'x'라는 네임스페이스를 XAML 코드에서 사용한다는 의미입니다. 클래스나 속성 또는 이벤트를 선언할 때는 'namespace x'를 정의해야 합니다.
- **xmlns:d** – 디자인을 사용하기 위한 네임스페이스를 선언합니다.
- **xmlns:mc** – XAML을 읽기 위한 태그의 호환성 모드를 나타내기 위해 지원하는 네임스페이스를 선언합니다.
- **xmlns:local** – 로컬에 대한 네임스페이스를 정의합니다.
- **mc:Ignorable="d"** – 런타임 XAML 파서가 "d:"에서 디자인의 특성을 무시할 수 있습니다.
- **Title** – MainWindow의 타이틀을 정의합니다. 응용 프로그램이 실행되면 좌측 상단에 위치한 타이틀 바에 문자열이 표시됩니다.
- **Height**과 **Width** – MainWindow의 높이와 너비를 의미하며 단위는 픽셀입니다.
- **<Grid>...</Grid>** – 컨트롤 도구를 메인 화면에 배치하게 되면 자동으로 소스 코드가 추가되는 구간이며 레이아웃을 제공하는 컨트롤입니다.

4.4 솔루션 탐색기

프로젝트를 새로 만들게 되면 솔루션 탐색기에는 프로젝트와 관련된 여러 종류의 파일 목록과 구성 관계를 보여줍니다. WPF는 속성의 기능을 확장하기 위해 사용할 수 있는 서비스의 집합을 제공합니다. 이러한 서비스를 WPF 속성 시스템이라고 합니다. WPF 속성 시스템의 지원을 받는 속성을 '종속성'이라고 합니다.

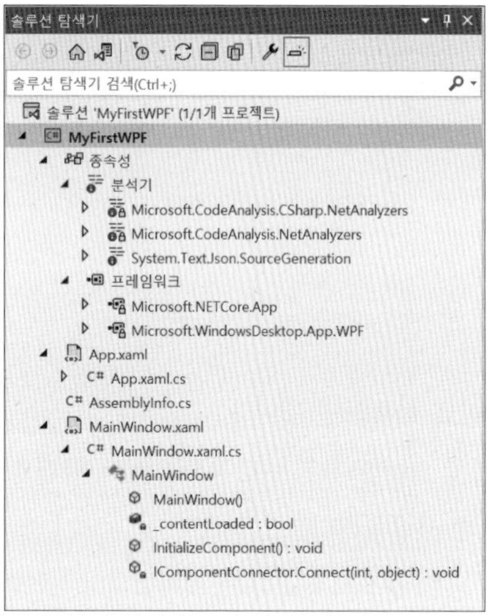

그림 12-8 솔루션 탐색기

- `App.xaml.cs` – 프로젝트가 시작될 때 실행되는 xaml을 의미하며 숨겨진 코드를 포함하고 있는 파일입니다.
- `AssemblyInfo.cs` – 프로젝트의 어셈블리에 대한 정보가 들어있습니다. 개발자가 직접 소스 코드를 작성하는 방법은 관련 명령어에 대한 사전 지식이 필요합니다. 하지만 소스 코드를 작성할 때 프로젝트 속성 창에서 설정하게 되면 마법사에 의해 자동으로 편집해 주는 소스 코드를 그대로 사용할 수 있다는 편리함을 이용할 수 있습니다.
- `MainWindow.xaml` – 메인 페이지에 대한 디자인과 코드에 대한 정보를 가지고 있습니다.

4.5 컨트롤 도구 상자

도구 상자에는 다양한 WPF 컨트롤 도구들이 등록되어 있습니다. MainWindow의 미리보기 창에 특정 컨트롤 도구를 대상으로 드래그 앤 드롭하여 사용자 인터페이스를 구성할 수 있습니다.

그림 12-9 컨트롤 도구 상자

5 WPF의 장점

WPF는 디자인과 프로그램의 영역으로 로직이 분리되어 있습니다. WPF를 사용함에 있어 이러한 부분이 가장 커다란 장점이라고 볼 수 있습니다. 디자인 영역은 XAML에서 수행하고 로직은 C#에서 역할을 분담하여 수행합니다. 디자인 영역에 대해서는 *.xaml 파일로 작업하고 로직은 *.cs 파일로 작업합니다.

WPF는 윈폼과 마찬가지로 도구상자에서 제공하는 컨트롤들을 드래그 앤 드롭 방식으로 디자인할 수 있습니다. 그리고 XAML을 사용하여 디자인할 수 있다는 부분 또한 WPF가 제공하는 장점이라고 할 수 있습니다.

Quiz WPF의 주 언어로는 C#을 사용하며 (　　　)을 사용하여 디자인할 수 있습니다.

정답
XAML

2

인사말 인터페이스

간단한 인사말을 출력하는 WPF 프로젝트를 생성하기 위해 다음 예제를 수행합니다.

예제 12-02 간단한 인사말 출력하기

• **Step 01 | 프로젝트 생성** : 프로젝트명은 'WPF_Greetings'로 입력합니다. 소스 파일명은 그대로 둡니다.

• **Step 02 | 디자인 구성** : 메인 화면에 레이블 1개를 중앙에 배치합니다.

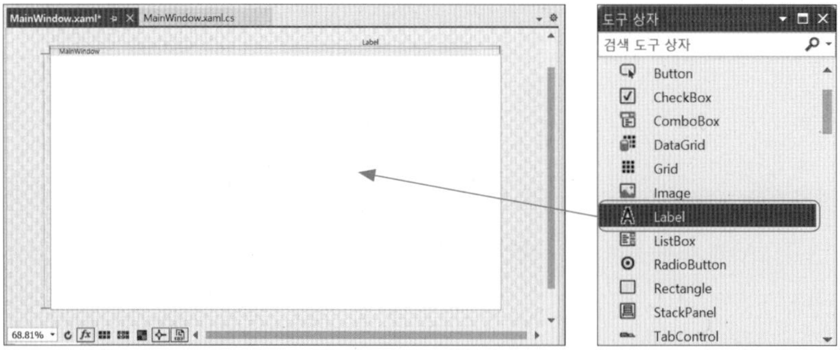

그림 12-10 프로젝트 메인 화면

• **Step** 03 | **추가된 소스 코드 확인** : 메인 화면에 레이블 컨트롤 도구를 추가하게 되면 MainWindow.xaml 파일에 자동으로 소스 코드가 추가됩니다. 소스 코드는 1행으로 보여줍니다. 여기서는 이해를 돕기 위해 소스 코드를 여러 행으로 나타냈습니다.

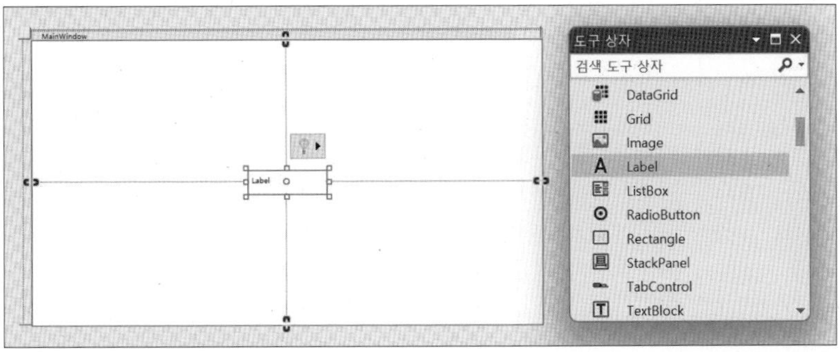

그림 12-11 레이블 컨트롤 배치

```
<Grid>
    <Label x:Name="label"
           Content="Label"
           HorizontalAlignment="Center"
           VerticalAlignment="Center"
           Height="35"
           Width="122"/>
</Grid>
```

• **Step** 04 | **레이블 속성 설정** : content 속성에는 '안녕하세요' 문자열을 입력합니다. 그리고 Font 속성에 대해서는 폰트 크기 30포인트와 Bold 옵션을 설정합니다.

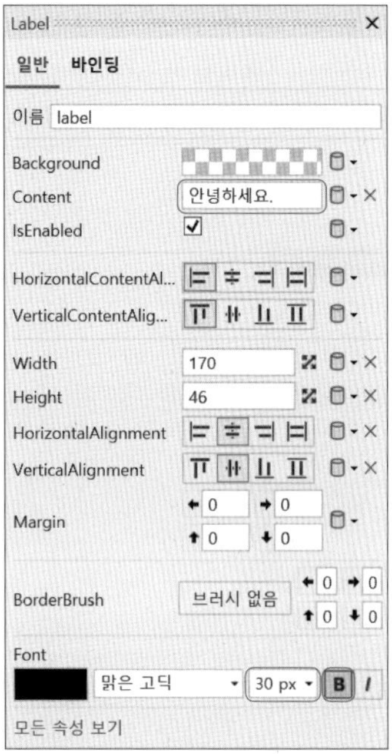

그림 12-13 속성 창

• **Step 05 | 소스 코드의 변화 확인** : 컨트롤 도구의 속성을 변경하거나 추가하게 되면 〈Grid〉... 〈Grid〉 안에 있는 소스 코드에도 변화가 생깁니다. Content= "안녕하세요." 코드가 수정되었고 FontSize= "30", FontWeight= "Bold" 코드가 추가되었습니다. 레이블의 크기를 조절하게 되면 소스 코드의 속성값도 자동으로 변경됩니다.

```
<Grid>
    <Label x:Name="label"
           Content="안녕하세요."
           HorizontalAlignment="Center"
           VerticalAlignment="Center"
           Height="46"
           Width="170"
           FontSize="30" FontWeight="Bold"/>
</Grid>
```

• **Step 06 | 화면 디자인 구성** : MainWindow.xaml 파일에서 Window 사이즈의 높이와 폭을 각각 200과 350으로 변경합니다. 17행의 MouseDown= "label_MouseDown" 소스 코드는 [Step 07] 단계에서 수행할 때 자동으로 생성되므로 따로 입력할 필요는 없습니다. 자동으로 만들어지는 소스 코드 중 반복되는 부분은 "...(생략)..."으로 표현하였습니다.

ch11/WPF_Greetings/WPF_Greetings/MainWindow.xaml

```
01  <Window x:Class="WPF_Greetings.MainWindow"
 :  ...(생략)...
08          Title="MainWindow" Height="200" Width="350">
09      <Grid>
10          <Label x:Name="label"
11                 Content="안녕하세요."
12                 HorizontalAlignment="Center"
13                 VerticalAlignment="Center"
14                 Height="46"
15                 Width="170"
16                 FontSize="30" FontWeight="Bold"
17                 MouseDown="label_MouseDown"/>
18      </Grid>
19  </Window>
```

• **Step 07 | 이벤트 속성 설정** : 하단에 위치한 [모든 속성 보기]를 누릅니다. 그런 다음 번개 모양의 아이콘을 클릭합니다. MouseDown 속성 옆에 있는 빈칸에 마우스 커서를 위치하고 더블클릭하게 되면 이벤트를 수행할 메서드(label_MouseDown)의 문법 구조가 자동으로 나타납니다.

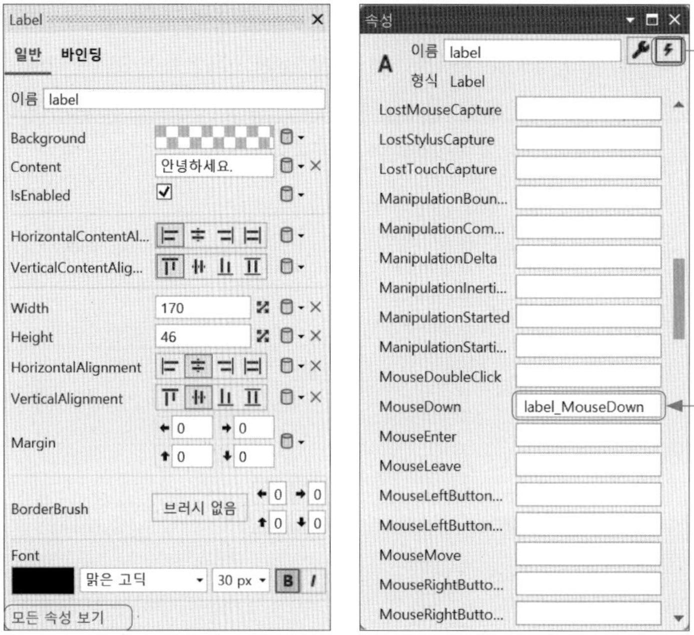

그림 12-14 이벤트 속성 설정

• **Step 08 | 이벤트 메서드 프레임** : label_MouseDown 이벤트를 수행할 수 있는 메서드의 문법 구조가 MainWindow.xaml.cs 파일 소스 안에 자동으로 생성됩니다.

```
private void label_MouseDown(object sender, MouseButtonEventArgs e)
{

}
```

• **Step 09 | 이벤트 등록** : label_MouseDown 메서드에 이벤트를 등록합니다. 이벤트는 레이블을 마우스로 클릭할 때 동작할 수 있도록 다음과 같이 소스 코드를 추가합니다.

```
using System;
using System.Collections.Generic;
using System.Linq;
using System.Text;
using System.Threading.Tasks;
using System.Windows;
using System.Windows.Controls;
using System.Windows.Data;
using System.Windows.Documents;
using System.Windows.Input;
using System.Windows.Media;
using System.Windows.Media.Imaging;
using System.Windows.Navigation;
using System.Windows.Shapes;

namespace WPF_Greetings
{
    /// <summary>
    /// Interaction logic for MainWindow.xaml
    /// </summary>
    public partial class MainWindow : Window
    {
        public MainWindow()
        {
            InitializeComponent();
        }

        private void label_MouseDown(
            object sender, MouseButtonEventArgs e)
        {
            // 소스 코드 추가
            if(label.Foreground != Brushes.White)
            {
                label.Foreground = Brushes.White;
                this.Background = Brushes.Blue;
            }
```

```
            else
            {
                label.Foreground = SystemColors.WindowTextBrush;
                this.Background = SystemColors.WindowBrush;
            }
        }
    }
}
```

• **Step 10 | 프로젝트 실행** : 단축키 Ctrl+F5를 눌러 실행 결과를 확인합니다. 마우스로 '안녕하세요.'가 입력된 레이블을 클릭하게 되면 글자 색상과 배경 색상이 변경됩니다.

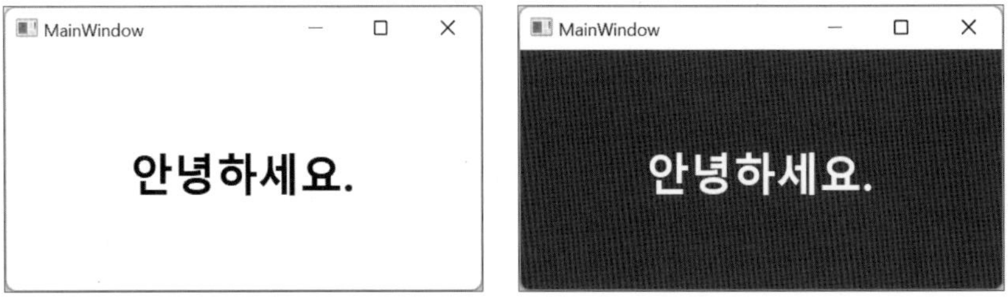

그림 12-15 실행 화면

Quiz 윈폼은 윈도우 운영체제에 맞춰진 UI를 구성하는 반면 WPF는 앱을 제작하기 위해 주로 사용하며 WPF는 ( ) 기반의 UI를 제공하기 때문에 윈폼에 비해 좀 더 부드럽게 표현됩니다.

정답
벡터

3

BMI 계산기

체질량지수를 의미하는 BMI는 체중 관리를 위해 관심을 갖는 수치입니다. BMI는 자신의 체중(kg)을 키의 제곱(m^2)으로 나눈 값입니다. BMI는 체지방량과 상관관계가 높아 체중 및 신장을 이용한 지수 중 가장 널리 사용되는 방법입니다. 대한 비만학회 비만 진료지침 2020에서 제시한 BMI 수치에 대한 비만 판단 기준은 다음 표와 같습니다.

표 12-2 체질량지수 비만 판단 기준

구분	판단 내용	비고
35 이상	3단계 비만 (고도 비만)	
30 ~ 34.9	2단계 비만	
25 ~ 29.9	1단계 비만	
23 ~ 24.9	비만 전 단계 (과체중 또는 위험 체중)	

키와 체중을 키보드로 입력받아 BMI를 산출하고 그 결과를 출력하는 WPF 프로젝트를 생성하기 위해 다음 예제를 수행합니다.

예제에서 사용할 컨트롤 도구의 종류와 속성은 다음과 같습니다.

표 12-3 컨트롤 도구의 종류와 속성

컨트롤 도구	용도	Content 속성	TextAlignment 속성	Text 속성
Label	레이블 제목	키 (cm)	–	–
Label1	레이블 제목	체중 (kg)	–	–
Label2	레이블 제목	BMI 지수	–	–
Label3	레이블 제목	판정결과	–	–
TextBox	키 입력	–	Center	공백
TextBox1	체중 입력	–	Center	공백
TextBox2	BMI 지수 출력	–	Center	공백
TextBox3	판정 결과 출력	–	Center	공백
Button	BMI 산출 이벤트	BMI 산출하기	–	–

예제 12-03 키와 체중으로 체질량지수 산출하기

• **Step 01 | 프로젝트 생성** : 프로젝트명은 'WPF_BMICalculator'로 입력합니다. 소스 파일명은 그대로 둡니다.

• **Step 02 | 디자인 구성** : 도구상자의 컨트롤을 메인 화면에 각각 배치합니다. 컨트롤 도구의 종류와 속성은 앞에서 제시한 표를 참조합니다. 텍스트박스의 Text 속성은 입력할 때 불편하지 않도록 공백으로 설정합니다.

그림 12-16 화면 디자인 구성

• **Step 03 | 화면 디자인 구성** : 도구상자에서 드래그 앤 드롭으로 메인 화면에 추가한 각 컨트롤의 속성을 MainWindow.xaml 파일에서 확인합니다. 이 파일의 소스 코드를 통해 각 컨트롤의 속성을 세부적으로 수정하여 설정할 수 있습니다. 소스 코드 51행의 Click="button_Click"은 [Step 04] 단계를 거쳐야 생성되는 부분입니다. 자동으로 만들어지는 소스 코드 중 반복되는 부분은 ...(생략)...으로 표현하였습니다.

ch12/WPF_BMICalculator/WPF_BMICalculator/MainWindow.xaml

```
01  <Window x:Class="WPF_BMICalculator.MainWindow"
 :  ...(생략)...
08          Title="BMI 계산기" Height="300" Width="280">
09      <Grid Margin="0,0,0,0">
10          <Label x:Name="label"
11                 Content="키(cm)"
12                 HorizontalAlignment="Left"
13                 Height="30"
14                 Margin="32,33,0,0"
15                 VerticalAlignment="Top"
16                 Width="64"
17                 FontSize="15"/>
18          <TextBox x:Name="textBox"
19                 HorizontalAlignment="Left"
20                 Margin="122,33,0,0"
21                 TextWrapping="Wrap"
22                 VerticalAlignment="Top"
23                 Height="30"
24                 Width="116"
25                 FontSize="15"
26                 RenderTransformOrigin="0.431,0.548"
27                 TextAlignment="Center"/>
28          <Label x:Name="label1"
29                 Content="체중(kg)"
30                 HorizontalAlignment="Left"
31                 Margin="32,71,0,0"
32                 VerticalAlignment="Top"
33                 FontSize="15"
34                 RenderTransformOrigin="0.846,0.435"/>
```

```
        <TextBox x:Name="textBox1"
                HorizontalAlignment="Left"
                Height="30"
                Margin="122,71,0,0"
                TextWrapping="Wrap"
                VerticalAlignment="Top"
                Width="116"
                FontSize="15" TextAlignment="Center"/>
        <Button x:Name="button"
                Content="BMI 산출하기"
                HorizontalAlignment="Left"
                Height="33"
                Margin="32,117,0,0"
                VerticalAlignment="Top"
                Width="206"
                FontSize="15"
                Click="button_Click"/>
        <Label x:Name="label2"
                Content="BMI 지수"
                HorizontalAlignment="Left"
                Margin="32,167,0,0"
                VerticalAlignment="Top"
                FontSize="15"/>
        <TextBox x:Name="textBox2"
                HorizontalAlignment="Left"
                Height="30"
                Margin="122,167,0,0"
                TextWrapping="Wrap"
                VerticalAlignment="Top"
                Width="116"
                FontSize="15"
                TextAlignment="Center"/>
        <Label x:Name="label3"
                Content="판정결과"
                HorizontalAlignment="Left"
                Height="30"
                Margin="32,206,0,0"
```

```
                 VerticalAlignment="Top"
                 Width="72"
                 FontSize="15"/>
          <TextBox x:Name="textBox3"
                 HorizontalAlignment="Left"
                 Height="30"
                 Margin="122,206,0,0"
                 TextWrapping="Wrap"
                 VerticalAlignment="Top"
                 Width="116"
                 FontSize="15"
                 TextAlignment="Center"/>
    </Grid>
</Window>
```

• **Step 04 | 이벤트 등록** : 메인 화면에 배치한 버튼을 더블클릭합니다. 그리고 이벤트 등록을 위해 다음과 같이 소스 코드를 추가합니다. 산출된 BMI 지수에 대한 판정결과는 [표 12-2]를 기준으로 if...else if...else 조건문으로 작성합니다.

ch12/WPF_BMICalculator/WPF_BMICalculator/MainWindow.xaml.cs

```
using System;
using System.Collections.Generic;
using System.Linq;
using System.Text;
using System.Threading.Tasks;
using System.Windows;
using System.Windows.Controls;
using System.Windows.Data;
using System.Windows.Documents;
using System.Windows.Input;
using System.Windows.Media;
using System.Windows.Media.Imaging;
using System.Windows.Navigation;
using System.Windows.Shapes;

```

```
namespace WPF_BMICalculator
{
    /// <summary>
    /// Interaction logic for MainWindow.xaml
    /// </summary>
    public partial class MainWindow : Window
    {
        public MainWindow()
        {
            InitializeComponent();
        }

        private void button_Click(object sender, RoutedEventArgs e)
        {
            // 소스 코드 추가
            if(textBox.Text == "" || textBox1.Text == "")
            {
                MessageBoxResult res = MessageBox.Show(
                    "키와 체중을 입력하세요!",
                    "경고",
                    MessageBoxButton.YesNo,
                    MessageBoxImage.Warning);

                return;
            }

            double h = Convert.ToDouble(textBox.Text) / 100.0;
            double w = Double.Parse(textBox1.Text);
            double bmi = w / (h * h);
            textBox2.Text = string.Format("{0:F2}", bmi);

            if (bmi > 35)
                textBox3.Text = "3단계 비만";
            else if (bmi < 35 && bmi >= 30)
                textBox3.Text = "2단계 비만";
            else if (bmi < 30 && bmi >= 25)
                textBox3.Text = "1단계 비만";
```

```
            else if (bmi < 25 && bmi >= 23)
                textBox3.Text = "비만 전 단계";
            else
                textBox3.Text = "정상 체중";
        }
    }
}
```

• **Step 05 | 프로젝트 실행** : 단축키 Ctrl+F5를 눌러 실행 결과를 확인합니다. 키는 cm, 체중은 kg 단위로 입력합니다. 키와 체중을 입력한 다음 〈BMI 산출하기〉 버튼을 클릭합니다.

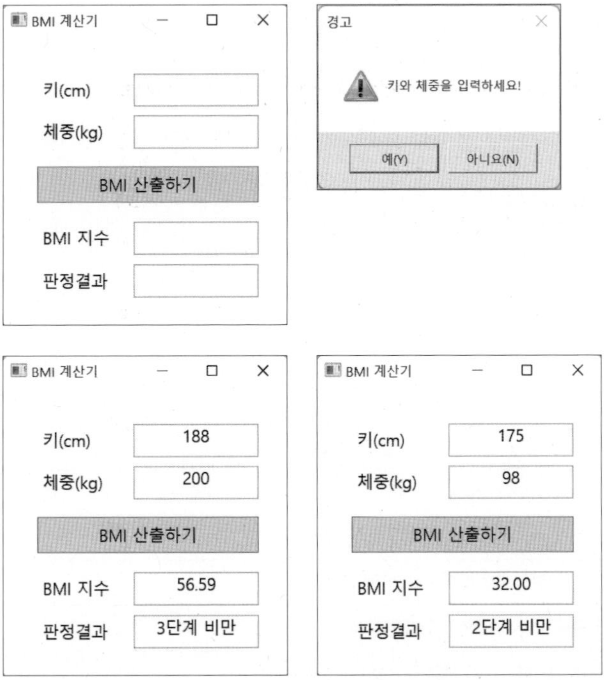

그림 12-17 실행 화면

Quiz 체질량지수를 의미하는 BMI는 체중 관리를 위해 관심을 갖는 수치입니다. BMI는 자신의 체중(kg)을 (   )의 제곱(㎡)으로 나눈 값입니다.

정답
키

4

WPF 레이아웃

1 레이아웃 컨트롤

앞에서 실습한 프로젝트에서 MainWindow.xaml 파일의 소스 코드를 살펴보겠습니다. 레이블 컨트롤 도구는 <Grid>...</Grid> 태그 안에 존재하는 것을 볼 수 있습니다. 여기서 Grid의 역할은 Label 컨트롤 도구를 포함하고 있는 레이아웃을 제공합니다. 컨트롤을 패널이라고도 하며 패널의 종류는 다음 표와 같습니다.

표 12-4 패널의 종류와 기능

패널	기능
Grid	가로와 세로로 그리드를 나누고 그 안에 자식들의 컨트롤 도구를 배치
UniformGrid	가로와 세로로 그리드를 나누고 그 안에 자식들의 컨트롤 도구의 높이와 너비가 동일하게 배치
StackPanel	자식들의 컨트롤 도구를 수평이나 수직으로 쌓아서 배치
WrapPanel	자식들의 컨트롤 도구를 수평이나 수직으로 개행하여 배치
DockPanel	자식들의 컨트롤 도구를 부모의 영역에 도킹하여 배치
Canvas	자식들 컨트롤 도구의 위치를 직접 지정하여 배치

2 패널의 활용

패널Panel 중 Canvas를 제외한 모든 패널들은 포함하고 있는 자식 컨트롤 도구들의 크기를 자동으로 할당합니다. 이와 같은 기능을 사용함으로써 자동 레이아웃을 편리하게 구현할 수 있습니다.

2.1 Grid

Grid 안에 Button 1개를 배치하게 되면 Grid를 가득 채우는 구도로 Button이 배치됩니다. 이러한 경우 Margin 속성으로 여백을 설정해 주면 됩니다.

```
<Grid Background="YellowGreen">
    <Button Content="START" Margin="10"></Button>
</Grid>
```

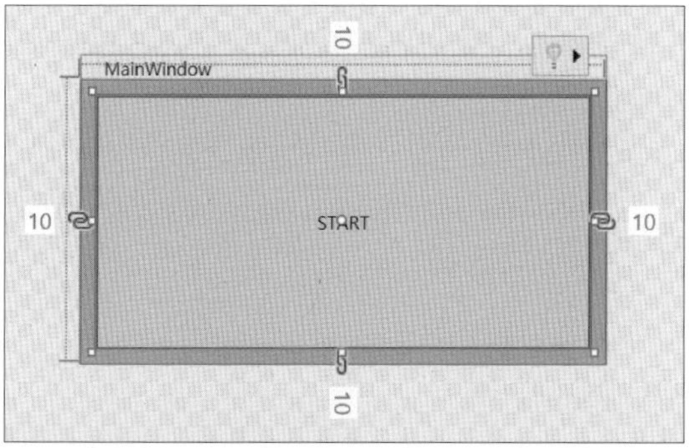

그림 12-18 Grid 안에 버튼 1개 배치

Grid 안에 2개의 Button을 배치하게 되면 어떻게 되는지를 살펴보겠습니다. 2개 버튼에 대한 Content 속성을 각각 'START'와 'END'로 설정합니다.

```
<Grid Background="YellowGreen">
    <Button Content="START" Margin="10"></Button>
    <Button Content="END" Margin="10"></Button>
</Grid>
```

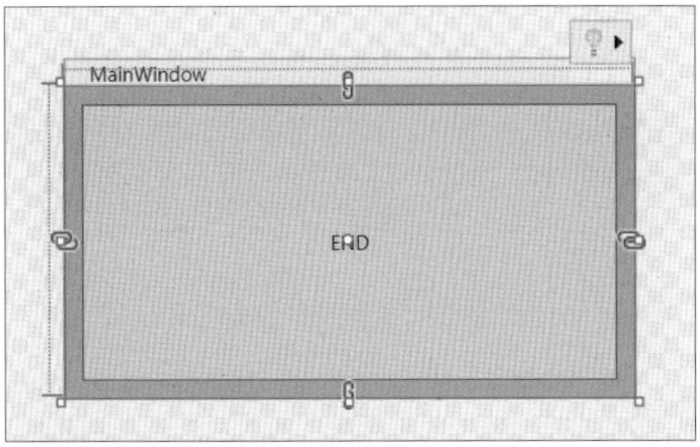

그림 12-19 Grid 안에 버튼 2개 배치

Grid 안에 Button 2개를 배치하였습니다. 그런데 먼저 선언한 START 버튼은 가려져서 보이지 않고 END 버튼만 보이게 됩니다. 이러한 현상은 2개의 버튼이 겹쳐 있기 때문입니다.

2.2 UniformGrid

여러 개의 버튼이 서로 겹치지 않게 배치하려면 UniformGrid로 버튼을 배치하면 됩니다. UniformGrid는 자식 컨트롤 도구의 사이즈를 모두 동일하게 유지합니다.

```
<UniformGrid Background="YellowGreen">
    <Button Content="START" Margin="10"></Button>
    <Button Content="RIGHT" Margin="10"></Button>
    <Button Content="LEFT" Margin="10"></Button>
    <Button Content="END" Margin="10"></Button>
</UniformGrid>
```

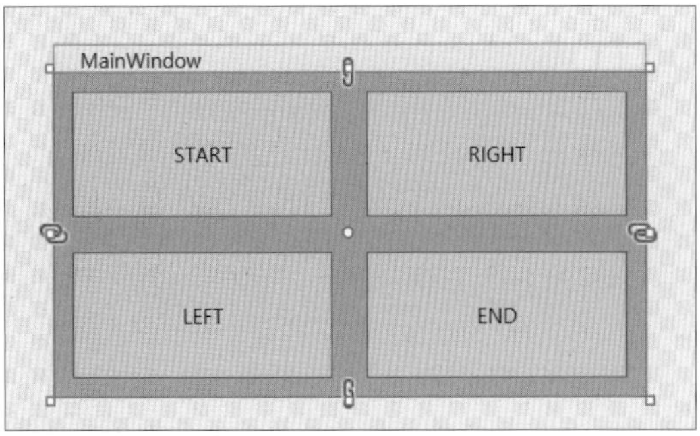

그림 12-20 UniformGrid 안에 버튼 4개 배치

2.3 StackPanel

StackPanel은 자식 컨트롤 도구를 수직 방향으로 차례대로 쌓아서 배치합니다.

```
<StackPanel Background="YellowGreen">
    <Button Content="START" Margin="10" Height="20"></Button>
    <Button Content="END" Margin="10" Height="20"></Button>
</StackPanel>
```

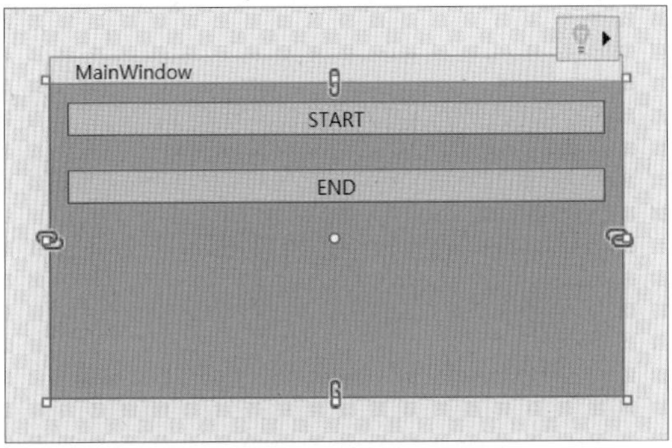

그림 12-21 2개의 버튼을 수직 방향으로 배치

StackPanel은 자식 컨트롤 도구를 배치하는 방향의 디폴트는 수직 방향입니다. 그러므로 수평 방향으로 배치하려면 Orientation= "Horizontal" 속성을 지정해 주어야 합니다.

```
<StackPanel Background="YellowGreen" Orientation="Horizontal">
    <Button Content="START" Margin="10" Height="20"></Button>
    <Button Content="END" Margin="10" Height="20"></Button>
</StackPanel>
```

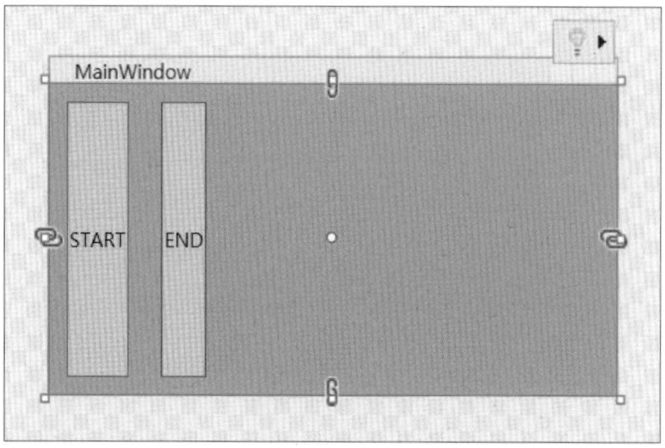

그림 12-22 2개의 버튼을 수평 방향으로 배치

XAML에서 컨트롤 레이아웃을 설정할 때 패널은 중복해서 선언할 수 있습니다. 예를 들면 StackPanel 안에 Grid를 선언하고 다시 StackPanel을 선언하는 방식의 레이아웃 설정이 가능하다는 의미입니다. WPF를 활용하게 되면 화면을 디자인할 때 도구상자에서 제공하는 컨트롤을 드래그 앤 드롭 방식으로 배치하는 윈폼 디자인 방법과는 색다른 느낌을 받을 수 있습니다.

패널 컨트롤을 사용하게 되면 윈도우의 크기가 변경될 때마다 자동으로 내부 컨트롤들의 크기 또한 조정되고 상대적인 위치가 유지됩니다. 그러므로 도구상자에서 컨트롤을 배치하는 방법보다 훨씬 편리함을 느낄 수 있습니다. 둘 중 어느 방법이 좋다고 단정하기보다는 본인에게 가장 적합한 방식을 사용하는 것이 가장 바람직하다고 볼 수 있습니다.

Quiz Grid의 역할은 Label 컨트롤 도구를 포함하고 있는 (　　　　　　　　)을 제공합니다.

정답
레이아웃

5

색상 보드 만들기

WPF 레이아웃 컨트롤을 사용하여 2행 4열의 위치에 버튼 8개를 각각 배치하고 16진수 코드값으로 색상 보드를 만들기 위해 다음 예제를 수행합니다. 예제에서 사용할 16진수 색상 코드값은 다음과 같습니다.

표 12-5 패널의 종류와 기능

색상	16진수 색상 코드값	버튼 이벤트 메서드
빨강색	#FF0000	Button_Click ( )
노랑색	#FFFF00	Button_Click_1 ( )
파랑색	#0000FF	Button_Click_2 ( )
연두색	#00FF00	Button_Click_3 ( )
주황색	#FF7F50	Button_Click_4 ( )
보라색	#9922CC	Button_Click_5 ( )
핑크색	#FFF0F5	Button_Click_6 ( )
검정색	#000000	Button_Click_7 ( )

예제 12-04 WPF 레이아웃으로 색상 보드 만들기

• **Step 01 | 프로젝트 생성** : 프로젝트명은 'WPF_ColorBoard'로 입력합니다. 소스 파일명은 그대로 둡니다.

• **Step** 02 | **메인 화면 크기 설정** : 메인 화면의 크기를 330, 320으로 설정합니다. 여기서는 MainWindow.xaml 파일에서 작업합니다.

```
<Window x:Class="WPF_ColorBoard.MainWindow"
...(생략)...
        Title="색상보드" Height="330" Width="320">
```

• **Step** 03 | **자식들의 컨트롤 배치 설정** : 〈Window〉 태그 안에 StackPanel 컨트롤을 선언합니다. 이 컨트롤은 버튼 8개가 위치할 전체 레이아웃에 대한 속성을 설정합니다.

```
    <StackPanel Margin="10">
        <TextBox Margin="5"
              Height="150"
              Name="textBox"
              Background="#F5F5DC">
        </TextBox>
    </StackPanel>
```

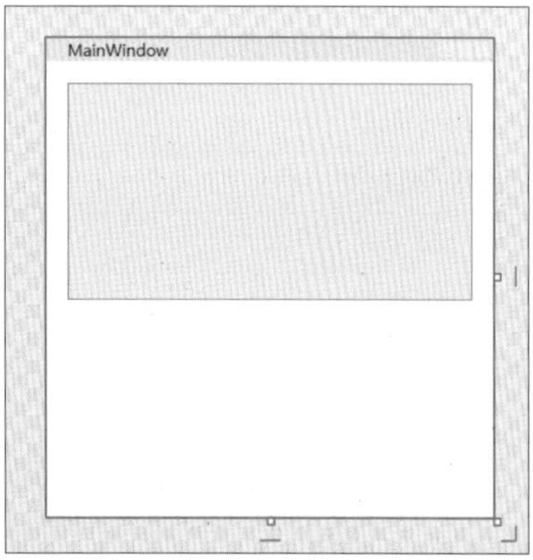

그림 12-23 StackPanel 컨트롤

• **Step 04 | 행 레이아웃 설정** : StackPanel 컨트롤 안에 Grid 컨트롤을 선언하여 2행의 레이아웃을 설정합니다.

```
<Grid Height="100">
    <Grid.RowDefinitions>
        <RowDefinition/>
        <RowDefinition/>
    </Grid.RowDefinitions>
</Grid>
```

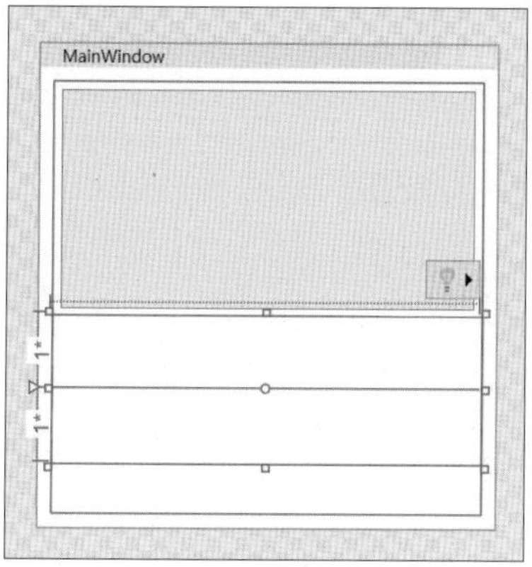

그림 12-24 행 레이아웃 설정

• **Step 05 | 열 레이아웃 설정** : Grid 컨트롤 안에 4열의 레이아웃을 설정합니다.

```
<Grid.ColumnDefinitions>
    <ColumnDefinition/>
    <ColumnDefinition/>
    <ColumnDefinition/>
    <ColumnDefinition/>
</Grid.ColumnDefinitions>
```

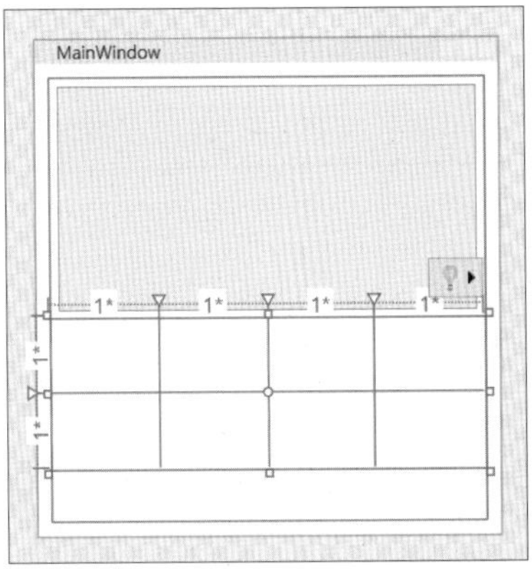

그림 12-25 열 레이아웃 설정

• **Step** 06 | **빨강 버튼 추가** : Grid 컨트롤 안에서 0행 0열의 위치에 '빨강' 버튼을 추가합니다.

```
<Button Grid.Row="0" Grid.Column="0"
        FontSize="16" Margin="5">빨강</Button>
```

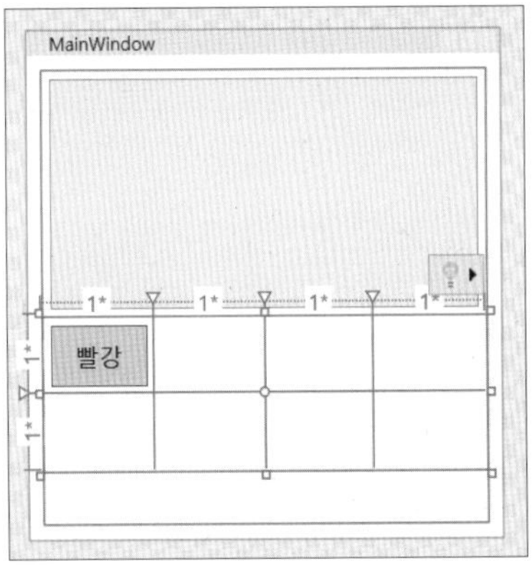

그림 12-26 빨강 버튼 추가

• **Step** 07 | **노랑 버튼 추가** : Grid 컨트롤 안에서 0행 1열의 위치에 '노랑' 버튼을 추가합니다.

```
<Button Grid.Row="0" Grid.Column="1"
        FontSize="16" Margin="5">노랑</Button>
```

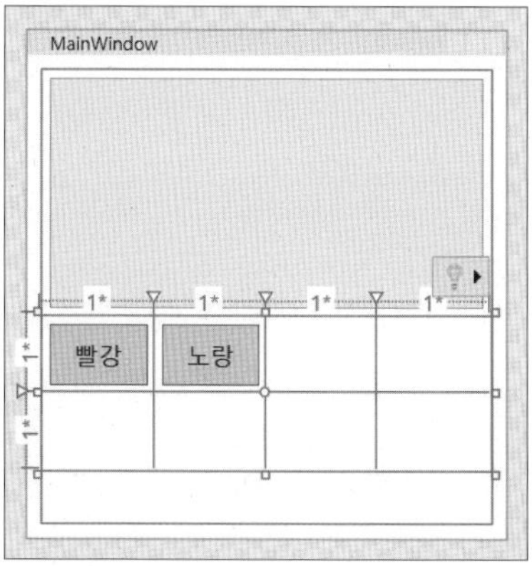

그림 12-27 노랑 버튼 추가

• **Step 08 | 나머지 버튼 추가** : Grid 컨트롤 안에 동일한 방법으로 나머지 버튼(파랑, 연두, 주황, 보라, 핑크, 검정)을 모두 추가합니다.

```
...(생략)...
            <Button Grid.Row="1" Grid.Column="3"
                    FontSize="16" Margin="5">검정</Button>
```

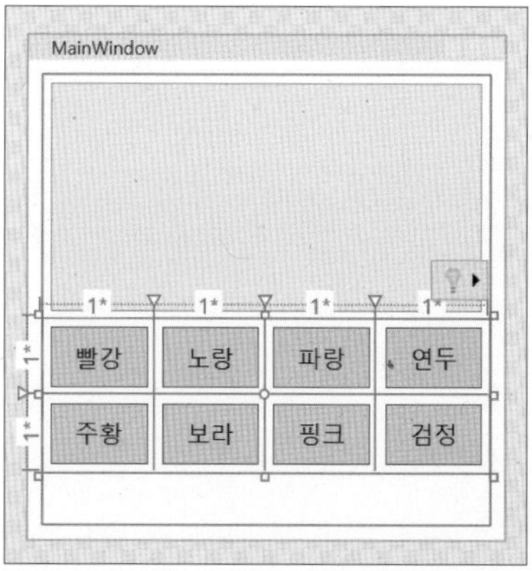

그림 12-28 나머지 버튼 추가

• **Step 09 | 화면 디자인 구성** : MainWindow.xaml 파일에서 메인 화면을 디자인한 소스 코드는 다음과 같습니다. 자동으로 만들어지는 소스 코드 중 반복되는 부분은 ...(생략)...으로 표현하였습니다.

ch12/WPF_ColorBoard/WPF_ColorBoard/MainWindow.xaml

```
<Window x:Class="WPF_ColorBoard.MainWindow"
...(생략)...
        Title="색상보드" Height="330" Width="320">
    <StackPanel Margin="10">
        <TextBox Margin="5"
                 Height="150"
                 Name="textBox"
                 Background="#F5F5DC">
        </TextBox>

        <Grid Height="100">
            <Grid.RowDefinitions>
                <RowDefinition/>
                <RowDefinition/>
            </Grid.RowDefinitions>

            <Grid.ColumnDefinitions>
                <ColumnDefinition/>
                <ColumnDefinition/>
                <ColumnDefinition/>
                <ColumnDefinition/>
            </Grid.ColumnDefinitions>

            <Button Grid.Row="0" Grid.Column="0"
                    FontSize="16" Margin="5">빨강</Button>
            <Button Grid.Row="0" Grid.Column="1"
                    FontSize="16" Margin="5">노랑</Button>
            <Button Grid.Row="0" Grid.Column="2"
                    FontSize="16" Margin="5">파랑</Button>
            <Button Grid.Row="0" Grid.Column="3"
                    FontSize="16" Margin="5">연두</Button>

            <Button Grid.Row="1" Grid.Column="0"
                    FontSize="16" Margin="5">주황</Button>
            <Button Grid.Row="1" Grid.Column="1"
                    FontSize="16" Margin="5">보라</Button>
```

```
            <Button Grid.Row="1" Grid.Column="2"
                    FontSize="16" Margin="5">핑크</Button>
            <Button Grid.Row="1" Grid.Column="3"
                    FontSize="16" Margin="5">검정</Button>
        </Grid>
    </StackPanel>
</Window>
```

아직 버튼 이벤트를 설정하지 않았기 때문에 소스 코드에 Click= "Button_Click" 부분이 추가되어 있지 않습니다. 이 부분을 주의 깊게 살펴봐야 합니다.

• **Step 09 | 빨강 버튼 이벤트** : 여기서부터는 MainWindow.xaml.cs 파일에서 작업합니다. 메인 화면에 위치한 '빨강' 버튼을 마우스로 더블클릭 후 다음과 같이 소스 코드를 추가합니다.

```
private void Button_Click(object sender, RoutedEventArgs e)
{
    var bc = new BrushConverter();
    textBox.Background = (Brush)bc.ConvertFrom("#FF0000");
}
```

• **Step 10 | 노랑 버튼 이벤트** : 메인 화면에 위치한 '노랑' 버튼을 마우스로 더블클릭 후 다음과 같이 소스 코드를 추가합니다.

```
private void Button_Click_1(object sender, RoutedEventArgs e)
{
    var bc = new BrushConverter();
    textBox.Background = (Brush)bc.ConvertFrom("#FFFF00");
}
```

• **Step 11 | 나머지 버튼 이벤트** : 동일한 방법으로 나머지 버튼을 마우스로 더블클릭 후 소스 코드를 추가합니다. 16진수 색상 코드값은 앞에서 제시한 표를 참조하면 됩니다.

```
private void Button_Click_6(object sender, RoutedEventArgs e)
{
    var bc = new BrushConverter();
    textBox.Background = (Brush)bc.ConvertFrom("#000000");
}
```

• **Step 12 | 디자인 소스 코드의 변화** : 메인 화면에서 각 버튼을 더블클릭 후 이벤트를 설정하게 되면 MainWindow.xaml 파일의 Click= "Button_Click" 소스 코드는 자동으로 추가됩니다.

```
        <Button Grid.Row="0" Grid.Column="0"
                FontSize="16" Margin="5"
                Click="Button_Click">빨강</Button>
         ...(생략)...
        <Button Grid.Row="1" Grid.Column="3"
                FontSize="16" Margin="5"
                Click="Button_Click_7">검정</Button>
```

• **Step 13 | 버튼 이벤트 등록** : 8개의 버튼에 대한 이벤트를 등록한 소스 코드는 다음과 같습니다.

ch12/WPF_ColorBoard/WPF_ColorBoard/MainWindow.xaml.cs

```
using System;
using System.Collections.Generic;
using System.Linq;
using System.Text;
using System.Threading.Tasks;
using System.Windows;
using System.Windows.Controls;
using System.Windows.Data;
using System.Windows.Documents;
using System.Windows.Input;
using System.Windows.Media;
using System.Windows.Media.Imaging;
```

```
using System.Windows.Navigation;
using System.Windows.Shapes;

namespace WPF_ColorBoard
{
    /// <summary>
    /// Interaction logic for MainWindow.xaml
    /// </summary>
    public partial class MainWindow : Window
    {
        public MainWindow()
        {
            InitializeComponent();
        }

        private void Button_Click(object sender, RoutedEventArgs e)
        {
            var bc = new BrushConverter();
            textBox.Background = (Brush)bc.ConvertFrom("#FF0000");
        }

        private void Button_Click_1(object sender, RoutedEventArgs e)
        {
            var bc = new BrushConverter();
            textBox.Background = (Brush)bc.ConvertFrom("#FFFF00");
        }

        private void Button_Click_2(object sender, RoutedEventArgs e)
        {
            var bc = new BrushConverter();
            textBox.Background = (Brush)bc.ConvertFrom("#0000FF");
        }

        private void Button_Click_3(object sender, RoutedEventArgs e)
        {
            var bc = new BrushConverter();
            textBox.Background = (Brush)bc.ConvertFrom("#00FF00");
```

```
        }

        private void Button_Click_4(object sender, RoutedEventArgs e)
        {
            var bc = new BrushConverter();
            textBox.Background = (Brush)bc.ConvertFrom("#FF7F50");
        }

        private void Button_Click_5(object sender, RoutedEventArgs e)
        {
            var bc = new BrushConverter();
            textBox.Background = (Brush)bc.ConvertFrom("#9922CC");
        }

        private void Button_Click_6(object sender, RoutedEventArgs e)
        {
            var bc = new BrushConverter();
            textBox.Background = (Brush)bc.ConvertFrom("#FFF0F5");
        }

        private void Button_Click_7(object sender, RoutedEventArgs e)
        {
            var bc = new BrushConverter();
            textBox.Background = (Brush)bc.ConvertFrom("#000000");
        }
    }
}
```

• **Step** 14 | **프로젝트 실행** : 단축키 Ctrl+F5를 눌러 실행 결과를 확인합니다. 버튼을 클릭하면 해당 색상을 확인할 수 있습니다.

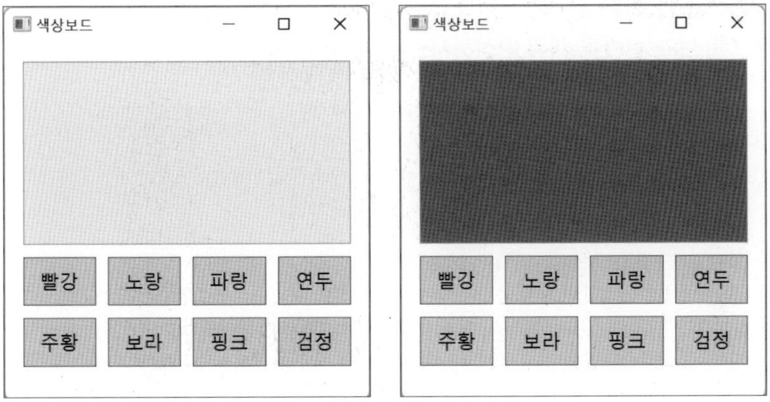

그림 12-29 실행 화면

Quiz StackPanel은 자식 컨트롤 도구를 (   ) 방향으로 차례대로 쌓아서 배치합니다.

정답
수직

도전문제 MainWindow.xml 소스 코드의 구조 및 문자열 포맷 형식 익히기

1 프로그램 소스 코드를 보고 빈칸을 채워 완성하시오.

```
<Window x:Class="MyFirstWPF.MainWindow"
        xmlns="http://schemas.microsoft.com/winfx/2006/
               xaml/presentation"
        xmlns:x="http://schemas.microsoft.com/winfx/2006/xaml"
        xmlns:d="http://schemas.microsoft.com/expression/blend/2008"
        xmlns:mc="http://schemas.openxmlformats.org/markup-
                   compatibility/2006"
        xmlns:local="clr-namespace:MyFirstWPF"
        mc:Ignorable="d"
  [          ] = "MainWindow" Height="450" Width="800">
  [          ]

  [          ]
</Window>
```

Hint WPF 프로젝트를 수행할 때 MainWindow 소스 코드의 구성 요소에 대해 생각해 보세요. 클래스 외부에서도

정답

```
Title
<Grid>
</Grid>
```

2 프로그램 소스 코드를 보고 빈칸을 채워 완성하시오.

```
private void button_Click(object sender, RoutedEventArgs e)
{
    // 소스 코드 추가
    if(textBox.Text == "" || textBox1.Text == "")
    {
        MessageBoxResult res = MessageBox.Show(
                "키와 체중을 입력하세요!",
                "경고",
                MessageBoxButton.YesNo,
                MessageBoxImage.Warning);

        [          ];
    }

    double h = Convert.ToDouble(textBox.Text) / 100.0;
    double w = Double.Parse(textBox1.Text);
    double bmi = w / (h * h);
    textBox2.Text = [              ] ("{0:F2}", bmi);
}
```

Hint 메서드에서 반환하는 값에 대한 명령어는 무엇을 사용해야 하는지 생각해 보세요. 문자열을 출력할 때 포맷 형식을 선언하는 형식을 적용하게 되면 설정한 포맷 형식으로 문자열을 출력할 수 있습니다.

정답

```
return
string.Format
```

핵심점검

1 WPF의 디자인 영역에 대해서는 *.xaml 파일로 작업하고 ( )은 *.cs 파일로 작업합니다.

2 윈폼은 윈도우 운영체제에 맞춰진 ( )를 구성하는 반면 WPF는 앱(App)을 제작하기 위해 주로 사용합니다.

3 Grid 구간은 컨트롤 도구를 메인 화면에 배치하게 되면 자동으로 소스 코드가 추가되는 구간이며 ( )을 제공하는 컨트롤입니다.

4 자식들의 컨트롤 도구를 수평이나 수직으로 쌓아서 배치하는 레이아웃 컨트롤은 ( )입니다.

5 WPF는 ( ) 기반의 UI를 제공하기 때문에 윈폼에 비해 화면이 좀 더 부드럽게 표현됩니다.

정답 1 로직 2 UI 3 레이아웃 4 StackPanel 5 벡터

연습문제

01 마이크로소프트사에서 개발한 데스크톱 클라이언트 애플리케이션을 생성하는 사용자 인터페이스 프레임워크는?

① 윈폼 ② XAML

③ WPF ④ Grid

02 WPF가 주로 사용하는 언어는?

① C ② C++

③ C# ④ Java

03 WPF는 해상도와 관련하여 사용하는 독립적인 엔진은?

① 인공지능 엔진 ② 렌더링 엔진

③ 분석 엔진 ④ 탐색 엔진

04 WPF에 대한 설명 중 틀린 것은?

① 2006년 등장 ② .NET 3.0부터 등장

③ ASP.NET 또는 윈폼을 사용 ④ 구글사에서 개발

05 WPF와 윈폼의 차이점에 대한 설명 중 틀린 것은?

① 윈폼에 비해 개발 소요 기간이 비교적 짧음

② 윈폼은 컨트롤 도구를 이용한 UI 개발

③ WPF는 벡터 기반 인터페이스 제공

④ WPF는 의존적이지 않아 커스터마이징 가능

06 WPF는 해상도와 관련하여 독립적으로 제공하는 렌더링 엔진의 기반은?

① 비트맵 ② 벡터

③ 레스터 ④ PNG

07 WPF와 윈폼의 차이점에 대한 설명 중 옳은 것은?

① 윈폼은 앱을 제작하기 위해 주로 사용

② WPF는 윈도우 운영체제에 맞춰진 UI를 구성

③ 윈폼은 WPF에 비해 화면이 좀 더 부드럽게 표현

④ WPF는 벡터 기반의 UI를 제공

08 WPF 프로젝트의 구조에서 기본적으로 생성되는 소스 코드 중 XML의 기본 네임스페이스 문법을 의미하는 것은?

① x:Class ② xmlns:x

③ xmlns ④ Title

09 WPF에서 컨트롤 도구를 메인 화면에 배치하게 되면 자동으로 소스 코드가 추가되는 구간은?

① x:Class ② xmlns:mc

③ mc:Ignorable="d" ④ Grid

10 프로젝트를 새로 만들게 되면 프로젝트와 관련된 여러 종류의 파일 목록과 구성 관계를 쉽게 파악할 수 있는 것은?

① 도구상자 ② 솔루션 탐색기

③ 속성 창 ④ 서버 탐색기

11 프로젝트의 어셈블리에 대한 정보가 들어 있는 것은?

① App.xaml.cs ② AssemblyInfo.cs

③ MainWindow.xaml ④ 〈Grid〉 ... 〈/Grid〉

12 가로와 세로로 그리드를 나누고 그 안에 자식들의 컨트롤 도구를 배치하는 패널은?

① Grid ② UniformGrid

③ StackPanel ④ WrapPanel

13 가로와 세로로 그리드를 나누고 그 안에 자식들의 컨트롤 도구의 높이와 너비가 동일하게 배치하는 패널은?

① Grid ② UniformGrid

③ StackPanel ④ WrapPanel

14 자식들의 컨트롤 도구를 수평이나 수직으로 개행하여 배치하는 패널은?

① Grid ② UniformGrid

③ StackPanel ④ WrapPanel

15 자식들의 컨트롤 도구를 수평이나 수직으로 쌓아서 배치하는 패널은?

① Grid ② UniformGrid

③ StackPanel ④ WrapPanel

16 자식들 컨트롤 도구의 위치를 직접 지정하여 배치하는 패널은?

① DockPanel ② UniformGrid

③ StackPanel ④ Canvas

17 자식들 컨트롤 도구를 부모의 영역에 도킹하여 배치하는 패널은?

① DockPanel ② UniformGrid

③ StackPanel ④ Canvas

18 StackPanel 컨트롤 안에 Grid 컨트롤을 선언하여 3행의 레이아웃을 설정하는 소스 코드를 작성하시오.

19 StackPanel 컨트롤 안에 Grid 컨트롤을 선언하여 3열의 레이아웃을 설정하는 소스 코드를 작성하시오.

프로그래밍 문제

01 다음 지시사항을 준수하여 프로그램을 작성하시오.

(1) 프로젝트 종류 : WPF 프로젝트

(2) 메인 화면 구성 : 버튼 컨트롤 배치

(3) 이벤트 설정 : 버튼을 클릭하면 메시지박스 출력

(4) 기타 사항은 실행 결과 참조

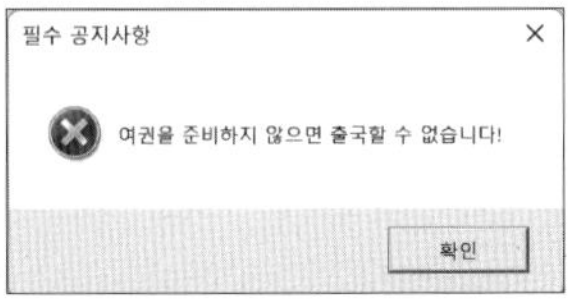

02 다음 지시사항을 준수하여 프로그램을 작성하시오.

(1) 프로젝트 종류 : WPF 프로젝트

(2) 메인 화면 구성 : 패널을 사용하여 2행 2열의 레이아웃 설정

(3) 이벤트 설정 : 버튼을 클릭하면 해당 메시지박스 출력

(4) 프로그램 종료 : 〈END〉 버튼 클릭

(5) 기타 사항은 실행 결과 참조

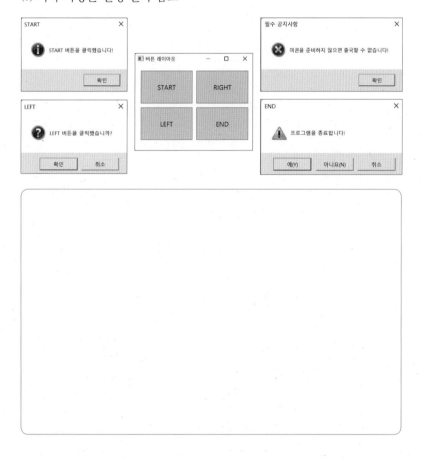

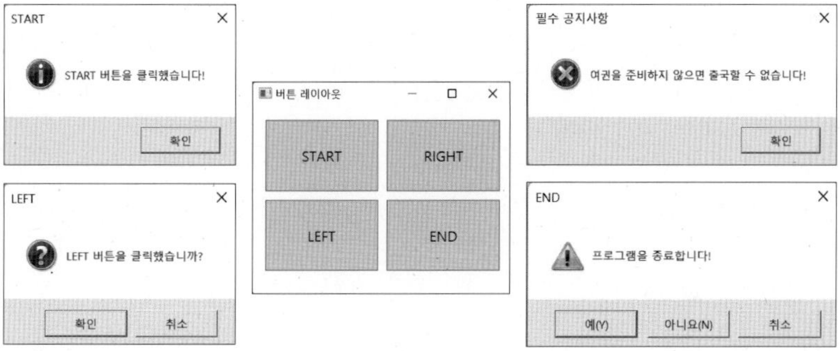

Chapter

13

사용자 인터페이스

1_인터페이스 구성
2_메인 화면
3_Welcome 화면
4_Final 화면
5_모달과 모달리스
6_인터페이스 이벤트

| 도전문제 | 핵심점검 |
| 연습문제 | 프로그래밍 문제 |

학습목표

- 사용자 인터페이스를 제공하는 전체 화면 구성을 살펴봅니다.
- 사용자 인터페이스 화면을 디자인하는 방법을 알아봅니다.
- 모달과 모달리스 메서드의 차이점에 대해 알아봅니다.
- 사용자 인터페이스를 통해 화면을 이동하는 방법에 대해 알아봅니다.

SELF CHECK

1 사용자 인터페이스란 인간과 컴퓨터간의 경계면으로 (인간, 컴퓨터)이(가) 사용하기 쉽고 이해하기 쉽도록 설계하여 오류를 줄이기 위해 도움을 주는 시스템을 의미합니다.

2 사용자 인터페이스의 목적은 좋은 사용성에 있으며 심리학과 생리학에 기반하여 (사용자, 컴퓨터)가 필요로 하는 요소를 쉽게 찾아 사용할 수 있습니다.

3 그래픽 환경 기반으로 마우스를 사용하여 입력하는 사용자 인터페이스를 (CGI, GUI)라고 합니다.

4 사용자 인터페이스의 기본 원칙은 직관성, 유효성, 학습성, 유연성이며, 오류 예방 및 오류 감지 차원에서의 기본 원칙은 (유효성, 유연성)에 속합니다.

5 해당 화면을 닫기 전까지는 뒤에 있는 창으로 이동하지 못하게 설정할 때는 (모달, 모달리스) 메서드를 사용합니다.

정답 1 인간 2 사용자 3 GUI 4 유연성 5 모달

1

인터페이스 구성

1 사용자 인터페이스 개념

사용자 인터페이스란 인간과 컴퓨터간의 경계면으로 인간이 사용하기 쉽고 이해하기 쉽도록 설계하여 오류를 줄이기 위해 도움을 주는 시스템을 의미합니다. 사용자 인터페이스의 목적은 좋은 사용성에 있으며 심리학과 생리학에 기반하여 사용자가 필요로 하는 요소를 쉽게 찾아 사용할 수 있습니다.

사용자 인터페이스의 기본 원칙은 직관성, 유효성, 학습성, 유연성, 효율성 태도가 있습니다. 기본 원칙 중 오류 예방, 실수 포용, 오류 감지에 대한 기본 원칙은 유연성에 속합니다.

2 인터페이스의 종류

인터페이스의 종류에는 문자 방식의 명령어를 입력하는 CGICharacter based UI와 그래픽 환경 기반에서 마우스로 입력하는 GUIGraphic UI가 있습니다. 그리고 사용자의 말과 행동을 기반으로 제스처를 입력 인터페이스로 활용하는 내추럴NUINatural UI사용자 인터페이스가 있습니다.

3 화면 이동 인터페이스

WPF를 사용하여 화면을 이동하는 인터페이스 구현에 필요한 화면은 전체 3개로 구성됩니다. 메인 화면에서는 2개(START, END)의 버튼을 배치합니다. 각 버튼을 클릭하게 되면 다른 화면으로 이동하는 이벤트를 수행하게 됩니다.

다른 화면에서도 각각 2개씩 버튼을 배치하여 화면을 이동할 수 있도록 인터페이스를 구성합니다. 프로그램을 종료하려면 메인 화면에서 〈END〉 버튼을 클릭하면 됩니다.

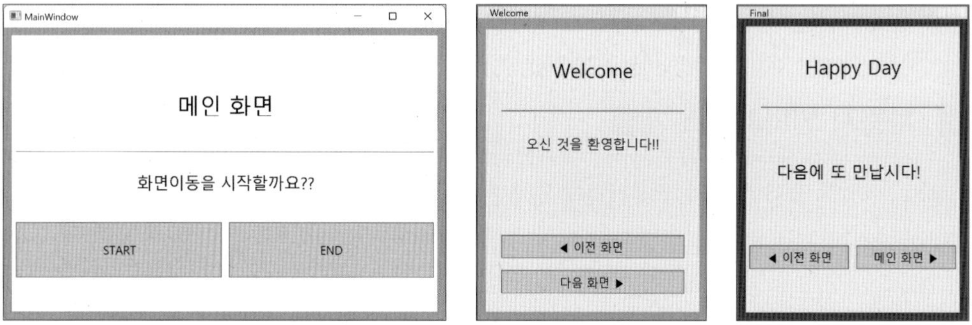

그림 13-1 화면 이동 인터페이스

2

메인 화면

사용자 인터페이스로 사용할 메인 화면 디자인을 먼저 만들기 위해 다음 예제를 수행합니다. 메인 화면의 크기는 Height= "410", Width= "600" 으로 설정합니다.

예제 13-01 사용자 인터페이스의 메인 화면 만들기

• **Step 01 | 프로젝트 생성** : 프로젝트명은 'WPF_MoveScreen'으로 입력합니다. 소스 파일명은 그대로 둡니다.

• **Step 02 | 메인 화면 디자인 구성** : 메인 화면을 구성하기 위해 다음과 같이 소스 코드를 추가합니다. 자동으로 만들어지는 소스 코드 중 반복되는 부분은 ...(생략)... 으로 표현하였습니다.

ch13/WPF_MoveScreen/WPF_MoveScreen/MainWindow.xaml

```
<Window x:Class="WPF_MoveScreen.MainWindow"
...(생략)...
        Title="MainWindow" Height="410" Width="600"
        Background="YellowGreen">
    <StackPanel Height="380"
                VerticalAlignment="Bottom"
                Background="White"
                Margin="10">
        <Grid Height="150">
```

```
            <TextBlock Text="메인 화면" FontSize="30"
                       Height="33"
                       Margin="0, 20"
                       HorizontalAlignment="Center"
                       VerticalAlignment="Bottom"
                       RenderTransformOrigin="0.506,0.192"/>
        </Grid>

        <Separator Background="Blue" Margin="5, 25"/>

        <Grid Height="50">
            <TextBlock x:Name="textBlock"
                   TextWrapping="Wrap"
                   Text="화면이동을 시작할까요??"
                   HorizontalAlignment="Center"
                   FontSize="21"/>
        </Grid>

        <Grid Height="100">
            <Grid.RowDefinitions>
                <RowDefinition/>
            </Grid.RowDefinitions>

            <Grid.ColumnDefinitions>
                <ColumnDefinition/>
                <ColumnDefinition/>
            </Grid.ColumnDefinitions>

            <Button x:Name="btnStart"
                    Grid.Row="0" Grid.Column="0"
                    Content="START"
                    FontSize="15"
                    Height="70"
                    Margin="5,0"
                    VerticalAlignment="Center"/>

            <Button x:Name="btnEnd"
```

```
                        Grid.Row="0" Grid.Column="1"
                        Content="END"
                        FontSize="15"
                        Height="70"
                        Margin="5, 0"
                        VerticalAlignment="Center"/>
            </Grid>
        </StackPanel>
</Window>
```

• **Step 03 | 프로젝트 실행** : 단축키 Ctrl+F5를 눌러 실행 결과를 확인합니다. 메인 화면에 배치한 2개의 버튼은 아직 이벤트가 설정되지 않은 상태입니다.

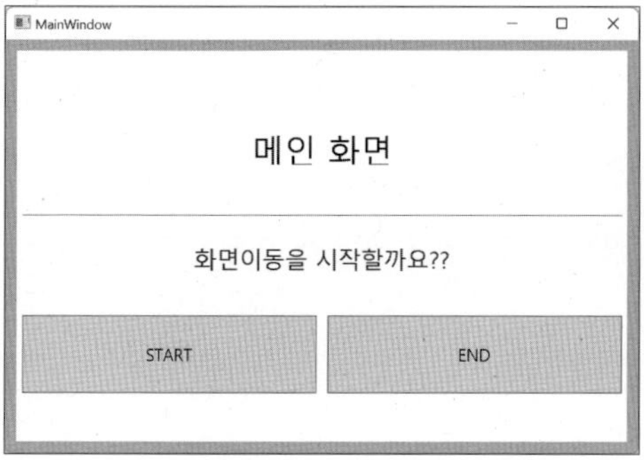

그림 13-2 실행 화면

Quiz 디버깅하지 않고 프로젝트를 실행할 때는 단축키 (   )를 눌러 실행 결과를 확인합니다.

정답
Ctrl+F5

3

Welcome 화면

메인 화면에서 〈START〉 버튼을 클릭하게 되면 나타나는 Welcome 화면을 만들기 위해 다음 예제를 수행합니다.

예제 13-02 Welcome 화면 만들기

• **Step 01 | 새로운 화면 추가** : 프로젝트명 위에 커서를 올려놓고 마우스 오른쪽 버튼을 클릭 후 [추가]-[창(WPF)]을 선택합니다.

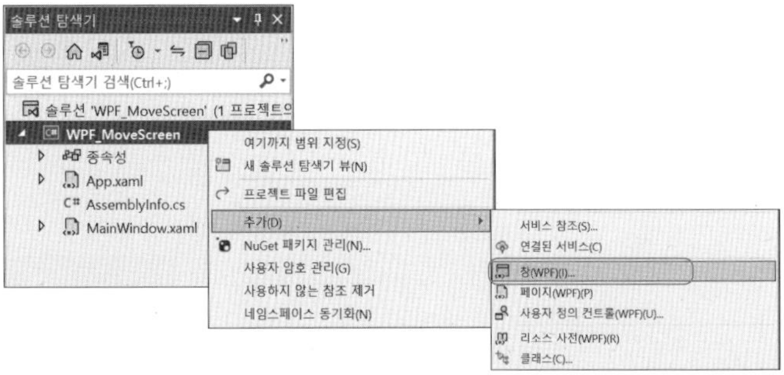

그림 13-3 새 창 추가 메뉴

• **Step 02 | 새 항목 선택** : [창(WPF)]을 선택하고 이름은 'Welcome.xaml'로 입력 후 〈추가〉를 클릭합니다.

그림 13-4 새 항목 선택과 이름 입력

• **Step 03 | Welcome 화면 디자인 구성** : Welcome 화면을 구성하기 위해 다음과 같이 소스 코드를 추가합니다. 자동으로 만들어지는 소스 코드 중 반복되는 부분은 ...(생략)... 으로 표현하였습니다.

ch13/WPF_MoveScreen/WPF_MoveScreen/Welcome.xaml

```
<Window x:Class="WPF_MoveScreen.MainWindow"
...(생략)...
        Title="Welcome" Height="400" Width="300"
        Background="LightSalmon">
    <StackPanel Height="360"
                VerticalAlignment="Bottom"
                Background="Beige"
                Margin="10">
        <TextBlock Text="Welcome"
                   FontSize="25"
                   HorizontalAlignment="Center"
                   Margin="0,35"/>

        <Separator Background="Blue" Margin="20, 0"/>

        <Grid Height="20"></Grid>
        <TextBlock Text="오신 것을 환영합니다!!"
```

```
                      FontSize="17"
                      Margin="20, 10"
                      HorizontalAlignment="Center"/>

          <Grid Height="80"></Grid>

          <StackPanel>
              <Button x:Name="btnLogout"
                      Content="◀ 이전 화면 "
                      FontSize="15"
                      Height="30"
                      Margin="20,15"
                      VerticalAlignment="Center"/>
              <Button x:Name="btnWithdrawal"
                      Content="다음 화면 ▶"
                      FontSize="15"
                      Height="30"
                      Margin="20, 0"
                      VerticalAlignment="Center"/>
          </StackPanel>
      </StackPanel>
</Window>
```

• **Step 04 | 완성된 디자인 화면** : 미리보기 창에서 완성된 Welcome 화면을 확인합니다.

그림 13-5 Welcome 화면

4

Final 화면

Welcome 화면에서 〈다음 화면〉 버튼을 클릭하게 되면 나타나는 Final 화면을 만들기 위해 다음 예제를 수행합니다.

예제 13-03 Final 화면 만들기

• **Step 01** | **새로운 화면 추가** : 프로젝트명 위에 커서를 올려놓고 마우스 오른쪽 버튼을 클릭 후 [추가]–[창(WPF)]을 선택합니다.

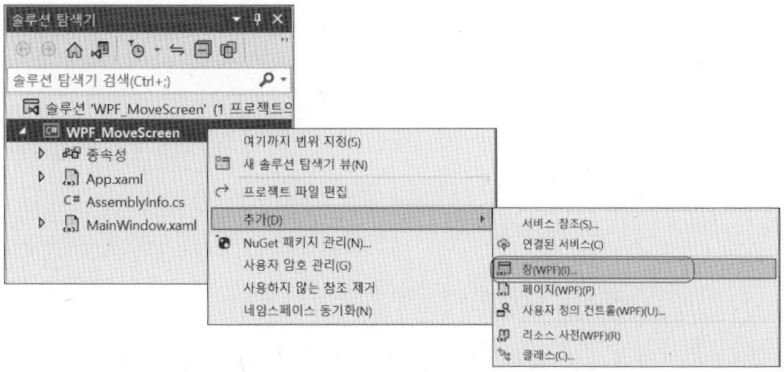

그림 13–6 새 창 추가 메뉴

• **Step 02** | **새 항목 선택** : [창(WPF)]을 선택하고 이름은 'Final.xaml'로 입력 후 〈추가〉를 클릭합니다.

그림 13-7 새 항목 선택과 이름 입력

• **Step 03 | Final 화면 디자인 구성** : Final 화면을 구성하기 위해 다음과 같이 소스 코드를 추가합니다. 자동으로 만들어지는 소스 코드 중 반복되는 부분은 ...(생략)... 으로 표현하였습니다.

ch13/WPF_MoveScreen/WPF_MoveScreen/Final.xaml

```
<Window x:Class="WPF_MoveScreen.MainWindow"
...(생략)...
        Title="Final" Height="400" Width="300"
        Background="BlueViolet">
    <StackPanel Height="365"
                VerticalAlignment="Bottom"
                Background="Beige"
                Margin="10">
        <TextBlock Text="Happy Day" FontSize="25"
                   HorizontalAlignment="Center"
                   Margin="0,35"/>
        <Separator Background="Blue" Margin="20, 0"/>

        <Grid Height="30"></Grid>
        <Grid Height="130">
            <TextBlock x:Name="textBlock"
                       HorizontalAlignment="Left"
                       TextWrapping="Wrap"
```

```
                        Text="다음에 또 만납시다!"
                        VerticalAlignment="Top"
                        FontSize="21"
                        Width="211"
                        Margin="40,37,0,0"/>
        </Grid>

        <Grid Height="60">
            <Grid.RowDefinitions>
                <RowDefinition/>
            </Grid.RowDefinitions>

            <Grid.ColumnDefinitions>
                <ColumnDefinition/>
                <ColumnDefinition/>
            </Grid.ColumnDefinitions>

            <Button x:Name="btnInput"
                    Grid.Row="0" Grid.Column="0"
                    Content="◀ 이전 화면"
                    FontSize="15"
                    Height="30"
                    Margin="5,0"
                    VerticalAlignment="Center"/>

            <Button x:Name="btnCancel"
                    Grid.Row="0" Grid.Column="1"
                    Content="메인 화면 ▶"
                    FontSize="15"
                    Height="30"
                    Margin="5, 0"
                    VerticalAlignment="Center"/>
        </Grid>
    </StackPanel>
</Window>
```

• **Step 04 | 완성된 디자인 화면** : 미리보기 창에서 완성된 Welcome 화면을 확인합니다.

그림 13-8 Final 화면

Quiz 패널 안에서 선언하는 VerticalAlignment 속성은 (　　) 정렬을 수행합니다.

정답
수직

5

모달과 모달리스

C#에서는 화면 이동을 위해 모달과 모달리스 메서드를 제공합니다. 모달Modal은 새 화면을 열어 거기서 작업을 마치고 되돌아와야 하는 화면을 구성할 때 사용합니다. 그리고 모달리스Modeless는 화면 상호 간 포커싱 이동이 가능하므로 화면을 왕래하는 용도로 사용합니다.

C#에서는 모달과 모달리스를 사용하여 화면을 이동할 때 다음과 같은 2개의 메서드를 제공합니다. 2개의 메서드 중 화면 이동과 관련하여 추구하고자 하는 사용 목적에 맞는 메서드를 선택하여 사용하면 됩니다. 모달과 모달리스 메서드는 다음과 같습니다.

```
ShowDialog( );    // 해당 화면을 닫기 전까지는 뒤에 있는 창으로 이동 못함 (모달)
Show( );          // 뒤에 있는 화면으로 이동 가능 (모달리스)
```

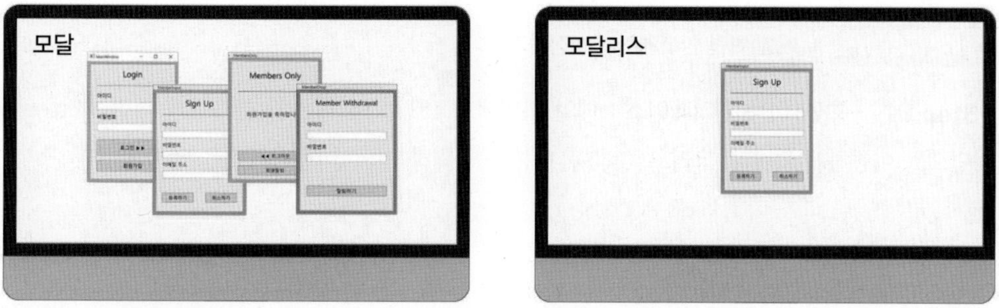

그림 13-9 모달과 모달리스 구동

6

인터페이스 이벤트

1 메인 화면 인터페이스

메인 화면에서 〈START〉 버튼을 클릭하게 되면 Welcome 화면으로 이동하고 〈END〉 버튼을 클릭하게 되면 메인 화면을 닫아줍니다. 메인 화면 인터페이스를 통해 화면을 이동하기 위해 다음 예제를 수행합니다.

Quiz 모달은 새 화면을 열어 거기서 작업을 마치고 되돌아와야 하는 화면을 구성할 때 사용하고 모달리스는 화면 상호 간 (　　　　) 이동이 가능하므로 화면을 왕래하는 용도로 사용합니다.

정답
포커싱

예제 13-04 메인 화면 인터페이스 설정하기

• **Step 01 | 화면 이동 인터페이스** : 메인 화면에서 〈START〉 버튼을 클릭하게 되면 Welcome 화면으로 이동하게 됩니다. 그리고 〈END〉 버튼을 클릭하게 되면 메인 화면을 닫아줍니다.

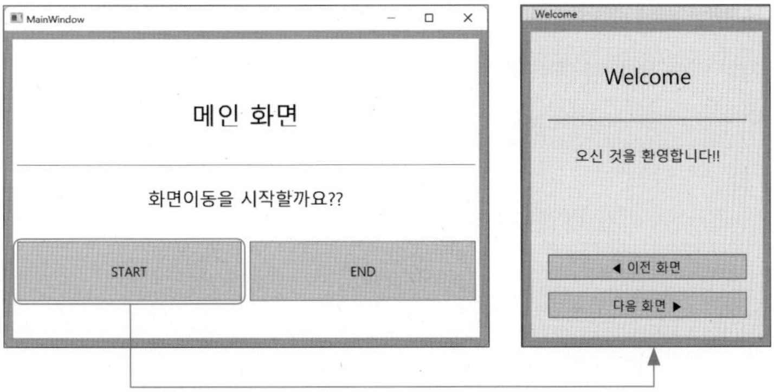

그림 13-10 화면 이동 이벤트

• **Step 02 | 〈START〉 버튼 이벤트** : 메인 화면(MainWindow.xaml)에서 〈START〉 버튼을 클릭하게 되면 Welcome 화면(Welcome.xaml)으로 이동하기 위한 모달리스 선언 형식은 다음과 같습니다. 화면에서 〈START〉 버튼을 더블클릭 후 소스 코드를 추가하면 됩니다.

```
private void btnStart_Click(object sender, RoutedEventArgs e)
{
    Welcome welcome = new Welcome();
    welcome.Show();
    this.Close();
}
```

• **Step 03 | 〈END〉 버튼 이벤트** : 메인 화면에서 〈END〉 버튼을 클릭하게 되면 프로그램을 종료합니다. 화면에서 〈END〉 버튼을 더블클릭 후 다음과 같이 소스 코드를 추가하면 됩니다.

```
private void btnEnd_Click(object sender, RoutedEventArgs e)
{
    this.Close();
}
```

• Step 04 | 버튼 이벤트 등록 : 메인 화면에서 Welcome 화면으로 이동하기 위한 버튼 이벤트를 등록합니다. 먼저 〈START〉 버튼을 더블클릭 후 소스 코드를 추가합니다. 그리고 〈END〉 버튼을 더블클릭 후 나머지 소스 코드를 추가합니다.

ch13/WPF_MoveScreen/WPF_MoveScreen/MainWindow.xaml.cs

```
using System;
using System.Collections.Generic;
using System.Linq;
using System.Text;
using System.Threading.Tasks;
using System.Windows;
using System.Windows.Controls;
using System.Windows.Data;
using System.Windows.Documents;
using System.Windows.Input;
using System.Windows.Media;
using System.Windows.Media.Imaging;
using System.Windows.Navigation;
using System.Windows.Shapes;

namespace WPF_MoveScreen
{
    /// <summary>
    /// Interaction logic for MainWindow.xaml
    /// </summary>
    public partial class MainWindow : Window
    {
        public MainWindow()
        {
            InitializeComponent();
        }

        private void btnStart_Click(object sender, RoutedEventArgs e)
        {
            // 소스 코드 추가
            Welcome welcome = new Welcome();
```

```
            welcome.Show();
            this.Close();
        }

        private void btnEnd_Click(object sender, RoutedEventArgs e)
        {
            // 소스 코드 추가
            this.Close();
        }
    }
}
```

• **Step 05 | 프로젝트 실행** : 단축키 Ctrl+F5를 눌러 실행 결과를 확인합니다. 메인 화면에서 〈START〉 버튼을 클릭하게 되면 Welcome 화면으로 이동합니다. 그리고 〈END〉 버튼을 클릭하게 되면 메인 화면을 닫아줍니다.

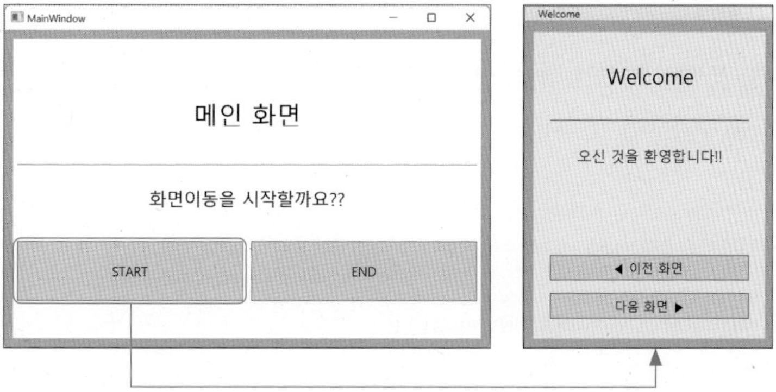

그림 13-11 실행 화면

2 Welcome 화면 인터페이스

Welcome 화면에서 〈이전 화면〉 버튼을 클릭하게 되면 메인 화면으로 이동합니다. 그리고 〈다음 화면〉 버튼을 클릭하게 되면 Final 화면으로 이동하게 됩니다. Welcome 화면 인터페이스를 통해 화면을 이동하기 위해 다음 예제를 수행합니다.

예제 13-05 Welcome 화면 인터페이스 설정하기

• **Step 01 | 화면 이동 인터페이스** : Welcome 화면에서 〈이전 화면〉을 클릭하게 되면 메인 화면으로 이동하게 됩니다. 그리고 〈다음 화면〉 버튼을 클릭하게 되면 Final 화면으로 이동합니다.

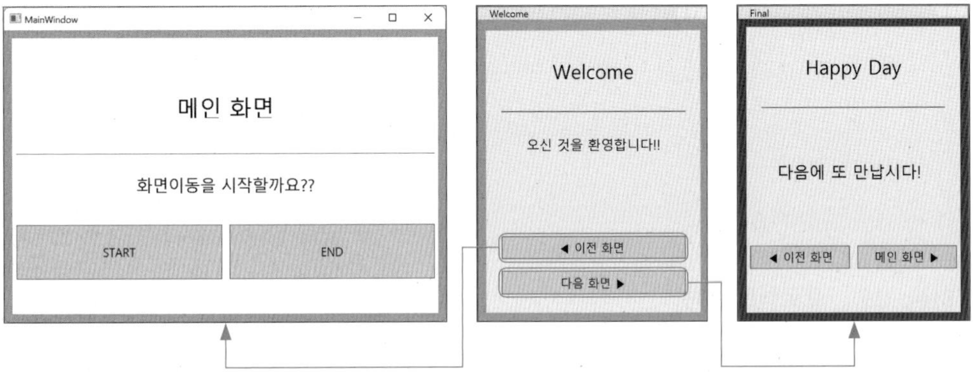

그림 13-12 화면 이동 이벤트

• **Step 02 | 〈이전 화면〉 버튼 이벤트** : Welcome 화면에서 〈이전 화면〉 버튼을 클릭하게 되면 메인 화면으로 이동하기 위한 모달리스 선언 형식은 다음과 같습니다. 화면에서 〈이전 화면〉 버튼을 더블클릭 후 소스 코드를 추가하면 됩니다.

```
private void btnBefore_Click(object sender, RoutedEventArgs e)
{
    MainWindow mainWindow = new MainWindow();
    mainWindow.Show();
    this.Close();
}
```

• **Step 03 | 〈다음 화면〉 버튼 이벤트** : Welcome 화면에서 〈다음 화면〉 버튼을 클릭하게 되면 Final 화면으로 이동하기 위한 모달리스 선언 형식은 다음과 같습니다. 화면에서 〈다음 화면〉 버튼을 더블클릭 후 소스 코드를 추가하면 됩니다.

```
private void btnAfter_Click(object sender, RoutedEventArgs e)
{
    Final final = new Final();
    final.Show();
    this.Close();
}
```

• **Step 04 | 버튼 이벤트 등록** : Welcome 화면에서 〈이전 화면〉 버튼과 〈다음 화면〉으로 이동하기 위한 버튼 이벤트를 등록합니다. 먼저 〈이전 화면〉 버튼을 더블클릭 후 소스 코드를 추가합니다. 그리고 〈다음 화면〉 버튼을 더블클릭 후 나머지 소스 코드를 추가합니다.

ch13/WPF_MoveScreen/WPF_MoveScreen/Welcome.xaml.cs

```
using System;
using System.Collections.Generic;
using System.Linq;
using System.Text;
using System.Threading.Tasks;
using System.Windows;
using System.Windows.Controls;
using System.Windows.Data;
using System.Windows.Documents;
using System.Windows.Input;
using System.Windows.Media;
using System.Windows.Media.Imaging;
using System.Windows.Shapes;

namespace WPF_MoveScreen
{
    /// <summary>
    /// Welcome.xaml에 대한 상호 작용 논리
    /// </summary>
    public partial class Welcome : Window
    {
        public Welcome()
        {
```

```
            InitializeComponent();
        }

        private void btnBefore_Click(
            object sender, RoutedEventArgs e)
        {

        }

        private void btnBefore_Click_1(
            object sender, RoutedEventArgs e)
        {
            // 소스 코드 추가
            MainWindow mainWindow = new MainWindow();
            mainWindow.Show();
            this.Close();
        }

        private void btnAfter_Click(
            object sender, RoutedEventArgs e)
        {
            // 소스 코드 추가
            Final final = new Final();
            final.Show();
            this.Close();
        }
    }
}
```

• **Step 05 | 프로젝트 실행** : 단축키 Ctrl+F5를 눌러 실행 결과를 확인합니다. 화면에서 〈이전 화면〉 버튼과 〈다음 화면〉 버튼을 클릭합니다.

그림 13-13 실행 화면

3 Final 화면 인터페이스

Final 화면에서 〈이전 화면〉 버튼을 클릭하게 되면 Welcome 화면으로 이동하고 〈메인 화면〉 버튼을 클릭하게 되면 메인 화면으로 이동합니다.

예제 13-06 Final 화면 인터페이스 설정하기

• **Step 01 | 화면 이동 인터페이스** : Final 화면에서 〈이전 화면〉을 클릭하게 되면 Welcome 화면으로 이동하게 됩니다. 그리고 〈메인 화면〉 버튼을 클릭하게 되면 메인 화면으로 이동합니다.

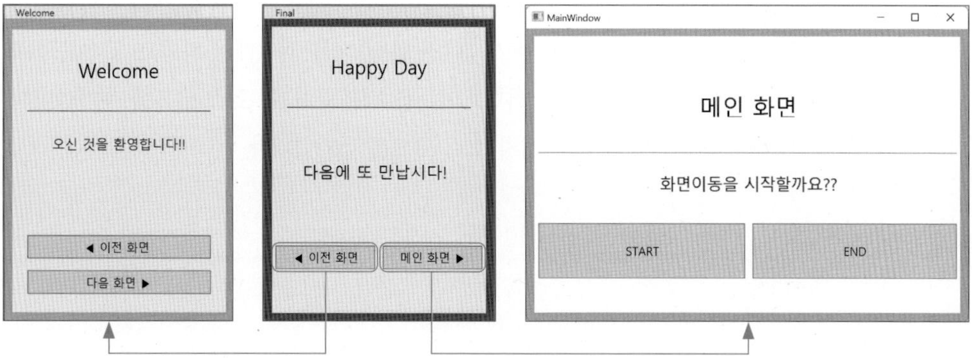

그림 13-14 화면 이동 이벤트

• **Step 02 | 〈이전 화면〉 버튼 이벤트** : Final 화면에서 〈이전 화면〉 버튼을 클릭하게 되면 Welcome 화면으로 이동하기 위한 모달리스 선언 형식은 다음과 같습니다. 화면에서 〈이전 화면〉 버튼을 더블클릭 후 소스 코드를 추가하면 됩니다.

```
private void btnBeforeGo_Click(object sender, RoutedEventArgs e)
{
    Welcome welcome = new Welcome();
    welcome.Show();
    this.Close();
}
```

• **Step 03 | 〈메인 화면〉 버튼 이벤트** : Final 화면에서 〈메인 화면〉 버튼을 클릭하게 되면 메인 화면으로 이동하기 위한 모달리스 선언 형식은 다음과 같습니다. 화면에서 〈메인 화면〉 버튼을 더블클릭 후 소스 코드를 추가하면 됩니다.

```
private void btnMainGo_Click(object sender, RoutedEventArgs e)
{
    MainWindow main = new MainWindow();
    main.Show();
    this.Close();
}
```

• **Step 04 | 버튼 이벤트 등록** : Final 화면에서 〈이전 화면〉 버튼과 〈메인 화면〉으로 이동하기 위한 버튼 이벤트를 등록합니다. 먼저 〈이전 화면〉 버튼을 더블클릭 후 소스 코드를 추가합니다. 그리고 〈메인 화면〉 버튼을 더블클릭 후 나머지 소스 코드를 추가합니다.

ch13/WPF_MoveScreen/WPF_MoveScreen/Final.xaml.cs

```
using System;
using System.Collections.Generic;
using System.Linq;
using System.Text;
```

```
using System.Threading.Tasks;
using System.Windows;
using System.Windows.Controls;
using System.Windows.Data;
using System.Windows.Documents;
using System.Windows.Input;
using System.Windows.Media;
using System.Windows.Media.Imaging;
using System.Windows.Shapes;

namespace WPF_MoveScreen
{
    /// <summary>
    /// Final.xaml에 대한 상호 작용 논리
    /// </summary>
    public partial class Final : Window
    {
        public Final()
        {
            InitializeComponent();
        }

        private void btnBeforeGo_Click(
            object sender, RoutedEventArgs e)
        {
            // 소스 코드 추가
            Welcome welcome = new Welcome();
            welcome.Show();
            this.Close();
        }

        private void btnMainGo_Click(
            object sender, RoutedEventArgs e)
        {
            // 소스 코드 추가
            MainWindow main = new MainWindow();
            main.Show();
```

```
                this.Close();
            }
        }
}
```

• **Step 05 | 프로젝트 실행** : 단축키 Ctrl+F5를 눌러 실행 결과를 확인합니다. 메인 화면부터 Welcome 화면으로 이동하는 버튼 이벤트를 확인할 수 있습니다. Final 화면에서도 다른 화면으로 이동하는 것을 볼 수 있습니다.

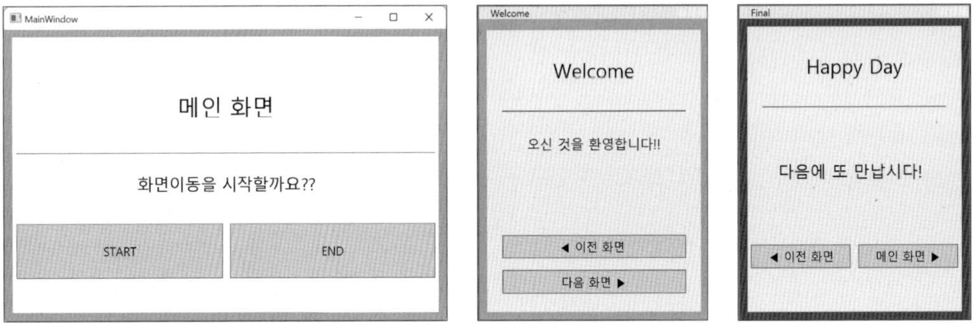

그림 13-15 실행 화면

도전문제 Grid 패널 선언과 모달리스 기능 익히기

1 프로그램 소스 코드를 보고 빈칸을 채워 완성하시오.

```
<Grid Height="60">
    <Grid.RowDefinitions>
         <RowDefinition/>
    </Grid.RowDefinitions>
    <Grid.ColumnDefinitions>
         <ColumnDefinition/>
         <ColumnDefinition/>
    </Grid.ColumnDefinitions>
    <Button x:Name="btnInput"
       [          ] = "0" [          ] = "0"
           Content="◀ 이전 화면"
           FontSize="15"
           Height="30"
           Margin="5,0"
           VerticalAlignment="Center"/>
   ...(생략)...
</Grid>
```

Hint Grid 패널을 사용하게 되면 2차원 배열 형태의 행과 열로 레이아웃을 설정할 수 있다는 부분을 생각해 보세요. 2차원 배열의 형태를 가진 레이아웃을 배치하였다면 행과 열의 위치는 인덱스 값으로 지정해 주면 됩니다.

정답

```
Grid.Row
Grid.Column
```

2 프로그램 소스 코드를 보고 빈칸을 채워 완성하시오.

```
private void btnStart_Click(object sender, RoutedEventArgs e)
{
    // 모달리스를 선언하여 Welcome 화면으로 이동
    Welcome welcome = new Welcome();
    [          ];
    this.Close();
}

private void btnEnd_Click(object sender, RoutedEventArgs e)
{
    // 현재 화면을 닫아줌
  [          ];
}
```

Hint 화면 이동 이벤트에서 해당 화면을 닫기 전까지는 뒤에 있는 창으로 이동하지 못하는 모달 설정과 뒤에 있는 화면으로 이동이 가능한 모달리스 이벤트에 대해 생각해 보세요. 활성화 되어 있는 현재 화면을 닫아 줄 때는 화면을 닫아주는 메서드를 사용하면 됩니다.

정답

```
welcome.Show()
this.Close()
```

핵심점검

1 인터페이스란 사람과 컴퓨터 간의 경계면으로 인간이 사용하기 쉽게 이해하기 쉽도록 (   )으로 설계하여 사용자와 컴퓨터가 정보를 쉽게 주고받을 수 있도록 하는 수단을 의미합니다.

2 인터페이스는 2개 이상의 장치나 소프트웨어 사이에서 정보나 신호를 주고받을 때 그 사이를 연결하는 연결장치나 경계면 또는 (   )을 위한 하드웨어, 소프트웨어, 조건, 규약 등을 의미합니다.

3 PasswordBox는 사용자 인터페이스에서 비밀번호 등을 입력할 때 개인 정보에 대한 위험성 노출로부터 보안 유지를 위해 (   ) 형태로 보여주는 컨트롤 도구입니다.

4 Grid 패널을 사용하게 되면 행과 열로 구분되는 (   ) 배열 형태로 좌표를 설정하여 컨트롤 도구를 균형 있게 배치할 수 있습니다.

5 모달 메서드는 새 화면을 열어 거기서 작업을 마치고 되돌아와야 하는 화면을 구성할 때 사용하고 모달리스 메서드는 화면 상호 간 포커싱 이동이 가능하므로 화면을 (   )하는 용도로 사용합니다.

정답 1 인간공학적 2 상호 접속 3 특수 문자 4 2차원 5 왕래

연습문제

01 사용자 인터페이스의 기본 원칙에 해당하지 않는 것은?

① 직관성 ② 독립성

③ 학습성 ④ 유연성

02 오류 예방, 실수 포용, 오류 감지에 대한 사용자 인터페이스의 기본 원칙은?

① 직관성 ② 독립성

③ 학습성 ④ 유연성

03 사람의 말과 행동을 기반으로 제스처를 입력 인터페이스로 활용하는 UI는?

① 내추럴 UI ② GUI

③ CGI ④ API

04 TO 화면을 열어 거기서 작업을 마치고 되돌아와야 하는 화면을 구성할 때 사용하는 메서드는?

① 모달리스 ② 모달

③ 벡터 ④ Show( )

05 비밀번호 등 개인 정보에 대한 위험성 노출로부터 보안 유지를 위해 특수 문자 형태로 보여주는 컨트롤 도구는?

① Text ② TextBlock

③ Lable ④ PasswordBox

06 Grid 패널을 사용하여 2행 3열 구조인 배열 형태의 레이아웃을 설정하시오.

07 Grid 패널을 사용하여 2행 3열 구조인 배열 형태의 레이아웃을 설정하시오.

(1) ShowDialog( ) –

(2) Show( ) –

프로그래밍 문제

01 다음 지시사항을 준수하여 프로그램을 작성하시오.

(1) 프로젝트명 : WPF_GridButton

(2) 메인 화면 구성 : Grid 패널을 사용하여 1행 2열의 레이아웃 설정

(3) 컨트롤 도구 : 2개의 버튼 배치

(4) 기타 사항은 실행 결과 참조

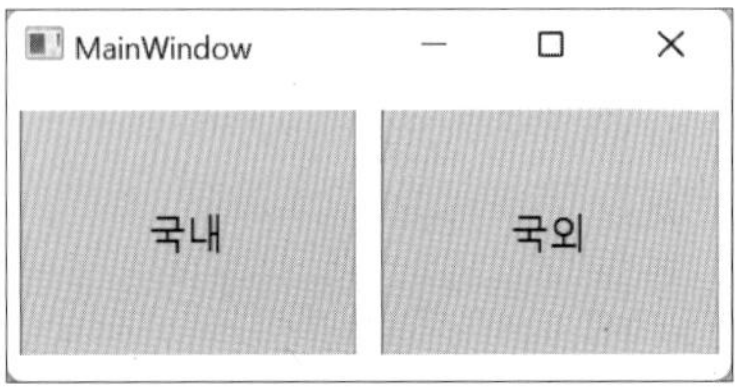

02 다음 지시사항을 준수하여 프로그램을 작성하시오.

(1) 프로젝트명 : WPF_GridButton

(2) 추가 화면 구성 : 2개의 화면 추가

(3) 이벤트 설정 : 〈국내〉 버튼은 모달, 〈국외〉 버튼은 모달리스 설정

(4) 기타 사항은 실행 결과 참조

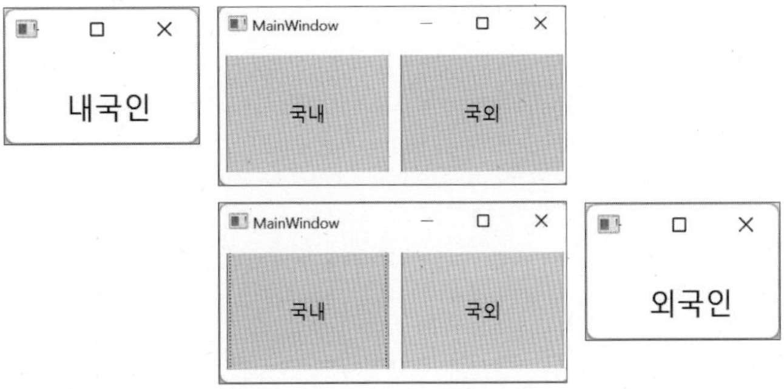

Chapter

14

데이터 저장 및 관리

학습목표

- 데이터를 저장하고 관리하는 방법에 대해 알아봅니다.
- SQLite 브라우저를 설치하고 사용하는 방법에 대해 알아봅니다.
- DB와 테이블의 관계에 대해 알아봅니다.
- 데이터베이스와 테이블을 생성하는 방법에 대해 알아봅니다.

SELF CHECK

1 SQLite 데이터베이스는 일반 어플리케이션 (내장, 외장) 데이터베이스로 사용하기 위한 목적으로 탄생하였습니다.

2 RDBMS란 (객체형, 관계형) 모델을 기반으로 수행하는 데이터베이스 관리시스템을 의미합니다.

3 데이터베이스는 일반적으로 컴퓨터 시스템에 전자적으로 저장되는 구조화된 정보 또는 데이터의 (조직화, 단순화) 된 집합체입니다.

4 테이블은 데이터베이스 안에 실제로 데이터가 저장되는 형태를 의미합니다. 테이블의 역할은 데이터를 저장할 때 어떤 구조로 저장할 것인지에 대해 (자문, 결정)합니다.

5 테이블의 구성 요소는 레코드와 필드로 구성되어 있으며 한 사람에 대한 성명, 나이, 주소 등의 정보를 한 행에 기록되어 있는 것을 (레코드, 필드)라고 합니다.

정답 1 내장 2 관계형 3 조직화 4 결정 5 레코드

1

SQLite 브라우저

1 SQLite 데이터베이스

SQLite 데이터베이스는 일반 어플리케이션 내장 데이터베이스로 사용하기 위한 목적으로 탄생하였습니다. 특별히 서버가 필요 없고 별도의 프로세스 통신 없이 응용 프로그램 내에서 DB(데이터베이스) 처리가 가능합니다. SQLite 데이터베이스는 인기 있는 오픈 RDBMS입니다.

RDBMSRelational Database Management System 란 관계형 모델을 기반으로 수행하는 데이터베이스 관리 시스템을 의미합니다. SQLite 데이터베이스는 용량이 매우 적고 라이선스 문제가 없으므로 사용하기에 부담이 없습니다.

2 SQLite Browser 설치

SQLite 데이터베이스는 MySQL이나 객체 관계형 데이터베이스인 PostgreSQL과 같은 데이터베이스 관리시스템(DBMS)입니다. 하지만 DB 서버가 아니라 응용 프로그램에 넣어 사용하는 비교적 가벼운 데이터베이스입니다. C#에서 SQLite 데이터베이스를 사용할 때 SQLite 브라우저를 사용하게 되면 다음과 같은 편리함을 즐길 수 있습니다.

① Windows, MacOS, Linux 등의 운영체제 지원
② 데이터베이스 파일 생성 및 압축
③ 테이블 생성, 수정 및 삭제
④ 인덱스 생성 및 삭제
⑤ 데이터 조회, 업데이트 및 삭제
⑥ 데이터(레코드)를 텍스트로 가져오기 또는 내보내기
⑦ CSV 파일로 데이터 가져오기 또는 내보내기

SQLite 데이터베이스를 효율적으로 사용하기 위한 브라우저를 설치하기 위해 다음 예제를 수행합니다.

예제 14-01 SQLite 브라우저 설치하기

• **Step 01** | **SQLite Browser 다운로드 사이트** : https://sqlitebrowser.org/ 사이트에 접속 후 [Download]를 클릭합니다.

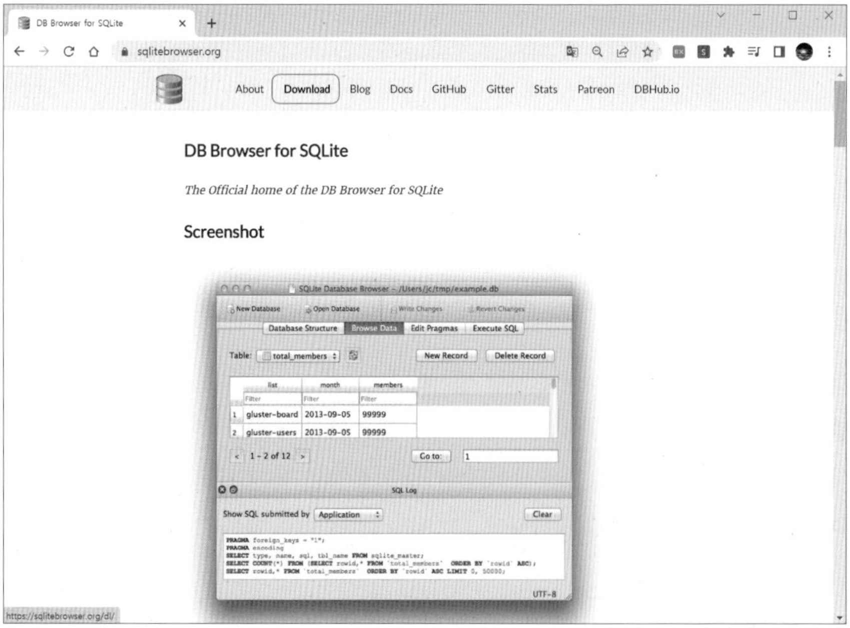

그림 14-1 SQLite Browser 사이트

• **Step** 02 | **SQLite Browser 다운로드** : 내 컴퓨터의 운영체제에 맞는 버전을 선택합니다. 압축 파일 버전은 프로그램을 삭제할 때 해당 폴더만 삭제하게 되는 편리함이 있습니다. 필자는 압축 파일로 된 설치파일을 선택했습니다. 독자분들은 Install 버전을 선택해도 됩니다.

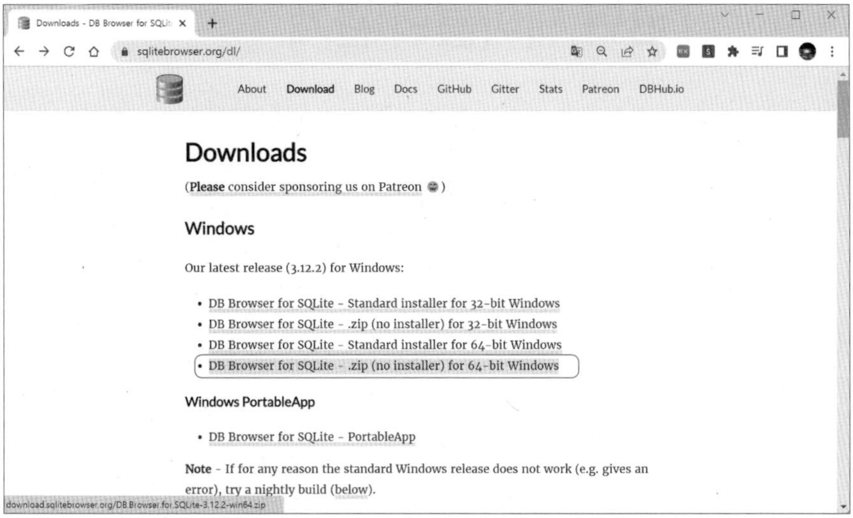

그림 14-2 SQLite Browser 다운로드

• **Step** 03 | **SQLite Browser 압축 해제** : 적절한 폴더 위치에서 다운로드를 수행한 압축파일을 해제합니다. 압축 해제 후 폴더 안에 존재하는 DB Browser for SQLite.exe 실행 파일을 더블클릭하게 되면 SQLite Browser를 실행할 수 있습니다.

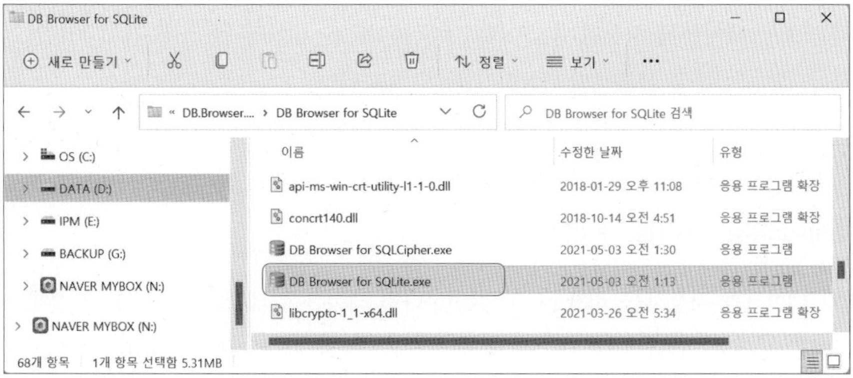

그림 14-3 SQLite Browser 실행 파일 존재 위치

2

DB와 테이블의 관계

1 데이터베이스

데이터베이스DB; DataBase는 일반적으로 컴퓨터 시스템에 전자적으로 저장되는 구조화된 정보 또는 데이터의 조직화 된 집합체입니다. 데이터베이스는 여러 분야의 사람들이 공유하고 사용할 목적으로 통합되어 관리되는 데이터들의 모임이라고 할 수 있습니다.

2 테이블

테이블Table은 데이터베이스 안에 실제로 데이터가 저장되는 형태를 의미합니다. 테이블의 역할은 데이터를 저장할 때 어떤 구조로 저장할 것인지에 대해 결정합니다. 사용자 인터페이스를 통해 입력된 데이터는 모두 테이블에 저장됩니다. 이와 같이 테이블은 데이터베이스에 귀속되어 있으므로 데이터베이스와 테이블은 불가분의 관계라고 할 수 있습니다.

3 데이터베이스와 테이블의 관계

데이터베이스가 데이터를 저장하는 저장소라고 표현한다면 테이블은 데이터베이스 안에 실제로 데이터를 저장하는 형태를 의미합니다. 테이블에 데이터를 저장할 때는 어떤 자료형의 형태로 저장할 것인지와 데이터의 길이는 얼마만큼 지정해야 할지 등은 바로 테이블을 생성하는 단계에서 결정합니다.

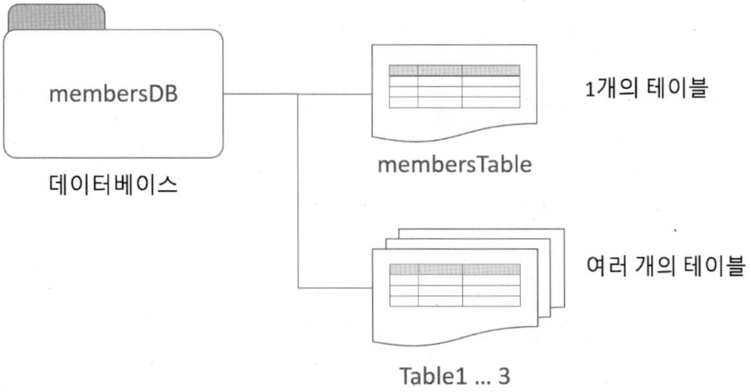

그림 14-4 데이터베이스와 테이블의 관계

4 테이블의 구성 요소

테이블은 필드와 레코드를 구성 요소로 제공하고 있습니다. 테이블의 구성 요소인 필드와 레코드에 대한 개념을 쉽게 이해할 수 있도록 다음 그림과 같이 표현하였습니다.

	필드 1	필드 2	필드 3	필드 4
	코드	**과목**	**학점**	**신청학과**
레코드 1 ... 3	1001-05	행정학	3	경제학과
	1034-08	철학	2	심리학과
	2185-03	컴퓨터보안	3	소프트웨어학과

그림 14-5 테이블의 구성 요소

3

데이터베이스 생성

데이터베이스를 생성할 때는 데이터베이스의 이름을 무엇으로 정할까에 대한 고민도 살짝 해 볼 필요가 있습니다. 그 이유는 데이터베이스 이름을 보는 것만으로도 어떤 용도의 데이터베이스라는 것을 알 수 있기 때문입니다. 데이터베이스의 이름은 자유롭게 본인이 지정할 수 있습니다.

사용자 인터페이스를 통해 전해지는 입력 데이터들은 실제로 테이블에 저장됩니다. 하지만 테이블은 홀로 존재할 수 없습니다. 반드시 데이터베이스를 생성하고 그 데이터베이스 안에 테이블을 생성해야 합니다. 그 이유는 데이터베이스와 부속된 테이블은 밀접한 상관관계를 유지하고 있기 때문입니다.

새로운 데이터베이스를 생성하기 위해 다음 예제를 수행합니다.

예제 14-02 새 데이터베이스 생성하기

- **Step 01 | SQLite 브라우저 실행** : SQLite 브라우저가 설치된 폴더로 이동한 다음 DB Browser for SQLite.exe 실행 파일을 더블클릭합니다.

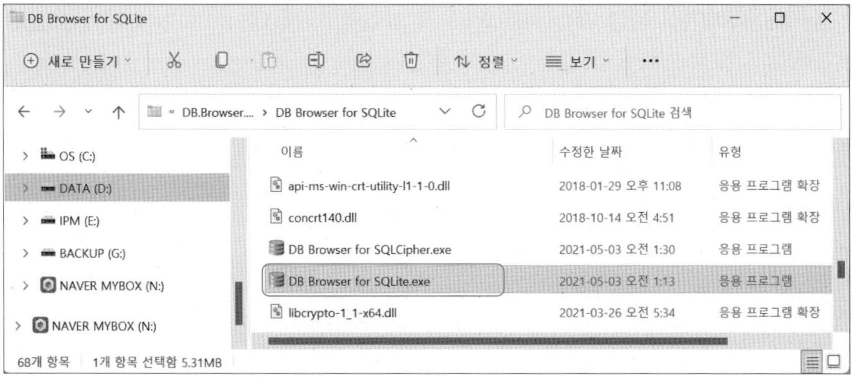

그림 14–6 SQLite Browser 실행 파일

• **Step** 02 | **SQLite 브라우저 실행 화면** : SQLite 브라우저가 실행되면 다음 그림과 같은 화면이 나타납니다.

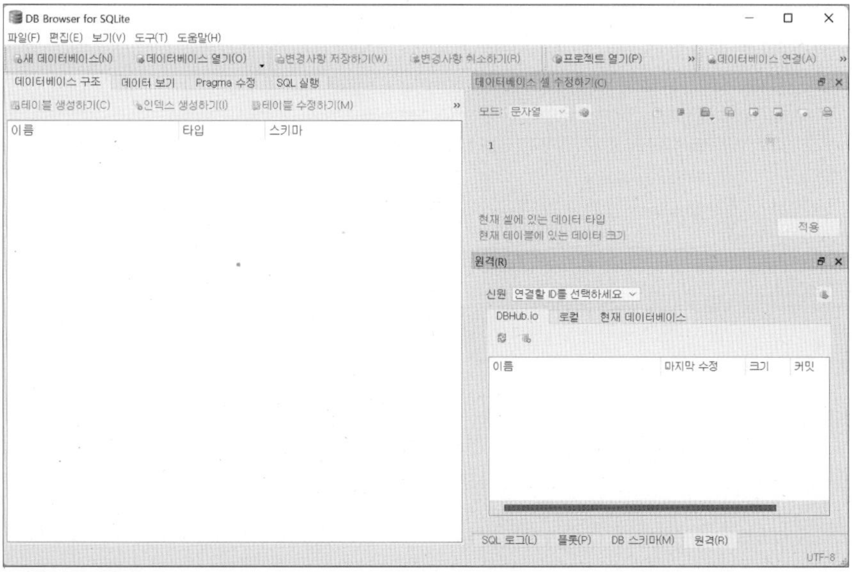

그림 14–7 SQLite 브라우저 화면

• **Step 03 | 새 데이터베이스 생성** : SQLite 브라우저 화면에서 [새 데이터베이스] 아이콘을 클릭합니다.

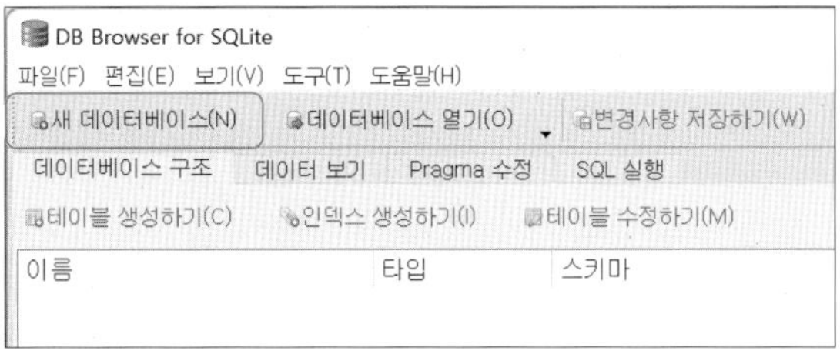

그림 14-8 새 데이터베이스 생성 아이콘

• **Step 04 | enrolmentDB 생성** : 새로 생성할 데이터베이스 이름은 'enrolmentDB'로 입력하고 〈저장〉을 클릭합니다. 필자는 [ch14] 폴더 안에 저장하였습니다.

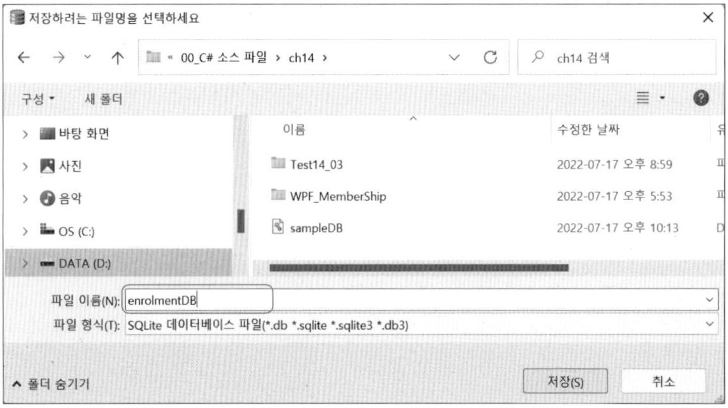

그림 14-9 새 데이터베이스 이름 저장

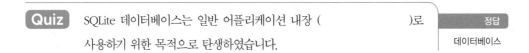

Quiz SQLite 데이터베이스는 일반 어플리케이션 내장 ( )로 사용하기 위한 목적으로 탄생하였습니다.

정답
데이터베이스

4

테이블 생성

앞에서 생성한 enrolmentDB 데이터베이스에 테이블을 생성하도록 하겠습니다. 테이블의 이름은 departmentTbl로 지정합니다. 테이블의 데이터 타입은 다음 표와 같습니다.

표 14-1 departmentTbl 테이블의 필드명과 데이터 타입

필드명	데이터 타입	용도	비고
코드	TEXT	교과목 코드	PRIMARY KEY
과목	TEXT	교과목명	
학점	INTEGER	교과목별 학점	
신청학과	TEXT	교과목 개설 신청학과	

enrolmentDB 데이터베이스 안에서 생성한 departmentTbl 테이블에 실질적인 데이터가 저장됩니다. 다음 예제를 통해 살펴보겠습니다.

예제 14-03 데이터베이스에 테이블 생성하기

• **Step 01 | 새 테이블 추가 메뉴 선택** : SQLite 브라우저 화면에서 [테이블 생성하기]를 클릭합니다. 이미 화면이 나타나 있다면 이 과정은 생략해도 됩니다.

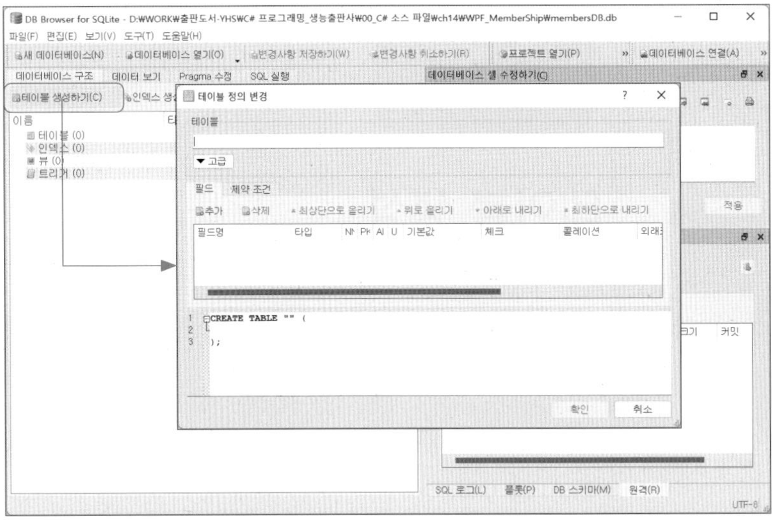

그림 14-10 새 테이블 생성 메뉴

• **Step** 02 | **새 테이블의 이름 입력** : 테이블의 이름은 'departmentTbl'로 입력합니다. 테이블의 이름 뒤에 Tbl은 Table의 단어를 약어로 표기한 것입니다. 그 이유는 사용자가 데이터베이스 파일인지 테이블 파일인지를 명확하게 구별하기 위함입니다.

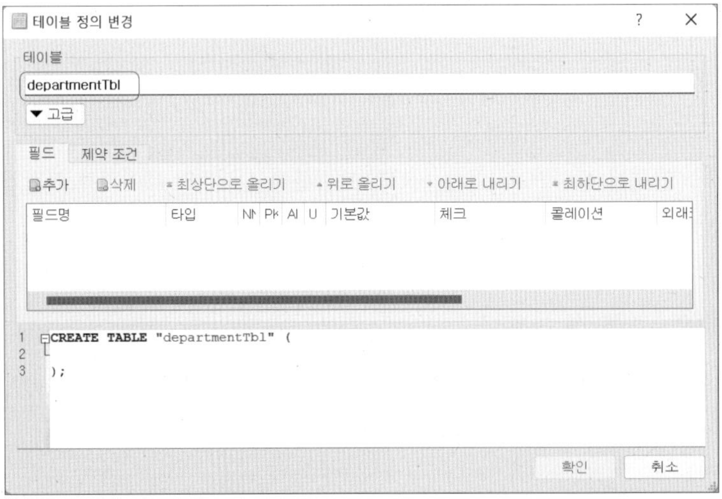

그림 14-11 새 테이블의 이름 입력

• **Step 03 | 첫 번째 필드명 추가** : [필드] 탭에서 [추가] 아이콘을 클릭합니다. 첫 번째 필드명은 'Id', 데이터 타입은 'TEXT'로 지정합니다. 아래쪽 창의 SQL 쿼리문은 자동으로 작성됩니다.

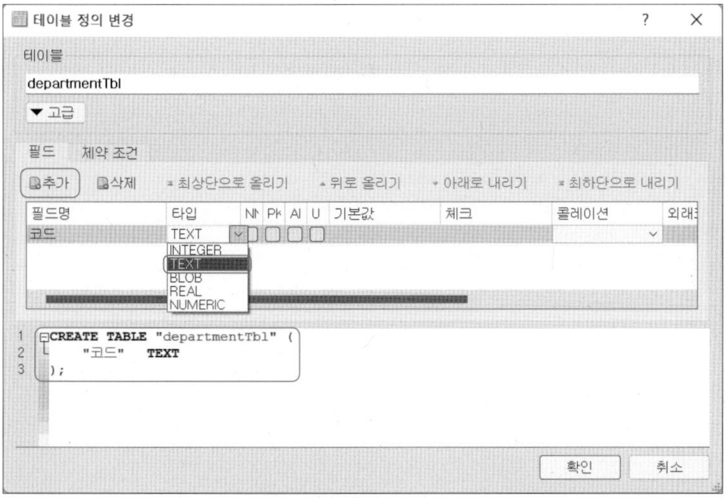

그림 14-12 첫 번째 필드명과 데이터 타입 지정

• **Step 04 | 기본 키 설정** : Id 필드명을 기본 키(Primary Key)로 설정하기 위해 '☑ Pk'항목을 선택합니다. 기본 키의 역할은 레코드(행)를 구분해 줍니다.

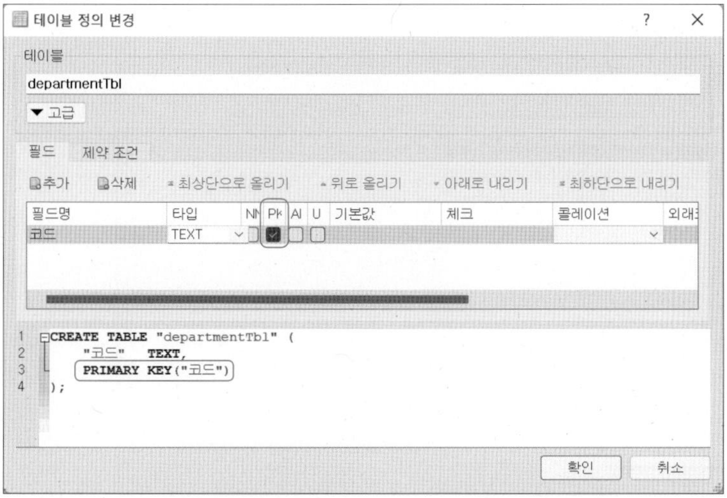

그림 14-13 코드 필드에 기본 키 설정

• **Step 05 | 필드 3개 추가** : 과목은 'TEXT', 학점은 'INTEGER', 신청학과는 'TEXT'로 설정하여 필드를 각각 추가합니다. 필드 추가 완료 후 <확인>을 클릭합니다.

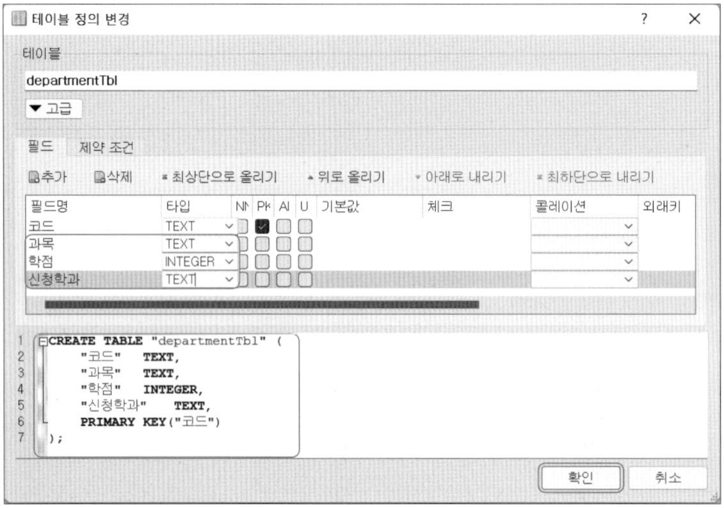

그림 14-14 필드 3개 추가

• **Step 06 | 테이블 생성 확인** : SQLite 브라우저에서 departmentTbl 테이블 생성이 완료된 것을 확인할 수 있습니다.

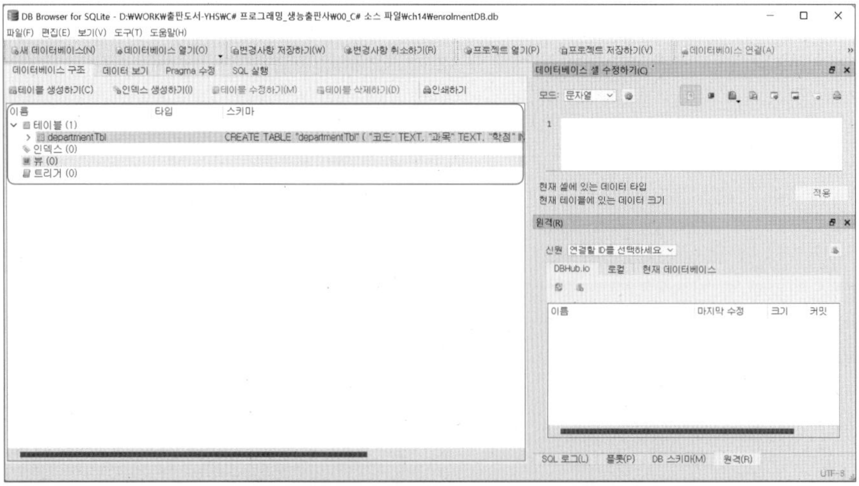

그림 14-15 departmentTbl 테이블 생성 완료

• **Step 07 | 데이터 보기** : [데이터 보기] 탭을 눌러 departmentTbl 테이블에 저장된 데이터를 확인합니다. 아직 입력된 데이터는 아무것도 존재하지 않다는 것을 볼 수 있습니다.

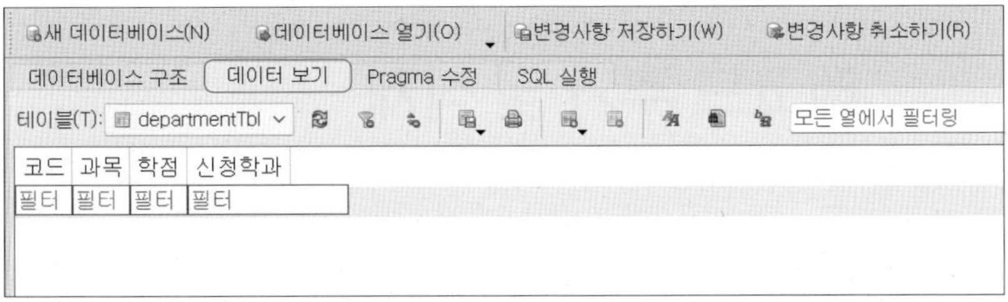

그림 14-16 테이블에 등록된 데이터 확인

✓ Check Point | 기본 키 (Primary Key)

관계형 데이터베이스에서 조의 식별자로 이용하기에 가장 적합한 것을 관계마다 단 한 설계자에 의해 선택되어 정의된 후보 키를 의미합니다. 기본 키는 학생을 구분할 수 있는 학번과 같다고 표현할 수 있습니다. 기본 키는 테이블에서 학번과 같은 역할을 수행할 수 있도록 사용자가 임의의 특정 필드를 지정합니다.

데이터베이스와 테이블 생성 과정을 모두 마쳤습니다. 다음 절에서는 테이블에 데이터를 실제로 등록하는 과정에 대해 살펴보겠습니다.

Quiz RDBMS란 ( )모델을 기반으로 수행하는 데이터베이스 관리시스템을 의미합니다.

정답: 관계형

5

레코드 추가 및 삭제

1 레코드 추가

주어진 데이터의 종류를 살펴보고 테이블을 생성할 때 필드에 지정한 데이터 타입을 되짚어 보기 바랍니다. departmentTbl 테이블에 등록할 데이터는 다음 표와 같습니다.

표 14-2 departmentTbl 테이블에 저장할 데이터

코드	과목	학점	신청학과
1001-05	행정학	3	경제학과
1034-08	철학	2	심리학과
2185-03	컴퓨터보안	3	소프트웨어학과

예제 14-04 테이블에 레코드 추가하기

• **Step 01 | 테이블에 레코드 추가** : SQLite 브라우저의 화면에서 [새 레코드 추가] 아이콘을 클릭하게 되면 1개의 레코드가 테이블에 추가됩니다.

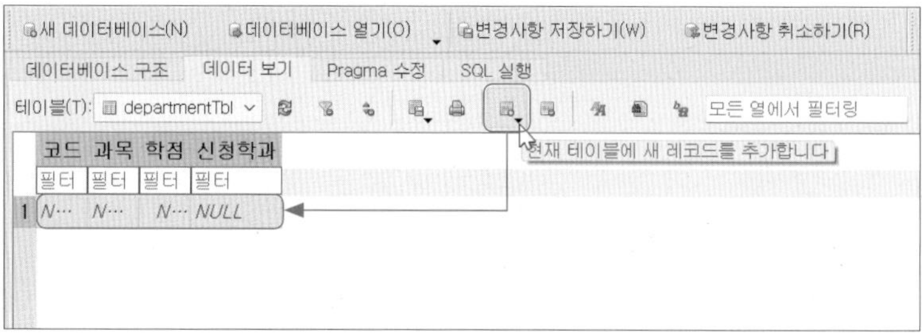

그림 14-17 레코드 1개 추가

• **Step 02 | 필드의 경계선 늘림** : 각 필드에서 보여주는 공간이 좁아 입력하는 데이터를 눈으로 확인하기가 쉽지 않습니다. 각 필드의 경계선의 간격을 마우스로 적절하게 너비를 늘려줍니다.

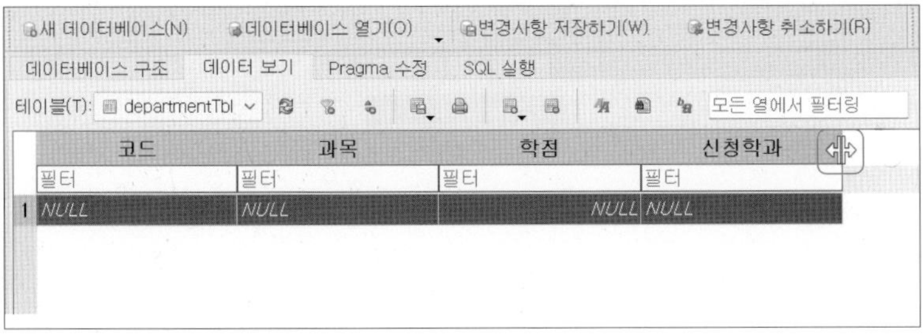

그림 14-18 필드의 경계선 늘림

• **Step 03 | 첫 번째 레코드에 데이터 등록** : 첫 번째 레코드 위치를 클릭하고 [표 14-2]에서 제시한 데이터를 필드명에 맞도록 등록합니다.

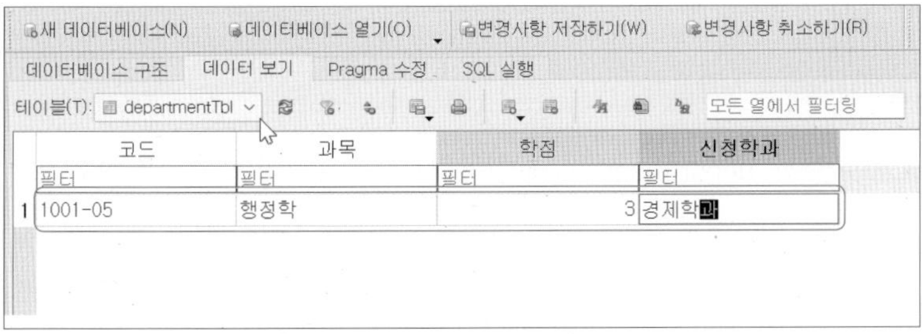

그림 14-19 첫 번째 레코드 등록

• **Step 04 | 레코드 추가 등록** : 동일한 방법으로 나머지 2개의 레코드도 테이블에 등록합니다. 모든 데이터를 테이블에 등록하였다면 [변경사항 저장하기]를 눌러 지금까지 작업한 내용을 저장합니다.

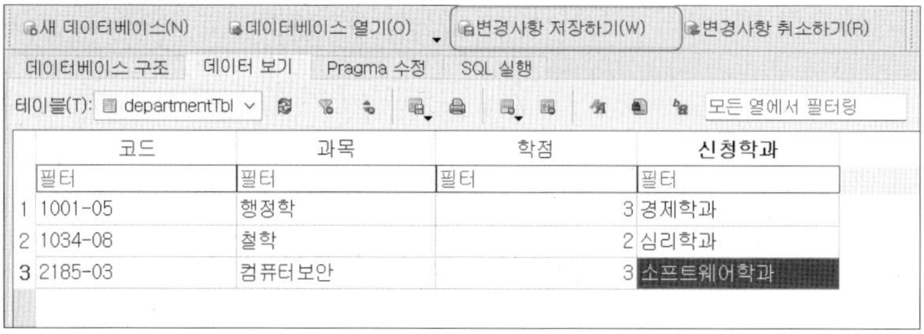

그림 14-20 모든 레코드 테이블 등록 완료

2 레코드 삭제

앞에서 테이블에 등록한 3명의 레코드에 대해 삭제하는 방법을 살펴보겠습니다. 여기서 수행하는 작업은 주의해서 진행해야 합니다. 그 이유는 테이블에 존재하는 레코드를 삭제하게 되면 다시 복원할 수 없기 때문입니다.

예제 14-05 테이블에서 레코드 삭제하기

• **Step 01 | 삭제할 레코드 선택** : departmentTbl 테이블에서 삭제 대상인 레코드를 마우스로 선택합니다. [현재 레코드 삭제하기] 아이콘을 클릭하여 선택된 레코드를 테이블에서 삭제합니다.

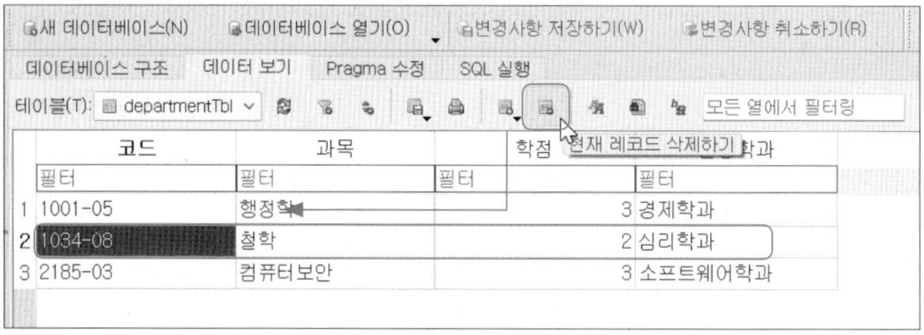

그림 14-21 삭제할 두 번째 레코드 선택

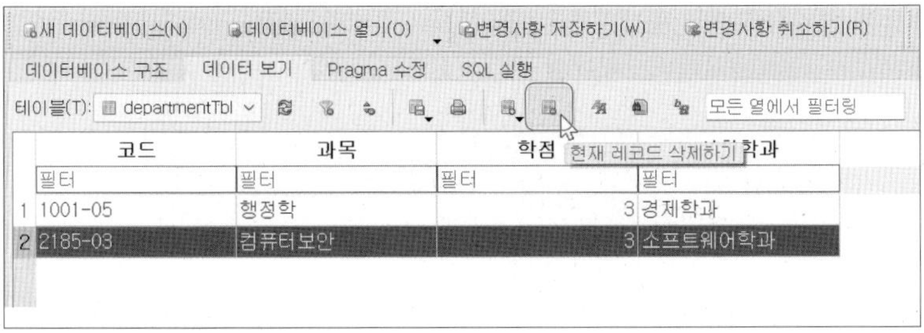

그림 14-22 레코드 추가 삭제

• **Step** 03 | **마지막 레코드 삭제** : departmentTbl 테이블에 존재하는 마지막 레코드도 삭제합니다.

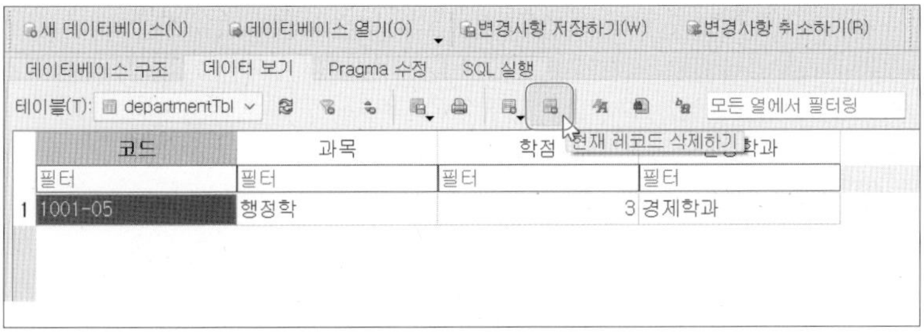

그림 14-23 테이블에 존재하는 마지막 레코드 삭제

• **Step** 04 | **테이블 변경사항 저장** : departmentTbl 테이블에 존재하는 모든 레코드를 삭제하였습니다. [변경사항 저장하기]를 클릭합니다.

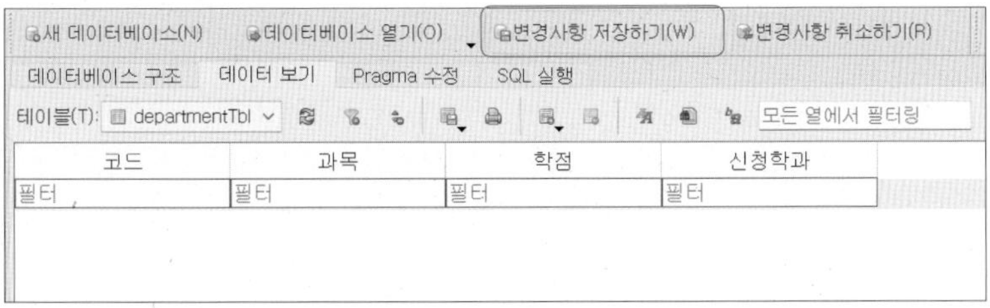

그림 14-24 테이블의 변경사항 저장

지금까지 SQLite Browser를 설치하고 데이터베이스와 테이블을 생성하였습니다. 그런 다음 생성된 테이블에 4개의 레코드를 등록하였습니다. 그리고 테이블에 등록된 데이터를 레코드(행) 단위로 삭제하는 방법에 대해서도 살펴봤습니다. 데이터베이스에 대해 깊이 들어가게 되면 많은 양을 다루어야 하므로 이 책에서는 C#에서 필요한 영역에 대해서만 가볍게 다루었습니다.

Quiz 데이터베이스가 데이터를 저장하는 저장소라고 표현한다면 테이블은 데이터베이스 안에 실제로 (   )를 저장하는 형태를 의미합니다.

정답
데이터

도전문제 DB와 테이블의 관계 및 테이블 구성 요소 익히기

1 데이터베이스와 테이블의 관계도를 보고 빈칸을 채워 완성하시오.

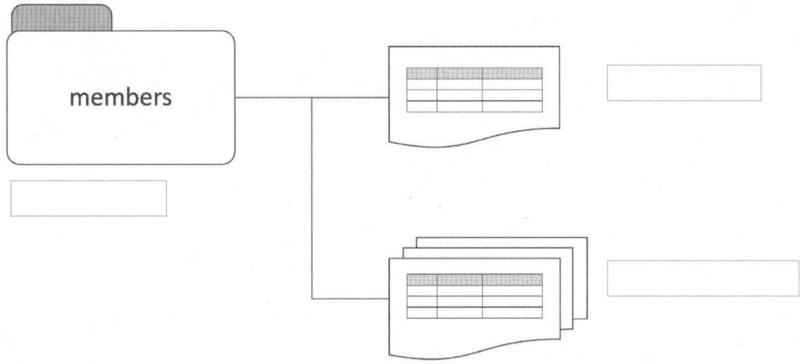

Hint 데이터베이스와 테이블의 구성 관계를 생각해 보세요. 그리고 데이터베이스의 용도 및 테이블의 용도에 대해서도 살펴봅니다.

정답

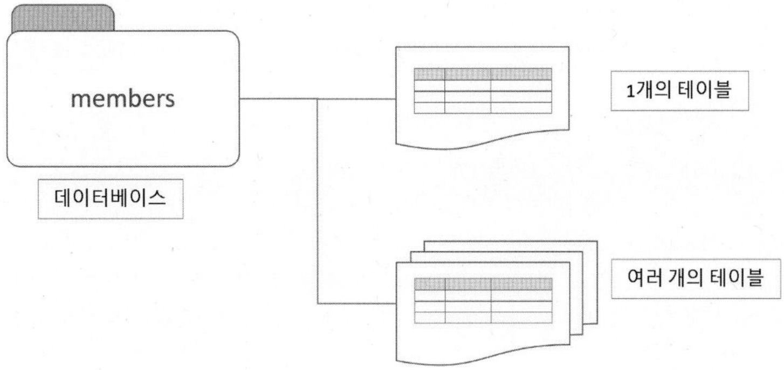

2 테이블의 구성 요소를 보고 빈칸을 채워 완성하시오.

아이디	비밀번호	이메일 주소
space	1234	spack@spacezone.kr
power	13579	kok8800@drspace.kr
cosmos	sky012345	cosmos77@cskisa.com

Hint 테이블은 실제로 데이터가 저장되는 공간입니다. 테이블은 2차원 배열의 형태로 구분되어 행과 열의 위치에 데이터를 저장합니다. 테이블의 행과 열에 대한 요소를 따로 구분해서 생각해 보세요.

정답

필드 1 / 필드 2 / 필드 3

레코드 1 ... 3

아이디	비밀번호	이메일 주소
space	1234	spack@spacezone.kr
power	13579	kok8800@drspace.kr
cosmos	sky012345	cosmos77@cskisa.com

핵심점검

1 SQLite 데이터베이스는 일반 어플리케이션 (   ) 데이터베이스로 사용하기 위한 목적으로 탄생하였습니다.

2 SQLite 데이터베이스는 특별히 서버가 필요 없고 별도의 프로세스 통신 없이 (   ) 내에서 DB(데이터베이스) 처리가 가능합니다.

3 RDBMS란 (   ) 모델을 기반으로 수행하는 데이터베이스 관리시스템을 의미합니다.

4 관계형 데이터베이스는 서로 관련된 데이터 포인트에 대한 (   )를 저장 및 제공하는 데이터베이스 유형입니다.

5 데이터베이스가 데이터를 저장하는 저장소라고 표현한다면 테이블은 데이터베이스 안에 (   )로 데이터를 저장하는 형태를 의미합니다.

정답 1 내장 2 응용 프로그램 3 관계형 4 액세스 5 실제

연습문제

01 SQLite 데이터베이스의 탄생 목적은?

① 내장 데이터베이스로 사용하기 위함

② 별도의 서버를 지원하기 위함

③ 외장 데이터베이스로 사용하기 위함

④ 별도의 프로세스 통신 확보하기 위함

02 일반적으로 컴퓨터 시스템에 전자적으로 저장되는 구조화된 정보 또는 데이터의 조직화된 집합체는?

① 테이블 ② 필드

③ 레코드 ④ 데이터베이스

03 데이터베이스 안에 실제로 데이터가 저장되는 형태는?

① 테이블 ② 필드

③ 레코드 ④ 데이터베이스

04 테이블의 특징에 대한 설명이 <u>아닌</u> 것은?

① 실제 데이터가 저장되는 장소

② 필드와 레코드로 구성

③ 여러 분야의 사람들이 공유하고 사용

④ 데이터가 저장되는 형태 설정

05 DB와 테이블의 관계에 대한 설명 중 틀린 것은?

① DB는 데이터를 저장하는 저장소

② 테이블은 실제로 데이터를 저장하는 형태

③ 데이터 타입은 테이블을 생성할 때 결정

④ DB는 테이블 안에서 생성

06 C#에서 SQLite 브라우저를 사용할 때 기대할 수 있는 편리함에 대해 5개 이상을 기술하시오.

07 RDBMS란 무엇인지에 대해 간략하게 설명하시오.

프로그래밍 문제

01 다음 지시사항을 준수하여 데이터베이스를 작성하시오.

(1) 데이터베이스 프로그램 : SQLite Browser studentDB

(2) 데이터베이스 이름 : studentDB

(3) 데이터베이스 저장 경로 : [ch14] 폴더 생성 후 저장

02 다음 지시사항을 준수하여 테이블을 작성하시오.

(1) 테이블 이름 : studentTbl

(2) 테이블의 구조

학번	성명	주소
INTEGER PRIMARY KEY	TEXT	TEXT

03 다음 지시사항을 준수하여 레코드를 등록하시오

(1) 작업 대상 테이블 : studentTbl

(2) 테이블에 등록할 데이터

학번	성명	주소
20351234	김가을	서울특별시
20380508	최고봉	부산광역시
20391275	홍길동	제주특별자치도

Chapter

15

데이터베이스 커넥션

학습목표

- 사용자 인터페이스 화면 디자인에 대해 알아봅니다.
- 데이터베이스 커넥션 관련 패키지를 설치합니다.
- DB 공급자 구성 클래스와 멤버 변수 클래스를 생성합니다.
- 사용자 인터페이스에 이벤트를 설정하는 방법에 대해 알아봅니다.

SELF CHECK

1 사용자 인터페이스 화면을 구상할 때는 (사람, 컴퓨터)에게 직관적으로 보일 수 있도록 디자인해야 합니다.

2 화면 이동 이벤트에 대한 소스 코드 추가는 (xaml, xaml.cs) 파일에서 작업하면 됩니다.

3 System.Data.SQLite 패키지 설치 후 사용할 수 있는 SQLiteConnection 클래스는 DB와 (연결, 명령)할 때는 사용합니다.

4 System.Data.SQLite 패키지 설치 후 사용할 수 있는 SQLiteCommand 클래스는 DB에게 (연결, 명령)할 때 사용합니다.

5 Microsoft.Data.Sqlite.Core 패키지는 SQLite용 (경량, 중량) ADO.NET 공급자로서 SQLite용 Entity Framework Core 공급자는 이 라이브러리를 토대로 빌드됩니다.

정답 1 사람 2 xaml.cs 3 연결 4 명령 5 경량

1

사용자 인터페이스

1 사용자 인터페이스 화면

WPF_Registration 프로젝트를 수행하기 전에 사용자 인터페이스 화면 구성을 먼저 살펴보면 다음 그림과 같습니다. 데이터베이스에 데이터가 등록된 회원의 경우 로그인을 성공적으로 수행할 수 있습니다. 하지만 데이터베이스에 등록되지 않은 회원이 로그인을 수행하게 되면 경고 메시지 박스가 나타납니다.

그림 15-1 사용자 인터페이스 화면

2 메인 화면

WPF_Registration 프로젝트의 메인 화면을 디자인하기 위해 다음 예제를 수행합니다.

예제 15-01 메인 화면 디자인하기

- **Step 01 | 프로젝트 생성** : 프로젝트명은 'WPF_Registration'으로 입력합니다. 소스 파일명은 그대로 둡니다.

- **Step 02 | 메인 화면 디자인** : 메인 화면은 로그인을 수행하기 위한 사용자 인터페이스 화면으로 디자인을 구성합니다.

그림 15-2 사용자 인터페이스 화면

- **Step 03 | 화면 디자인 소스 코드** : 메인 화면에서 로그인을 수행하기 위한 사용자 인터페이스 화면을 디자인하기 위해 다음과 같이 소스 코드를 추가합니다. 자동으로 만들어지는 소스 코드 중 반복되는 부분은 ...(생략)...으로 표현하였습니다.

ch15/WPF_Registration/WPF_Registration/MainWindow.xaml

```
<Window x:Class="WPF_ColorBoard.MainWindow"
...(생략)...
        Title="MainWindow" Height="400" Width="300"
        Background="BlueViolet">
    <StackPanel Height="365"
                VerticalAlignment="Bottom"
                Background="Beige"
                Margin="10">
        <TextBlock Text="LogIn"
                   FontSize="25"
                   HorizontalAlignment="Center"
                   Margin="0,35"
                   VerticalAlignment="Bottom"/>

        <Separator Background="Blue" Margin="20, 0"/>

        <Grid Height="30"></Grid>
        <TextBlock Text="아이디"
                   FontSize="15"
                   Margin="20, 10"/>
        <TextBox Name="txtID"
                 FontSize="15"
                 Margin="20, 0"/>

        <TextBlock Text="비밀번호"
                   FontSize="15"
                   Margin="20, 10"/>
        <PasswordBox Name="txtPW"
                 FontSize="15"
                 Margin="20, 0"/>

        <Grid Height="10"></Grid>

        <Grid Height="70">
            <Grid.RowDefinitions>
                <RowDefinition/>
```

```
            </Grid.RowDefinitions>

            <Grid.ColumnDefinitions>
                <ColumnDefinition/>
                <ColumnDefinition/>
            </Grid.ColumnDefinitions>

            <Button x:Name="btnLogin"
                    Grid.Row="0" Grid.Column="0"
                    Content="로그인"
                    FontSize="15"
                    Height="30"
                    VerticalAlignment="Bottom"
                    Click="btnInput_Click"
                    HorizontalAlignment="Right"
                    Width="115"
                    Margin="5, 5"/>

            <Button x:Name="btnCancel"
                    Grid.Row="0" Grid.Column="1"
                    Content="취소"
                    FontSize="15"
                    Height="30"
                    VerticalAlignment="Bottom"
                    Click="btnCancel_Click"
                    HorizontalAlignment="Left"
                    Width="115"
                    Margin="5, 5"/>
        </Grid>
    </StackPanel>
</Window>
```

3 로그인 성공 화면

WPF_Registration 프로젝트를 실행하여 아이디와 비밀번호를 입력하게 되면 로그인 성공 화면으로 이동하게 됩니다. 이때 사용할 로그인 성공 화면을 디자인하기 위해 다음 예제를 수행합니다.

예제 15-02 로그인 성공 화면 디자인하기

• **Step 01 | 로그인 성공 화면 디자인** : 로그인 화면에서 데이터베이스에 등록된 아이디와 비밀번호를 입력하게 되면 로그인 성공 화면을 보여줍니다. 로그인 성공 메시지를 보여주는 화면으로 디자인을 구성합니다.

그림 15-3 사용자 인터페이스 화면

• **Step 02 | 화면 디자인 소스 코드** : 로그인 성공 메시지를 보여주기 위한 화면을 디자인하기 위해 다음과 같이 소스 코드를 추가합니다. 자동으로 만들어지는 소스 코드 중 반복되는 부분은 ...(생략)...으로 표현하였습니다.

ch15/WPF_Registration/WPF_Registration/MemberOnly.xaml

```
<Window x:Class="WPF_ColorBoard.MainWindow"
...(생략)...
        Title="MainWindow" Height="400" Width="300"
        Background="Orange">
    <StackPanel Height="360"
                VerticalAlignment="Bottom"
```

```
                Background="Beige"
                Margin="10">
        <TextBlock Text="Welcome"
                   FontSize="25"
                   HorizontalAlignment="Center"
                   Margin="0,35"/>

        <Separator Background="Blue" Margin="20, 0"/>

        <Grid Height="20"></Grid>
        <TextBlock Text="로그인을 성공하였습니다!!"
                   FontSize="17"
                   Margin="20, 10"
                   HorizontalAlignment="Center""/>

        <Grid Height="100"></Grid>

        <StackPanel>
            <Button x:Name="btnMainGo"
                    Content="메인 화면으로"
                    FontSize="15"
                    Height="30"
                    Margin="20, 10"
                    VerticalAlignment="Center"
                    Click="btnMainGo_Click"/>
            <Button x:Name="btnClose"
                    Content="종료하기"
                    FontSize="15"
                    Height="30"
                    Margin="20, 0"
                    VerticalAlignment="Center"
                    Click="btnClose_Click_1"/>
        </StackPanel>
    </StackPanel>
</Window>
```

Quiz Grid.RowDefinitions 속성은 그리드의 (   )의 개수를 설정할 때 선언합니다.

정답

행

2

패키지 설치

C#에서 프로젝트 소스 코드를 작성하다 보면 특정 클래스 또는 메서드가 지원되지 않는 경우가 종종 발생하게 됩니다. 이런 경우 해당 패키지를 설치해 주어야 합니다. 패키지는 프로젝트를 생성할 때마다 새로 설치해 주어야 합니다. 여기서는 사용자 인터페이스를 통해 입력된 정보를 데이터베이스에 저장할 때 필요한 패키지에 대해서만 설치하겠습니다.

1 sqlite-net-pcl

이 패키지는 SQLite.NET을 통해 Xamarin에서 SQLite를 손쉽게 사용할 수 있습니다. Nget Package에서 sqlite-net-pcl 모듈을 설치하기 위해 다음 예제를 수행합니다.

예제 15-03 관련 패키지 설치하기

• **Step 01 | 패키지 설치 메뉴** : 솔루션 탐색기의 프로젝트명 위에서 마우스 오른쪽 버튼을 클릭하여 [NuGet 패키지 관리] 메뉴를 선택합니다.

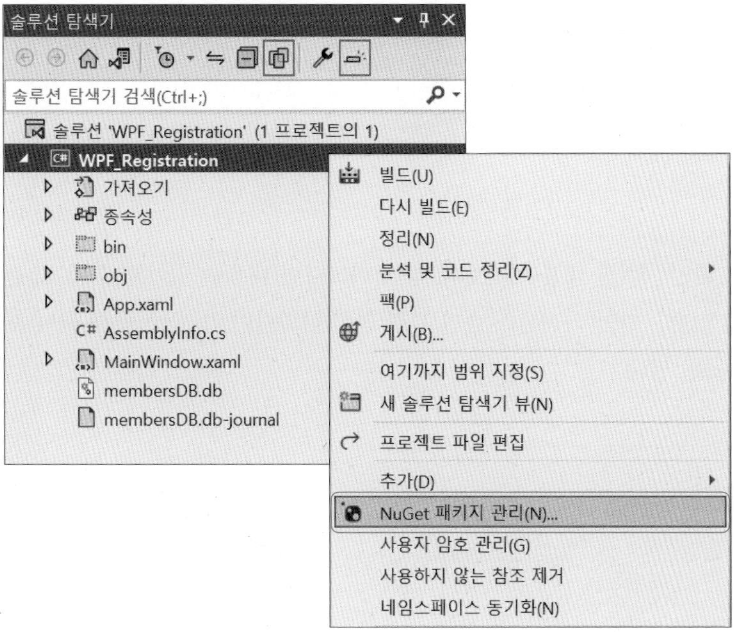

그림 15-4 패키지 설치 메뉴

• **Step 02 | 패키지 설치** : 검색 창에 'sqlite-net-pcl'을 입력하여 해당 패키지를 찾은 다음 〈설치〉를 누릅니다.

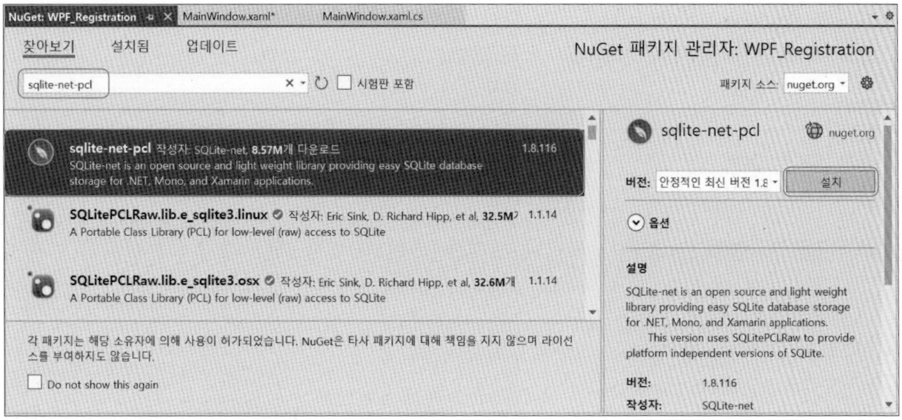

그림 15-5 sqlite-net-pcl 패키지 설치

Quiz Nget Package에서 sqlite-net-pcl 모듈을 설치하면 이용할 수 있습니다 이 패키지는 SQLite.NET를 통해 Xamarin에서 (   )를 손쉽게 사용할 수 있습니다.

정답
SQLite

• **Step 03 | 변경 내용 확인** : [변경 내용 미리보기] 창이 나타나면 내용을 읽어본 후 〈OK〉를 눌러 패키지 설치를 진행합니다. 만약 라이선스 승인 관련 창이 나타나면 〈I Accept〉를 클릭 후 패키지 설치를 계속 진행하면 됩니다.

그림 15-6 변경 내용 미리보기

• **Step 04 | 패키지 설치 모니터링** : 하단에 위치한 [출력 창]에서 해당 패키지가 설치되는 과정을 살펴볼 수 있습니다.

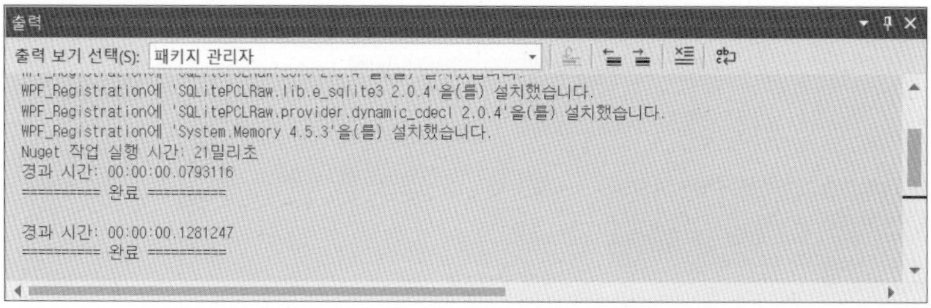

그림 15-7 패키지 설치 사항

• **Step** 05 | **설치된 패키지 확인** : 솔루션 탐색기에서 설치된 패키지의 항목을 확인할 수 있습니다.

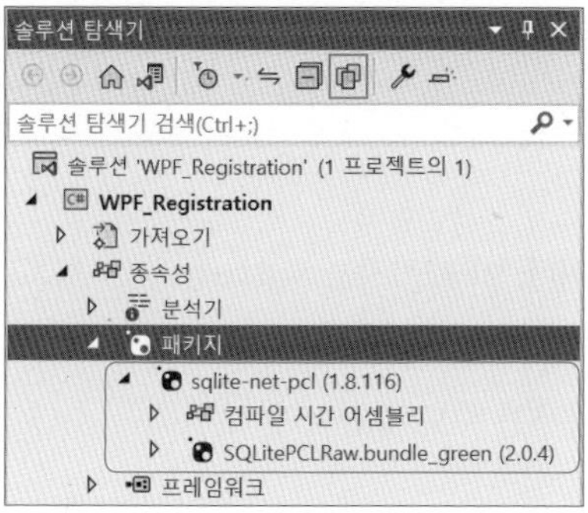

그림 15-8 설치된 패키지 확인

2 System.Data.SQLite

System.Data.SQLite 패키지도 설치합니다. 이 패키지를 설치하는 이유는 데이터베이스 커넥션에서 필요한 SQLiteConnection과 SQLiteCommand 클래스를 사용하기 때문입니다. DB와 연결할 때는 SQLiteConnection 클래스를 사용합니다. 그리고 SQLiteCommand 클래스는 DB에 명령을 보내기 위해 사용합니다.

이 패키지를 사용할 때는 반드시 using System.Data.SQLite;를 선언해야 합니다. 그렇지 않으면 패키지를 원활하게 사용할 수 없게 됩니다. 앞에서 수행한 패키지 설치와 동일한 방법으로 System.Data.SQLite 패키지를 설치합니다.

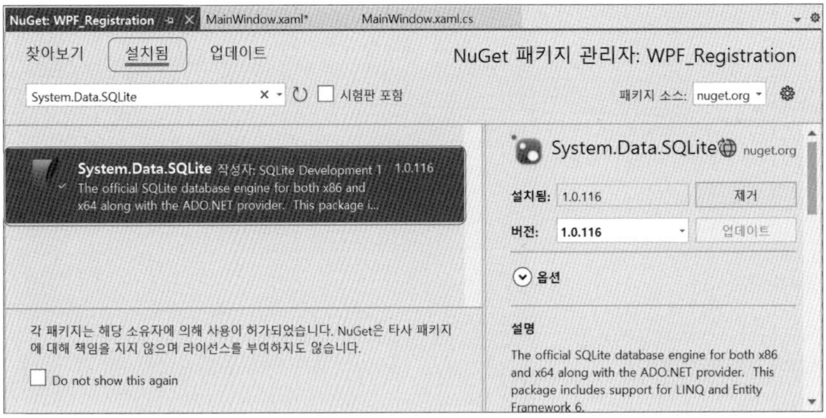

그림 15-9 System.Data.SQLite 패키지 설치 완료

3 Microsoft.Data.Sqlite.Core

Microsoft.Data.Sqlite.Core 패키지도 동일한 방법으로 설치합니다. 이 패키지는 SQLite용 경량 ADO.NET 공급자로서 SQLite용 Entity Framework Core 공급자는 이 라이브러리를 토대로 빌드됩니다. 그리고 독립적 또는 다른 데이터 액세스 라이브러리와 함께 사용할 수도 있습니다.

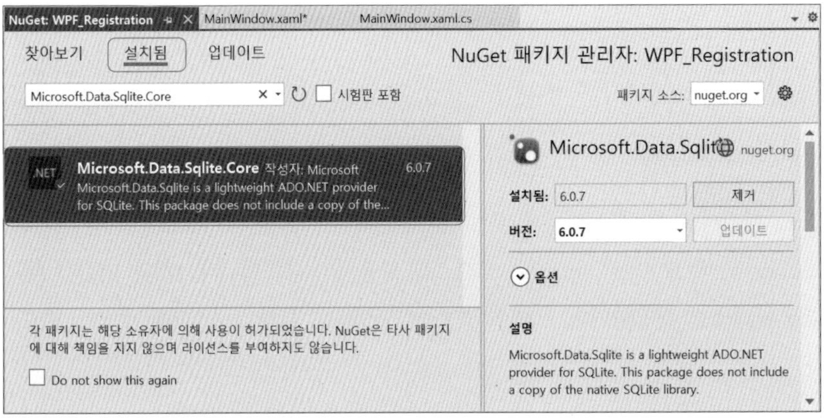

그림 15-10 Microsoft.Data.Sqlite.Core 패키지 설치 완료

4 Microsoft.EntityFrameworkCore.Sqlite

Microsoft.EntityFrameworkCore.Sqlite 패키지도 동일한 방법으로 설치합니다. 이 패키지는 SQLite 데이터베이스 공급자와 함께 공간 데이터를 사용하는 방법에 대한 추가적인 정보가 포함되어 있습니다.

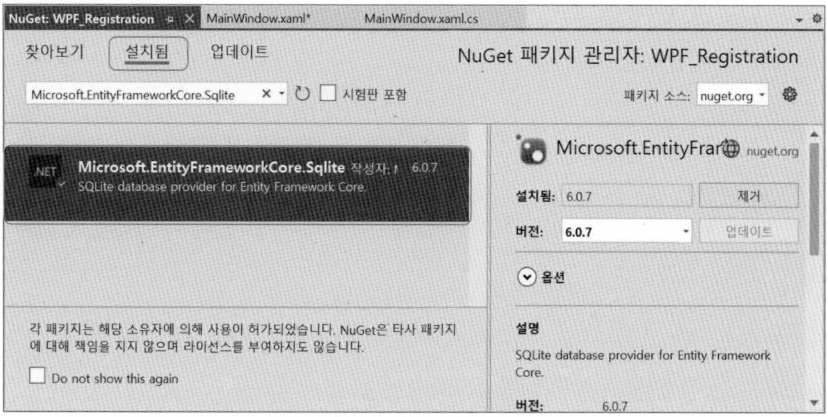

그림 15-11 Microsoft.EntityFrameworkCore.Sqlite 패키지 설치 완료

3

클래스 생성

1 DB 공급자 구성 클래스

DbContextOptionsBuilder 클래스를 사용하여 데이터베이스 연결 및 기타 옵션을 구성할 수 있습니다. DbContext 클래스를 상속받아 오버라이딩Overriding으로 확장 메서드를 정의할 수 있습니다. 오버라이딩이란 부모 클래스에서 이미 정의된 메서드를 자식 클래스에서 같은 시그니처를 갖는 메서드로 재정의하는 것을 의미합니다.

이 클래스를 사용하려면 using Microsoft.EntityFrameworkCore;를 반드시 선언해야 합니다. 클래스의 생성자는 다음 표와 같습니다.

표 15-1 DbContextOptionsBuilder 클래스의 생성자

생성자	용도
DbContextOptionsBuilder()	DbContextOptionsBuilder 옵션이 설정되지 않은 클래스의 새 인스턴스를 초기화합니다.
DbContextOptionsBuilder(DbContextOptions)	클래스의 새 인스턴스를 DbContextOptionsBuilder 초기화하여 지정된를 추가로 구성합니다. DbContextOptions

예제 15-04 DB 공급자 구성 클래스 생성하기

• **Step 01 | 클래스 추가 메뉴** : 솔루션 탐색기의 프로젝트명 위에 커서를 올려놓고 마우스 오른쪽 버튼을 클릭한 다음 [추가]–[클래스]를 선택합니다.

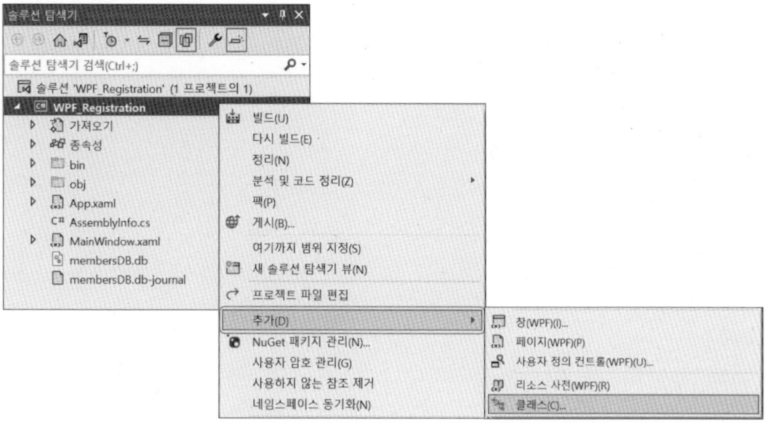

그림 15-12 클래스 추가 생성 메뉴

• **Step 02 | 클래스 생성** : 새 항목 추가 창에서 [Visual C# 항목]–[클래스] 항목을 선택합니다. 클래스 이름은 'UserDataContext'로 입력하고 〈추가〉를 클릭합니다. 클래스명 뒤에 붙는 .cs 확장자는 자동으로 부여되므로 입력하지 않아도 됩니다.

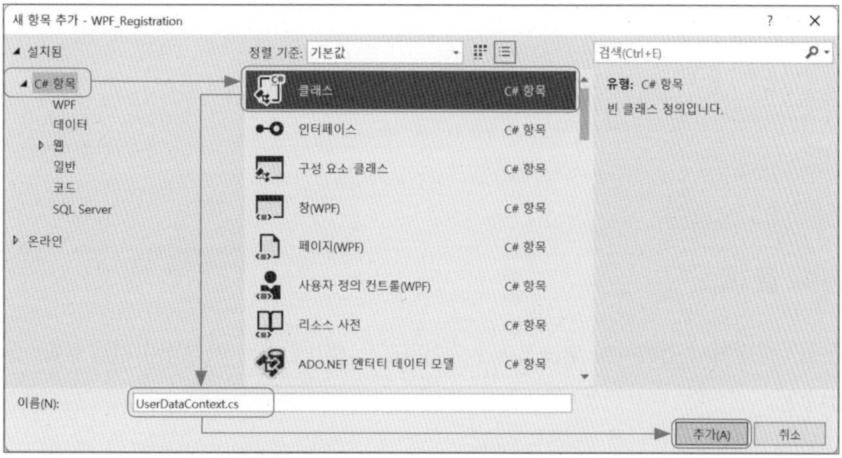

그림 15-13 UserDataContext 클래스 생성

• **Step 03** | **클래스 소스 코드** : DbContext 클래스를 상속받아 UserDataContext 클래스 소스 코드를 다음과 같이 추가합니다.

ch15/WPF_Registration/WPF_Registration/UserDataContext.cs

```
using System;
using System.Collections.Generic;
using System.Linq;
using System.Text;
using System.Threading.Tasks;
using Microsoft.EntityFrameworkCore;   // 소스 코드 추가

namespace WPF_Registration
{
    // 소스 코드 추가
    public class UserDataContext : DbContext      // 클래스 상속
    {
        // override on 입력 후 선택하여 소스 코드 추가
        // 데이터베이스 공급자 구성
        protected override void OnConfiguring(
            DbContextOptionsBuilder optionsBuilder)
        {
            optionsBuilder.UseSqlite("Data Source = membersDB.db");
        }

        public DbSet<User>? Users { get; set; }
    }
}
```

2 멤버 변수 클래스

사용자 인터페이스 화면에서 입력하게 되는 2개의 데이터값을 매개변수로 처리하기 위해 User 클래스를 생성합니다.

예제 15-05 **멤버 변수를 사용하기 위한 클래스 생성하기**

• **Step 01 | 클래스 추가** : 동일한 방법으로 User 클래스를 추가합니다.

• **Step 02 | 클래스 소스 코드** : 사용자 인터페이스 화면에서 입력되는 2개의 데이터값을 처리하기 위한 User 클래스 소스 코드를 다음과 같이 추가합니다. 멤버 변수는 외부에서도 값을 안정적으로 변경할 수 있도록 get과 set 메서드를 사용합니다. get 메서드는 필드값을 반환하고 set 메서드는 필드값을 설정합니다.

ch15/WPF_Registration/WPF_Registration/User.cs

```
using System;
using System.Collections.Generic;
using System.Linq;
using System.Text;
using System.Threading.Tasks;
using Microsoft.EntityFrameworkCore;   // 소스 코드 추가

namespace WPF_Registration
{
    public class User
    {
        // 소스 코드 추가
        [System.ComponentModel.DataAnnotations.Key]
        public string Id { get; set; }
        public string Pw { get; set; }
    }
}
```

3 App.xaml.cs

WPF 프로젝트를 생성하면 기본적으로 생성되는 파일입니다. App.xaml.cs 파일은 프로그램의 출발점이라고 이해하면 됩니다. App.xaml.cs는 XAML 파일과 연결된 C# 코드의 숨김 파일입니다.

XAML 파일이 있는 대부분의 다른 클래스는 파생되는 ContentPage 클래스에 기여합니다. 이러한 파일은 XAML을 사용하여 전체 페이지의 시각적 콘텐츠를 정의합니다. 컨텍스트에 대한 데이터베이스 관련 정보 및 작업에 대한 액세스를 제공하는 DatabaseFacade 클래스를 이 파일에 추가하도록 하겠습니다.

예제 15-06 App.xaml.cs 파일에 소스 코드 추가하기

• **Step 01 | 데이터베이스 관련 클래스의 생성자** : DatabaseFacade 클래스의 생성자에 대한 용도는 다음 표와 같습니다.

표 15-2 DatabaseFacade 클래스의 생성자

생성자	용도
DatabaseFacade(DbContext)	DatabaseFacade 클래스의 새 인스턴스를 초기화합니다. 이 클래스의 인스턴스는 일반적으로 가져오는 Database이며 애플리케이션 코드에서 직접 생성되도록 설계되지는 않았습니다.

• **Step 02 | App.xaml.cs 소스 코드 추가** : App.axml 안에 숨겨진 App.xaml.cs 파일에 소스 코드를 추가합니다.

ch15/WPF_Registration/WPF_Registration/App.xaml.cs

```
using System;
using System.Collections.Generic;
using System.Configuration;
using System.Data;
using System.Linq;
using System.Threading.Tasks;
using System.Windows;
using Microsoft.EntityFrameworkCore.Infrastructure;   // 소스 코드 추가

namespace WPF_Registration
{
    /// <summary>
    /// Interaction logic for App.xaml
    /// </summary>
```

```
    public partial class App : Application
    {
        // 소스 코드 추가 override ons 입력 후 선택
        protected override void OnStartup(StartupEventArgs e)
        {
            DatabaseFacade facade = new DatabaseFacade(
                new UserDataContext());
            facade.EnsureCreated();
        }
    }
}
```

Quiz DbContextOptionsBuilder 클래스를 사용하여 데이터베이스 (   ) 및 기타 옵션을 구성할 수 있습니다.

정답

연결

4

람다 식

1 식 람다

람다 식을 사용하게 되면 익명의 메서드(함수)를 생성할 수 있습니다. 람다를 선언하기 위해 사용하는 연산자는 '=>' 입니다. 여기서는 람다 선언 연산자를 사용하여 본문에서 람다의 매개 변수 목록을 구분합니다. 람다 식은 '식 람다'와 '문 람다'의 두 가지 형식 중 하나를 선택해서 사용하면 됩니다. 식이 본문에 포함되는 식 람다는 다음과 같이 선언합니다.

```
(input-parameters) => expression
```

식 람다의 본문은 메서드 호출로 구성될 수 있습니다. 하지만 SQL Server에서의 경우는 예외의 사항이 존재합니다. 닷넷(.NET) CLR(공용 언어 런타임)의 컨텍스트 외부에서 평가되는 식 트리를 생성하는 경우 람다 식에서 메서드 호출을 사용하면 안 됩니다. 메서드는 .NET CLR(공용 언어 런타임)의 컨텍스트 내에서만 의미가 있기 때문입니다.

람다 식을 만들려면 람다 연산자(=>) 왼쪽에 입력 매개 변수를 지정하고 다른 쪽에 식이나 명령문 블록을 지정합니다. x 제곱 값을 변환하는 매개 변수를 지정하는 람다 식 x => x * x는 대리자 형식의 변수에 할당됩니다.

■ 대리자 형식 : 해당 매개 변수 및 반환 값의 형식에 따라 정의됨

```
Func<int, int> square = x => x * x;
Console.WriteLine(square(8));
// Output : 64
```

■ 식 트리 형식 : 식 람다를 트리 형식으로 변환됨

```
System.Linq.Expressions.Expression<Func<int, int>> e = x => x * x;
Console.WriteLine(e);
// Output: x => (x * x)
```

대리자 형식이나 식 트리의 인스턴스가 필요한 코드를 작성하는 경우가 발생할 수도 있습니다. 이런 경우 람다 식을 백그라운드에서 실행해야 하는 코드를 전달하는 Task.Run(Action) 메서드의 인수 등으로 사용할 수 있습니다. 다음과 같이 표시된 대로 C#에 LINQ를 작성할 때 람다 식을 사용할 수도 있습니다.

```
int[] numbers = { 2, 3, 4, 5 };
var squaredNumbers = numbers.Select(x => x * x);
Console.WriteLine(string.Join(" ", squaredNumbers));
// Output: 4 9 16 25
```

2 LINQ

쿼리는 데이터 소스에서 데이터를 검색하는 식입니다. 쿼리는 일반적으로 특수화된 쿼리 언어로 표현됩니다. 관계형 데이터베이스에는 SQL이 사용되고 XML에는 XQuery가 사용되는 것처럼 시간에 따라 다양한 형식의 데이터 소스에 대해 서로 다른 언어가 개발되었습니다. 따라서 개발자는 지원해야 하는 데이터 소스의 형식이나 데이터 형식에 따라 새로운 쿼리 언어를 배워야 했습니다.

LINQ는 다양한 데이터 소스 및 형식에 사용할 수 있는 일관된 모델을 제공함으로써 이러한 상황을 단순화합니다. LINQ 쿼리에서는 항상 개체를 사용합니다. XML 문서, SQL 데이터베이스, ADO.NET 데이터 세트, .NET 컬렉션 및 LINQ 공급자를 사용할 수 있는 다른 모든 형식에서 데이터를 쿼리하고 변환하는 데 동일한 기본 코딩 패턴을 사용합니다.

Quiz 데이터 소스에서 데이터를 검색하기 위해 일반적으로 특수화된 식을 (   )라고 합니다.

정답
쿼리

쿼리 가능 형식은 LINQ 데이터 소스로 사용하기 위해 수정하거나 특별하게 처리할 필요는 없습니다. 소스 데이터가 쿼리 가능 형식으로 메모리에 아직 없는 경우 LINQ 공급자도 그렇게 나타내야 합니다. 예를 들어 LINQ to XML은 XML 문서를 쿼리 가능 XElement 형식으로 로드합니다.

```
// Create a data source from an XML document.
// using System.Xml.Linq;
XElement contacts = XElement.Load(@"c:\myContactList.xml");
```

LINQ to SQL 사용하면 디자인 타임에 수동으로 또는 Visual Studio LINQ to SQL 도구를 사용하여 개체 관계형 맵핑을 먼저 만듭니다. 개체에 대해 쿼리를 작성하고 런타임에 LINQ to SQL 데이터베이스와의 통신을 처리합니다. 다음 예에서 Customers는 데이터베이스의 특정 테이블을 나타내며 IQueryable⟨T⟩ 쿼리 결과 형식은 IEnumerable⟨T⟩에서 파생됩니다.

```
Northwnd db = new Northwnd(@"c:\northwnd.mdf");

// Query for customers in Seoul.
IQueryable<Customer> custQuery =
    from cust in db.Customers
    where cust.City == "Seoul"
    select cust;
```

3 문 람다

문 람다는 다음과 같이 중괄호 안에 문을 지정한다는 부분을 제외하면 식 람다와 거의 비슷합니다. 문 블록이 본문에 포함되는 문 람다 형식은 다음과 같습니다.

```
(input-parameters) => { <sequence-of-statements> }
```

문 람다를 본문에 지정할 수 있는 문의 개수에는 제한이 없습니다. 일반적으로 2~3개 정도를 지정합니다.

```
Action<string> greet = name =>
{
    string greeting = $"Hello {name}!";
    Console.WriteLine(greeting);
};
greet("World");
// Output: Hello World!
```

4 입력 매개 변수

람다 식의 입력 매개 변수는 괄호로 묶어줍니다. 입력 매개 변수가 0일 경우 다음과 같이 빈 괄호를 지정합니다.

```
Action line = () => Console.WriteLine();
```

람다 식에 입력 매개 변수가 하나만 있는 경우 괄호는 선택 사항입니다.

```
Func<double, double> cube = x => x * x * x;
```

2개 이상의 입력 매개 변수는 쉼표로 구분합니다.

```
Func<int, int, bool> testForEquality = (x, y) => x == y;
```

컴파일러(비주얼 스튜디오)가 입력 매개 변수의 형식을 유추할 수 없는 경우도 존재합니다. 이런 경우 다음과 같이 형식을 명시적으로 지정할 수 있습니다.

```
Func<int, string, bool> isTooLong = (int x, string s) => s.Length > x;
```

입력 매개 변수 형식은 모두 명시적이거나 암시적이어야 합니다. 그렇지 않으면 CS0748 컴파일러 오류가 발생합니다. C# 9.0부터는 무시 항목을 사용하여 람다 식에서 사용하지 않는 입력 매개 변수를 2개 이상 지정할 수 있습니다.

```
Func<int, int, int> constant = (_, _) => 42;
```

5 명시적 반환 형식

일반적으로 람다 식의 반환 형식은 명확하고 유추됩니다. 그러나 일부 식에서는 그렇지 않은 경우도 존재합니다.

```
var choose = (bool b) => b ? 1 : "two";
// ERROR: Can't infer return type
```

C# 10 버전부터는 람다 식의 반환 형식을 입력 매개 변수 앞에 지정할 수 있습니다. 명시적 반환 형식을 지정하는 경우 입력 매개 변수를 괄호로 묶어줘야 합니다.

```
var choose = object (bool b) => b ? 1 : "two";
// Func<bool, object>
```

5

이벤트 설정

1 메인 화면 이벤트

로그인 사용자 인터페이스로 활용되는 메인 화면 이벤트를 설정하겠습니다. 이벤트 설정은 〈로그인〉 버튼과 〈취소〉 버튼으로 구분하여 설정하겠습니다. 소스 코드가 간결한 〈취소〉 버튼 이벤트를 먼저 수행합니다.

예제 15-07 메인 화면 이벤트 설정하기

• **Step 01 | 〈취소〉 버튼 이벤트** : 메인 화면에서 로그인을 수행하기 위해 입력한 아이디와 비밀번호를 컨트롤에서 모두 지우기 위해 다음 소스 코드를 추가합니다.

```
private void btnCancel_Click(object sender, RoutedEventArgs e)
{
    txtID.Text = "";
    txtPW.Password = "";
}
```

• **Step 02 | 화면 이동 이벤트** : 데이터베이스에 이미 등록된 회원이 메인 화면에서 아이디와 비밀번호를 입력합니다. 로그인을 성공적으로 수행하였을 경우 다른 화면으로 이동하기 위해 다음 소스 코드를 추가합니다.

```
public void GrantAccess()
{
    MembersOnly membersOnly = new MembersOnly();
    membersOnly.Show();
}
```

• **Step 03 | 람다 식 이벤트** : 데이터베이스에 이미 등록된 회원인지 아닌지를 편별하기 위한 람다 식 이벤트를 수행하기 위해 다음 소스 코드를 추가합니다.

```
bool userfound = context.Users.Any(
                    user => user.Id == Uid &&
                    user.Pw == Upw);
```

• **Step 04 | 메인 화면 이벤트** : 사용자 인터페이스 화면에서 입력한 아이디와 비밀번호를 데이터베이스에서 검색합니다. 이미 등록된 회원의 경우 로그인 성공 화면으로 이동합니다. 그리고 데이터베이스에 등록되지 않은 아이디와 비밀번호를 입력하고 로그인을 수행하게 되면 경고 메시지 박스를 보여줍니다. 〈로그인〉 버튼을 더블클릭 후 다음과 같이 소스 코드를 추가합니다.

ch15/WPF_Registration/WPF_Registration/MainWindow.xaml.cs

```
using System;
using System.Collections.Generic;
using System.Linq;
using System.Text;
using System.Threading.Tasks;
using System.Windows;
using System.Windows.Controls;
using System.Windows.Data;
```

```
using System.Windows.Documents;
using System.Windows.Input;
using System.Windows.Media;
using System.Windows.Media.Imaging;
using System.Windows.Navigation;
using System.Windows.Shapes;

namespace WPF_Registration
{
    /// <summary>
    /// Interaction logic for MainWindow.xaml
    /// </summary>
    public partial class MainWindow : Window
    {
        public MainWindow()
        {
            InitializeComponent();
        }

        private void btnLogin_Click(
            object sender, RoutedEventArgs e)
        {
            // 소스 코드 추가
            var Uid = txtID.Text;
            var Upw = txtPW.Password;

            using (UserDataContext context =
                new UserDataContext())
            {
                bool userfound = context.Users.Any(
                    user => user.Id == Uid &&
                    user.Pw == Upw);

                if (userfound)
                {
                    GrantAccess();
                    Close();
```

```
                }
                else
                {
                    MessageBox.Show("미등록 회원입니다.", "알림",
                        MessageBoxButton.OK,
                        MessageBoxImage.Warning);
                }
            }
        }

        // 소스 코드 추가
        private object UserDataContext()
        {
            throw new NotImplementedException();
        }

        public void GrantAccess()
        {
            MembersOnly membersOnly = new MembersOnly();
            membersOnly.Show();
        }

        private void btnCancel_Click(
            object sender, RoutedEventArgs e)
        {
            txtID.Text = "";
            txtPW.Password = "";
        }
    }
}
```

2 로그인 성공 화면 이벤트

데이터베이스에 이미 등록된 회원은 정상적으로 로그인을 수행할 수 있습니다. 정상적인 로그인을 수행하였을 경우만 보여주는 화면에서도 이벤트를 설정하기 위해 다음 예제를 수행합니다.

예제 15-08 로그인 성공 화면 이벤트 설정하기

• **Step 01 | 〈메인 화면으로〉 버튼 이벤트** : 로그인 성공 화면에서 메인 화면으로 이동하기 위한 이벤트 설정을 위해 〈메인 화면으로〉 버튼을 더블클릭 후 다음 소스 코드를 추가합니다.

```
private void btnMainGo_Click(object sender, RoutedEventArgs e)
{
    MainWindow mainWindow = new MainWindow();
    mainWindow.Show();
    this.Close();
}
```

• **Step 02 | 〈종료하기〉 버튼 이벤트** : 프로젝트 수행을 종료하기 위해 〈종료하기〉 버튼을 더블클릭 후 다음 소스 코드를 추가합니다.

```
private void btnClose_Click_1(object sender, RoutedEventArgs e)
{
    this.Close();
}
```

• **Step 03 | 로그인 성공 화면 이벤트** : 로그인 성공 화면 이벤트를 설정하기 위해 다음과 같이 소스 코드를 추가합니다.

ch15/WPF_Registration/WPF_Registration/MembersOnly.xaml.cs

```
using System;
using System.Collections.Generic;
using System.Linq;
using System.Text;
using System.Threading.Tasks;
using System.Windows;
using System.Windows.Controls;
using System.Windows.Data;
using System.Windows.Documents;
using System.Windows.Input;
using System.Windows.Media;
using System.Windows.Media.Imaging;
using System.Windows.Shapes;

namespace WPF_Registration
{
    /// <summary>
    /// MembersOnly.xaml에 대한 상호 작용 논리
    /// </summary>
    public partial class MembersOnly : Window
    {
        public MembersOnly()
        {
            InitializeComponent();
        }

        private void btnMainGo_Click(
            object sender, RoutedEventArgs e)
        {
            // 소스 코드 추가
            MainWindow mainWindow = new MainWindow();
            mainWindow.Show();
            this.Close();
        }

        private void btnClose_Click_1(
```

```
                object sender, RoutedEventArgs e)
        {
            // 소스 코드 추가
            this.Close();
        }
    }
}
```

• **Step 04 | 프로젝트 실행** : 단축키 Ctrl+F5를 눌러 실행 결과를 확인합니다. 아직은 데이터베이스에 등록된 회원이 없으므로 경고 메시지박스만 출력됩니다.

그림 15-14 실행 화면

Quiz DbContextOptionsBuilder 클래스는 DbContextOptionsBuilder 옵션이 설정되지 않은 클래스의 새 인스턴스를 (   )합니다.

정답

초기화

6

데이터베이스 연동

1 회원 명단 레코드

WPF_Registration 프로젝트를 수행하여 로그인을 정상적으로 수행하기 위해 데이터베이스에 등록할 회원 명단을 소개합니다. 데이터베이스에 간단하게 등록하기 위해 3개의 레코드를 다음 표와 같이 제시하였습니다.

표 15-3 membersDB에 등록할 회원 명단

아이디	비밀번호	비고
space	1234	
korea	kr012345	
cosmos	kok8800	

표의 비고란은 참고용으로 활용하기 위해 표 안에 구성한 것일 뿐 별다른 의미는 없습니다.

2 DB에 레코드 등록

WPF_Registration 프로젝트를 수행하게 되면 membersDB 데이터베이스가 자동으로 생성됩니다. 여기서는 자동으로 생성된 membersDB 데이터베이스를 대상으로 [표 15-3]에서 제시한 3개의 레코드를 등록하겠습니다.

예제 15-09 데이터베이스에 레코드 3개 등록하기

• **Step 01 | 데이터베이스 열기** : SQLite 브라우저를 실행 후 [데이터베이스 열기]를 클릭합니다.

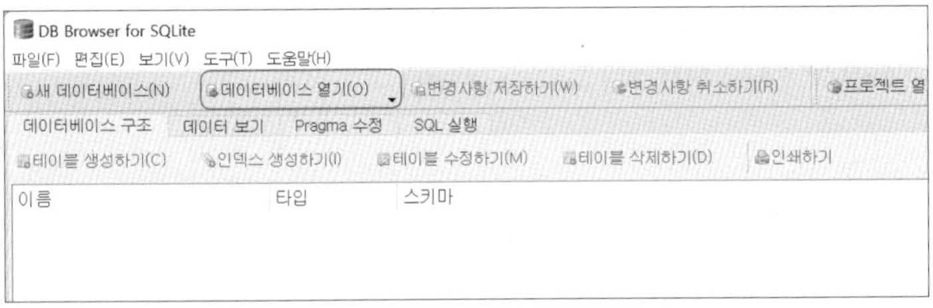

그림 15-15 이터베이스 열기 선택

• **Step 02 | 데이터베이스 파일 열기** : 단축키 Ctrl+F5를 눌러 프로젝트를 실행하게 되면 membersDB.db 데이터베이스는 자동으로 생성됩니다. membersDB.db 데이터베이스는 ch15\WPF_Registration\WPF_Registration\bin\Debug\net6.0-windows 폴더에 저장되어 있습니다.

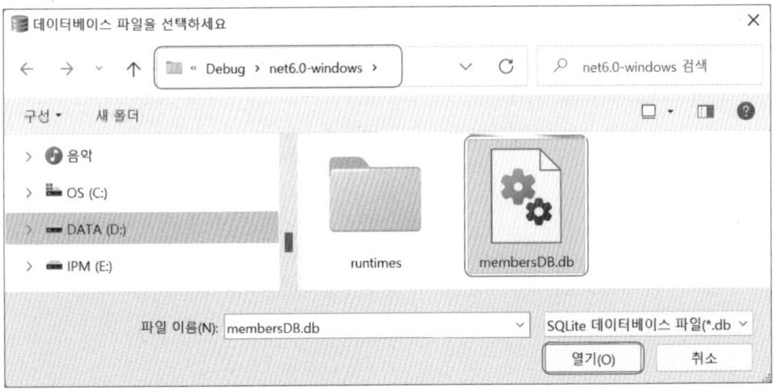

그림 15-16 membersDB.db 파일 열기

• **Step 03 | 레코드 등록** : [표 15-3]에서 제시한 3개의 레코드를 데이터베이스에 등록합니다.

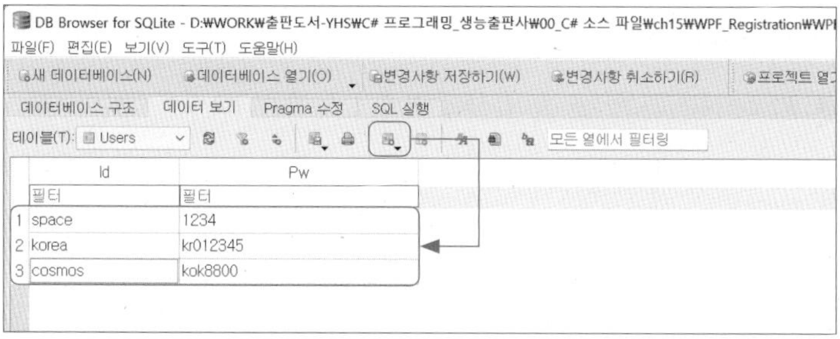

그림 15-17 DB에 레코드 등록

• **Step 03 | 레코드 등록** : membersDB.db 데이터베이스에 3개의 레코드가 모두 등록되었으므로 [변경사항 저장하기]를 클릭합니다.

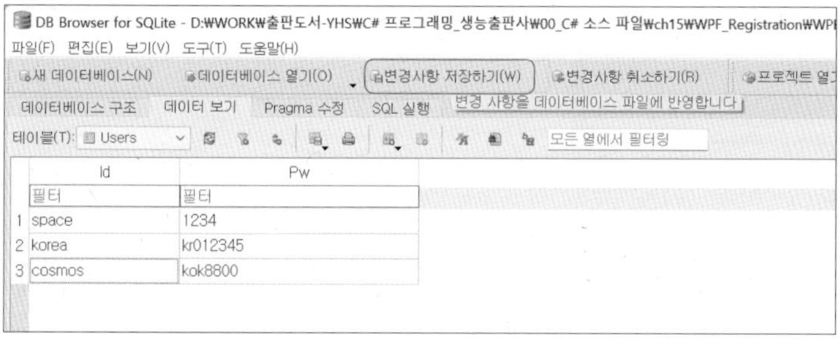

그림 15-18 변경사항 저장하기

3 프로젝트 실행

데이터베이스에 등록된 아이디와 비밀번호를 입력하여 성공적인 로그인이 수행되는지를 확인해 보겠습니다. 먼저 데이터베이스에 등록된 아이디와 비밀번호를 로그인 화면에서 입력하고 실행 결과를 확인합니다. 그리고 데이터베이스에 등록되어 있지 않은 아이디와 비밀번호를 입력해 보도록 하겠습니다.

예제 15-10 로그인 프로젝트 수행하기

• **Step 01 | 프로젝트 실행** : 단축키 Ctrl+F5를 눌러 실행 결과를 확인합니다.

• **Step 02 | 등록 회원 로그인** : 데이터베이스에 등록된 아이디 space와 비밀번호 1234를 입력 후 〈로그인〉 버튼을 클릭합니다. 그러면 로그인 성공 화면으로 이동하게 됩니다.

그림 15-19 등록 회원 로그인

• **Step 03 | 미등록 회원 로그인** : 이번에는 데이터베이스에 등록되지 않은 아이디 spacezone과 비밀번호 123456을 입력 후 〈로그인〉 버튼을 클릭합니다. 데이터베이스에 등록되지 않은 회원에게는 경고 메시지박스가 나타납니다.

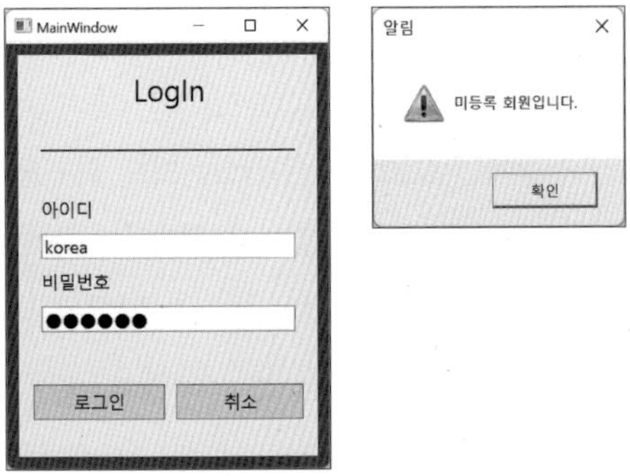

그림 15-20 미등록 회원 로그인 화면

Quiz DatabaseFacade(DbContext) 생성자는 DatabaseFacade 클래스의 새 (   )를 초기화합니다.

정답

인스턴스

도전문제 클래스 상속과 데이터베이스 관련 클래스의 생성자 사용 방법 익히기

1 DbContext 클래스를 상속받은 UserDataContext 클래스 소스 코드를 보고 빈칸을 채워 완성하시오.

```
using System;
using System.Collections.Generic;
using System.Linq;
using System.Text;
using System.Threading.Tasks;
using Microsoft.EntityFrameworkCore;  // 소스 코드 추가

namespace WPF_Registration
{
    // 소스 코드 추가
    public class UserDataContext [          ]        // 클래스 상속
    {
        // override on 입력 후 선택하여 소스 코드 추가
        // 데이터베이스 공급자 구성
        protected override void OnConfiguring(
            DbContextOptionsBuilder optionsBuilder)
        {
            optionsBuilder.UseSqlite("Data Source = membersDB.db");
        }

        public DbSet<User>? Users { [          ] }
    }
}
```

Hint 자식 클래스가 부모 클래스로부터 상속받는 형식에 대해 생각해 보세요. 클래스 외부에서도 매개 변수의 값을 안전하고 자유롭게 변경할 때 사용하는 형식을 살펴보세요.

정답

```
: DbContext
get; set;
```

2 컨텍스트에 대한 데이터베이스 관련 정보 및 작업에 대한 액세스를 제공하는 DatabaseFacade 클래스의 생성자를 선언하는 다음 소스 코드를 보고 빈칸을 채워 완성하시오.

```
public partial class App : Application
    {
        // 소스 코드 추가
        protected override void OnStartup(StartupEventArgs e)
        {
            DatabaseFacade facade = new DatabaseFacade(
           [          ]UserDataContext());
           [          ]EnsureCreated();
        }
    }
```

Hint 데이터베이스 관련된 DatabaseFacade 클래스의 생성자를 생성하는 방법에 대해 생각해 보세요. 생성된 생성자를 사용할 때는 속성을 의미하는 마침표(.)를 함께 사용해야 합니다.

정답

```
new
facade.
```

핵심점검

1 System.Data.SQLite 패키지를 설치 후 데이터베이스 (   )에서 필요할 때는 SQLiteConnection 클래스를 사용합니다.

2 System.Data.SQLite 패키지를 설치 후 DB와 (   )할 때는 SQLite Connection클래스를 사용합니다.

3 Microsoft.Data.Sqlite.Core 패키지는 SQLite용 경량 (   ) 공급자입니다.

4 Microsoft.Data.Sqlite.Core 패키지를 설치하게 되면 (   )용 Entity Framework Core 공급자는 이 패키지를 토대로 빌드됩니다.

5 DbContextOptionsBuilder 클래스를 사용하여 데이터베이스 (   ) 및 기타 옵션을 구성할 수 있습니다.

정답 1 커넥션 2 연결 3 ADO.NET 4 SQLite 5 연결

연습문제

01 SQLite.NET를 통해 Xamarin에서 SQLite를 손쉽게 사용할 수 있는 패키지는?

① sqlite-net-pcl 패키지

② System.Data.SQLite 패키지

③ Microsoft.Data.Sqlite.Core 패키지

④ Microsoft.EntityFrameworkCore.Sqlite 패키지

02 부모 클래스에서 이미 정의된 메서드를 자식 클래스에서 같은 시그니처를 갖는 메서드로 재정의하는 것?

① 오버로딩 ② 상속

③ 오버라이딩 ④ 캡슐화

03 SQLite 데이터베이스 공급자와 함께 공간 데이터를 사용하는 방법에 대한 추가적인 정보가 포함되어 있는 패키지는?

① sqlite-net-pcl 패키지

② System.Data.SQLite 패키지

③ Microsoft.Data.Sqlite.Core 패키지

④ Microsoft.EntityFrameworkCore.Sqlite 패키지

04 DbContextOptionsBuilder 클래스의 용도는?

① 테이블 연결 및 기타 옵션 구성

② 데이터베이스 연결 및 기타 옵션 구성

③ 부모 클래스에서 이미 정의된 메서드를 상속

④ 새로운 테이블 관련 메서드를 생성

05 다음 중 프로그램의 출발점이 되는 파일은?

① Form1.Design.cs ② User.cs

③ App.xaml.cs ④ 사용자 정의 클래스

06 오버라이딩(Overriding)이란 무엇인지 간략하게 설명하시오.

07 App.xaml.cs 파일에 대해 간략하게 설명하시오.

프로그래밍 문제

01 화면을 이동하는 다음 프로그램을 보고 빈 괄호에 들어갈 명령어를 쓰시오.

```
public void GrantAccess()
{
    MembersOnly membersOnly = [          ] MembersOnly();
    [            ].Show();
}
```

02 다음 프로그램을 보고 빈칸에 들어갈 명령어를 쓰시오.

```
        private void btnLogin_Click(
            object sender, RoutedEventArgs e)
        {
            var Uid = txtID.Text;
        [          ] = txtPW.Password;

            using (UserDataContext context =
                new UserDataContext())
            {
                bool [        ] = context.Users.Any(
                    user => user.Id == Uid &&
                    user.Pw == Upw);

                if (userfound)
                {
                    GrantAccess();
                    Close();
```

```
            }
            [          ]
            {
                MessageBox.Show("미등록 회원입니다.", "알림",
                    MessageBoxButton.OK,
                    MessageBoxImage.Warning);
            }
        }
```

넷째마당

워크북

부록

시험 대비 워크북

1 C#에 대한 설명 중 틀린 것은?
① 닷넷 프로젝트와 함께 발표
② GUI와 게임 및 IoT 개발
③ Java의 기본적인 언어 기능 상속
④ 객체지향 언어

2 프로그램에서 정적으로 메모리를 분배할 때 선언하는 키워드는?
① void ② static
③ dynamic ④ struct

3 UFT-8 형식으로 유니코드를 인코딩할 때의 단위는?
① 8비트 ② 16비트
③ 32비트 ④ 64비트

4 변화하기 쉬운 값 또는 변화하는 값을 저장할 때 사용하는 변수를 의미하는 것은?
① 상수 ② 예약어
③ 분기문 ④ 식별자

5 조건문에 대한 설명 중 틀린 것은?
① 참과 거짓 판별 후 명령문 수행
② 여러 개의 조건식 선언
③ 중첩된 조건문 선언 불가
④ 조건식이 참일 때만 수행도 가능

6 동일한 명령문을 여러 번 반복해서 수행할 때 사용하는 명령문은?
① 조건문 ② 반복문
③ 분기문 ④ 제어문

7 조건식을 명령문의 마지막 부분에 선언하는 반복문은?
① while 문 ② for 문
③ do…while 문 ④ foreach 문

8 동일한 자료형을 가지는 데이터들의 연속된 집합을 의미하는 것은?
① 구조체 ② 클래스
③ 객체 ④ 배열

9 foreach 문에 대한 설명 중 틀린 것은?
① 인덱스는 0, 1부터 시작
② 인덱스는 n-2로 끝남
③ 인덱스 순서로 배열 요소를 처리
④ 다차원 배열의 경우 왼쪽 차원의 인덱스가 모두 증가한 다음 오른쪽 차원의 인덱스가 증가

10 클래스에 기능을 추가하거나 재정의하여 새로운 클래스를 정의하는 것은?
① 상속 ② 인스턴스
③ 객체 ④ 오버플로

※ 다음 문제를 읽고 해당하는 답의 번호를 [보기]에서 고르시오(11~15).

보기

① 분해	② private
③ DateTime	④ 캡슐화
⑤ cpp	⑥ c++
⑦ TimeSpan	⑧ public
⑨ void	⑩ int

11 C# 소스 파일을 저장할 때 파일의 확장자 형식은?

12 메인 함수를 수행 후 리턴값을 생략하고자 할 때 선언하는 것은?

13 클래스와 구조체의 데이터와 동작을 수행하는 데이터 구조는?

14 클래스 밖에서도 멤버 변수를 읽거나 수정할 수 있는 접근제한자는?

15 양수 또는 음수로 측정되는 시간 간격을 일, 시간, 분, 초로 나타내는 객체는?

16 다음 소스 코드를 실행한 결과값은?

```
Console.WriteLine(57 > 31);
Console.Write(, );
Console.WriteLine(28 <= 15);
```

17 다음 소스 코드를 실행한 결과값은?

```
int a, b, c, result;
a = 23;
b = 3;
result = a % b;
Console.WriteLine(result);
```

18 다음 소스 코드를 실행한 결과값은?

```
for(a = 1; a <= 10; a++)
{
    if(a % 3 == 0)
    {
        continue;
    }
    Console.Write(a + “, ”);
}
```

19 빈칸을 채워 소스 코드를 완성하시오.

```
class Test
{
  // 클래스 내에서만 접근 및 사용 가능
  [          ] int number;
  [          ] void TestMethod( )
}
class Program
{
  // 모든 클래스에서 접근 가능
  [          ] void ExampleMethod( )
}
```

20 다음 내용에 맞는 프로그램을 작성하시오.

- 프로그램 매뉴 : 남성 1, 여성 2, 종료 3
- do...while 무한 반복문 선언
- if...else 문으로 음의 정수 예외 처리
- switch...case 문으로 성별 출력
- 입력 오류 시 continue 문으로 강제 분기
- 기타 사항은 [출력 예시] 참조

출력 예시

```
프로그램 매뉴얼
 1 : 남성
 2 : 여성
 3 : 프로그램 종료

선택 : -8
음의 정수 사용 불가!!

선택 : 5
입력 오류!!

선택 : 1
결과 : 남성

선택 : 2
결과 : 여성

선택 : 3
프로그램 종료
```

1 C#의 특징 중 틀리게 설명한 것은?
① 완벽을 추구하는 절차지향언어
② 편리한 인터페이스 제공
③ 타입과 문법의 엄격한 제한
④ 다양한 문법의 확장 용이

2 프로그램이 동적으로 할당했던 메모리 영역 중에서 필요 없게 된 영역을 해제하는 기능은?
① 오버플로 ② 캡슐화
③ 언더플로 ④ 가비지콜렉션

3 C# 문법 구조에서 매개 변수가 문자열 그룹임을 의미하는 것은?
① void
② Main( )
③ string[ ] args
④ Console.WiiteLine( )

4 명령문의 끝을 알려주는 기호는?
① 콜론(:) ② 세미콜론(;)
③ 마침표(.) ④ 콤마(,)

5 고정소수점을 출력해 주는 형식 지정자는?
① D ② E
③ F ④ G

6 변수 선언에 따른 데이터가 저장되는 장소는?
① ROM ② RAM
③ CPU ④ HDD

7 다음 중 상수를 올바르게 선언한 것은?
① 85– ② f73
③ 'SPACE' ④ '최'

8 sbyte 자료형에 저장할 수 있는 값의 유효 범위는?
① 0 ~ 255
② –128 ~ 127
③ –32,768 ~ 32,767
④ 0 ~ 65,535

9 무한 반복문을 수행하기 위한 설명으로 맞는 것은?
① 조건식을 무조건 참으로 선언
② 조건식 괄호 안에 0을 선언
③ 조건식을 생략
④ 2개 이상의 조건식 선언

10 데이터를 포함하는 소규모의 데이터 구조를 모델링할 때 주로 사용하는 것은?
① 클래스 ② 객체
③ 인스턴스 ④ 구조체

※ 다음 문제를 읽고 해당하는 답의 번호를 [보기]에서 고르시오(11~15).

보기

① 유니코드	② &&
③ %	④ this
⑤ new	⑥ class
⑦ /	⑧ 아스키코드
⑨ ||	⑩ struct

11 나눗셈을 수행 후 몫은 제외하고 나머지 값만을 추출할 때 사용하는 연산자는?

12 알파벳에 해당하는 숫자를 출력할 때 사용하는 코드는?

13 조건문에서 2개 이상의 조건식이 모두 참일 경우를 선언할 때 사용하는 연산자는?

14 인스턴스를 생성할 때 클래스 자료형의 속성과 함께 사용하는 키워드는?

15 구조체를 선언할 때 사용하는 명령어는?

16 다음 소스 코드를 실행한 결과값은?

```
float a, b, result;
a = 2, b = 3;
result = a / b;
Console.WriteLine(result);
```

17 다음 소스 코드를 실행한 결과값은?

```
int[,] numbers2D[3, 2]
  = new int{{1, 3}, {5, 7}, {9, 11}};
foreach(int cnt in numbers2D)
{
  Console.Write(cnt + " ");
}
```

18 다음 소스 코드를 실행한 결과값은?

```
class Solution
{
  static void Main(string[] args)
  {
    List<int> list = new List<int>()
      {208, 97, 153};
    foreach (var item in list)
    {
          Console.Write("{0, 3} ",
item);
    }
  }
}
```

19 빈칸을 채워 소스 코드를 완성하시오.

```
struct Person
{
    멤버 변수,
    속성, 메서드,
    이벤트 등 선언
}
[        ] a = new Person( );
[        ] b = a;
```

20 다음 내용에 맞는 프로그램을 작성하시오.

- 클래스명 : Solution
- 구조체 선언 : DateTime, TimeSpan
- 생일 입력 : 년-월-일 시:분
- switch...case 문으로 성별 출력
- 입력 오류 시 continue 문으로 강제 분기
- 기타 사항은 [출력 예시] 참조

출력 예시

```
입력(년-월-일 시:분) : 2000-03-05 09:29
생일 : 2000-03-05 오전 9:29:00
현재 : 2022-09-10 오후 3:16:13
지금까지 8224일 5시간 47분 13초를
살아왔습니다.
```

1 명령을 수행하게 되는 소스 코드의 구간을 정하기 위해 코드 블록을 선언할 때 사용하는 괄호는?

① (...) ② [...]
③ { ... } ④ 〈 ... 〉

2 키보드와 모니터 같은 입출력 장치를 총칭하는 용어는?

① 명령프롬프트 ② 콘솔
③ 인터페이스 ④ 솔루션

3 EUC-KR은 한글을 표현하기 위해 몇 비트 단위로 인코딩을 수행하는가?

① 8비트 ② 16비트
③ 32비트 ④ 64비트

4 문자를 2진 숫자 코드로 변환하는 과정과 2진 숫자 코드를 문자로 변환하는 과정을 올바르게 선언한 것은?

① 인코딩, 디코딩
② 디코딩, 인코딩
③ 인코딩, 인코딩
④ 디코딩, 디코딩

5 C#에서 처리하는 문자 자료형의 크기는?

① 1바이트 ② 2바이트
③ 3바이트 ④ 4바이트

6 알파벳 대문자 F에 해당하는 아스키 코드 값은?

① 65 ② 67
③ 69 ④ 70

7 문자열로 주어진 알파벳을 모두 대문자로 처리하는 메서드는?

① ToUpper( ) ② TrimStart( )
③ ToLower( ) ④ TrimEnd( )

8 반복문의 처음으로 강제 이동하는 점프문은?

① break ② goto
③ continue ④ return

9 배열 요소를 출력할 때 단순하고 깔끔한 반복문은?

① for ② while
③ do...while ④ foreach

10 여러 개의 메서드를 선언할 때 메서드의 이름은 모두 동일하고 매개 변수만 다르게 선언하는 방식은?

① 오버라이딩 ② 오버로딩
③ 캡슐화 ④ 구조체

※ 다음 문제를 읽고 해당하는 답의 번호를 [보기]에서 고르시오(11~15).

보기

① JDK	② TrimStart( )
③ SDK	④ ＼
⑤ get	⑥ 주석문
⑦ 명령문	⑧ set
⑨ Trim( )	⑩ ＼n

11 닷넷 앱과 라이브러리를 빌드하고 게시하는 용도로 사용되는 것은?

12 소스 코드에 지장을 주지 않으면서 소스 코드에 대한 설명 등 메모를 기록하는 것은?

13 다음 문자가 특수 문자임을 선언할 때 사용하는 이스케이프 문자는?

14 문자열의 앞과 뒤에 존재하는 공백을 모두 제거할 때 사용하는 메서드는?

15 캡슐화로 선언된 프로그램 외부에서도 값을 안정적으로 필드값을 반환할 때 사용하는 메서드는?

16 다음 소스 코드를 실행한 결과값은?

```
string a, b;
a = "  speed  ";
b = a.TrimEnd();
Console.WriteLine("|" + b + "|");
```

17 다음 소스 코드를 실행한 결과값은?

```
int a;
re:
for (a = 1; a <= 10; a++)
{
  if(a % 2 == 0)
  {
    goto re;
  }
  Console.Write(a + " ");
}
```

18 다음 소스 코드를 실행한 결과값은?

```
class Solution
{
  static void Main(string[] args)
  {
    Console.Write(Math.Min(50, 30));
  }
}
```

19 빈칸을 채워 소스 코드를 완성하시오.

```
class Sol
{
    public int a, b;
}
class Program
{
  static void Main(string[] args)
  {
   [          ] = [          ]
    SD.a = 2050;
    sD.b = 07;
  }
}
```

20 다음 내용에 맞는 프로그램을 작성하시오.

- 클래스명 : Solution
- 표준 형식 지정어 : 긴 형식의 날짜 표현
- 구조체 선언 : DateTime
- 객체 생성 : today
- 기타 사항은 [출력 예시] 참조

출력 예시

```
오늘 : 2022년 09월 10일
표준 형식 지정어 : 2022년 9월 10일 토요일
```

1 윈폼 프로젝트를 수행할 때 자동으로 생성되는 파일이 아닌 것은?

① Program.cs
② App.xaml.cs
③ Form1.Designer.cs
④ Form2.cs

2 윈폼 클래스의 속성 중 타이틀바에 표시되는 글자를 설정할 때 사용하는 속성은?

① Text
② Show
③ FormBorderStyle
④ Close

3 윈폼 프로젝트를 수행할 때 가장 먼저 수행해야 하는 것은?

① 이벤트 소스 코드 등록
② 컨트롤 속성 설정
③ 윈폼 화면 디자인
④ 프로젝트 실행

4 화면에 배치된 버튼을 클릭하게 되면 레이블에 문자열이 출력되고 또 한 번 누르게 되면 레이블에 문자열이 지워지도록 수행할 때 사용하는 이벤트는?

① Form ② flag
③ ClientSize ④ StartPosition

5 핸드폰 번호 또는 주민등록 번호 등을 입력할 때 특정 자릿수를 지정할 때 사용하는 컨트롤 도구는?

① ComboBox
② Label
③ MaskedTextBox
④ CheckedListBox

6 사용자가 항목을 선택하거나 직접 입력할 때 사용하는 컨트롤 도구는?

① 콤보박스 ② 텍스트박스
③ 레이블 ④ 버튼

7 마이크로소프트사에서 2006년 개발한 데스크톱 클라이언트 애플리케이션을 생성하는 사용자 인터페이스 프레임워크인 것은?

① Form ② Grid
③ Win Form ④ WPF

8 다음 설명 중 틀린 것은?

① WPF는 벡터 기반 인터페이스
② 윈폼은 컨트롤 도구를 이용한 UI 개발
③ 윈폼은 WPF에 비해 프로젝트 개발 소요 기간이 김
④ WPF는 소스가 윈폼에 비해 부족

9 WPF의 메인 화면에 컨트롤 도구를 추가하게 되면 MainWindow.xaml 파일의 어느 구간에 소스 코드가 자동으로 생성되는가?

① xmlns ② Grid
③ xmlns:d ④ Title

10 프로젝트가 시작될 때 실행되는 xaml을 의미하며 숨겨진 코드를 포함하고 있는 파일은?

① App.xaml.cs
② AssemblyInfo.cs
③ MainWindow.xaml
④ UniformGrid

※ 다음 문제를 읽고 해당하는 답의 번호를 [보기]에서 고르시오(11~15).

보기

① 컨트롤 도구	② 솔루션 탐색기
③ is	④ CenterToScreen( )
⑤ 도구상자	⑥ RDBMS
⑦ as	⑧ 타이틀바
⑨ Activate	⑩ ODBMS

11 윈폼 디자인 화면에 버튼이나 레이블 등의 여러 가지 디자인 요소를 추가할 때 사용하는 것은?

12 윈폼 화면을 추가할 때 클래스의 속성과 자료형 중 ClientSize 속성은 윈폼 경계와 무엇을 제외한 영역의 크기를 설정하는가?

13 스크린 중앙에 현재 윈폼을 위치시키는 메서드는?

14 C#에서 형 변환을 실패하게 되면 객체 참조를 null 값으로 반환해 주는 연산자는?

15 관계형 모델을 기반으로 수행하는 데이터베이스 관리 시스템은?

16 윈폼 디자인 프로젝트를 수행할 때 성성되는 Form1.Designer.cs 파일에 대해 간략하게 설명하시오.

17 DateTimePicker 컨트롤에 대해 간략하게 설명하시오.

18 WPF를 사용할 때 가장 커다란 장점은 무엇인지에 대해 간략하게 기술하시오.

19 다음과 같이 주어진 그림을 보고 빈칸을 채워 소스 코드를 완성하시오.

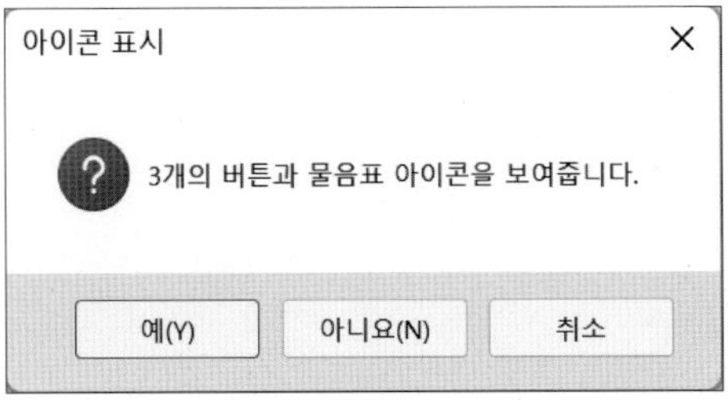


```
DialogResult result2
   = MessageBox.Show(
"3개의 버튼과 물음표 아이콘을 보여줍니다.",
"아이콘 표시",
MessageBoxButtons.[          ],
MessageBoxIcon.Question);
```

20 다음과 같이 아이콘과 버튼이 함께 메시지박스가 출력되도록 소스 코드를 작성하시오.

- 타이틀바 문자열 : 기본 버튼
- 아이콘 : Question
- 버튼 종류 : YesNoCancel
- 기본으로 지정되는 버튼 : 두 번째 버튼
- 기타 사항은 [출력 예시] 참조

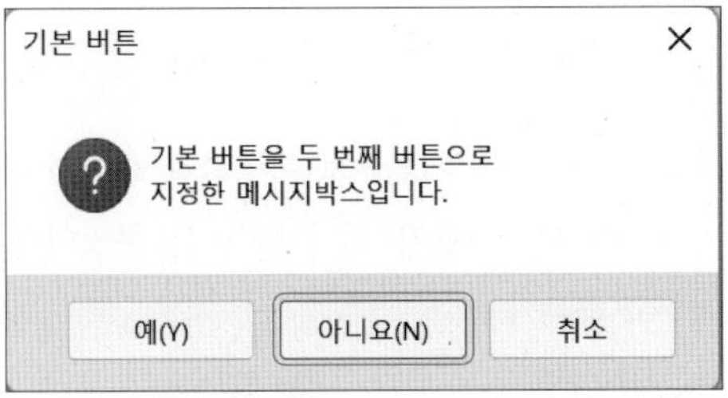

1 윈폼 디자인 프로젝트에서 우리가 직접 소스 코드를 수정해야 하는 작업 대상 파일은?

① Program.cs

② App.xaml.cs

③ Form1.Designer.cs

④ Form2.cs

2 다른 윈폼을 현재 윈폼에 포함시키는 메서드는?

① AddOwnedForm( )

② CenterToParent( )

③ SetClientSizeCore( )

④ ShowDialog( )

3 사용자로부터 문자열을 입력받을 때 사용하는 컨트롤 도구는?

① 버튼 ② 텍스트박스

③ 레이블 ④ 픽처박스

4 다음 설명 중 틀린 것은?

① 사용자가 항목을 선택하거나 직접 입력할 때는 콤보박스를 사용

② 2개 이상의 아이템을 선택하는 과정에서 시각적으로 쉽게 구별하려면 체크리스트박스를 사용

③ PictureBox 컨트롤은 부모 컨테이너에 도킹

④ 윈폼 화면에서 이미지를 불러올 때 는 MenuStip 컨트롤 도구를 사용

5 자식들의 컨트롤 도구를 수평이나 수직으로 쌓아서 배치하는 패널은?

① Grid ② UniformGrid

③ StackPanel ④ DockPanel

6 Grid의 역할은 Label 컨트롤 도구를 포함하고 있는 무엇을 제공하는가?

① 화면 ② 레이아웃

③ 버튼 ④ 텍스트박스

7 SQLite 데이터베이스에 대한 설명 중 틀린 것은?

① Windows 운영체제에서만 사용

② 데이터베이스 파일 생성 및 압축

③ 인덱스 생성 및 삭제

④ 데이터 조회 및 업데이트와 삭제

8 그래픽 환경 기반으로 마우스를 사용하여 입력하는 사용자 인터페이스를 무엇이라고 하는가?

① API ② CGI

③ KPI ④ GUI

9 해당 화면을 닫기 전까지는 뒤에 있는 창으로 이동하지 못하게 하는 메서드는?

① Show( ) ② 모달리스
③ Close( ) ④ 모달

10 테이블의 행에 저장되어 있는 데이터를 의미하는 용어는?

① 속성 ② 컬럼
③ 레코드 ④ 필드

※ 다음 문제를 읽고 해당하는 답의 번호를 [보기]에서 고르시오(11~15).

보기

① 체크박스	② Activate( )
③ Grid	④ xmlns:x
⑤ ShowDialog( )	⑥ 라디오버튼
⑦ 조직화	⑧ StackPanel
⑨ x:Class	⑩ 단순화

11 윈폼을 모달 다이얼로그 박스로 보여주는 메서드는?

12 여러 개의 항목 중 단 단 개의 항목만 선택할 때 사용하는 컨트롤 도구는?

13 WPF 프로젝트를 생성할 때 C#의 네임 스페이스와 같은 의미를 가지는 소스 코드는?

14 WPF 프로젝트에서 화면에 행과 열로 구분되는 컨트롤 도구를 균형있게 배치할 때 사용하는 패널은?

15 데이터베이스에서 일반적으로 컴퓨터 시스템에 전자적으로 저장되는 구조화된 정보 또는 데이터의 집합체 형태는?

16 데이터베이스란 무엇인지에 대해 간략하게 설명하시오.

17 테이블이란 무엇인지에 대해 간략하게 설명하시오.

18 sqlite-net-pcl 패키지를 설치하는 이유에 대해 간략하게 기술하시오.

19 다음과 같이 주어진 그림을 보고 빈칸을 채워 소스 코드를 완성하시오.

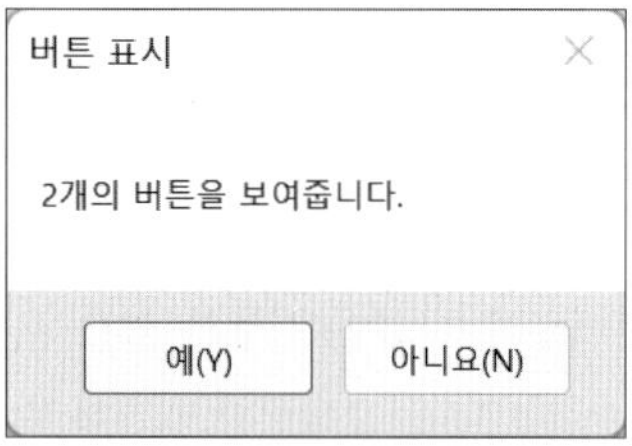


```
DialogResult result1 = MessageBox.Show(
        "2개의 버튼을 보여줍니다.",
        "버튼 표시",
         MessageBoxButtons. [          ]);
```

20 다음과 같이 화면에 4개의 버튼이 동일한 사이즈로 배치되도록 소스 코드를 작성하시오.

- 버튼 개수 : 4개
- Margin : 10
- 버튼 사이즈 : 모두 동일한 크기
- 기타 사항은 [출력 예시] 참조

[출력 예시]

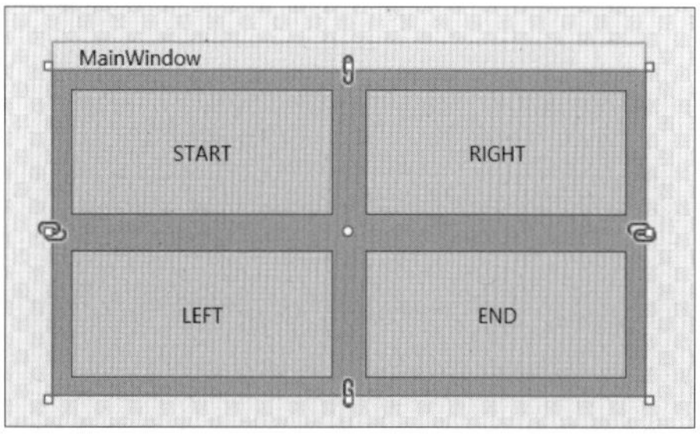

1 윈폼 클래스의 디자인을 지정하는 파일은?
① Program.cs
② App.xaml.cs
③ Form1.Designer.cs
④ Form1.cs

2 윈폼 화면을 닫아주는 메서드는?
① Activate( )
② CenterToParent( )
③ Close( )
④ Show( )

3 사용자와의 상호작용을 구현하기 위한 인터페이스로 사용되는 컨트롤 도구는?
① 텍스트박스 ② 버튼
③ 레이블 ④ 체크박스

4 2개 이상의 아이템을 선택하는 과정에서 시각적으로 쉽게 구별할 수 있는 컨트롤 도구는?
① 픽처박스 ② 탭컨트롤
③ 리스트박스 ④ 체크리스트박스

5 이미지 뷰어 컨트롤 도구에서 제공하는 크기 모드가 아닌 것은?
① Normal ② AutoSize
③ StretchImage ④ Hoom

6 WPF 프로젝트의 어셈블리에 대한 정보가 들어 있는 파일은?
① App.xaml.cs
② AssemblyInfo.cs
③ MainWindow.xaml
④ MicrosoftWindowsDesktop.App

7 WPF 프로젝트에서 현재 화면을 닫아주는 명령은?
① this.Close( ) ② this.Show( )
③ Close.this( ) ④ Show.this( )

8 데이터베이스와 테이블의 관계를 설명 중 틀린 것은?
① 데이터베이스는 데이터 저장소
② 테이블은 실제 데이터를 저장
③ 데이터베이스에서 자료형 지정
④ 테이블에서 자료형 지정

9 테이블에서 학생 구분을 위한 학번과 같은 역할을 위해 지정하는 필드를 지칭하는 키는?
① 기본 키 ② 보조 키
③ 대체 키 ④ 외래 키

10 WPF 프로젝트를 생성하면 기본적으로 생성되는 파일로 프로그램의 출발점을 의미하는 것은?

① Program.cs

② App.xaml.cs

③ Form1.Designer.cs

④ Form1.cs

※ 다음 문제를 읽고 해당하는 답의 번호를 [보기]에서 고르시오(11~15).

보기

① DATABASE	② DateTime
③ as	④ DBMS
⑤ 윈폼	⑥ StackPanel
⑦ DateTimePicker	⑧ WPF
⑨ DockPanel	⑩ is

11 객체가 특정 형식에 대한 해당 여부를 bool 값으로 반환해 주는 연산자는?

12 사용자가 날짜와 시간을 선택하기 위한 인터페이스를 제공하는 컨트롤 도구는?

13 앱을 제작하기 위해 주로 사용하는 프로젝트는?

14 Oracle, MySQL, MS-SQL 등과 같은 데이터베이스 프로그램을 총칭하는 용어는?

15 자식들의 컨트롤 도구를 부모의 영역에 도킹하여 배치하는 패널은?

16 System.Data.SQLite 패키지를 설치하는 이유에 대해 간략하게 기술하시오.

17 Microsoft.Data.Sqlite.Core 패키지를 설치하는 이유에 대해 간략하게 기술하시오.

18 WPF 프로젝트에서 사용하는 모달과 모달리스 메서드의 차이점에 대해 간략하게 기술하시오.

19 다음과 같이 주어진 표를 보고 SQLite 프로그램을 사용하여 테이블을 생성하시오.

필드명	데이터 타입	비고
번호	INTEGER	PRIMARY KEY
학년	INTEGER	
성명	TEXT	

20 다음과 같이 화면에 컨트롤이 배치되도록 소스 코드를 작성하시오.

- 텍스트박스 : 1개
- 행 레이아웃 : 2행
- 그리드 높이 : 100
- 기타 사항은 [출력 예시] 참조

[출력 예시]

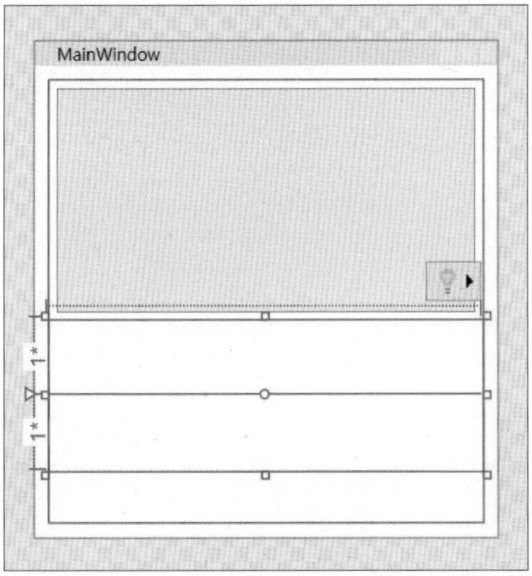

1 중간고사 대비 **워크북 1회** 정답

1 ③ Java의 기본적인 언어 기능 상속
2 ② static
3 ① 8비트
4 ④ 식별자
5 ③ 중첩된 조건문 선언 불가
6 ② 반복문
7 ③ do...while 문
8 ④ 배열
9 ② 인덱스는 n-2로 끝남
10 ① 상속
11 ⑤ cpp
12 ⑨ void
13 ④ 캡슐화
14 ⑧ public
15 ⑦ TimeSpan
16 True, False
17 2
18 1, 2, 4, 5, 7, 8, 10
19 private, private, public
20

```
int a;
Console.WriteLine("프로그램 매뉴얼");
Console.WriteLine(" 1 : 남성");
Console.WriteLine(" 2 : 여성");
Console.WriteLine(" 3 : 프로그램 종료");
Console.WriteLine();


do
{
    Console.Write("선택 : ");


    a = int.Parse(Console.ReadLine());
    if (a < 0)
    {
        Console.WriteLine("음의 정수 사용 불가!!");
        Console.WriteLine();
    }
    else
    {
        switch (a)
        {
            case 1:
                Console.WriteLine("결과 : 남성");
                Console.WriteLine();
                break;
            case 2:
                Console.WriteLine("결과 : 여성");
                Console.WriteLine();
                break;
            case 3:
                Console.WriteLine("프로그램 종료");
                Console.WriteLine();
                return 0;
                break;
            default:
                Console.WriteLine("입력 오류!!");
                Console.WriteLine();
                continue;
        }
    }
}while (true);
```

2 중간고사 대비 **워크북 2회** 정답

1 ① 완벽을 추구하는 절차지향언어
2 ④ 가비지콜렉션
3 ③ string[ ] args

4 ② 세미콜론(;)

5 ③ F

6 ② RAM

7 ④ '최'

8 ② −128 ~ 127

9 ① 조건식을 무조건 참으로 선언

10 ④ 구조체

11 ③ %

12 ⑧ 아스키코드

13 ② &&

14 ⑤ new

15 ⑩ struct

16 0.6666667

17 1 3 5 7 9 11

18 208 97 153

19 Person, Person

20

```
class Solution
{
    static void Main(string[] args)
    {
      Console.Write("생일 입력(년-월-일 시:분) : ");
      DateTime d1
        = DateTime.Parse(Console.ReadLine());
      DateTime d2 = DateTime.Now;

      TimeSpan interval = d2 - d1;
      Console.WriteLine("생일 : {0}", d1);
      Console.WriteLine("현재 : {0}", d2);
      Console.WriteLine("지금까지 {0}일 {1}시간" +
          " {2}분 {3}초를 살아왔습니다.",
          interval.Days, interval.Hours,
          interval.Minutes, interval.Seconds);
    }
}
```

3 중간고사 대비 **워크북 3회** 정답

1 ③ { ... }

2 ② 콘솔

3 ② 16비트

4 ① 인코딩, 디코딩

5 ② 2바이트

6 ④ 70

7 ① ToUpper( )

8 ③ continue

9 ④ foreach

10 ② 오버로딩

11 ③ SDK

12 ⑥ 주석문

13 ④ \

14 ⑨ Trim( )

15 ⑤ get

16 | speed|

17 1 3 5 7 9

18 30

19 Sol sD, new Sol;

20

```
using System;
using System.Globalization;
namespace DateTimeFormat
{
    class Solution
    {
        static void Main(string[] args)
        {
            DateTime today = DateTime.Now;

            Console.WriteLine(today.
```

```
            ToString("오늘 : " +
            "yyyy년 MM월 dd일"));

        Console.WriteLine("표준 형식 지정어 : " +
            string.Format("{0:D}", today));
        }
    }
}
```

4 기말고사 대비 워크북 1회 정답

1 ④ Form2.cs
2 ① Text
3 ③ 윈폼 화면 디자인
4 ② flag
5 ③ MaskedTextBox
6 ① 콤보박스
7 ④ WPF
8 ③ 윈폼은 WPF에 비해 프로젝트 개발 소요 기간이 김
9 ② Grid
10 ① App.xaml.cs
11 ⑤ 도구상자
12 ⑧ 타이틀바
13 ④ CenterToScreen( )
14 ⑦ as
15 ⑥ RDBMS
16 Designer.cs 파일명을 더블클릭하게 되면 소스 코드를 확인할 수 있으며 이 파일의 역할은 윈폼 화면인 Form1 클래스의 디자인을 지정
17 DateTimePicker 컨트롤은 사용자가 날짜와 시간을 선택하기 위한 인터페이스를 제공할 때 사용하는 도구
18 WPF는 디자인과 프로그램의 영역으로 로직이 분리되어 있다는 부분이 가장 커다란 장점
19 YesNoCancel
20

```
DialogResult result3 = MessageBox.Show(
    "기본 버튼을 두 번째 버튼으로\n지정한 메시지박스입니다.",
    "기본 버튼",
    MessageBoxButtons.YesNoCancel,
    MessageBoxIcon.Question,
    MessageBoxDefaultButton.Button2);
```

5 기말고사 대비 워크북 2회 정답

1 ③ Form1.Designer.cs
2 ① AddOwnedForm( )
3 ② 텍스트박스
4 ④ 윈폼 화면에서 이미지를 불러올 때 는 MenuStip 컨트롤 도구를 선언
5 ③ StackPanel
6 ② 레이아웃
7 ① Windows 운영체제에서만 사용
8 ④ GUI
9 ④ 모달
10 ③ 레코드
11 ⑤ ShowDialog( )
12 ⑥ 라디오버튼
13 ⑨ x:Class
14 ③ Grid

15 ⑦ 조직화

16 데이터베이스는 일반적으로 컴퓨터 시스템에 전자적으로 저장되는 구조화 된 정보 또는 데이터의 조직화 된 집합체

17 테이블은 데이터베이스 안에 실제로 데이터가 저장되는 형태

18 sqlite-net-pcl 패키지를 설치하는 이유는 SQLite.NET을 통해 Xamarin에서 SQLite를 손쉽게 사용할 수 있도록 하기 위함

19 YesNo

20

```
<UniformGrid Background="YellowGreen">
<Button Content="START" Margin="10"></Button>
<Button Content="RIGHT" Margin="10"></Button>
<Button Content="LEFT" Margin="10"></Button>
<Button Content="END" Margin="10"></Button>
</UniformGrid>
```

6 기말고사 대비 **워크북 3회** 정답

1 ③ Form1.Designer.cs

2 ③ Close( )

3 ② 버튼

4 ④ 체크리스트박스

5 ④ Hoom

6 ② AssemblyInfo.cs

7 ① this.Close( )

8 ③ 데이터베이스에서 자료형 지정

9 ① 기본 키

10 ② App.xaml.cs

11 ⑩ is

12 ⑦ DateTimePicker

13 ⑧ WPF

14 ④ DBMS

15 ⑨ DockPanel

16 System.Data.SQLite 패키지는 WPF 프로젝트에서 데이터베이스와 연결할 때 사용하기 위해 설치

17 Microsoft.Data.Sqlite.Core 패키지는 SQLite용 (경량, 중량) ADO.NET 공급자로서 SQLite용 Entity Framework Core 공급자는 이 라이브러리를 토대로 빌드하기 위해 설치

18 모달은 새 화면을 열어 거기서 작업을 마치고 되돌아와야 하는 화면을 구성할 때 사용하고 모달리스는 화면 상호 간 포커싱 이동이 가능하므로 화면을 왕래하는 용도로 사용

19

```
CREATE TABLE "test" (
    "번호"  INTEGER,
    "학년"  INTEGER,
    "성명" TEXT,
     PRIMARY KEY("번호")
);
```

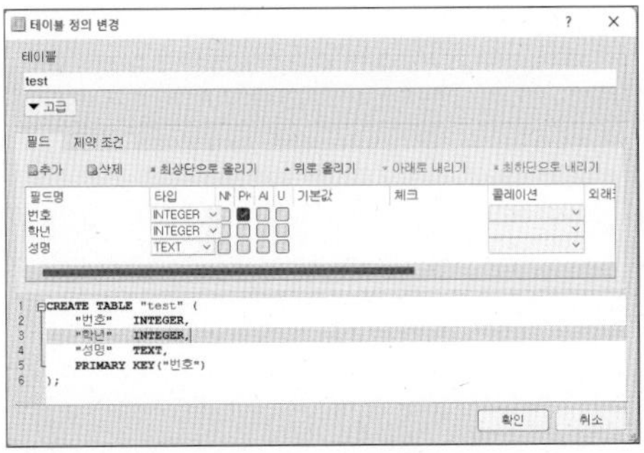

| 정답 |

20

```
<StackPanel Margin="10">
  <TextBox Margin="5"
    Height="150"
    Name="textBox"
    Background="#F5F5DC">
  </TextBox>
</StackPanel>
<Grid Height="100">
  <Grid.RowDefinitions>
    <RowDefinition/>
    <RowDefinition/>
  </Grid.RowDefinitions>
</Grid>
```

찾아보기